Winfried Knörzer

Die Würde des Grundgesetzes

Winfried Knörzer

Die Würde des Grundgesetzes

Menschenwürde als Anerkennung der Rechtssubjektivität: Ein alternativer Begründungsansatz für die Fundamentalnorm des Grundgesetzes

LINDENBAUM VERLAG

IMPRESSUM:

Winfried Knörzer, Die Würde des Grundgesetzes. Menschenwürde als Anerkennung der Rechtssubjektivität: Ein alternativer Begründungsansatz für die Fundamentalnorm des Grundgesetzes

Internetadresse: www.lindenbaum-verlag.de
E-Brief: lindenbaum-verlag@web.de
Umschlaggestaltung: Hanno Borchert, Hamburg
Druck: Printed in the European Union
ISBN: 978-3-949780-21-9

Inhalt

Einleitung

Die das Grundgesetz der Bundesrepublik Deutschland gleichsam mit einem Fanfarenstoß einleitende Menschenwürde ist ebenso unantastbar wie unklar[1]. Ist sie ein Grundrecht oder das die Grundrechte fundierende Prinzip oder gar nur ein Auffangrecht für Lücken im Grundrechtsschutz? Ist sie in praktischer Hinsicht mehr oder weniger identisch mit einem allgemeinen Diskriminierungsverbot oder einem allgemeinen Persönlichkeitsrecht? Worauf gründet sie: auf der Vernunft, der Gottesebenbildlichkeit, der Selbstbestimmung oder auf etwas anderem? Ist sie unmittelbar rechtswirksam oder eine deklaratorische Formel oder vielleicht sogar nur eine Leerformel? Woran kann man eine Menschenwürdeverletzung erkennen? Wie kann sie unverlierbar sein und doch verletzt werden können? Erstreckt sich ihre Geltung auf die Beziehung der Bürger zum Staat oder auch der Bürger untereinander? Hat jeder Mensch Würde? Wie kann es sein, daß sich bei einigen strittigen Themen wie denen der Abtreibung oder der Sterbehilfe die Vertreter konträrer Posi-

---

1 Hier eine Auswahl diesbezüglicher Stellungnahmen:

„Niemand vermag klar zu sagen, … was mit diesem Satz des Verfassungsrechts genau gemeint … ist." (Baldus, S. 11)

„Die Rolle der Menschenwürde bleibt dort [im Rechtsdiskurs, W.K.] allerdings unbestimmt." (Matthias Kettner: Über die Grenzen der Menschenwürde, in: Kettner, S. 292)

„Die klassischen Ansätze haben … mit Alternativen zu kämpfen, die alle in Sackgassen zu führen scheinen." (Mario Brandhorst und Eva Weber-Guskar: Einleitung, in: Brandhorst/Weber-Guskar, S. 27)

„Trotz eines über 60 Jahre andauernden Diskurses . . über Menschenwürde besteht bis heute keine allgemeine Übereinstimmung über den Bedeutungsgehalt des Begriffs." (P. Tiedemann, S. 65)

„Die Vagheit des Begriffs führt zu einer inflationären und missbräuchlichen Verwendung" (Altan Heper: Menschenwürde ohne Metaphysik ist möglich, in: Neumann/Tiedemann/Liu,, S. 94)

tionen gleichermaßen auf die Menschenwürde berufen? Diese Fragen haben die mit der Veröffentlichung des Grundgesetzes einsetzende Diskussion um die Menschenwürde in Gang gehalten, ohne daß je eine allgemein akzeptierte Antwort gefunden wurde.

Es geht in meinem Beitrag zur Menschenwürdediskussion um die Menschenwürde als Rechtsbegriff, genauer, um die rechtlichen Folgen, die sich aus der prominenten Stellung des Menschenwürdebegriffs im Grundgesetz ergeben. Es geht also nicht um die Bedeutung des Würdebegriffs in Theologie und Philosophie. Diese Reduktion auf den Bereich des Juristischen entlastet die Erörterung von einigen der Probleme des philosophischen Würdebegriffs. Eine Rechtsordnung beschreibt ein Sollen, nicht ein Sein. Sie legt fest, wie man handeln bzw. nicht handeln soll, sie verzichtet auf Aussagen über das Wesen des Seienden. Das Grundgesetz muß also nicht klären, ob wirklich alle Menschen von Natur aus eine Würde haben, sie schreibt nur vor, daß alle so behandelt werden sollen, als ob das so wäre. Allerdings müssen derartige Sollenssätze gut begründet werden, damit sie Legitimität beanspruchen können, was wiederum die Chancen erhöht, daß ihnen Folge geleistet wird, und natürlich auch damit Klarheit darüber besteht, was überhaupt gesollt wird.

Es besteht jenseits eines minimalen Grundkonsenses, wie man zu sagen pflegt, nur Einigkeit darüber, daß keine Einigkeit besteht. Wer bereit ist, auch nur wenige Minuten über den Artikel 1 des Grundgesetzes nachzudenken, wird einerseits spüren, wie wichtig die Idee der Menschenwürde ist, aber auch andererseits wie unzureichend die sprachliche Form ist, den diese Idee erhalten hat. Dieser Mangel läßt sich aber nicht den Verfassungsgebern anlasten, da Verfassungsnormen notwendigerweise nur statuiert werden können. Deren Gehalt muß aus ihrer formelhaft verdichteten Gestalt durch Auslegung erschlossen werden. Dieser Aufgabe widmet sich die vorliegende Untersuchung. Sie versucht, die Bedeutung des Rechtsbegriffs Menschenwürde aus deren zweckhafter Funktion für die rechtliche Organisation menschlichen Zusammenlebens zu erschließen. Es geht also darum zu verstehen, was die Menschenwürde als oberstes Verfassungsprinzip des Grundgesetzes leisten und was sie schützen soll. Da die Literatur zur Menschenwürde mittlerweile ganze Bibliotheken füllt, kann nicht der Anspruch erhoben werden, zur diesbezüglichen Diskussion noch etwas grundlegend Neues beizusteuern: Alles, was zur Menschenwürde gesagt werden kann, ist schon irgendwo gesagt worden. Auch mit der insgesamt kritischen Ausrichtung beschreiten diese Betrachtungen keinen Sonderweg – im Gegenteil: Manche Autoren gehen mit der Menschenwürde viel härter zu Gericht, als ich es tue. Von der qualifizierten Minderheit derjenigen Vertreter der herrschenden Lehre, die gegenüber der Menschenwürde eine Haltung „kritischer Solidarität" einnehmen, unterscheide ich mich nur durch die deutlich pessimistischere Einschätzung der Möglichkeiten, wie die intendierte Schutzwirkung sich trotz der inhärenten Mängel des Menschenwürdeprinzips verwirklichen läßt. Auch wenn es kaum noch Neuland zu erschließen gibt, werde ich versuchen, durch einige neue Argumente und Akzente, durch Scheidung des Unhaltbaren vom Brauchbaren, durch Darlegung der Grenzen und Gefahren eines überzogenen Geltungsanspruchs ein Verständnis für die Problematik des Menschenwürdebegriffs zu erwecken und, soweit dies überhaupt möglich ist, einige Ideen zu dessen Klärung beizutragen.

Es gibt schon seit langem – zumindest hinsichtlich der tragenden Idee – drei Begründungstheorien der Menschenwürde. Daran hat sich auch nach der Etablierung des Menschenwürdeprinzips im Verfassungsrecht nichts geändert. Diese drei Theorien werden als Mitgift-, Leistungs- und Anerkennungstheorien bezeichnet. Nach der *Mitgifttheorie* wird eine das Wesen jedes Menschen kennzeichnende, Menschenwürde genannte Eigenschaft von Natur aus mitgegeben, gemäß der *Leistungstheorie* muß Menschenwürde durch eine besondere Art von Leistung erworben werden, während nach der *Anerkennungstheorie* die Menschenwürde darauf beruht, daß sich Menschen gegenseitig als Träger von Rechten anerkennen. Ich versuche, dabei teilweise neue Argumente ins Feld führend, in dieser Abhandlung die Anerkennungstheorie stark zu machen und die beiden anderen Theorien zu widerlegen. Angesichts der Bedeutung, die die Menschenwürde für das Verfassungsverständnis und auch für das politische Bewußtsein der Staatsbürger erlangt hat, habe ich es mir zu Aufgabe gemacht, den Begriff der Menschenwürde und die zu seiner Begründung angeführten Argumente zu hinterfragen, um ihn auf eine sichere Grundlage zu stellen, denn nicht konsensfähige Grundlagen führen zu einer Schwächung des Menschenwürdeprinzips. Diese Aufgabe erscheint mir wichtig, da eine Entwicklung, die durch die zunehmende Beschränkung der Grundrechte auf einen von der herrschenden Politik gewährten Freiheitsraum charakterisiert ist, eine Stärkung und resiliente Fundierung der mit der Einführung des Menschenwürdeprinzip ursprünglich intendierten Schutzwirkung erforderlich macht.

Der eigentliche Zweck des Menschenwürdeprinzips besteht in der Aufrichtung einer absoluten Schutzwirkung. Das Menschenwürdeprinzip soll einen Minimalstatus menschlichen Daseins garantieren, der durch niemanden und auf keine Weise unterschritten werden darf. Diese Zielsetzung ist ohne Wenn und Aber zu begrüßen, es stellt sich allerdings die Frage, ob das Menschenwürdeprinzip geeignet ist, dieser Zielsetzung zu genügen. In dieser Erörterung wird die These vertreten, daß die durch die widersprüchlichen Bedeutungsinhalte des nichtjuristischen Begriffs „Würde“ ausgelösten Verwicklungen eine Begründung der beabsichtigten Schutzwirkung erschweren.

Die zur Formulierung des Grundgesetzes führenden Diskussionen des Parlamentarischen Rates und der Verfassungsrechtsdiskurs der 50er Jahre waren von einem Mißtrauen gegen den Komplex Liberalismus, Individualismus, Rechtspositivismus geprägt. Diesem Komplex wurde wegen seines angeblichen Wertagnostizismus und der damit einhergehenden Verantwortungslosigkeit gegenüber den sittlichen Grundlagen von Staat und Gesellschaft vorgeworfen, Schuld am Untergang der Weimarer Republik gewesen zu sein. Darum wurden, um eine die demokratische Verfaßtheit des Staatswesens gefährdende Verabsolutierung individualistischer Bestrebungen zu verhindern, zahlreiche Grundrechte an einen Gesetzesvorbehalt gebunden. Zugleich aber sollten die Grundrechte gleichsam metaphysisch tiefergelegt und damit wertmäßig verstärkt werden, weshalb es nicht genügen durfte, sie nur positivrechtlich zu bestimmen. Diesem Zweck dient das Menschenwürdeprinzip, das der positivrechtlichen Setzung der Grundrechte vorausgeht. Die Grundrechte erhalten ihre Legitimation nicht vom Staat, sondern von der Menschenwürde. Darum ist der Staat nicht frei in ihrer Anwendung und Interpretation, sondern er ist gebunden, sie im Lichte der Menschenwürde zu deuten. Die Grundrechte werden nicht vom Staat geschaffen und gewährt, sondern sie gehen unmittelbar aus dem Menschenwürdeprinzip hervor, welches als vorstaatliches und vor der Verfassung liegendes Prinzip die Grundlage der Verfassung bildet. Verfassung und der durch die Verfassung formierte Staat sind nur legitimiert, insofern sie sich als Wahrer der Menschenwürde erweisen. Die wesentliche Funktion der Menschenwürde besteht also darin, ein vorstaatliches Prinzip zu sein, an dessen Verwirklichung sich die staatliche Ordnung messen lassen muß. Um dieser Funktion als Legitimationsgrundlage der gesamten staatlichen

Ordnung auch sprachlich zum Ausdruck bringen zu können, soll mit der eindrucksvollen Benennung dieses Prinzips eine Aura allergrößter Bedeutsamkeit evoziert werden. Zu diesem Behufe scheint sich der Begriff der Menschenwürde angeboten zu haben, der aufgrund seiner langen und positiv konnotierten Tradition (Christentum, Kant) die angestrebte Stimmung von Erhabenheit vermittelte.

Allerdings stößt dieses Vorhaben auf zwei Probleme. Zum einen ist der Begriff der „Würde" kein semantisches Brachland, das so ohne weiteres mit einem neuen, spezifisch staatsrechtlichen Inhalt kolonisiert werden könnte. Vielmehr ist das semantische Feld bereits belegt im Sinne einer distinguierenden Verhaltensweise, die dem Würdeträger eine besondere Leistung abverlangt und daher sozial auszeichnend wirkt. Der neue, rechtsbezogene Bedeutungsgehalt muß sich gegenüber dem etablierten, älteren gesellschaftsbezogenen in eine irgendwie sinnvolle Beziehung setzen. Die vostellungsprägende Kraft des älteren Bedeutungsgehalts darf nicht ignoriert werden. Zum anderen läßt sich von einer Bedeutsamkeit nicht auf eine eindeutige Bedeutung schließen. Vielmehr wird diese von der Aura der Bedeutsamkeit verdeckt. Um die Grundrechte im Lichte der Menschenwürde auslegen zu können, darf dieses Licht nicht diffus sein. Um sich auf die Menschenwürde berufen zu können, muß deren Bedeutung sich von selbst verstehen. Das ist leider nicht der Fall. Das Achtungsgebot der Menschenwürde ruft zu dessen entschlossener Berücksichtigung auf. Nur sagt es nichts Genaues über den Gegenstand, zu dessen Achtung man sich entschließen soll.

Was also bedeutet „Menschenwürde"? Um diese Frage zu beantworten, möchte ich zunächst untersuchen, was unter dem alltagssprachlichen Würdebegriff zu verstehen ist.

Der alltagssprachliche Würdebegriff

In welcher Beziehung steht der verfassungsrechtliche Menschenwürdebegriff mit dem alltagssprachlichen? Trotz des offensichtlichen Unterschieds kann das verfassungsrechtliche Verständnis nicht so tun, als sei sein Menschenwürdebegriff als juristischer Fachterminus einer creatio ex nihilo entsprungen. Der alltagsprachliche Verständnis schwingt nicht nur untergründig immer mit, sondern der Verfassungsbegriff zehrt auch von der Bedeutsamkeit, die er in diesem innehat. Schließlich dient eine Verfassung nicht der Beschäftigung von Juristen, sondern sie ist für die Bürger da, damit sie wissen, in welchem Staat sie leben und welche Rechte sie haben. Um sich auf das Grundgesetz berufen zu können, müssen sie wissen, was Menschenwürde bedeutet. Ihr Verständnis von Menschenwürde wird aber nicht von gelehrten Diskursen, sondern vom alltagssprachlichen bestimmt. Um dieses in seiner Eigenheit zu rekonstruieren und damit auch den Unterschied zum verfassungsrechtlichen Verständnis zu präzisieren, muß zunächst vom verfassungsrechtlichen Diskurs völlig abgesehen und der alltagssprachliche Begriff so verstanden werden, wie er sich gewissermaßen selbst versteht.

Am Anfang des Grundgesetzes steht die Menschenwürde: „Die Würde des Menschen ist unantastbar. Sie zu achten und zu schützen ist Verpflichtung aller staatlichen Gewalt." (Art. 1.1 GG). Die Art und Weise, wie das Subjekt dieses Satzes gebildet wird, „die Würde des Menschen", impliziert, daß jeder Mensch eine Würde habe. Dies ist nichts weniger als erstaunlich und durchaus begründungsbedürftig. Eine solche Begründung wird einem aber von den Vätern des Grundgesetzes nicht vergönnt. Gemeinhin gilt nämlich die Würde als eine Eigenheit, die nur besonderen Menschen oder besonderen Situationen, vor allem aber besonderen Menschen in besonderen Situationen zukommt. Nehmen wir drei beispielhafte Aussagen, die den allgemeinen Sprachgebrauch in typischer Weise illustrieren: „Die Preisverleihung fand in einem würdigen Rahmen statt." „Der Präsident durchschritt würdevoll das Spalier des angetretenen Wachbataillons." „Der alte Mann neigte, als man ihm diesen Vorschlag machte, würdevoll sein Haupt." Der Preisträger, der Präsident, der alte Mann sind aufgrund ihres Könnens, ihres Amtscharismas und ihres Alters besondere Menschen, die sich wegen dieser als wertvoll erachteten Eigenschaften von den anderen Menschen unterscheiden. Damit sind sie potentiell in der Lage, Würde zu verkörpern, Träger von Würde zu sein. Diese allgemeine Potenz wird aber nur in einer besonderen Situation aktualisiert, die es erlaubt, den potentiell würdigen Aspekt dieser Eigenschaften zu zeigen. Im Allgemeinen vollzieht sich die Manifestation in Form eines Zeremoniells, das speziell darauf angelegt ist, die in den in seinem Rahmen agierenden Personen vorhandene Würde zum Ausdruck zu bringen.

Paul Tiedemann macht auf den etymologischen Hintergrund aufmerksam, der bereits den Gesellschaftsbezug von Würde beinhaltet.

> *„Im Althochdeutschen fungiert wirdîg bereits im Sinne von ›der Ehrung wert‹. Würde und Ehre stehen in einer engen Verbindung. ... Würde hat derjenige, der in einer Gesellschaft besonders geehrt wird, weil er gewisse Tugenden lebt, die in dieser Gesellschaft von hoher Wertschätzung sind. Man hat Würde, wenn man für die Gesellschaft einen Wert hat [...] In dieser Verwendung fungiert das Wort ›Würde‹ also stets zur Abgrenzung des Besonderen und Hervorragenden eines Menschen aus der Masse des Gewöhnlichen und Durchschnittlichen.. "*[2]

2 P. Tiedemann, S. 217

Würde ist also eine soziale Tatsache. Würde ist etwas, was durch gesellschaftliche Anerkennung entsteht. Sie ist nicht wie Körperkraft oder Intelligenz eine individuelle Eigenschaft. Der Präsident wird als potentieller Träger von Würde betrachtet, weil sein Amt die Befähigung zur Würde mit sich bringt und dieses Amt als besonders wichtig erachtet wird. Er aktualisiert die von der Gesellschaft herangetragene Erwartungshaltung, indem er sich bei den entsprechenden Gelegenheiten würdevoll, d.h. den seinem Amt gemäßen Comment entsprechend verhält. Nicht er selbst als Person, sondern seine soziale Funktion als Staatsmann prädestiniert ihn zur Würde. Als derselbe Mensch vor dreißig Jahren noch ein junger, aufstrebender Kreisvorsitzender war, galt er noch keineswegs als potentieller Würdekandidat. Hätte er ein Spalier von Parteimitgliedern durchschritten, wäre ein solches Verhalten, selbst wenn es sich um ein formvollendetes Zeremoniell gehandelt hätte, als grotesk und anmaßend, ja sogar geradezu als würdelos empfunden worden, da durch eine solche Inszenierung ein politisches Ritual in beinahe blasphemischer Weise parodiert wird.

Dagegen behauptet das Grundgesetz, daß jeder Mensch Würde besitze. Betrachtet man einen Betrunkenen, der sich in seinem Erbrochenen wälzt, oder einen Zornigen, der besinnungslos tobt und schreit, muß man eine solche Behauptung doch sehr in Zweifel ziehen. Selbst wenn man zugestehen würde, daß jedem Menschen so etwas wie Würde zukomme, läßt sich die Feststellung nicht vermeiden, daß zumindest in den gerade genannten Situationen die prinzipielle Würdepotenz nicht verwirklicht wird.

Ex negativo läßt sich aus diesem Beispiel allerdings das Wesen der wirklichen Würde noch genauer bestimmen. Die Enthemmung, der Kontrollverlust, das Absinken auf ein Niveau subhuman-bewußtlosen Agierens sind Anzeichen eines dezidiert würdelosen Verhaltens. Wenn dem so ist, muß Würde mit Trieb- und Affektkontrolle zusammenhängen. Im würdevollen Verhalten zeigt sich die Fähigkeit, Handlungsimpulse einer bewußten Steuerung zu unterwerfen. Heftige Gemütsbewegungen, ausgreifende, spontane Gesten, Ausgelassenheit und Ungezwungenheit passen nicht zur Würde. Es ist nun aber nicht so, wie der hier angewandte argumentative Topos nahelegt, daß in der Würde das vernunftbestimmte Wesen des Menschen – im Gegensatz zur Würdelosigkeit tierischer Triebregungen – zum Ausdruck kommt, da der Begriff der Würde nicht auf ein intellektuelles Vermögen abzielt. Würde vollzieht sich im Verhalten, sie ist Teil eines sozialen Handlungszusammenhangs. Würde ist keine individuelle Eigenschaft, die durch bestimmte Situationen zu ihrer Manifestation veranlaßt wird, etwa wie wenn der Starke seine Kraft durch das Heben eines schweren Gewichts unter Beweis stellt oder der Kluge seine Intelligenz durch das Lösen eines schweren Rätsels. In diesen Fällen erhält eine immer schon vorhandene Eigenschaft die Möglichkeit, zum Ausdruck zu gelangen. Der Starke ist immer stark, auch wenn er nicht gerade ein Gewicht hebt. Der würdevoll auftretende Präsident zeigt aber nur dann Würde, wenn er im Rahmen des politischen Zeremoniells agiert, bei anderen Gelegenheiten, z. B. im privaten Umgang, kann er sich so ausgelassen, unbeherrscht oder einfach normal verhalten, wie alle anderen auch. Würde entsteht also erst im Augenblick ihrer Erscheinung.

Die Tatsache der sozialen Bedingtheit der Würde muß dahingehend radikalisiert werden, daß bestimmte Situationen durch einen allgemein akzeptierten sozialen Code ein bestimmtes Verhalten den in dieser Situation agierenden Menschen vorschreiben, das als würdevoll bezeichnet wird, und daß außerhalb dieser Situationen der Begriff der Würde sinnlos ist. Diese bestimmten Situationen sind Ausnahmesituationen, die sich vom normalen, alltäglichen Verhalten unterscheiden und ein spezifisches außeralltägliches Verhalten erfordern. Die Abweichung von der Norm kann sich in zweierlei Richtung vollziehen, sozusagen nach unten und nach oben, je nachdem ob das normale Maß gesellschaftlich geschuldeter Triebeinschränkung und Verhaltensrigidität gelockert oder verschärft wird. Zur ersten Gruppe gehören Phänomene wie ekstatische Kulte, Fasching, Ferien, Parties, zur zweiten Phänomene wie Staatsakte, Preisverleihungen, Einweihungsfeiern, Begräbnisse, religiöse Messen, kurz alles, was zeremoniell geregelt wird. Gesellschaftliches Leben ist dynamisch. Um nicht in Monotonie zu erstarren, muß das Kontinuum der Normalität immer wieder durch Einschübe des Außeralltäglichen unterbrochen werden. Dies geschieht entweder durch Unterregulierung oder Überregulierung. Im ersten Fall wird das Normalmaß der Zivilisiertheit in Richtung Natur unterschritten: Man streift die Zwänge der Zivilisation ab, um sich der Natur zu öffnen, den Urquellen des Lebens anzunähern. Nicht zuletzt durch die Lizenz einer freieren Sexualausübung und die dadurch bedingten erhöhten Fortpflanzungschancen wird dadurch die natürliche Grundlage eines Kollektivs reproduziert. Im zweiten Fall wird durch die Strenge des Zeremoniells das zivilisatorische telos eines Kollektivs bekräftigt. Betrachten wir die Begräbniszeremonie: Der durch den Tod hervorgerufenen anomischen Gefährdung, nämlich Gefährdung der innerpsychischen Stabilität der Angehörigen und Gefährdung des Zusammenhalts des Familienverbands, wird durch die Struktur des Rituals Einhalt geboten, indem den am Ritual Beteiligten Handlungsanweisungen auferlegt werden, die sie wieder in einen gesellschaftlichen Zusammenhang eingliedern, wodurch ein Sich-Verlieren in der ebenso individuellen wie natürlichen Trauer und Verzweiflung verhindert wird. Betrachten wir die Grundsteinlegung eines neuen Rathauses: Hier feiert ein kommunales Kollektiv sich selbst; durch die Feier wird der Beginn eines neuen Abschnitts in der Entwicklung der Kommune bewußt markiert. Bei all diesen Gelegenheiten wird die alle Schwierigkeiten überwindendende, sieghafte Überlegenheit des zivilisatorischen Prinzips gefeiert: Die Gesellschaft läßt sich nicht durch den Tod zerstören, sie trotzt den entropischen Tendenzen, sie ist zu Neuem und Großem in der Lage. Dieser ideelle Hintergrund erfordert ein Verhalten der Teilnehmer, das ihn adäquat zum Ausdruck bringt. Der Triumph der Zivilisation verlangt ein Verhalten, das in besonderer Weise zivilisiert ist: gesetzt, triebgehemmt, ernst, peinlich genau den Vorschriften des Rituals Folge leistend. Genau dieses Verhalten wird als Würde bezeichnet. Würde bezeichnet also ein Verhalten, das auf der Bereitschaft beruht, sich in den zeremoniellen Kontext einer Ausnahmesituation einzubinden, in der ein Kollektiv sich seiner sozialen Identität vergewissert.

Auch ohne bereits jetzt auf den verfassungsrechtlichen Würdebegriff einzugehen, ist der große Abstand zum allgemeinsprachlichen Würdeverständnis augenfällig. Eva Weber-Guskar gehört zu den wenigen, die „die mangelnde Kompatibilität dieses klassischen Verständnisses von Würde mit den alltagssprachlichen Verwendungsweisen“[3] bemängelt. Sie versucht beide Sichtweisen zu kombinieren, indem sie demjenigen Würde zuschreibt, der „sich einer Sache als würdig erweist“, woraus sie als Definition ableitet: „Die Haltung der (menschlichen) Würde hat, wer selbst gesetzten Normen gerecht wird“[4], wer also mit dem eigenen Selbstbild übereinstimmt. Das kann in zweierlei Hinsicht nicht überzeugen, weil erstens die Unmöglichkeit, nach einem selbstbestimmten, dem eigenen Selbstbild entsprechenden Lebensentwurf zu leben, kein Unrecht impliziert. Der promovierte Philosoph, der als Taxifahrer arbeiten

3 Eva Weber-Guskar: Menschenwürde: Kontingente Haltung statt absoluter Wert, in: Brandhorst/Weber-Guskar, S. 211

4 ebd. S. 218

muß, ist gezwungen, ein Leben zu führen, das seiner Identität nicht gemäß ist. Aber niemand hat ihm ein Unrecht angetan. Widrigkeiten des Schicksals sind rechtlich nicht relevant. Zweitens: Auch wenn die Idee einer durch äußere Einflüsse bedingten Verfehlung des eigenen Lebensentwurfs erwägenswert ist, da in der Tat eine menschenwürderelevante Identitätsbeeinträchtigung vorliegt, wenn ein Professor der Philosophie aus politischen Gründen entlassen wird und nunmehr als Taxifahrer sein Leben fristen muß, besteht kein wirklicher Zusammenhang zwischen einem Selbstbild als solchem und Würde. Wer sich selbst als Ganove oder Zuhälter definiert und sich mit dieser Rolle identifiziert, hat keine Würde. Dieser Gesichtspunkt verdeutlicht, daß man in gleichem Maße, wie man sich dem Rechtsbegriff annähert, sich vom alltagssprachlichen Begriff entfernt. Es scheint also keine Brücke zwischen den beiden Würdebegriffen zu geben.

Die Würde bei Schiller

Diese Überlegungen zum Begriff der Würde verdanken sich Anregungen aus dem theoretischen Fundus der Durkheimschen Soziologie. Im Verlaufe meiner Arbeit am Würdethema stieß ich auf einen Theorieansatz, der von völlig anderen Voraussetzungen ausgehend, zu den genau gleichen Schlußfolgerungen führte. Es handelt sich hierbei um Schillers ästhetisch-ethische Theorie, insbesondere um seine Schrift „Über Anmut und Würde". Ein wesentliches und letztlich nie ganz gelöstes Problem Schillerschen Denkens besteht in der angestrebten Vereinigung von Sinnlichkeit und Vernunft, bzw. von Sinnlichkeit und Moralität. Der Widerspruch zwischen Natur und Kultur im Wesen des Menschen verharrt bei Schiller in einem teils tragischen, teils schematischen Dualismus, dem es letztlich nie völlig gelingt, in einer dialektischen Einheit aufgehoben zu werden. Wichtiger aber als die immanenten Schwierigkeiten bei der Entfaltung von Schillers Begrifflichkeit erscheint mir die Tatsache, daß Schiller mit seinen zugleich ästhetischen wie ethischen Begriffen zum selben Resultat gelangt wie die von mir angewandte soziologische Betrachtungsweise. Schillers Würdedeutung verleiht dem alltagssprachlichen Würdeverständnis eine philosophische Vertiefung, weshalb ich sie hier etwas ausführlicher darstellen möchte.

Schiller bestimmt den Menschen zunächst als Naturwesen, das von denselben biologisch determinierten Trieben wie ein Tier beherrscht wird. Als die das eigentlich Menschliche charakterisierende, spezifische Differenz führt er den Willen ein, der sich als relativ autonome, regulierende und hemmende Instanz zwischen Triebimpuls und Handlung einschaltet. Der Wille verleiht dem Menschen die Kraft und die Freiheit, den Triebimpuls entweder zu unterdrücken oder zuzulassen. Auch wenn sich die Triebregung ungehindert durchsetzt, so ist dies nicht Folge eines blinden Automatismus, sondern verdankt sich der Genehmigung durch den Willen, der von sich behaupten kann: „So habe ich es gewollt." Der Wille ist das Steuerungsinstrument; ein bloßes Instrument kann aber nicht angeben, nach welchen Kriterien und Prinzipien gesteuert werden soll, wohin die Reise gehen soll. Dazu bedarf es einer weiteren Instanz. Diese Instanz ist die Vernunft. Der Wille fragt also bei der Vernunft nach, was er mit den Triebimpulsen machen soll. Mit Naturtrieb, Wille und Vernunft sind die entscheidenden Figuren auf Schillers Argumentationsbühne versammelt. In ihnen kann man im Übrigen unschwer die drei Instanzen von Freuds Strukturmodell der Psyche – Es, Ich und Über-Ich – wiedererkennen.

Wie zumeist erübrigt sich theoretische Reflexion, wenn das Gegebene unproblematisch ist, hier also Naturtrieb, Wille und Vernunft gewissermaßen an einem Strang ziehen. Der Erörterung bedürftig dagegen ist ein Zustand, in dem sich ein Widerspruch zwischen diesen Instanzen auftut. Gesellschaftliches Zusammenleben ist wegen der rücksichtslos auf Befriedigung drängenden Triebe nur durch Triebkontrolle möglich. „Es scheint …, daß sich jede Kultur auf Zwang und Triebverzicht gründen muß."[5]. Der innerpsychische Konflikt zwischen Willen und Trieb zeigt sich im Handeln physiognomisch als unschöne Disharmonie der Bewegungen und Gesichtszüge. Moralische Größe läßt sich so nur durch die Preisgabe ästhetischer Schönheit erreichen. Ein solch moralisch richtiges, aber ästhetisch gänzlich unschönes Verhalten läßt sich noch nicht als

5 Sigmund Freud 1927, S. 328.

Ferner: „Es ist merkwürdig, daß die Menschen, so wenig sie auch in der Vereinzelung existieren können, doch die Opfer, welche ihnen von der Kultur zugemutet werden, um ein Zusammenleben zu ermöglichen, als schwer drückend empfinden. Die Kultur muß gegen den Einzelnen verteidigt werden, und ihre Einrichtungen, Institutionen und Gebote stellen sich in den Dienst dieser Aufgabe …" ebd. S. 327

würdevoll bezeichnen. Wer nur mit verhärtetem Gesicht, starren Gesten und tränenerstickter Stimme das moralisch Richtige zu tun vermag, gibt damit zu erkennen, welch hohes Maß an Selbstüberwindung es ihn kostet, um mit Mühe und Not den Geboten der Sittlichkeit Folge leisten zu können. Neben dem Primat der Kulturalität (hier also: einer sittlichen Daseinsweise) strebt Schiller als zweites Ziel die Harmonisierung natürlicher und kultureller Strebungen an. Eine Handlungsweise, der man die Mühen der Selbstüberwindung unmittelbar ansieht, widerspricht nicht nur eklatant diesem zweiten, eher ästhetischen Ziel, sondern zeigt auch an, daß man einerseits die Naturtriebe nicht wirklich beherrscht, sondern ihrer gerade eben noch Herr wird (so wie sich ein schlechter Reiter gerade eben noch auf einem störrischen Pferd zu halten vermag, was einen keineswegs harmonischen Eindruck des Reitens vermittelt) und daß man andererseits die in einer Gesellschaft etablierten Gebote der Sittlichkeit noch nicht völlig internalisiert und habitualisiert hat, sondern daß man sie zumindest teilweise noch als lastende, äußerliche Pflicht empfindet. Wahre Würde dagegen erwächst aus einem Maximum an Harmonisierung und Integration der drei Instanzen. Der Wille beherrscht alle Regungen der Triebe vollkommen, so daß sich im Verhalten nicht die Mühen der Triebunterdrückung abzeichnen. Die sich im äußeren Verhalten niederschlagende Selbstsicherheit und Souveränität im Umgang mit den der drei Instanzen entstammenden Impulsen macht die Würde aus. Schiller definiert: „Beherrschung der Triebe durch die moralische Kraft ist *Geistesfreiheit*, und *Würde* heißt ihr Ausdruck in der Erscheinung."[6] Der Mensch, der zu würdevollem Verhalten fähig ist, ist innerlich geistig frei, da er die Gebote der Sittlichkeit einerseits und die Triebregungen andererseits nicht als etwas Äußerliches, Fremdes, das ihn mit seinen Ansprüchen belastet, sondern als Teile seines Selbst

6 Friedrich Schiller, S. 119

empfindet. Würde besteht aus zwei Komponenten: zum einen aus der moralischen Größe, die aus dem Sieg über die Natur entsteht, und zum anderen aus der ästhetischen Leistung, diesen Sieg nicht als etwas mühsam der Natur Abgepreßtes erscheinen zu lassen, sondern ihn in eine ästhetisch ansprechende Form des Verhaltens zu kleiden. Während die Geistesfreiheit ein innerpsychisches Phänomen ist, zeigt sich die Würde im Verhalten, weshalb sie ein soziales Phänomen ist. Auch Schiller gründet die Würde auf der siegreich behaupteten Souveränität des zivilisatorischen Prinzips. Und zuguterletzt verweist auch Schiller auf die Situationsgebundenheit würdevollen Verhaltens. „Wenn die wahre Würde zufrieden ist, den Affekt an seiner Herrschaft zu hindern, und dem Naturtriebe bloß da, wo er den Meister spielen will, in den unwillkürlichen Bewegungen, Schranken setzt, so regiert die falsche Würde auch die willkürlichen mit einem eisernen Zepter ... und löscht das ganze mimische Spiel der Seele in den Gesichtszügen aus."[7] Diese Bemerkung Schillers läßt sich auch dahingehend extrapolieren, daß das Maß gesellschaftlich geforderter Triebkontrolle, vulgo: die Benimmregeln, nicht so starr und lastend sein dürfen, damit überhaupt eine Harmonisierung geleistet werden kann. Die wahre Würde hält übermäßige Ausbrüche starker, unwillkürlicher Affekte wie Freude oder Leid im Zaum. Sie unterdrückt diese nicht völlig, sondern dämpft sie nur soweit, bis sie eine zivilisationsverträgliche, „schickliche" Ausdrucksform annehmen. Sie bewährt ihre moralische Größe darin, daß es ihr gelingt, das schwer zu Kontrollierende doch zu kontrollieren. Dagegen arbeitet sich die falsche Würde am falschen Objekt in falscher Weise ab. Sie reguliert nicht bloß, sondern unterdrückt, weshalb sie sich in starren und schwerfälligen Bewegungen darbietet, des weiteren bezieht sie sich auf normale motorische Vorgänge und gewöhnliche Konversationen, denen

7 ebd., S. 134

sie den Stempel einer unangemessenen, übertriebenen Prätention aufdrückt. Indem sie das Gewöhnliche und Kleine mit dem Anspruch des Erhabenen verrichtet, tut sich eine Diskrepanz zwischen Inhalt und Form der Handlung auf, die lächerlich wirkt.[8] Würdevolles Verhalten ist also nur in solchen Situationen gerechtfertigt und sinnvoll, wo tatsächlich ein Konflikt zwischen Naturtrieb und Vernunft vorliegt.

Den Ausführungen Schillers lassen sich abschließend folgendermaßen zusammenfassen: Würde entsteht aus dem Konflikt zwischen Naturtrieb und Sittlichkeit, wobei sie den sich innerer Souveränität verdankenden Sieg des zivilisatorischen Prinzips bezeichnet. Sie zeigt sich im Verhalten und ist gegenstands- und situationsbezogen.

8 vgl. hierzu auch S. 123: „Da die Würde ein Ausdruck des Widerstandes ist, den der selbständige Geist dem Naturtriebe leistet, ... ist sie da, wo keine solche Gewalt zu bekämpfen ist, lächerlich."

Die Geschichte des Menschenwürdebegriffs

Vom alltagssprachlichen Würdebegriff führt, wie gezeigt, kein direkter Weg zum Verständnis des verfassungsrechtlichen Begriffs der Menschenwürde. Auch der spezifischere Begriff der Menschenwürde hat einen eigenen, sich aus einer langen Tradition speisenden Begriffshintergrund religiöser und philosophischer Prägung, weshalb er aufgrund der damit zusammenhängenden Konnotationen nicht unmittelbar auf den verfassungsrechtlichen übertragen werden kann. Inwieweit und ob er trotzdem Anhaltspunkte für ein besseres Verständnis des verfassungsrechtlichen Begriffs geben kann, sei im Folgenden dargestellt.

Obwohl der Menschenwürdebegriff in Philosophie und Theologie auf eine lange Tradition zurückblicken konnte, hielt er erst im Laufe des 20. Jahrhunderts Einzug ins Rechtswesen. Angesichts der heutigen prominenten Stellung des Menschenwürdebegriffs mag dies verwundern. Die so lange ausgebliebene Rezeption hat verschiedene Gründe:

1. Durch Rückprojektion der heutigen Bedeutungszuschreibung auf die Diskurse der Vergangenheit neigt man dazu, die systematische Bedeutung des Menschenwürdebegriffs in diesen zu überschätzen. Dies trifft sogar auf Kant zu, der als einziger Philosoph der Menschenwürde eine systematische Funktion zugewiesen hatte. Aus der faktisch marginalen Rolle der Menschenwürde in der Philosophie ergab sich für das Rechtswesen keine Notwendigkeit, der Nachbardisziplin diesen Begriff zu entnehmen.

2. Die im 19. Jahrhundert das Rechtsverständnis in Deutschland prägenden Basistheorien, die historische Rechtsschule

und der Rechtspositivismus, boten keinen Ansatzpunkt[9] für eine Rezeption der philosophischen Tradition.

3. Aus dem Naturrecht des 18. Jahrhunderts wurden die Menschenrechte abgeleitet. Hieraus hätte sich ein Anknüpfungspunkt ergeben können. Die Rechtswirklichkeit des 18. Jahrhunderts war aber eine andere als im 20. Jahrhundert. Die Erfahrung der vollkommenen Entrechtung durch die totalitären Regime verlangte nach Einführung eines Rechtsprinzip, das ein Minimum an Rechtsschutz garantierte. Dafür bestand im 18. Jahrhundert kein Anlaß, da die Staaten Rechtsstaaten waren[10] – wenn auch nicht in dem umfassenden Sinne der Gegenwart. Es ging damals nur darum, zusätzlich zur bereits vorhandenen Rechtlichkeit ordentlicher Gerichtsverfahren und einer rationalen Gesetzgebung dem Staat Freiheitsrechte in Form der Menschenrechte abzutrotzen. Ein Zustand völliger Rechtlosigkeit, der durch ein darauf bezogenes Rechtsprinzip verhindert werden sollte, war damals nicht vorstellbar.

4. Nach dem Tode Kants versank der Menschenwürdebegriff in einen Dornröschenschlaf, aus dem er erst 1945 wieder erwachte. Kein bedeutender Denker des 19. Jahrhunderts hatte diesen im Repertoire. Woran hätte also die Rechtslehre anknüpfen können?

---

9 Alain de Benoist begründet das vergleichbare Verschwinden der Menschenrechte aus dem staatsrechtlichen Denken dieses Jahrhunderts folgendermaßen: „Die Beschäftigung mit dem Zeitbegriff hatte eine gewisse Geringschätzungs jener abstrakten Zeitlosigkeit zur Folge, die den ›Naturzustand‹ kennzeichnet, aus dem die Rechte sich herleiten.“ (Alain de Benoist, S. 40)

10 „Die rechtsstaatliche Verfassung … ist eine geniale Schöpfung des Geistes der Aufklärung. Als solche war sie mit ihrer Entstehung abgeschlossen und fertig; eine systematische Konzeption in der logischen Verknüpfung ihrer Elemente: Grundrechte, Gewaltenteilung, normativer Gesetzesbegriff, Unabhängigkeit des Richters usw., an der es nichts mehr zu verbessern gab. Das war im Ausgang des 18. Jahrhunderts. Auf die Wirklichkeit dieser Zeit ist die rechtsstaatliche Verfassung bezogen.“ (Ernst Forsthoff: Verfassung und Verfassungswirklichkeit der Bundesrepublik, in: Forsthoff, S. 25f.)

Die Erfahrung totalitären Unrechts war Anlaß für die Einführung des Menschenwürdeprinzips[11], weshalb dieses auch erst nach Ende des Zweiten Weltkriegs Eingang ins juristische Denken finden konnte. Bereits unmittelbar nach Kriegsende bekannten sich die Vereinten Nationen in ihrem Gründungsdokument, der UN-Charta, zum „Glauben an die Grundrechte des Menschen, an Würde und Wert der menschlichen Persönlichkeit, an die Gleichberechtigung von Mann und Frau sowie von allen Nationen, groß oder klein …“[12] Dieser rein deklaratorischen und reichlich wirren Aneinanderreihung von Werten aus unvereinbaren Kategorien[13] folgte im Dezember 1948 die deutlich konsistentere „Allgemeine Erklärung der Menschenrechte“, welche konstatierte, daß „die Anerkennung der angeborenen Würde und der gleichen und unveräußerlichen Rechte aller Mitglieder der Gemeinschaft der Menschen die Grundlage von Freiheit, Gerechtigkeit und Frieden in der Welt“[14] bilde. Inwiefern die beiden UN-Dokumente die Menschenwürdekonzeption des Grundgesetzes beeinflußt haben, ist umstritten.[15] Eine generelle Vorbildfunktion der Vereinten Nationen möchte ich angesichts des deutlich bekundeten Widerstands der deutschen Parlamentarier gegen die Besatzervorgaben ausschließen. Die Vereinten Nationen waren ein Institut der Kriegsgegner Deutschlands[16], die sich mit der notorischen Feindstaatenklausel ein ohne weiteren Beschluß exekutierbares Interventionsrecht einräumten. Allerdings ist die Übereinstimmung zwischen der

11 vgl. Dietmar von der Pfordten, S. 9

12 zit. nach Baldus, S. 43

13 Warum beschränkt sich der Gleichbehandlungsgrundsatz auf die Geschlechter, wie kann man die Gleichberechtigung von Mann und Frau mit der von Nationen gleichsetzen?

14 zit. nach Baldus, S. 42

15 vgl. Baldus, S. 44

16 Churchill verwendet in seinen Memoiren „Vereinte Nationen“ als Synonym für „Alliierte“.

UN-Menschenrechtserklärung und Art. 1.2 GG[17] in der Formulierung der originellen, keineswegs selbstverständlichen und auch etwas problematischen[18] Idee, daß Menschenrechte und Menschenwürde die Grundlage für Gerechtigkeit und Frieden in der Welt bilden sollen, derart auffällig, daß ein Zufall ausgeschlossen werden muß[19]. Andererseits wurde bereits in der Präambel der bayerischen Landesverfassung vom Dezember 1946 die Menschenwürde erwähnt: „Angesichts des Trümmerfeldes, zu dem eine Staats- und Gesellschaftsordnung ohne Gott, ohne Gewissen und ohne Achtung vor der Würde des Menschen die Überlebenden des zweiten Weltkriegs geführt hat …“[20] Der Vollständigkeit halber sei an dieser Stelle erwähnt, daß der Menschenwürdebegriff schon vor dem Zweiten Weltkrieg in zwei Verfassungen Eingang gefunden hatte: zum einen in der Verfassung der Irischen Republik von 1937, wo er allerdings als eine Bestimmung unter vielen sich in der weitschweifigen und religiös grundierten Präambel verliert[21]. Genauso wenig praktische Relevanz erlangte er im deutlich konkreter gefaßten Artikel 153 der Weimarer Reichsverfassung, wo der Wirtschaftsordnung die Aufgabe der „Gewährleistung eines menschenwürdigen Daseins für alle“[22] zugewiesen wurde. Die bloße Nennung eines Begriffs ohne Kenntnis der Hintergründe

---

17 Menschenrechte „als Grundlage jeder menschlichen Gemeinschaft, des Friedens und der Gerechtigkeit in der Welt“.

18 Mehr hierzu auf S. 154f.

19 Hermann von Mangoldt, neben Carlo Schmid und Theodor Heuss einer der profiliertesten Diskussionsteilnehmer, verweist im November 1948 explizit auf die „Allgemeine Erklärung der Menschenrechte“ der UN (vgl. Baldus, S. 20).

20 zit. nach Baldus, S. 282

21 vgl. von der Pfordten, S. 42

22 zit. nach von der Pfordten, S. 41. Von der Pfordten bemerkt hierzu: „In der Weimarer Republik war umstritten, ob es sich um einen bloßen Programmsatz oder eine rechtliche Regelung handelt. Jedenfalls hat die Norm keine große Wirksamkeit entfaltet.“ (ebd.)

kann nicht mehr als einen Anstoß geben. Deswegen sollte der Einfluß der Dokumente, die bereits den Menschenwürdebegriff erwähnten, nicht überschätzt werden. Dies trifft auch auf die religiös-philosophische Tradition zu, die in den Überlegungen des Parlamentarischen Rates kaum eine Rolle spielte.

Eine religiöse oder naturrechtliche Begründung der Menschenwürde wurde nach eingehender Diskussion verworfen. Erwähnenswert ist, daß der Sozialdemokrat Carlo Schmid sich in seiner Ablehnung des Naturrechts auf den Konservativen Edmund Burke bezog, der darauf verwies, daß „von Natur aus der Mensch überhaupt keine Rechte" habe, sondern diese „dem Menschen geschichtlich zugewachsen sind."[23] Dürig berichtet, daß man die Menschenwürde quasi als Ersatz genommen hat, weil sich die Erwähnung Gottes „als Urgrund alles Geschaffenen" nicht durchsetzen ließ.[24] Einigkeit bestand in dem Bestreben, das für die gesellschaftliche und politische Ordnung des westdeutschen Staates leitende, ethisch fundierte Selbstverständnis auf einen prägnanten Begriff[25] zu bringen, der eine Absage an Staatsvergottung und die Garantie eines Mindeststandards von Rechten implizierte. An eine die gesamte Verfassung durchstrahlende und umfassende Supernorm war aber noch nicht gedacht.

---

23 zit. nach Baldus, S. 18

24 Eugen Dürig 1956, S. 117

25 Dabei suchte man auch, gewissermaßen „Verfassungsmarketing" treibend, nach einer „gut klingenden" Formulierung mit „erhebender Wirkung" (vgl. Baldus, S. 19f.).

Cicero

Auch wenn sich die vorliegende Abhandlung nur mit der Menschenwürde im Grundgesetz beschäftigt, sollte dennoch die philosophische und theologische Vorgeschichte des verfassungsrechtlichen Menschenwürdebegriffs kurz umrissen werden. Dies dient nicht nur einem Überblick über den Begriffshorizont, sondern zeigt auch, sich auf einige Punkte beschränkend, die Unterschiede zwischen einem philosophischen und einem verfassungsrechtlichen Menschenwürdeverständnis auf.[26]

> *„Wie oft bemerkt worden ist, kennt die griechische Antike den Begriff der menschlichen Würde noch nicht. Zweifellos gibt es schon einen Begriff der Würde, doch dieser dient vor allem zur Kennzeichnung einer besonderen Haltung, daneben auch eines besonderen Status, und er verbindet sich mit den Erwartungen und Privilegien, die dieser Status mit sich bringt."*[27]

Diese Art Würde kommt dem „Großgesinnten" zu. Mit diesem Ausdruck beschreibt Aristoteles den Idealtypus eines Aristokraten[28]. Da er schon an der Spitze steht, muß er sich nicht ereifern; er strebt nicht nach Ehren, Beifall, da er sich seiner Größe bewußt ist und keiner Bestätigung bedarf. Er ruht in sich, weshalb er sich weder von Positivem noch Negativen beeindrucken läßt. Darum handelt er gelassen und eben würdevoll.

26 Als etwas ernüchterndes Resultat des Studiums einschlägiger Literatur hat sich ergeben, daß das Bild der Menschenwürde umso trüber und die vorgebrachten Argumente umso unhaltbarer werden, je weiter man sich von den auf konkrete Tatbestände und präzise Problemstellungen bezogenen dezidiert juristischen Diskursen entfernt.

27 Mario Brandhorst: Zur Geschichtlichkeit menschlicher Würde, in: Brandhorst/Weber-Guskar, S. 121

28 Aristoteles, S. 136-143

Dieses bereits stoisch zu nennende Lebensführungsideal wurde von der Stoa gewissermaßen demokratisiert, also für alle Menschen als verwirklichbar empfohlen. Cicero, der Anregungen aus allen wichtigen Philosophenschulen aufnahm und weiterverarbeitete, gab der stoischen Ethik einen besonderen Dreh, indem er sie mit dem Würdebegriff (lateinisch: dignitas) verknüpfte. Während sich Aristoteles primär für die Stellung des Menschen in der Gesellschaft interessiert und diese durch die Analyse der Unterschiede zwischen Persönlichkeitstypen und Verhaltensweisen untersucht, fragt Cicero nach der Stellung des Menschen im Kosmos. Er bestimmt das Wesen des Menschen durch dessen Unterscheidung vom Tier.[29] Auch dignitas bezeichnet das für hochgestellte Persönlichkeiten (z. B. Senatoren) erwartbare würdevolle Verhalten. Cicero überträgt nun diesen Würdebegriff auf das Verhältnis von Mensch zum Tier. So wie der würdige Amtsinhaber den Durchschnittsbürger durch seine Würde überragt, so übertrifft in gleicher Weise der Mensch das Tier. Die Würde des Amtsinhaber, die sich in seinem würdevollen Verhalten manifestiert, resultiert, modern gesprochen, aus seiner vernunftgesteuerten Triebbeherrschung. Diese würdebewirkende Fähigkeit zur Triebbeherrschung unterschiedet den Menschen vom Tier. Diese, die erhabene Stellung des Menschen begründende Fähigkeit ist aber nur eine Anlage, eine Potentialität, die sich nur durch ihren tatsächlichen Gebrauch aktualisieren läßt.

> *„Dieser Vorrang verpflichtet uns nach Cicero auch zu einer bestimmten Lebensweise, eben zu jenem kontrollierten, maßvollen, durch Prinzipien bestimmten Verhalten, in dem römische Vornehmheit und Stoizismus zusammenfließen.“*[30]

---

29 Mit Cicero beginnt deshalb auch die Geschichte des Humanismus.

30 Rüdiger Bittner: Abschied von der Menschenwürde, in: Brandhorst/Weber-Guskar, S. 93

„Wenn wir bedenken wollen, eine wie überlegene Stellung und Würde in (unserem) Wesen liegt, dann werden wir einsehen, wie schändlich es ist, in Genußsucht sich treiben zu lassen und verzärtelt und weichlich, und wie ehrenhaft andererseits, sparsam, enthaltsam, streng und nüchtern zu leben.“[31]

Mit Cicero wird erstmals die Besonderheit des Menschen am Begriff der Würde festgemacht. Wie von der Pfordten bemerkt, erfolgte Ciceros Erhebung der Würde zu einem philosophischen Begriff „ohne systemtragende Funktion und ohne konsistente Begriffsverwendung“[32], vor allem aber hatte sie keine weiteren Konsequenzen.

Kirche

Die Kirchenväter nehmen die in der antiken Philosophie vorgenommene Unterscheidung von Mensch und Tier auf und geben der diese gründende Vernunftbestimmtheit des Menschen eine ethische Wendung. Dies trifft vor allem auf Augustinus zu, der Würde mit der Fähigkeit identifiziert, sich frei zwischen Gut und Böse zu entscheiden.[33] Bedeutsamer für das christliche Würdeverständnis war aber die in der Bibel in Genesis I, 26-28 beschriebene Gottesebenbildlichkeit: „Gott schuf den Menschen nach seinem Bilde.“ Damit kommt unterschiedslos allen Menschen, unabhängig vom sozialen Status, Würde zu, die in der Gottesebenbildlichkeit besteht. Allerdings hat sich der Mensch durch den Sündenfall von Gott entfernt, weshalb das in seinem Wesen liegende Bild Gottes zu einem schwachen

31 Marcus Tullius Cicero: De officiis / Vom pflichtgemäßen Handeln, zit. nach: Franz Josef Wetz 2020, S. 35

32 von der Pfordten, S. 21

33 vgl. P. Tiedemann, S. 148ff.

Abglanz reduziert wurde, das erst durch Frömmigkeit wieder zum Strahlen gebracht werden kann. Origines schreibt:

> *„Der Mensch „sollte sich selbst durch eigenen Eifer diese Ähnlichkeit zur Nachahmung Gottes erwerben; nachdem ihm zu Anfang die Fähigkeit zur Vervollkommnung kraft der Würde des Bildes gegeben war, sollte er schließlich am Ende selber durch eigenes Wirken die vollkommene Ähnlichkeit vollenden.“*[34]

Die menschliche Würdehaftigkeit ist also eine Potenz, die erst durch die richtige, gottesfürchtige Lebensführung wirklich wird. „Nur wer sich seiner Würde gemäß verhält, dem kommt sie im eigentlichen Sinne auch zu.“[35]

Ich muß an dieser Stelle vom bloßen Referieren der Geschichte des Würdediskurses abweichen, weil das christliche Würdekonzept bei der Interpretation des grundgesetzlichen Würdebegriffs durch die der christlichen Lehre verpflichteten Philosophen (Spaemann) und Staatsrechtler (Isensee, Böckenförde, Kriele) eine bedeutsame Rolle spielt. Bereits der kurze Abriß macht deutlich, wie unterschiedlich der christliche Würdebegriff hinsichtlich des Verhältnisses von Potentialität und Aktualität ausgelegt werden kann. Wenn man den Gesichtspunkt der Gottesebenbildlichkeit betont, dann haben alle Menschen Würde, wenn man aber das Schwergewicht auf den Verwirklichungsauftrag legt, dann haben nur fromme Menschen wirklich Würde. Die für die Grundlegung einer Rechts- und Wertordnung unabdingbare Voraussetzung einer immer vorhandenen Würde läßt sich der christlichen Tradition nicht zweifelsfrei entnehmen. Die Begründung der Menschenwürde durch die Gottesebenbildlichkeit ist, wie Spaemann und Bök-

---

34 zit. nach F. J. Wetz 2020, S. 46

35 P. Tiedemann, S. 121

kenförde betonen,[36] stärker und schlüssiger als andere Begründungsansätze, weil sich aus der Höchstwertigkeit Gottes, die durch die Gottesebenbildlichkeit ins Wesen des Menschen integriert ist, unmittelbar die Höchstwertigkeit der Menschenwürde ergibt, während die anderen Konzepte sich auf Eigenschaften bzw. Leistungen beziehen, die entweder nicht alle Menschen besitzen oder bei denen erst begründet werden muß, warum sie einen Wert haben sollen. Aber dieser Begründungsansatz ist – auch innerhalb einer immanent religiösen Sichtweise – nur glaubwürdig, weil die Gottesebenbildlichkeit aus dem religiösen Kontext herausgelöst wurde, indem der gegenstrebige Verwirklichungsauftrag ignoriert wird. Die Argumentation ist also eher suggestiv als faktisch gerechtfertigt, weil nur die Dignität der christlichen Religion in Anspruch genommen wird, ohne deren in der historischen Wirklichkeit konkretisierten Gehalt zu berücksichtigen. Typisch für die hier zu kritisierende anachronistische Interpretationsweise ist die Behauptung Christian Starcks, aus der Gottesebenbildlichkeit erwachse ein „unverfügbarer Eigenwert, weshalb der Mensch nie zum bloßen Objekt oder Instrument gemacht werden darf."[37] „Eigenwert" und „Reduktion zum Objekt (Objektformel)" sind Ausdrücke der aktuellen Diskussion, aber keine originär christlichen. Es wird dem ganz andersgearteten christlichen Ursprung durch Rückprojektion ein moderner Sinn unterschoben.

Es treten aber noch weitere Probleme hinzu. Die praktische Intention des Gottesebenbildlichkeitstopos zielt auf das individuelle Verhalten. Er ist deskriptiv eine Aussage über das Wesen des Menschen und normativ ein moralischer Appell zu einer gottesfürchtigen Lebensweise, um die potentielle Würde zu aktualisieren. Dieser Appell richtet sich an das Individuum und schreibt ihm vor, wie es sich zu sich selbst verhalten soll

36 vgl. Baldus, S. 140

37 Christian Starck, S. 459 f.

– nicht jedoch gegenüber anderen. Man kann daraus zwar auch eine Verpflichtung des Staates zur Achtung der Menschenwürde ableiten, aber dies ergibt sich nicht zwingend aus dem realen Textkorpus der Tradition. Die Transformation einer moralischen zu einer rechtlichen Norm bedarf selbst wiederum einer Begründung. Josef Isensee versuchte eine solche zu liefern, indem er behauptete, die Menschenwürde und die Menschenrechte seien „unmittelbares Derivat des Christentums" und „von jeher Lehre der Kirche"[38] gewesen. Diese *Derivatthese* erfuhr deutliche Kritik. Die katholische Kirche bekannte sich erst 1963 förmlich zu den Menschenrechten[39], was sie wohl wesentlich früher getan hätte, wenn sie diese als legitimen Nachkommen ihrer eigenen Lehre betrachtet hätte. Zudem hat sie aus der Gleichheit der Würde kein Recht auf gleiche Rechte gefolgert, was ganz grundsätzlich auch darauf verweist, daß „der Diskurs über Würde und der über Menschenrechte die längste Zeit gerade nicht verbunden waren."[40] Schließlich sei die Menschenwürde nie ein zentrales theologisches Theorem gewesen. Sie sei durch folgende drei Faktoren relativiert worden: Einsicht in die Sündhaftigkeit des Menschen, Zurücktreten der Gemeinsamkeit des genus humanum hinter die Unterscheidung zwischen Christen, Häretikern und Nichtchristen, Einzeichnung der christlichen Anthropologie in ein ständisches Gesellschaftsbild.[41] Die Menschenwürde zählte nicht zu den zentralen Dogmen und war auch in den zahlreichen Glaubensstreiten, Schismen und Abspaltungen kein Thema. Wichtiger waren Themen wie Dreifaltigkeit und göttlich/menschlicher Status von Jesus, das Problem des Bösen und der Sünde, die

---

38 zit. nach Baldus, S. 141

39 vgl. Brandhorst, S. 126

40 Holmer Steinfath: Menschenwürde ziwschen universalistischer Moral und spezifischem Lebensideal, in: Brandhorst/Weber-Guskar, S. 278

41 vgl. Wolfgang Huber, S. 578f.

göttliche Gnade und die Erlösung, die Auseinandersetzung um Realpräsenz oder Symbolik. Nicht aus der überragenden Bedeutsamkeit der Gottesebenbildlichkeit ist die Menschenwürde abgeleitet worden, sondern *umgekehrt* hat das Bedeutsamwerden des Menschenwürdeprinzips die Aufmerksamkeit auf den bislang eher unauffälligen Topos der Gottesebenbildlichkeit gelenkt. Im Hinblick auf das tatsächliche Verhalten der katholischen Kirche in der Vergangenheit läßt sich erkennen, daß trotz Beachtung der durch die Gottesebenbildlichkeit gestifteten Menschenwürde dieser keine Rechtsschutzwirkung im modernen Sinne zukam. Dies gilt auch, um ein besonders drastisches Beispiel heranzuziehen, das unserem Rechtsverständnis völlig fremd geworden ist, für die Inquisition. Um diese als Rechtsinstitut anerkennen zu können, muß man unser heutiges Rechtsverständnis einklammern und sich in das der damaligen Zeit hineinversetzen. Die Inhalte der Rechtsordnungen wandeln sich, der formale Unterschied zwischen Recht und Willkür aber ist unveränderlich, also zwischen der Orientierung an weithin (geographisch wie gesellschaftlich) anerkannten, feststehenden und durch ein geregeltes Verfahren zustande gekommenen Normen und der Orientierung an der Beliebigkeit subjektiven Willens. Stellt man sich auf den Boden der damaligen rechtlichen, religiösen und moralischen Vorstellungen, so dient gerade die drakonische Strafe der Rettung des Seelenheils und durch die Buße der Wiederherstellung der personalen Würde. Auch gesellschaftliche Ungleichheit tut der Würde keinen Abbruch, da in einer ständischen Gesellschaft die Würde standesbezogen ist und in der perfekten Verwirklichung der standestypischen Normen besteht. Auch wenn der Bauer rangmäßig dem Ritter untergeordnet ist, so ist er genau wie dieser ein Mensch und genießt – auch gegenüber dem Höheren – rechtlichen Schutz. Die Qualität als Mensch und deren rechtliche Anerkennung wird durch gesellschaftliche Ungleichheit nicht beeinträchtigt. Man kann also weder systematisch noch historisch die Menschenrechte aus der Würde ableiten. Beide Konzeptionen sind unabhängig voneinander entstanden, wobei die Würdekonzeption die weitaus ältere ist, und haben sich auch lange unabhängig voneinander fortentwickelt.

Wie oben (S. 35) erwähnt, ist der religiöse Begründungsansatz der in sich stimmigste, da sich die Konklusion zwingend aus den Prämissen ergibt. Aber die Prämissen sind zweifelhaft geworden. In dem Maße, wie die Menschenwürde ins Zentrum des Nachdenkens über das Wesen des Menschen rückte und zum Grundstein moderner Rechtsordnungen wurde, sind die geistigen Grundlagen weggebrochen, mit denen ihre herausragende Stellung gerechtfertigt werden soll. Mit dem nachlassenden Einfluß des Christentums auf die Lebenswirklichkeit moderner westlicher Gesellschaften hat auch der Bezug auf die Gottesebenbildlichkeit an Überzeugungskraft eingebüßt. Die wesentlichen Dogmen des Christentums werden nicht mehr in dem Maße geglaubt, wie es erforderlich wäre, um eine Rechtsordnung für alle unzweifelhaft legitimieren zu können, weshalb auch die Verfassungsgeber auf eine christliche Fundierung der Menschenwürde verzichtet hatten. Für diejenigen, die nicht an (den christlichen) Gott glauben, ist die Gottesebenbildlichkeit bedeutungslos. Bereits vor dem massiven Bedeutungsschwund des Christentums im Verlauf des 20. Jahrhunderts hatte sich der moderne Staat von einer religiösen Legitimation verabschiedet und seine Daseinsberechtigung autonom begründet. Noch verbliebene Bezüge zu religiösen Formeln sind zu abstrakt und formell, um damit die Stärke des das Innere ergreifenden, echt religiösen Gefühls zu evozieren, das geeignet wäre, um staatsbürgerliche Tugenden zu befördern. Ist der Glaube verlorengegangen, läßt sich Gläubigkeit auch nicht durch die festeste Überzeugung von der versittlichenden Nützlichkeit der Religion erzwingen. Indem aber das Band zum von alters her die

Würde legitimierenden Argument der Gottesebenbildlichkeit zerschnitten wurde, hängt die Würde gewissermaßen in der Luft. Man weiß nicht so recht, was am Menschen so Besonderes dran sein solle, weshalb er in seinem bloßen Vorhandensein, als Wesen an sich unter Absehung konkreter Leistungen in besonderer Weise geschätzt werden solle.

Trotz der Relativierung des Einflusses der christlichen Tradition bleibt unbestritten, daß der Rechtsbegriff der Menschenwürde in einer christlichen Kultur entstanden ist. Ohne den religiös überlieferten Menschenwürdebegriff und ohne den sich aus der individuellen Frömmigkeit, die den christlichen Gottesbezug kennzeichnet, entstandenen Individualismus wäre nach 1945 niemand auf die Idee gekommen, das angestrebte Prinzip eines unverfügbaren, vom Staat zu achtenden Rechts auf Schutzwürdigkeit des Individuums mit dem Begriff der Menschenwürde zu belegen. Allerdings begrenzt dies auch die Überzeugungskraft eines aus einem spezifischen religiösen Kontext entstammenden normativen Prinzips. In vielen anderen Religionen findet sich kein vergleichbarer Glaubensinhalt. Insbesondere in Religionen, in denen Gott bzw. Götter als etwas vollkommen Andersartiges, nicht personenhaft Konkretisiertes vorgestellt werden, kann so etwas wie Gottesebenbildlichkeit gar nicht verstanden werden, weshalb auch eine Übernahme dieses Begriffs nicht möglich ist. Damit taugt die Gottesebenbildlichkeit nicht als Begründung für die Akzeptanz des Menschenwürde-Prinzips in Kulturkreisen, die nicht der jüdisch-christlichen Tradition angehören. Tiedemann schreibt daher zu Recht: „Der Gedanke der Menschenwürde kann sich nur in Kulturen entwickeln, die über ein individuelles Bewusstsein der Abgegrenztheit zum Anderen und zur Außenwelt verfügen. Denn mit dem Begriff der Würde wird gerade auf diese Differenz abgestellt und der Mensch als Individuum ernst genommen."[42] Dies bestätigt Hiroshi Hattori, der als Quintessenz seiner Ausführungen über die geringe rechtliche Bedeutung der Menschenwürde in Japan, obwohl diese nominell in der Verfassung verankert ist, feststellt, daß ein Verständnis für Menschenwürde im westlichen Sinn sich in Japan nicht durchgesetzt habe, weil die traditionelle Vorstellung einer Leistung, die insbesondere den Kaiser betrifft, zu stark war.[43]

Da die Menschenwürde, wie gezeigt, faktisch nicht die ihr zugedachte prominente Stellung in der christlichen Religion besaß und diese auch nur über den von ihr qua individueller Frömmigkeit angestoßenen Individualisierungsprozeß im Laufe der Zeit Rechtswirksamkeit erlangte, stellt sich die Frage, wieviel Christentum überhaupt noch in der Menschenwürde steckt. Diese Frage ist entscheidend, weil die Menschenwürde nur dann eine einigermaßen verläßliche Schutzwirkung entfalten kann, wenn sie sich auf eine sich politischer Funktionalisierung entziehende autonome Deutungsmacht stützen kann. Nur ein autonomes System der Sittlichkeit kann der potentiellen Totalität des Politischen Widerstand leisten und diesem zumindest seine einstigen Versprechungen entgegenhalten. Auf die Gefahren einer völlig metaphysikfreien Menschenwürdekonzeption hat Christian Starck 1981 aufmerksam gemacht, dessen geradezu unheimlich anmutende prophetische Vorwegnahme heutiger Tendenzen es verdient, ausführlich zitiert zu werden:

> *„Ohne Metaphysik wäre der Mensch restlos der überlegenen staatlichen Macht ausgeliefert. Geriete die metaphysische Begründung von Menschenwürde und Freiheit in Vergessenheit, so ständen die Worte des Grundgesetzes beliebiger Deutung offen. Das Grundgesetz könnte als*

42 P. Tiedemann, S. 144

43 Hiroshi Hattori: Was lehrt das Scheitern der Verwurzelung des Begriffs der „Menschenwürde" in Japan?, in: Neumann/Tiedemann/Liu, S. 75-88

Heilsersatz die Bedeutung eines heiligen Textes erhalten. Die Verfassung als säkularisierte Bibel oder gar als Sakrament mit vagabundierenden, aus ihren Wurzeln gelösten Begriffen brächte den staatlichen Funktionsträgern einen unermeßlichen Machtzuwachs. Die Worte des von seinen geistigen Grundlagen gelösten ... Grundgesetzes stünden beliebiger Deutung und damit jeder quasi-religiösen Reformpolitik offen: heute unter wohlfahrtsstaatlichem, morgen unter tugendstaatlichem Vorzeichen.“[44]

Pico

„Giovanni Pico della Mirandola wird mit seiner ›De hominis dignitate‹ (›Über die Würde des Menschen‹) betitelten Rede von 1486 nicht selten als Ahnherr oder gar Erfinder der Menschenwürde angesehen.“[45] Allerdings taucht der Ausdruck Menschenwürde kein einziges Mal im gesamten Text auf und auch der Buchtitel stammt nicht von ihm. Auch macht ihn sein magisch-kosmisches Denken nicht anschlußfähig für ein modernes Menschenwürdeverständnis. Dennoch enthält sein Würdekonzept einen völlig neuen Gesichtspunkt. Pico fingiert eine an einen exemplarischen Menschen gerichtete Ansprache Gottes: „Weder als einen Himmlischen noch als einen Irdischen habe ich dich geschaffen …, damit du wie ein Former und Bildner deiner selbst nach eigenem Belieben und aus eigener Macht zu der Gestalt dich ausbilden kannst, die du bevorzugst.“[46] Neu ist der Gedanke der Selbstbestimmung. Nicht mehr einem vorgegebenen Lebensplan (dem senatorisch-stoischen Ideal bei Cicero oder der imitatio Christi) gilt es zu entsprechen; vielmehr ist

44 Ch. Starck, S. 463

45 D. von der Pfordten, S. 25

46 zit. nach F. J. Wetz 2020, S. 85

der Mensch nun völlig frei, wie er sein Leben führen soll. Diese Freiheit zur Selbstbestimmung ist ein wesentliches Merkmal des modernen Menschenbildes, in das auch das Nachdenken über Menschenwürde eingebettet ist.

Pufendorf

„Pufendorf ist der eigentliche Begründer der deutschen Naturrechtslehre“[47] und zugleich Theoretiker des Absolutismus. In der politischen Philosophie ist er das deutsche Pendant zu Hobbes, aber auch dessen Gegenpart. Wo Hobbes radikal ist, vom individuellen Egoismus ausgeht und konsequent deduziert, ist Pufendorf gemäßigt, eine grundsätzliche Gemeinschaftsbezogenheit des menschlichen Daseins annehmend und vermittelnd vorgehend. Im Gegensatz zu Hobbes ist er aber weitgehend in Vergessenheit geraten und damit auch seine originelle Konzeption von Menschenwürde. Die bisher vorgestellten Menschenwürdekonzeptionen waren entweder reine oder Mischformen von Leistungs- oder Mitgifttheorien: die Menschenwürde ist entweder durch Vernunft oder Gottesebenbildlichkeit bereits als solche realisiert oder durch diese nur als Anlage mitgegeben, die im Handeln verwirklicht werden muß. Pufendorf ist der erste, der eine Anerkennungstheorie formuliert hat, die zudem weitgehend frei ist von metaphysischen Vorannahmen.

> *„Für das Zusammenleben der Menschen sind für Pufendorf insbesondere zwei menschliche Eigenschaften bestimmend: die imbecilitas und die socialitas. Die physische Schwäche und Hilflosigkeit (imbecilitas) des Menschen führt dazu, daß er auf Selbstschutz angewiesen ist, wobei er auf die Hilfe anderer angewiesen ist.“*[48]

47 Friedrich Berber, S. 369

48 Ilse Staff, S. 93

Das Mängelwesen Mensch kann nur in der Gemeinschaft mit anderen zusammenleben. Hilfe von anderen kann er aber nur beanspruchen, wenn er auch anderen hilft. Er muß also auf Gegenseitigkeit beruhende Beziehungen aufbauen, was nur möglich ist, wenn er andere als gleichwertig anerkennt.

> *„Der Mensch ist nicht nur ein auf Selbsterhaltung bedachtes Lebewesen. Ihm ist auch ein feines Gefühl der Selbstachtung eingegeben, dessen Verletzung ihn nicht weniger tief trifft als ein Schaden an Körper oder Vermögen. In dem Wort Mensch selbst scheint sogar eine gewisse Würdigkeit (dignatio) zum Ausdruck zu kommen, so dass das äußerste und wirksamste Argument zur Zurückweisung einer dreisten Verhöhnung der Hinweis ist: Immerhin bin ich kein Hund, sondern ein Mensch gleich dir. Also steht allen die menschliche Natur in gleicher Weise zu, und niemand möchte gern jemandem zugesellt werden ..., der ihn nicht zumindest ebenfalls als Menschen betrachtet, der an der gleichen Natur teilhat. Deswegen steht folgende Regel an zweiter Stelle unter den Pflichten aller gegen alle: Daß jeder jeden anderen Menschen als jemanden, der ihm von Natur aus gleich ist und in gleicher Weise Mensch ist, ansieht und behandelt.“*[49]

Durch einen Verstoß gegen den Gleichbehandlungsgrundsatz wird einem Menschen, wie Pufendorf ausdrücklich feststellt, die Würde genommen.

---

49 Samuel Pufendorf, S. 78

Kant und die Objektformel

Von allen Menschenwürdekonzeptionen der Vergangenheit hat allein diejenige Kants einen nennenswerten Einfluß auf die Deutung des grundgesetzlichen Menschenwürdebegriffs ausgeübt. Dies hat nicht nur mit dem niemals bestrittenen Rang Kants in der Philosophie und der auch nie unterbrochenen Kantrezeption zu tun, sondern vor allem damit, daß nur in seiner Philosophie die Menschenwürde eine systematische Funktion besitzt. Darüber hinaus verzichtet sein Menschenwürdekonzept auf religiöse, kosmologische oder sonstige Vorannahmen, die immer in Zweifel gezogen werden können.[50] Seine Morallehre hat sich zum Ziel gesetzt, rein formal die allgemein zustimmungsfähigen Grundlagen moralischen Handelns zu bestimmen. Da die Kantsche Moralphilosophie in ihren Grundzügen weithin akzeptiert ist, bietet sie sich zur theoretischen Vertiefung des grundgesetzlichen Würdebegriffs an. So bezieht sich die sehr einflußreiche, von Günter Dürig geprägte Objektformel direkt auf die zweite Variante des kategorischen Imperativs:

> *„Die Menschenwürde ist getroffen, wenn der konkrete Mensch zum Objekt, zu einem bloßen Mittel, zur vertretbaren Sache herabgewürdigt wird.“*[51]

Bei Kant heißt es:

> *„Handle so, daß du die Menschheit, sowohl in deiner Person, als in der Person eines jeden andern, jederzeit zugleich als Zweck, niemals bloß als Mittel brauchest.“*[52]

Für das Bundesverfassungsgericht[53] war die Objektformel Dürigs vor allem während der 60er Jahre ein zentrales Orien-

50 vgl. M. Brandhorst in: Brandhorst/Weber-Guskar, S. 131

51 G. Dürig 1979, S. 15 (28)

52 I. Kant 1977, S. 61

53 Wird, wie gängige Praxis, in der Folge zumeist als BVerfG abgekürzt.

tierungskriterium. Hierzu ein Auszug aus dem Mikrozensus-Urteil, bei dem es um die statistische Erfassung von Personendaten ging:

> *„Es widerspreche der menschlichen Würde, den Menschen zum bloßen Objekt im Staat zu machen."* Daher ist es dem Staat auch nicht erlaubt, *„den Menschen zwangsweise in seiner ganzen Persönlichkeit zu registrieren und zu katalogisieren ... und ihn damit wie eine Sache zu behandeln, die einer Bestandsaufnahme in jeder Beziehung zugänglich ist."*[54]

In diesem Kapitel wird nur die Kantsche Morallehre, sofern sie den Würdebegriff betrifft, behandelt. Die rechtliche Relevanz der daraus entwickelten Dürigschen Objektformel wird im nachfolgenden Kapitel untersucht.

Kants Würdebegriff ist verwickelt und vielschichtig. „Denn Kant verwendet das Wort ›Würde‹ in ganz unterschiedlichen Zusammenhängen."[55] Gemeinsamer Nenner ist die „Erhabenheit"[56]. Erhaben ist die Fähigkeit zur Selbstbestimmung, also die Fähigkeit, aus freier Willensentscheidung sich selbst das Gesetz zu geben. Eine zentrale Passage für das Verständnis von Kants Würdebegriff findet sich in der „Grundlegung der Metaphysik der Sitten":

> *„Man kann aus dem kurz Vorhergehenden sich es jetzt leicht erklären, wie es zugehe: daß, ob wir gleich unter dem Begriffe von Pflicht uns eine Unterwürfigkeit unter dem Gesetze denken, wir uns dadurch doch zugleich eine gewisse Erhabenheit und Würde an derjenigen Person vorstellen, die alle ihre Pflichten erfüllt. Denn so fern ist*

54 BVerfGE 27, 1 – Mikrozensus

55 Oliver Sensen: Kants erhabene Würde, in: Brandhorst/Weber-Guskar, S. 164

56 „Erhaben nennen wir das, was schlechthin groß ist." I. Kant 1978, S. 169

zwar keine Erhabenheit an ihr, als sie dem moralischen Gesetze unterworfen ist, wohl aber, so fern sie in Ansehung eben desselben zugleich gesetzgebend und nur darum ihm untergeordnet ist. Auch haben wir oben gezeigt, wie weder Furcht, noch Neigung, sondern lediglich Achtung fürs Gesetz, diejenige Triebfeder sei, die der Handlung einen moralischen Wert geben kann. Unser eigener Wille, so fern er, nur unter der Bedingung einer durch seine Maximen möglichen allgemeinen Gesetzgebung, handeln würde, dieser uns mögliche Wille in der Idee, ist der eigentliche Gegenstand der Achtung, und die Würde der Menschheit besteht eben in dieser Fähigkeit, allgemein gesetzgebend, obgleich mit dem Beding, eben dieser Gesetzgebung zugleich selbst unterworfen zu sein."[57]

Mit „sich selbst das Gesetz geben" ist natürlich Handeln in Ansehung des kategorischen Imperativs gemeint. Dieser verhindert, daß die moralische Reflexion in subjektive, pseudomoralisch rationalisierte Willkür entartet. Das sittlich Richtige zu erkennen, ist einfach. Man muß sich praktisch immer nur fragen, ob auch das Gegenteil des Gedachten eine verallgemeinerungsfähige Maxime darstellt. Wie Kant selbst[58] am Beispiel des Lügens erläutert, kann das Gegenteil von „Du sollst nie lügen", nämlich „Du sollst immer lügen, wenn Du Dir davon einen Vorteil versprichst" nicht richtig sein, da man dann nicht nur selbst belogen wird, sondern wegen der prinzipiellen Unzuverlässigkeit von Kommunikation überhaupt kein gesellschaftliches Zusammenleben möglich wäre. Das Problem ist vielmehr, wie die eigene Moralität mit der tatsächlich vorhandenen Rechtsordnung übereinstimmt, da sein kann, daß ein empirisches Gesetz einer durch den kategorischen Imperativ gewonnenen eigenen Maxime widerspricht. Ich möchte nun,

57 I. Kant 1977, S. 74

58 I. Kant 1977, S. 28f.

wenn auch in einer eigenständigen, unkantischen, gewissermaßen Hegel mit Darwin kombinierenden Extrapolation zeigen, wie man sich eine prästabilisierte Harmonie zwischen diesen beiden potentiell konfligierenden Gesetzesformen vorstellen kann. Die Menschheit ist die einzige Lebensform, die in der Lage ist, sich selbst ein Sittengesetz zu geben. Sittengesetz soll heißen: eine Sammlung allgemein anerkannter Verhaltensnormen, die das Zusammenleben der Menschen in einer Gesellschaft sinnvoll und zweckmäßig regeln. Das Sittengesetz entsteht durch vernünftige Überlegung und nicht durch naturhaft-sinnliche Wirkung, sei dies äußerer Naturzwang oder die innermenschliche triebhafte Sinnlichkeit. Wie kann man sicher sein, daß dem so ist? Zweifel ist berechtigt, weil sich oft triebhaft-egoistische Interessen unter der Maske des vernünftigen Arguments verstecken und auch weil gesellschaftliche Regeln nicht durch Vernunft, sondern allein durch Macht zustande gekommen sind. Zweckmäßig und daher prinzipiell allgemein zustimmungsfähig ist das Sittengesetz, weil im Laufe der Zeit alle zufälligen, durch bornierte Gruppeninteressen entstandenen, durch besondere Umstände bedingten Elemente hinwegselektioniert wurden. Die aus unvernünftigen, triebhaft-egoistischen Motivationen entstandenen Setzungen bewähren sich auf Dauer nicht oder heben sich in ihrem Widerstreit gegenseitig auf. So bleibt schließlich das allgemeine Gute als gemeinsamer Nenner übrig. Das Sittengesetz ist wohlgemerkt weder das positive Gesetzesrecht noch der traditionelle Brauch, sondern steht dazwischen. Es ist das System (ungeschriebener) Regeln, an das sich der anständige Mensch hält.

Jedes Volk, jeder Kulturkreis hat ein eigenes Sittengesetz. Wäre das Sittengesetz eine reine Vernunftangelegenheit, dann dürfte es nur eines geben. Dies ist nicht möglich, weil zum einen in der Wirklichkeit nicht die idealisch geforderte komplette Ausfilterung aller kontingenter Motivationen durchgeführt werden kann, und weil zum anderen spezifische Ausgangsbedingungen spezifische Antworten hervorrufen. Aber das Relativismusproblem berührt gar nicht das Würdethema. Es geht Kant gar nicht um die inhaltliche Bestimmung eines optimalen Sittengesetzes, sondern um die formale Faktizität des Sittengesetzes und um die Beziehung des Individuums zum Sittengesetz als solchem.

Die Menschen in den verschiedenen Völkern und Kulturkreisen haben sich jeweils ein Sittengesetz gegeben, weshalb man abstrahierend und zusammenfassend auch formulieren kann, daß die Menschheit sich ein Sittengesetz gegeben hat. Indem die kontingenten, aus sinnlichen Interessen stammenden Motivationen ausgefiltert wurden, läßt sich behaupten, daß die übriggebliebenen Regeln des Sittengesetzes solchen entsprechen, die aus freiem, von Neigungen und Zwängen unabhängigen Willen entstanden wären. Sie sind also faktisch nicht aufgrund freien Willens und rein vernunftbestimmter Entscheidung entstanden, da aber ihre aktuelle Erscheinung mit denen eines solcherart entstandenen Sittengesetzes identisch ist, können diese als selbstbestimmt gelten. Indem die Menschheit überhaupt in der Lage ist, sich ein Sittengesetz zu geben, gleich welcher Qualität, zeigt sie, daß sie ihr Verhalten selbst bestimmen kann und nicht von äußeren oder inneren Zwängen bestimmt wird.

Sofern das Sittengesetz ein Mindestmaß innerer Stimmigkeit und durch die Vernunft geprüfter Sittlichkeit besitzt, was angesichts des langen Zeitraums evolutionärer Selektion angenommen werden kann und was Kant hinsichtlich der real existierenden Sittlichkeitsgesetze in Europa auch tut, übt es auf die Menschen in der Gesellschaft, in der es gilt, eine verpflichtende Wirkung aus. Indem ein Individuum das Sittengesetz als für es verpflichtend anerkennt, verhält es sich so, als habe es dieses sich selbst gegeben. Im Gegensatz zu einer weitverbreiteten Auffassung in der Literatur halte ich nicht die Selbstbestimmung, sondern den *Pflichtcharakter des Sittengesetzes* für das entscheidende Moment in der Würdethematik. Auch die sich selbst auferlegte Pflicht ist kein Spaß, wie jeder, der längere Zeit eine Diät durchgezogen hat, bestätigen kann. Handeln aus Pflicht steht zwischen einem Handeln aus Neigung und einem Handeln aus Zwang. Man macht etwas – wie bei der Neigung – freiwillig, aber – wie beim Zwang – nicht gerne. Indem man pflichtgemäß handelt, gerade auch wenn es einem schwerfällt oder auch wenn man die eine konkrete Bestimmung für unsinnig hält, erkennt man die Berechtigung des Sittengesetzes als ganzes an. Der Bezug zur Würde entsteht nicht daraus, daß das Sittengesetz per se etwas absolut Großartiges sei oder daß es von der den Menschen auszeichnenden Eigenschaft der Vernunft geschaffen wurde. Das Sittengesetz selbst wäre nur ein totes, bedeutungsloses Ding, wenn es nicht durch konkretes Handeln verlebendigt wird. Die Vernünftigkeit des Sittengesetzes ist keine moralische Angelegenheit, sondern eben nur eine der Vernunft. Es soll hier aber um die Bestimmung der moralischen Größe der Würde gehen. Wer aus innerer Neigung oder äußerem Zwang handelt, handelt wie ein Automat. Man hat dabei nicht innerlich dem Zweck des Handelns zugestimmt, sondern man fungiert quasi nur als Zwischenstation, in der ein innerer (Neigung) oder äußerer (Zwang) Impuls, mit einigen zusätzlichen Handgriffen versehen, stumpf weitergeleitet wird. Die pflichtgemäße Befolgung des Sittengesetzes, die sowohl den Verlockungen des „inneren Schweinehundes" als auch der unsinnigen Konvention oder Anordnung widersteht, macht gerade durch diese Mühsal, dieses Opfers persönlicher Annehmlichkeit die Würde aus.[59]

59 „Die Würde ist auch eine Auszeichnung für die sittliche Selbstbindung des Einzelnen. So schwer es ihm auch gefallen sein mag, er macht sich (dennoch) seine Entscheidung zu eigen, eingedenk ihrer durch die Verallgemeinerungsfähigkeit bezeugten Richtigkeit." Oliver W. Lembcke: Zwischen Selbstbefreiung und Selbstbindung: Paradigmen und Paradoxien der Würde des Menschen, in: Gary S. Schaal 2009, S. 86

Die Stärke dieses Ansatzes liegt darin, daß sie sich ganz auf die Struktur des Würdeverhaltens beschränkt und sich nicht von anderweitigen Voraussetzungen abhängig macht. Dies betrifft die Qualität der ethischen Normen, die bekanntlich durch die drei kategorischen Imperative begründet wurden. Diese können allerdings nicht nur meines Erachtens nach nicht restlos ihren Anspruch auf Grundlegung einer allgemeinen Gesetzgebung einlösen[60]. Aber ob das Sittengesetz lückenlos aus zweifelsfreien Prämissen abgeleitet oder ob seine einzelnen Bestimmungen wirklich gut sind, spielt überhaupt keine Rolle. Wesentlich ist nur, daß der Mensch sich von einem sittlich Höheren in Anspruch nehmen läßt. Paradoxerweise begründet bei Kant nicht das Vorhandensein von Vernunft, sondern ihr relativer Mangel die menschliche Würde. Die Würde besteht darin, daß der Mensch, obwohl er sich nicht vollständig von seiner Vernunft bestimmen läßt, sondern lieber seiner Neigung folgen will, trotzdem sich für das sittlich Richtige entscheidet. In diesem Zwischenraum zwischen vernunftbestimmter Pflicht und sinnlicher Neigung entfaltet sich die Würde. Der Verzicht auf das Einfache, Angenehme und die Entscheidung für das Schwere, Unangenehme, aber Höhere konstituiert die Würde.

Kant geht über die bisherige philosophische Qualifikation des an der Vernunft festgemachten Würdebegriffs hinaus, indem er die Vernunft auf den Bestandteil eines größeren Komplexes reduziert. Das große Problem der Vernunftkonzeption lautet: Die Würde ist ein Element des Sittlichen, weil es sich aufs Handeln

60 So zweifelt beispielsweise Andreas Kuhlmann, ob sich aus den kategorischen Imperativen konkrete Orientierungsmaßstäbe für Probleme der Bioethik ableiten lassen: „Mit dem Charakter eines ›allgemeinen Gesetzes‹ in einer performativen Wucht, die alles subjektive Ermessen im Keime zu ersticken scheint, geht die Notwendigkeit einher, gerade bei bis dato unbekannten Praktiken erst einmal zu fragen, in welchem Sinne hier das Prinzip überhaupt einschlägig ist.“ Andreas Kuhlmann: Wunschkinder aus dem Labor? Selektive Fortpflanzung und das Instrumentalisierungsverbot, in: Kettner, S. 182

bezieht, die Vernunft dagegen nicht, weil sie sich aufs Erkennen bezieht. Wie kann etwas Nicht-Sittliches etwas Sittliches begründen? Es muß also eine Brücke zwischen Vernunft und Würde geschlagen werden. Diese Vermittlung übernimmt die Selbstbestimmung in Form der Pflicht. Indem ich allein aus der vernünftigen Einsicht in die prinzipielle Vernünftigkeit des Sittengesetzes eine sich aus diesem ableitende Handlungsnorm als Pflicht akzeptiere, handele ich so, *als ob* ich mir selbst das Gesetz gebe. Durch dieses Handeln entziehe ich mich dem äußeren Zwang und der inneren Neigung und gewinne dadurch Würde.

Kants Würdebegriff ist kein substantieller, sondern ein formaler. Dies muß betont werden, weil in der Literatur häufig das komplexe Zusammenspiel der verschiedenen Elemente im System von Kants Morallehre wieder auf die traditionelle Funktion der Vernunft reduziert werden, weshalb Kant als Vertreter eines substantialistischen Würdebegriffs rezipiert wird. Ein substantieller Würdebegriff begründet die Würde durch ihre Ableitung aus einer Wesenseigenschaft des Menschen (Vernunft oder Gottesebenbildlichkeit). Damit wird das Abgeleitete von der Begründungskraft des Zugrundliegenden abhängig gemacht. Das heißt ganz konkret auf die Vernunft bezogen: Diese muß ganz Außerordentliches leisten, um etwas so Wichtiges wie die Würde begründen zu können. Ob sie so weit trägt, muß bezweifelt werden. Dieser Hypothek entgeht eine formale Begründung. Sie definiert Würde einerseits als Resultat der Beziehungen im Spannungsfeld Vernunft – Pflicht – Sittengesetz – Selbstbestimmung – heteronome Einflüsse und andererseits als Resultat der Reflexion auf die Zugehörigkeit des Subjekts zur Menschheit in der Begegnung mit einem Anderen. Die Würde stellt sich auf einer Beziehungsebene und nicht auf einer Substanzebene ein, weshalb ihre Begründung auch falsifizierungsresistenter wird.

Die Vernunft ist Bedingung für Würde, aber selbst noch nicht würdevoll im moralischen Sinne, da Denken und die bedachten Gegenstände moralisch indifferent sind. Das Lösen einer Gleichung ist keine moralische Tätigkeit. Moralisch bedeutsam wird die Vernunft in Form praktischer Vernunft, indem sie ein vernünftiges Sittengesetz konstruiert und dessen Befolgung dem Handelnwollenden empfiehlt. Würde im moralischen Sinne entsteht dadurch, daß die Achtung vor dem Sittengesetz durch das Pflichtbewußtsein sich gegen sinnliche Neigungen durchsetzt. Um ein solches Pflichtbewußtsein entwickeln zu können, muß zur vernünftigen Einsicht noch der Wille hinzutreten.[61] Darum ist auch die Willensfreiheit, die es ermöglicht, sich selbst das Gesetz zu geben (Autonomie) Voraussetzung für Würde. Aber eine Voraussetzung ist nicht die Sache selbst. Darum machen Vernunft und Autonomie nicht schon selbst die Würde aus, sondern nur weil sie dem Menschen die Fähigkeit zur Achtung vor dem Sittengesetz verleihen. Der eigentliche Gegenstand der Würde ist also das Sittengesetz und ein Mensch nur indirekt, insofern dieses sich in ihm verwirklicht.

> *„Alle Achtung für eine Person ist eigentlich nur Achtung fürs Gesetz (der Rechtschaffenheit etc.), wovon jene uns das Beispiel gibt.“*[62] *„Die Achtung vor dem Sittengesetz ist gleichbedeutend mit der Achtung vor dem Menschen*

---

61 „Wenn ich durch den Verstand urteile, daß die Handlung sittlich gut sei, so fehlt noch sehr viel, daß ich diese Handlung tue, von der ich so geurteilt habe.“ (aus Kants Nachlaß, zit. nach Wei Feng: Menschenwürde, Persönlichkeit und die verfassungsmäßige Kontrolle, in: Neumann et al. , S. 35f.) Mit diesem Gedanken geht Kant über die griechische Ethik hinaus, die naiverweise annahm, daß das Erkennen des Guten bereits ausreicht, um die Verwirklichung des Guten im Handeln zu veranlassen. Wie Kant darlegt, liegt es am Willen, ob das als gut Erkannte auch verwirklicht wird.

62 I. Kant: Grundlegung zur Metaphysik der Sitten, S. 141

als Vernunftwesen, weil auf ihn das Sittengesetz zurückgeht.“[63]

Diese Würdebestimmung entspricht nicht der heutigen Menschenwürdevorstellung. „In der heutigen Auffassung, nach der es sich bei der Würde um einen inhärenten Wert aller Menschen handelt, der ihre Rechte begründet, kommt das Gute (der Wert des Menschen) vor dem Richtigen (dem Gebot, andere zu achten) … Kant dreht beide Verhältnisse genau um.“[64] Würde ist keine „inhärente Eigenschaft aller Menschen“[65], sondern sie ergibt sich dadurch, daß der kategorische Imperativ, der richtigem moralischen Handeln den Weg weist, vorschreibt, alle Menschen zu achten. Nicht der Mensch selbst hat Würde, sondern seine Fähigkeit zur Achtung des Sittengesetzes macht seine Würde aus. Daher kann man sagen, daß der Mensch an sich Würde hat, sie aber doch bei konkreten Menschen fehlen kann, wenn diese das Sittengesetz mißachten. Dies ist in der Tat bei einigen Menschentypen der Fall, die Kant explizit in „Metaphysik der Sitten“ als würdelos beschreibt. „Die Lüge ist Wegwerfung und gleichsam Vernichtung seiner Menschenwürde.“[66]

> *„Die Spannung, die hier zwischen dem Einzelnen als Besonderem einerseits und dem Allgemeinen andererseits zum Ausdruck kommt, ist kaum zu übersehen. Sie ist Folge der dualistischen Anthropologie Kants.“*[67]

Wie zu Beginn des Kantabschnitts beschrieben, will Kant rein formal die allgemein zustimmungsfähigen Grundlagen moralischen Handelns bestimmen. Um Allgemeingültigkeit

---

63 Franz Josef Wetz: Achtung vor der sittlichen Vernunft, in: Wetz 2020, S. 109

64 Oliver Sensen in: Brandhorst/Weber-Guskar, S. 162

65 ebd., S. 171

66 zit. nach F. J. Wetz 2020, S. 115

67 Lembcke in: G. S. Schaal, S. 86

zu gewährleisten, müssen diese Kriterien formal sein, d.h. von empirischen Gegebenheiten absehen, weil diese sich immer auf etwas Besonderes beziehen. Daher führt Kant eine strikte Trennung durch zwischen der *noumenalen* Sphäre, in der Strukturprinzipien durch den Geist erkannt werden, und der *phänomenalen* Sphäre, in der das real erscheinende Seiende erfahren wird. Dies schlägt sich in einer Aufspaltung des menschlichen Wesens in eine vernünftig/sittliche und in eine sinnliche Hälfte nieder. Für Kant ergibt sich kein Widerspruch, da Würde keine inhärente Eigenschaft des Menschen ist, sondern erst durch die Befolgung des kategorischen Imperativs entsteht, somit als Resultat, wenn man sich auf die Seite des Noumenalen begibt. Es stellt sich daher die Frage, ob überhaupt ein empirisches Individuum Würde haben kann, denn ein solches ist zunächst einmal ein sinnliches Wesen, das der Kausalität der Sinnenwelt unterworfen wird. Das sinnliche Wesen ist real, das moralische Wesen ist aber nur virtuell. Hier stellt sich – wie bei jedem strengen Dualismus – die Frage nach der Verbindung beider Sphären. Descartes hat – in wenig überzeugender Weise – die Zirbeldrüse als Vermittlungsinstanz beider Sphären bestimmt, bei Kant ist diese vermutlich der Wille[68]. Bettina Schöne-Seifert formuliert das angeschnittene Problem folgendermaßen: „Der in der noumenalen Welt anzusiedelnde autonome Wille habe einerseits verursachende Wirkung in der Welt der Erscheinungen, müsse aber andererseits selbst frei sein von den nur dort wirksamen Bestimmungsgründen.“[69]. Wie also ist überhaupt eine sich an den kategorischen Imperativen orientierende moralische Reflexion möglich und wie kann sie sich gegenüber den zweckhaften Interessen des sinnlichen Wesens durchsetzen? In der Stoa und auch der christlichen Theologie, die beide

68 „... der Wille ist mitten inne zwischen seinem Prinzip a priori, welches formell ist, und zwischen seiner Triebfeder a posteriori, welche materiell ist ...,“ I. Kant 1977, S. 26

69 Bettina Schöne-Seifert, S. 450

nicht von einem Dualismus ausgehen, sind die natürlichen Antriebe und die sittliche Vernunft Kräfte auf seinsmäßig gleicher Ebene, die miteinander ringen, wobei es darauf ankommt, daß die sittliche Vernunft die Oberhand gewinnt. Wenn die noumenale und die phänomenale Ebene dagegen etwas wesenhaft völlig Verschiedenes sind, bleibt unklar, wie sich die noumenale sittliche Reflexion in das konkrete phänomenale Handeln einschalten soll. In diesem kann nämlich nicht von der Beteiligung sinnlicher Neigungen und Nützlichkeitserwägungen abstrahiert werden. Schiller hatte dieses Problem in einem berühmten Distichon formuliert: „Gerne dien ich den Freunden, doch tu ich es leider mit Neigung, / Und so wurmt es mir oft, daß ich nicht tugendhaft bin.“[70] Da das Recht reales Handeln beurteilt und normativ strukturiert, kommen für dieses Prinzipien des Noumenalen nicht in Betracht. Da Kant die Würde der noumenalen Sphäre zuweist, ist sein Ansatz somit eigentlich nicht für eine Deutung der Menschenwürde als Rechtsbegriff geeignet. Das ist eine von vielen Autoren geteilte Ansicht. Besonders drastisch äußert sich Mario Brandhorst: „Kants Moralgesetz ist eine Fiktion und kommt als Begründung der Idee der Menschenwürde nicht infrage.“[71] Er verweist auch darauf, daß in Kants Konzeption „Vernunftlose“ wie Kinder und Demente keine Würde haben bzw. erlangen können. Als Kronzeuge für die Deutung des Menschenwürdebegriffs gilt Kant für Ulrich Holmer als „unsicherer Gewährsmann, weil Träger von Würde … für ihn genau genommen gar nicht der Mensch ist, sondern die Autonomie und das Moralgesetz.“[72] Des weiteren wird dar-

70 Schiller wird verschiedentlich vorgeworfen, Kant mißverstanden zu haben. Kant habe nur den höheren moralischen Wert der Pflicht, aber keinen Gegensatz zwischen Pflicht und Neigung behauptet. Doch genau das hat er – man lese nur in der „Grundlegung“ die Seiten 22ff.

71 M. Brandhorst in: Brandhorst/Weber-Guskar, S. 134

72 H. Steinfath in: Brandhorst/Weber-Guskar, S. 274

auf verwiesen[73], daß Kant ja auch keine Rechtslehre, sondern eine Tugendlehre entworfen hat, in der es nicht darum geht, ein Subjekt vor würdeverletzenden Eingriffen Dritter zu schützen, sondern vielmehr das Subjekt vor sich selbst, das durch den Verfall in die Sinnlichkeit sein zur Moralität bestimmtes Wesen verfehlt.

Die Stringenz der ethischen Konstruktion ist nur um den Preis der Ausblendung des Empirischen zu haben. Das durch den auf unbedingte Allgemeingültigkeit abzielenden kategorischen Imperativ erkannte Gute ist aufgrund dieser Allgemeingültigkeit immer dasselbe Gute, was auch heißt, daß das sich daraus ergebende Handeln nicht auf empirische Besonderheiten Rücksicht nehmen darf. Das oben erwähnte Problem des Verhältnisses von noumenaler und phänomenaler Ebene wird dadurch apodiktisch gelöst, daß die phänomenale Wirklichkeit sich der noumenalen Moralität fügen muß. Dies führt zu einer rigorosen *Gesinnungsethik.* Die Gutheit einer Handlung wird durch die ihr zugrundeliegende Absicht gestiftet und nicht durch das sich aus dieser Handlung ergebende Resultat:

> *„Der gute Wille ist nicht durch das, was er bewirkt, oder ausrichtet, nicht durch seine Tauglichkeit zu Erreichung irgend eines vorgesetzten Zweckes, sondern allein durch das Wollen, d.i. an sich, gut, und, für sich selbst betrachtet, ohne Vergleich weit höher zu schätzen, als alles, was durch ihn zu Gunsten irgend einer Neigung, ja, wenn man will, der Summe aller Neigungen, nur immer zu Stande gebracht werden könnte. Wenn gleich durch eine besondere Ungunst des Schicksals, oder durch kärgliche Ausstattung einer stiefmütterlichen Natur, es diesem Willen gänzlich an Vermögen fehlte, seine Absicht durchzusetzen; wenn bei seiner größten Bestrebung dennoch nichts von ihm ausgerichtet würde, und nur der gute Wille (freilich nicht*

73 Seelmann in: Kettner, S. 64; Lembcke in Schaal, S. 87

etwa ein bloßer Wunsch, sondern als die Aufbietung aller Mittel, so weit sie in unserer Gewalt sind) übrig bliebe: so würde er wie ein Juwel doch für sich selbst glänzen, als etwas, das seinen vollen Wert in sich selbst hat. Die Nützlichkeit oder Fruchtlosigkeit kann diesem Werte weder etwas zusetzen, noch abnehmen."[74]

Bekanntlich aber – ich möchte nur an Max Webers scharfe Kritik der Gesinnungsethik[75] erinnern – kann auch der in bester Absicht und zum Wohle aller (Zweckhaftigkeit in positiver Hinsicht!) unternommene Entschluß durch die im Moment der moralischen Reflexion nicht vorhersehbaren Friktionen der Wirklichkeit böse Folgen nach sich ziehen und so das Gute in sein Gegenteil verwandeln. Man denke etwa an die Prohibition in Amerika, die den schädlichen Alkoholmißbrauch eindämmen sollte, statt dessen aber die Jagd nach Alkohol zu einem Volkssport machte, das kriminelle Milieu in der Mitte der Gesellschaft heimisch werden ließ und die Ausbreitung der Mafia beförderte. Dabei ist Kants Ethik nicht einmal ein moralischer Furor zu eigen (was Max Weber vor Augen stand), der bedingungs- und besinnungslos das für wahr und gut Erkannte exekutiert. Es genügt die Abstraktheit eines allein in sich reflektierenden Willens, der von der Bedingtheit und den Folgen des Handelns absieht, um in dieser Indifferenz gegenüber der Wirklichkeit das eigentliche Ziel moralischen Handelns zu verfehlen. Denn das wirklich Gute ist nicht das Gedachte, sondern das tatsächlich Bewirkte. Besonders fatal wird es, wenn Kant aus dem Reich metaphysischer Abstraktionen heraustritt und seinen ethischen Rigorismus auch der praktischen Politik anempfiehlt. In seiner Schrift „Zum ewigen Frieden" verwirft er eine Politik der „Klugheitslehre", die auf Mittel zur Interessensdurchsetzung und Vorteilsgewinnung sinnt, und fordert

74 I. Kant 1977, S. 19

75 M. Weber 1992, S. 67 - 81

eine „ausübende Rechtslehre“: „Die wahre Politik kann keinen Schritt tun, ohne vorher der Moral gehuldigt zu haben. … Das Recht der Menschen muß heilig gehalten werden, der herrschenden Gewalt mag es auch noch so große Aufopferung kosten.“[76] Dazu läßt sich nur sagen: „Fiat iustitia, pereat mundus.“ („Möge die Welt untergehen, solange nur dem Recht Genüge getan wird.“)

Läßt man sich auf den Kantschen Dualismus ein, so kann Kants Würdekonzeption nicht nur im Sinne einer Mitgifttheorie (qua Vernunft und Selbstbestimmung), sondern auch im Sinne der von mir favorisierten und in den Kapiteln 16 und 17 vorgestellten Anerkennungstheorie gelesen werden. Kant postuliert nämlich eine gegenseitige Anerkennungspflicht: „Ein jeder Mensch hat rechtmäßigen Anspruch auf Achtung von seinen Nebenmenschen, und wechselseitig ist er dazu auch gegen jeden anderen verbunden.“[77] Ich schulde jedem die Anerkennungspflicht, weil jeder Mensch Repräsentant der moralischen Entität Menschheit ist. Ich erkenne damit die dem Menschen prinzipiell zukommende Würde an. Der empirische einzelne Mensch kann aber, wie Kant an verschiedenen Beispielen zeigt (Heuchler, Kriecher, Verbrecher usw.), würdelos sein. Das ist aber für mein moralisches Handeln irrelevant, weil ich verpflichtet bin, in Ansehung der Menschheit so zu tun, *als ob*[78] er Würde besäße.

Insgesamt ist, so muß man das Resümee ziehen, durch die sich je nach Kontext verändernden Inhalte und Funktionen der Begriffe Kants Morallehre so komplex, daß sich aus ihr die für eine Fundierung des verfassungsrechtlichen Menschenwürde-

76 I. Kant 1984, S. 49

77 I. Kant 1954, S. 321 (§38).

78 Der Kantforscher Hans Vaihinger veröffentlichte 1911 seine „Philosophie des Als-ob“, in der er, von Kant ausgehend, Wissenschaften als Konzepte heuristischer Fiktionen beschrieb.

begriffs erforderliche verallgemeinerungsfähige Eindeutigkeit nicht herstellen läßt. Jeder hat daher sein eigenes Kantverständnis. Für den juristischen „Hausgebrauch“ hat sich dennoch aus einem handlich gemachten Kant ein Minimalkonsens herausdestilliert: die Objektformel.

Die Objektformel

„Ein jeder Mensch hat rechtmäßigen Anspruch auf Achtung von seinen Nebenmenschen, und wechselseitig ist er dazu auch gegen jeden verbunden.

Die Menschheit selbst ist eine Würde, denn der Mensch kann von keinem Menschen (weder von anderen noch sogar von sich selbst) bloß als Mittel, sondern muß jederzeit zugleich als Zweck gebraucht werden, und darin besteht eben seine Würde (die Persönlichkeit), dadurch er sich über alle anderen Weltwesen, die nicht Menschen sind und doch gebraucht werden können, mithin über alle Sachen erhebt. ... er ist verbunden, die Würde der Menschheit in jedem anderen Menschen praktisch anzuerkennen.“[79]

Unter Absehung von der Hypothek des grundsätzlichen Dualismus einerseits und der eher auf die Subjektivität der Moral als auf die Objektivität des Rechts bezogenen Perspektive finden sich, wie das obige Zitat belegt, durchaus zahlreiche Passagen innerhalb des umfangreichen Kantschen Werkes, die eine unmittelbare Verwertung für die Interpretation des grundgesetzlichen Menschenwürdeprinzips erlauben. Derartige Passagen standen Pate für die berühmte „Objektformel“ Dürigs: „Die Menschenwürde ist getroffen, wenn der konkrete Mensch zum Objekt, zu einem bloßen Mittel, zur vertretbaren Sache herabgewürdigt wird.“[80] Dürigs Grundgesetzkommentar und seine Deutung der Würdenorm waren in den 50er Jahren extrem einflußreich und wirken noch bis heute nach.[81] Seinen

79 I. Kant 1954, S. 321 (§38).

80 G. Dürig 1977: ebd., S. 15 (28)

81 vgl. Baldus, S. 74

Erfolg[82] verdankte er weniger bahnbrechender Originalität als vielmehr seiner Fähigkeit, alle bisherigen Deutungsansätze aufzunehmen und zu einem bündigen, konsensfähigen Ganzen zusammenzufassen.[83] Großen Einfluß hatte die Objektformel auf das Bundesverfassungsgericht, das damit ein praktisch anwendbares Kriterium zur Konkretisierung der Menschenwürde erhielt. Die Herabwürdigung zum Objekt erlaubt zumindest näherungsweise eine Beurteilung von Tatbeständen. Beispielhaft sei eine wegweisende Entscheidung des Gerichts zur lebenslangen Freiheitsstrafe von 1977 zitiert, die das bereits seit Mitte der 50er Jahre feststehende Menschenwürdeverständnis des Gerichts prägnant wiedergibt:

> *„1. Achtung und Schutz der Menschenwürde gehören zu den Konstitutionsprinzipien des Grundgesetzes. Die freie menschliche Persönlichkeit und ihre Würde stellen den höchsten Rechtswert innerhalb der verfassungsmäßigen Ordnung dar ... . Der Staatsgewalt ist in allen ihren Erscheinungsformen die Verpflichtung auferlegt, die Würde des Menschen zu achten und sie zu schützen. Dem liegt die Vorstellung vom Menschen als einem geistig-sittlichen Wesen zugrunde, das darauf angelegt ist, in Freiheit sich selbst zu bestimmen und sich zu entfalten. Diese Freiheit versteht das Grundgesetz nicht als diejenige eines isolierten und selbstherrlichen, sondern als die eines gemeinschaftsbezogenen und gemeinschaftsge-*

82 vgl. Baldus, S. 77

83 Dies wird im nachhinein aber nicht nur positiv gesehen. „Dürig löste sich ohne größeren Skrupel vom Text und entwarf größere Zusammenhänge, indem er, christliches und profanes Naturrecht vermischend und ein wertphilosophisches Konzept (Werte waren damals schwer in Mode, Anm. W.K.) voraussetzend, wesentlich mit metaphysischen Behauptungssätzen arbeitete. Bei ihm kreuzten sich gewissermaßen der geisteswissenschaftliche, wertbestimmte Ansatz von Smend mit einer letztlich nicht geklärten Mischung aus verweltlichter Ontologie und katholischer Naturrechtstradition." Stolleis, S. 139

bundenen Individuums ... . Sie kann im Hinblick auf diese Gemeinschaftsgebundenheit nicht ›prinzipiell unbegrenzt‹ sein. Der Einzelne muß sich diejenigen Schranken seiner Handlungsfreiheit gefallen lassen, die der Gesetzgeber zur Pflege und Förderung des sozialen Zusammenlebens in den Grenzen des bei dem gegebenen Sachverhalt allgemein Zumutbaren zieht; doch muß die Eigenständigkeit der Person gewahrt bleiben ... . Dies bedeutet, daß auch in der Gemeinschaft grundsätzlich jeder Einzelne als gleichberechtigtes Glied mit Eigenwert anerkannt werden muß. Es widerspricht daher der menschlichen Würde, den Menschen zum bloßen Objekt im Staate zu machen ... . Der Satz, ›der Mensch muß immer Zweck an sich selbst bleiben‹, gilt uneingeschränkt für alle Rechtsgebiete; denn die unverlierbare Würde des Menschen als Person besteht gerade darin, daß er als selbstverantwortliche Persönlichkeit anerkannt bleibt."[84]

Es stellt sich nun die Frage, was eigentlich die Behandlung eines Menschen als Mittel oder als Zweck bedeuten soll. Während dies bei der Verwendung als Mittel noch einigermaßen klar ist, trifft dies auf die Verwendung als Zweck nicht zu.[85] Der Unterschied läßt sich durch folgendes Beispiel einfach verdeutlichen: Ein Arzt soll einen Patienten heilen. In dieser primären Heilungsintention wird der Patient ausschließlich als Zweck betrachtet. Verwerflich dagegen wäre es, wenn dem Arzt mit seinen Maßnahmen nur daran gelegen ist, eine vorgefaßte wissenschaftliche Theorie zu beweisen und dadurch den Patienten zu einem „Versuchskaninchen" herabwürdigt, indem er ihn als Mittel für sein Experiment gebraucht.

---

84 BVerfGE 45, 187 – Lebenslange Freiheitsstrafe, Abs. 143f.

85 „Eigentlich gibt Kant keine Erklärung oder Begründung seiner Beschreibung des Menschen als Zweck an sich selbst." Mario A. Cattaneo: Menschenwürde bei Kant, in: Seelmann, S. 24

Dagegen wird sehr häufig gegen Kant das Beispiel des *Taxifahrers* eingewendet. Der Fahrgast gebraucht den Taxifahrer tatsächlich nur als Mittel, um den eigentlichen Zweck, an den Bestimmungsort zu gelangen, zu erreichen. An der Personalität des Taxifahrers und dessen möglicher Würde, ist der Fahrgast in keiner Weise interessiert. Obwohl der Taxifahrer für den Fahrgast nur als Mittel und nicht als Zweck in Erscheinung tritt, kann dem Fahrgast ganz offensichtlich kein unmoralisches Verhalten vorgeworfen werden, auch wenn er gegen die an Kant angelehnte Objektformel verstößt.[86]

Noch deutlicher wird diese Handlungsstruktur in folgendem Beispiel: Ein Kunde betritt eine Bank und möchte Geld abheben. Er hat die Wahl, sich die gewünschte Summe von einem Kassierer am Schalter auszahlen zu lassen oder einen Geldautomaten zu benutzen. Der menschliche Bankangestellte und die Maschine sind im Hinblick auf den angestrebten Zweck gleichwertige Alternativen. Das heißt aber auch, daß der Mensch (der Kassierer) in einem solchen Handlungszusammenhang funktionell der Maschine gleichgestellt und damit zu einem „mittelhaften" Maschinenäquivalent objektiviert und funktionalisiert wird.

In einer solchen Situation ist trotzdem keine „Herabwürdigung" des Kassierers von seiten des Kunden vorhanden. Der in sich schon maschinelle Vorgang des Geldauszahlens, der durch seine Form bereits seine Übertragung auf eine echte Maschine präformiert und ermöglicht, spannt den damit beauftragten Menschen in einen maschinenartigen Geschehniszusammenhang ein und macht ihn zum Bestandteil eines maschinenmäßigen Vorgangs, bei dem die „Menschlichkeit" des Kassierers überhaupt keine Rolle spielt. Die Funktionalisierung des Kassierers zum bloßen Mittel wird durch die Struktur des Hand-

86 Eine alternative Deutung des Taxifahrerproblems findet sich auf S. 69f..

lungszusammenhangs bewirkt, die gegen die potentiellen Intentionen des Kunden völlig resistent ist. Der Kunde kann den Bankbediensteten, auch wenn er ihn in seinem Inneren als verachtenswerten Handlanger betrachtet und ihn dementsprechend von oben herab behandelt, weder „mittelhafter“ machen, noch kann er ihn, selbst wenn er ihm freundlich begegnet und ihn etwa wegen seiner verantwortungsvollen Tätigkeit hochschätzt, zum Zweck erheben, da der Zweck einzig und allein im Erhalt des Geldes liegt.

Kants Objektformel beschreibt einen Handlungszusammenhang zwischen zwei Menschen, einem Subjekt und einem Objekt, wobei das vom Subjekt ausgehende und auf das Objekt gerichtete Handeln dem freien Willen des Subjekts unterliegt. Das Objekt wird in seiner momentanen Befindlichkeit vom Willen und der Tätigkeit des Subjekts bestimmt. Auch die von Kant zur Illustration und näheren Begründung aufgeführten Beispiele (Selbstmord, Geldborgen mit der Absicht, dieses nicht zurückzuzahlen, Vernachlässigung angeborener Talente zugunsten des Wohllebens, Desinteresse an der Unterstützung Hilfsbedürftiger) gehen von der Autonomie des handelnden Subjekts aus, in dessen freier Entscheidung es steht, ob es das Handlungsobjekt unmoralisch als bloßes Mittel oder moralisch als Selbstzweck betrachtet. In den von mir genannten Beispielen des Taxifahrens und Geldabhebens kommt es auf die Intention des Subjekts gar nicht an. Nicht nur dem Objekt, als dem von der Handlung des Subjekts Betroffenen, sondern auch dem Subjekt kommt keine Autonomie zu. Sobald Subjekt und Objekt in den sie miteinander verknüpfenden, zielgerichteten Handlungszusammenhang eintreten, bewegt sich ihr Handeln auf den Bahnen der für diese Situation charakteristischen Rollenmuster. Durch die Institutionalisierung des Handlungsvollzugs wird das Handeln von der Notwendigkeit vorgängiger moralischer Reflexion entlastet.

Man sieht also, daß es weite Bereiche menschlichen Lebens gibt, die moralisch indifferent sind. In diesen automatisierten, der Sachgesetzlichkeit der jeweiligen Situation unterstehenden Handlungszusammenhängen kommt das Objekt stets nur als Mittel in Betracht, ohne daß aber damit die Handlung selbst eine unmoralische Qualität erhielte. Auf diese Situationen kann Kants Objektformel gar nicht angewendet werden, weil diese eine Situation voraussetzt, die einer vorgängigen Strukturierung entbehrt, wodurch erst die Entfaltung der Autonomie des Subjekts möglich wird. Wenn die Handlung selbst autonom ist und sich nach eigenen Gesetzen abspult, kann es keine Subjektautonomie geben. Damit wird Kants Objektformel nicht widerlegt, wie einige etwas voreilige Interpreten meinen, wohl aber auf den Status eines Sonderfalls reduziert. Man könnte nach den vorangegangenen Erörterungen schließen, daß zwar in allen unmoralischen Handlungsweisen das Objekt zum bloßen Mittel herabgewürdigt wird, nicht jedoch jede Handlung, in der das Objekt als Mittel fungiert, unmoralisch sei.

Ist dies aber wirklich richtig? Nähern wir uns der Problemlage einmal sozusagen von der anderen Seite. Was passiert eigentlich, wenn ein Mensch einen anderen demütigt und erniedrigt? Bei einem notorischen Sadisten ist das Opfer in der Tat nur eine „vertretbare Größe“ (Dürig), ein bloßes, gesichtsloses Mittel zum Zwecke des Ausagierens von Allmachts- und Gewaltphantasien, das ebenso gut durch eine andere Person ersetzt werden könnte. Dagegen geht es einem garstigen Ehemann, der seine Frau drangsaliert, einem Folterknecht, der einem politischen Gefangenen ein Geständnis abpressen möchte, durchaus um genau diese Person in ihrem So-Sein. Wenn der Ehemann sich gegenüber anderen Frauen stets einwandfrei verhält, heißt dies, daß ihn nicht das Quälen als solches interessiert, sondern allein das Wesen seiner Gattin, das er im Akt der Demütigung treffen möchte. Da in diesem Fall eine persönlich-egoistische Motivation nicht gänzlich ausgeschlossen werden kann, möchte ich mich auf das Folterszenario konzentrieren. Nehmen wir an, es handelt sich um einen NKWD-Offizier, der einen Trotzkisten verhört. Der Geheimpolizist ist von einer lauteren und aus seiner Sicht hochmoralischen Motivation beseelt: Er möchte die kommunistische Revolution, die das Glück und die Befreiung des gesamten Menschengeschlechts auf ihre Fahnen geschrieben hat, vor Verrat schützen. Daher will er durch Einschüchterung, Schlafentzug, Schläge und Schmeicheleien in Erfahrung bringen, wie es dazu kommen konnte, daß der einst linientreue Genosse zum „Klassenfeind“ wurde. Wie selten sonst in einer zwischenmenschlichen Interaktion steht gerade die Personalität des Handlungsobjektes im Zentrum. Der Verhörte ist nicht Mittel zum Zweck eines sadistischen Rituals, sondern die Folter ist Mittel, um den Verhörten zum Zweck zu machen, indem er sein personales So-Sein zum Ausdruck bringen soll. Das Geständnis soll das Wesen genau dieses Menschen offenbaren, zugleich soll dieser Mensch durch die Befragung Einsicht in die Schändlichkeit seines Tuns erlangen, um durch das Bekenntnis seiner Schuld (man denke hier auch an die verblüffenden Bekenntnisrituale der stalinistischen Schauprozesse) wieder als moralisches Subjekt Anerkennung finden zu können.

Das scheinbar einfache dichotomische Verhältnis von guter Zweckorientierung und schlechter Mittelbenutzung stellt sich bei genauerer Betrachtung als gar nicht so einfach heraus. Schließlich ist auch das Zusammenspiel von Zweck und Mittel mit dem Würdeprinzip in Zweifel zu ziehen. Gemeinhin gilt Sklaverei als entwürdigend, da der Sklave zum einen als Ding oder Werkzeug und nicht als Person behandelt wird und zum anderen durch seinen Status als Besitz eines anderen seine Autonomie total negiert wird, während Lohnarbeit, wenn schon nicht als würdevoll, so doch im Hinblick auf die Würde als neutral, als nicht würdeverletzend betrachtet wird. Faktisch ist jedoch der Arbeiter für den Unternehmer nur ein Mittel zur Herstellung von Waren und für diesen nur insoweit relevant, als er die vertraglich vereinbarte Arbeit leistet. Das Verhältnis zwischen beiden ist ein rein sachliches, das sich allein an Sachen: Produkt, Arbeitsleistung, Vertrag, orientiert. Die Persönlichkeit des Arbeiters tritt in diese Beziehung nicht ein; sie würde sich sogar, wollte sie sich geltend machen, nur als störendes Element in den Arbeitsprozeß einschalten. Dagegen ist der Sklavenbesitzer an der Person des Sklaven interessiert, da ihm um die Erhaltung seines Besitzes gelegen sein muß. Er kann ihn – allein aus Kostengesichtspunkten – nicht als auswechselbares Mittel behandeln, weshalb die Personalität des Sklaven ihm zum Zweck wird. Gerade weil der Sklave in der Totalität seines Seins dem Herrn gehört, muß er für ihn zum Selbstzweck werden, während der Unternehmer sich im Hinblick auf den Arbeiter nur für dessen mittelhafte Arbeitsfunktion interessiert. Man kann den Menschenwürdebezug der Daseinesweise des Arbeiters bzw. Sklaven aber auch umgekehrt sehen. Die rein sachliche, den Arbeiter auf ein Mittel, eine Werkzeugfunktion beschränkende Behandlung tangiert die Würde des Arbeiters nicht, da mit dieser Behandlung keine verächtlichmachende, herabsetzende Absicht verbunden ist und keine Aussage über dessen Wert als Person getroffen wird. Die aus welchen Gründen auch immer gespeiste Sorge des Herrn um seine Sklaven, die sich gerade um die Person als solche und die Totalität ihres Seins zweckhaft sorgt, stattet die Sklaven keineswegs mit irgendeiner Art von Würde aus, sondern beläßt sie in einem Zustand menschenunwürdiger Rechtlosigkeit. Die Sorge ist keine andere als die, die auch einem Reitpferd oder Jagdhund zuteil wird.

Der römische Haussklave gehörte zur Familie. Auf zahllosen einschlägigen Bildnissen (z. B. auf Sarkophargen) sieht man, wie die Sklaven gemeinsam mit den Kindern Hausvater und

Hausmutter umringen. Teilweise wurden sie sogar testamentarisch bedacht. Sicherlich nicht überall und jederzeit, aber doch oft wurden sie also menschenwürdig behandelt. Dennoch besaßen sie keine Grundrechte: Sie waren weder frei, noch wurden sie als Gleiche anerkannt. Kann man trotzdem sagen, daß sie Menschenwürde haben, weil sie nicht gedemütigt und nicht als bloßes Mittel behandelt werden, sondern als Mensch respektiert wurden und – gemäß der Maßstäbe der damaligen Zeit – ein angenehmes Leben führten? Dem widerspricht, daß ihr gesamtes Dasein vom Bewußtsein geprägt ist, nicht selbst über die Gestaltung des eigenen Lebens bestimmen zu können. Ist aber andererseits das Kriterium der Selbstbestimmung wirklich ausschlaggebend für die Qualifizierung der Menschenwürde, wenn man bedenkt, daß die Arbeiter des 19. Jahrhunderts zwar nominell Grundrechte hatten und selbst über ihre Lebensgestaltung entscheiden konnten, aber in menschenunwürdigem Elend leben mußten? Es liegt nahe, in beiden Formen defizienter Lebensweise (als Haussklave und als Proletarier) eine Menschenwürdeverletzung anzunehmen. Aus dieser Annahme ergeben sich zwei Folgerungen: 1. Menschenwürdeverletzung bedarf nicht der aktiven Demütigung durch andere, sondern kann durch allgemeine rechtliche oder gesellschaftliche Umstände bewirkt werden. 2. Ein menschenwürdiges Leben ist nicht mit einem angenehmen Leben identisch.[87]

87 Letzer Punkt wirft ein Problem auf. Viele Menschen würden ein angenehmes Leben einem selbstbestimmten vorziehen. Daß dem so ist, zeigt der ausbleibende Widerstand in patriarchalischen Staaten (u.a. heutzutage China), die Konsumfreiheit, Wohlstand und soziale Leistung usw. garantieren, aber poltische Freiheiten verweigern und durch teils sanften, teils rigiden Zwang den Menschen vorschreiben, wie sie sich verhalten sollen. Mit dieser konkludenten Höherschätzung des angenehmen Lebens würde, falls vergleichbare Verhältnisse sich auch in der BRD anzutreffen wären, der theoretisch postulierte Höchstwert der Menschenwürde in Frage gestellt. Kann ein politisches System sich an einem Höchstwert orientieren, der nicht von der Bevölkerungsmehrheit geteilt wird?

Ich hoffe hinreichend deutlich gemacht zu haben, daß die Beurteilung von Handlungen nach dem Zweck/Mittel-Schema kein Kriterium für die Bewertung ihrer moralischen Qualität zu liefern vermag, da weder die Behandlung als Mittel moralisch disqualifizierend, noch die Behandlung als Zweck moralisch qualifizierend wirkt. Darüber hinaus läßt sich von diesem Schema auch keine Verbindung zum Würdeprinzip ableiten, da die Orientierung an der Zweckhaftigkeit des Handlungsobjektes dessen Würdestatus gar nicht berührt. Ob man jemanden als Mittel oder als Zweck behandelt, ist für dessen Würde einerlei: Wenn diese Würde nicht schon vor dieser Handlung anerkannt ist, wird sie ihm weder durch die mittelhafte Funktionalisierung, die ja sowieso nur dieses eine, in dieser Funktion aufgehende Segment seiner Persönlichkeit und nicht diese als ganze betrifft, entzogen, noch durch die zweckhafte Sorge hergestellt.

Kant hat in seiner Objektformel und in seinem kategorischen Imperativ kein substantialistisches moralisches Gebot aufgestellt, etwa derart: man solle stets das Gute tun, da ja höchst unklar ist, worin das Gute überhaupt, beziehungsweise das Gute in einer bestimmten Situation materiell und konkret bestehe. Zudem widerspricht die Orientierung an einer vorgegebenen Bestimmung des Guten der menschlichen Autonomie, die nur das als wahr akzeptieren muß, was sich durch eigene freie Reflexion begründen läßt. Darum hat er eine rein formale Definition gegeben, die danach fragt, welchen Kriterien moralische Urteile folgen müssen, um zur Grundlage moralisch richtigen Handelns werden zu können. Wie aber das Folterbeispiel gezeigt hat, muß die Behandlung des Menschen als Zweck durchaus nicht zum Guten gereichen, da die Folter gemeinhin als böse erachtet wird. Ohne den Leuchtturm traditioneller, materialer Moral, der, wenn schon nicht den genauen Weg, aber zumindest die Richtung des Guten anzeigt, entbehrt die moralische Reflexion der konkreten Anhaltspunkte und verliert sich im Niemandsland der Selbstermächtigung. Wer nicht im Laufe der Sozialisation lernt, was gut und böse ist, bleibt ein moralischer Kaspar Hauser; ohne Kenntnis der Inhalte von Moralität versteht er nur so viel von ihr wie jemand von einer Sprache, von der er sich nur die Grammatik, aber nicht die Vokabeln angeeignet hat. Kant geht stets von der Subjektivität des einzelnen Willens aus, die in ihren Auswirkungen auf eine Zweipersonen-Konstellation untersucht wird. Er abstrahiert von der Realität eines immer schon vorhandenen, entwickelten gesellschaftlichen Zusammenhangs. Genau dies macht auch Hegel der Kantschen Morallehre zum Vorwurf, wobei er im Gegenzug auf die in den Institutionen enthaltene Sittlichkeit abhebt. Im sozialen Handeln aktualisiert das handelnde Subjekt das in den Institutionen enthaltene sittliche Potential und eignet es sich in diesem Vollzug an.[88] Die Zweckorientierung in bezug auf das Handlungsobjekt ist nicht geeignet, zwingend die Moralität einer Handlung zu begründen, da der Zweck durchaus in einem Bösen bestehen kann. Das Handlungsobjekt als Zweck und intentionalen Mittelpunkt einer Handlung zu setzen, bedeutet noch nicht, es zum Gegenstand einer guten Handlung zu machen. Diese rein formale Bestimmung kann gleichermaßen durch böses wie gutes Handeln konkretisiert werden.

Eine weitere Schwäche der Objektformel ergibt sich aus einer alternativen Deutung des Taxifahrerproblems, obwohl diese zunächst einmal die Problematik des Mittelgebrauchs entschärft. Der Taxifahrer wird ausschließlich als Mittel zur Erreichung des Zielortes angesehen. An seiner Eigenschaft als

88 vgl. Joachim Ritter: Moralität und Sittlichkeit. Zu Hegels Auseinandersetzung mit der kantischen Ethik, in: Manfred Riedel, S. 224f, 231, 233-236. Als Nachtrag zum vorangegangenen Kapitel: Zu Kants Dualismus hat Hegel folgendermaßen Stellung genommen: „Kant konnte … nicht über einen Dualismus hinausgelangen und der ihr gegenüberstehenden äußeren Wirklichkeit hinauskommen. Moralität sei daher bei ihm ›ohne Ausführung‹, es bleibe beim ›Sollen‹." (Riedel, S. 222)

Subjekt ist man nicht interessiert; macht sie sich durch aufgezwungene Konversation geltend, wird dies zumeist sogar als störend empfunden. Die Beziehung ist rein sachlich und könnte auch dank technischem Fortschritt gänzlich durch Beziehung zu einer Sache, nämlich zu einem Roboter oder zu einem vollständig automatischen Fahrzeug ersetzt werden.

Aber ganz so einfach ist es nicht, denn diese Einwände ignorieren das von Kant mit Bedacht eingesetzte Wörtchen „bloß". Auch wenn im normalen Verhalten gegenüber einem Taxifahrer dieser nicht in seiner spezifisch persönlichen Eigenart bzw. als interessanter Gesprächspartner „auf Augenhöhe" gewürdigt wird, so wird doch auf dessen Personenhaftigkeit in allgemeiner, unverbindlicher Weise Rücksicht genommen: Man grüßt ihn, bedankt sich, man benimmt sich während der Fahrt anständig. Die Personenhaftigkeit des Taxifahrers wird also implizit beachtet; er wird daher nicht „bloß" als Mittel betrachtet. Nicht aus der Sicht des potentiellen „Verletzers", sondern aus der des potentiellen „Verletzten" sieht die Sache so aus: Jeder Dienstleister willigt mit Aufnahme der Berufstätigkeit ein, als Mittel gebraucht zu werden, um den Dienstleistungszweck zu erfüllen. Diese Instrumentalisierung bezieht sich aber nur auf den allseits bekannten, klar umrissenen Dienstleistungszweck. Darüber hinausgehende Ansprüche, die eine Verfügung über die Gesamtpersönlichkeit beinhalten würden, sind ausgeschlossen.

Was wäre denn eine Herabwürdigung des Taxifahrers zur bloßen Sache? Nun beispielsweise, wenn man einem Mitfahrer Polenwitze erzählt, nachdem man auf dem Namensschild den Aufdruck „Kowalski" gelesen hat oder wenn man auf dem Rücksitz die Freundin ungehemmt befummelt. Ein solches Verhalten läßt den mitmenschlichen Respekt vermissen, man behandelt den Taxifahrer so, als wäre er gar nicht da, oder in der Tat wie eine Sache, nicht anders als das Armaturenbrett.

Ob nun schlichte gedankenlose Ignoranz oder bewußte Demütigung vorliegt, ist gleichgültig – auf jeden Fall ist der Tatbestand der Herabwürdigung gegeben. Daher fragt Wetz:

> *„… muss die Behandlung einer Person als Sache bzw. Werkzeug zusätzlich Ausdruck der Verachtung sein und mit ethisch verwerflicher Absicht durchgeführt werden, um als Verstoß gegen die Menschenwürde eingestuft werden zu können?"*[89]

Es muß also zwischen einer ethisch indifferenten und einer ethisch illegitimen Instrumentalisierung unterschieden werden. *Instrumentalisierung* an sich enthält noch keinen Menschenwürdeverstoß.

Aber – und hier stoßen wir wieder auf ein zentrales Problem des Menschenwürdekonzepts – welchen rechtlichen Stellenwert besitzt denn diese Art Herabwürdigung? Im Grunde handelt es sich dabei nur um schlechtes Benehmen, um einen Verstoß gegen die Normen zivilen Verhaltens. Problematisch ist hierbei der enorme Abstand zwischen dem lapalienhaften Niveau des Tatbestands und der Hochwertigkeit des Menschenwürdeprinzips. Ein wahrhaft großer Gegenstand muß seine Größe auch im Großen offenbaren und nicht in den kleinlichen Friktionen des Alltagslebens. Eine Inflationierung von Menschenwürdeverstößen in Form von akzidentiellen Beeinträchtigungen subjektiver Befindlichkeiten oder der Abweisung banaler Ansprüche entwerten die Schutzfunktion der Menschenwürdenorm. Ihre einhaltgebietende ethische Substanz wird so aufgezehrt und verstreut, weshalb sie nicht mehr die Kraft besitzt, wirksam zur Geltung gebracht zu werden, wenn es darauf ankommt. *Echte Herabwürdigung* liegt nur dann vor, wenn Menschen intentional und dauerhaft in Form von Rassendiskriminierung oder durch soziale Ächtung wegen deren politischer oder religiösen

---

89 F. J. Wetz: Einführung, in Wetz 2020, S. 18

Orientierung als minderwertig deklariert werden und ihnen dadurch nachhaltig und massiv eine Lebensführung unmöglich gemacht wird, die für eine normale Teilhabe am gesellschaftlichen Verkehr erforderlich ist.

Schließlich muß auch die prädikative Struktur des Kantschen Satzes selbst kritisch hinterfragt werden. Kants moralischer Imperativ geht von der Annahme aus, daß der zwischen einem Subjekt und einem Objekt stattfindende Handlungsvorgang vollständig vom Willen des Subjekts determiniert wird. Das, was dem Objekt geschieht, folgt direkt aus der Absicht des Subjekts. Mit dieser Zweipersonen-Interaktionsform läßt sich aber nicht die Realität der für moderne Gesellschaften typischen anonymen und strukturellen Sozialbeziehungen abbilden. Andeutungsweise macht sogar Dürig auf dieses Problem aufmerksam, indem er das Faktum der Menschenwürdeverletzung zwar nicht nur auf eklatante, intentional betriebene Großverbrechen wie Vertreibung und Völkermord beschränkt sehen möchte, aber sie nur dort verwirklicht sieht, „wo der Mensch als Rechtssubjekt entmachtet wird" und wo es „um die Degradierung des Menschen zum Ding [geht], das total ›erfaßt‹, ... ›registriert‹, ... ›ersetzt‹ ... werden kann."[90]

Man muß daran erinnern, daß das Autonomiepostulat, um das sich das Menschenbild Kants wie auch des klassischen Liberalismus zentriert, auf der realen, das heißt immer auch: wirtschaftlichen Selbständigkeit des bürgerlichen Individuums fußt. Dienstboten und anderen unselbständigen Personen hatte Kant nie einen Bürgerstatus zugebilligt. Der klassische Bürger dagegen schafft sich durch selbständige Tätigkeit eine eigene Welt, in die er seinen Willen entäußert und zu konkreter Gestalt formt. Innerhalb der Grenzen dieses eigenen, selbstbestimmten Kosmos ist der Bürger tatsächlich autonom. Von einer

90 Günter Dürig: Der Grundrechtssatz von der Menschenwürde, in: Dürig: Gesammelte Schriften 1952 – 1983, Berlin 1984, S. 137

solchen Lage kann heute nicht mehr die Rede sein. Selbst der wirtschaftlich oder politisch Mächtige ist vielfältigen Einflüssen und Zwängen unterworfen, auf die er selbst wiederum kaum einzuwirken vermag. Die Gesellschaft besteht nicht mehr aus der Summe der aus dem individuellen Willen gespeisten Handlungen, sondern aus einem funktionalen Strukturmechanismus, der sich unabhängig von der Intentionalität der in ihn hineinverwobenen Individuen vollzieht. Menschenwürde (im Sinne des Grundgesetzes) als Ausdruck menschlicher Autonomie rekurriert damit auf einen nicht mehr gültigen, von der Geschichte überholten Bestand.

Will man Dürig beim Wort nehmen, so sind die Grundlagen moderner Gesellschaften per se würdeverletzend, da der Mensch in ihnen nur als Funktionselement, als soziale Rolle, ja sogar nur als bloße Ziffer bürokratischer Erfassung und Betreuung und nicht als Person in Erscheinung tritt. Er ist nicht Mensch, sondern Versicherter, user, Konsument und nur in dieser Funktion innerhalb dieser mechanischen Zusammenhänge relevant. Es geht hier nicht um Gesellschafts- oder Kulturkritik, sondern nur darum, darauf aufmerksam zu machen, daß die ideologische Konstruktion der Menschenwürde an materielle Voraussetzungen gebunden ist, die heute nicht mehr vorhanden sind. Der Mensch als Objekt bürokratischer Verwaltung, als Rädchen im Getriebe industrieller Prozesse unterscheidet sich fundamental vom selbständigen Bürger, den Kant vor Augen hatte[91]. Dennoch bleibt die individualistische Orientie-

91 Freilich muß die Hochschätzung eines Wertes im moralischen Diskurs nicht dessen Praktizierung in der sozialen Wirklichkeit korrespondieren. Ein moralischer Diskurs beschreibt ja nicht die Welt, wie sie ist, sondern wie sie sein sollte. In den mittelalterlichen Ritterepen Europas und Japans wurde viel Aufhebens um Ehre und Treue gemacht, während die Geschichte gerade hinsichtlich dieser Epoche besonders viele abstoßende Beispiele von Verrat, krassem Egoismus und ehrlosem Abschlachten zu berichten weiß. Wenn eine Gesellschaft einen bestimmten Wert favorisiert, dann heißt das zunächst einmal nur, daß sie ihn besonders nötig hat.

rung weiterhin erhalten, was sich unter anderem darin zeigt, daß „Grundrechte ... nach der Rechtsprechung des BVerfG auf juristische Personen nur dann anwendbar [sind], soweit diese ein personales Substrat erkennen lassen.“[92] Diese individualistische Orientierung bewirkt, daß alle potentiell würdeverletzenden Vorgänge, die weder ein klar umrissenes Handlungssubjekt mit Entwürdigungsabsicht noch eine ausschließlich als solche betroffene Gruppe von Personen erkennen lassen, keine rechtliche Beachtung finden können. Gerade die für moderne Gesellschaften typischen Formen „struktureller Gewalt“, die anonym, automatisch und subjektlos wirken und amorphe Gesamtheiten von Menschen (die deshalb auch nicht klagefähig sind) betreffen, werden somit ausgeblendet. Ein Rechtsprinzip kann Menschenwürde nur sein, wenn Würdeverletzung durch einen Straftatbestand, der einen angebbaren Verursacher und eine intentionale Handlung erfordert, hervorgerufen wird. Diese Restriktion schmälert aber die moralische Funktion des Würdeprinzips, da dessen Geltungshorizont von der Sanktionsfähigkeit der juristischen Funktion begrenzt wird und somit objektiv würdeverletzende Auswirkungen struktureller Gewalt (Armut, Entfremdung, bürokratische Verdinglichung) nicht als solche auf den Begriff gebracht werden können.

In Verwaltungsmaßnahmen und im Geschäftsverkehr, im Grunde bei allen anonymen, unpersönlichen Formen sozialen Handelns tritt der Mensch nur als statistische Größe, als mittelbarer Bestandteil von Prozessen in Erscheinung. Des weiteren sei auch an die in der Psychotherapie „Delegation“ genannte Fremdbestimmung von Kindern erinnert, die als Agenten unerfüllter Lebenspläne herhalten müssen oder zum Firmennachfolger vorprogrammiert werden. „Eine solche partielle Instrumentalisierung von Menschen ist alltäglich und unverzichtbar. Soziale Rollen sind fast unvermeidbar mit wechselseitigen

92 T. Geddert-Steinacher, S. 75

Instrumentalisierungen verbunden."[93] Diese Tatsache ist auch vom BVerfG anerkannt worden:

> *„Was den in Art. 1 GG genannten Grundsatz der Unantastbarkeit der Menschenwürde anlangt, der nach Art. 79 Abs. 3 GG durch eine Verfassungsänderung nicht berührt werden darf, so hängt alles von der Festlegung ab, unter welchen Umständen die Menschenwürde verletzt sein kann. Offenbar läßt sich das nicht generell sagen, sondern immer nur in Ansehung des konkreten Falles. Allgemeine Formeln wie die, der Mensch dürfe nicht zum bloßen Objekt der Staatsgewalt herabgewürdigt werden, können lediglich die Richtung andeuten, in der Fälle der Verletzung der Menschenwürde gefunden werden können. Der Mensch ist nicht selten bloßes Objekt nicht nur der Verhältnisse und der gesellschaftlichen Entwicklung, sondern auch des Rechts, insofern er ohne Rücksicht auf seine Interessen sich fügen muß. Eine Verletzung der Menschenwürde kann darin allein nicht gefunden werden. Hinzukommen muß, daß er einer Behandlung ausgesetzt wird, die seine Subjektqualität prinzipiell in Frage stellt, oder daß in der Behandlung im konkreten Fall eine willkürliche Mißachtung der Würde des Menschen liegt. Die Behandlung des Menschen durch die öffentliche Hand, die das Gesetz vollzieht, muß also, wenn sie die Menschenwürde berühren soll, Ausdruck der Verachtung des Wertes, der dem Menschen kraft seines Personseins zukommt, also in diesem Sinne eine ›verächtliche Behandlung‹ sein."*[94]

Mit dieser Präzisierung wird die Objektformel *nicht bloß relativiert*, sondern grundsätzlich in Frage gestellt. Mit der

---

93 Ulfrid Neumann: Die Menschenwürde als Menschenbürde – oder wie man ein Recht gegen den Berechtigten wendet, in: Kettner, S. 54

94 BVerfGE 30, 1 (Abhörurteil)

Verschiebung des eigentlichen Schädigungskriteriums auf die zwingend erforderliche „verächtliche Behandlung" büßt das Instrumentalisierungskriterium angesichts der vielfältigen Instrumentalisierungsformen im Alltag seine zentrale Funktion ein, weshalb auch das *Demütigungskriterium* zunehmend an dessen Stelle rückt.[95] Zurückhaltung ist auch deshalb geboten, weil im Grunde bei jedem Vorgang, der eine irgendwie heteronome Verzweckung beinhaltet, eine „Herabwürdigung zum Objekt" unterstellt werden kann. Mit diesem Argument soll Präimplantationsdiagnostik, die mit einer Embryonenselektion einhergeht, unterbunden werden.[96] Ähnlich argumentierend, verbot das BVerfG den Abschuß von Flugzeugen, die von Terroristen gekapert wurden, da die Passagiere sinngemäß zu Objekten der Terrorbekämpfung „verdinglicht" würden.[97]

Die Objektformel ist zwar notwendig zur Etablierung einer Schutzfunktion gegenüber Formen der Diskriminierung, aber nicht hinreichend. Sie ist zu unspezifisch und zu umfassend. Die Identifizierung einer Behandlung von Menschen als bloße Mittel reicht nicht aus, weil diese in den allermeisten alltäglichen Vorgängen ethisch indifferent ist. Hier fehlt das Kriterium der Demütigung. Sie reicht auch dann nicht aus, wenn diese hinzutritt, um mindere Vergehen im interindividuellen Bereich in der Art von Beleidigungen und Rüpelhaftigkeit von politischen Verbrechen unterscheiden zu können, die auf die Ausstoßung von markierten Menschengruppen aus dem gesellschaftlichen Zusammenhang abzielen. Schließlich ist bei einer primär intendierten Demütigung das Opfer keine „vertretbare Größe", sondern in seiner gesamten Personenhaftigkeit ge-

95 vgl. Ulfrid Neumann: Interessen und Bedürfnisse als Basis des Prinzips der Menschenwürde. Eine Alternative zur metaphysischen Würdebegründung, in: Neumann et al., S. 168f.

96 vgl. Andreas Kuhlmann in: Wunschkinder aus dem Labor? Selektive Fortpflanzung und das Instrumentalisierungsverbot, in Kettner, S. 179

97 vgl. Baldus, S. 203

meint; es ist der eigentliche Zweck der Handlung. Ich schließe mich daher dem Fazit Kims an, der zuvor vergleichbare Überlegungen angestellt hat:

> *„Der Topos der Instrumentalisierung ist nicht nur unklar, sondern auch nahezu beliebig einsetzbar. Als Kriterium oder gar als Definition einer Verletzung der Menschenwürde ist er deshalb unbrauchbar.“*[98]

Der Menschenwürde mangelt es nicht nur an Begründbarkeit, sondern auch an praktischer Relevanz. Dies zeigt sich in der Judikatur des Bundesverfassungsgerichts, das nie einen Menschenwürdeverstoß als alleinigen Tatbestand anführt, sondern immer zuerst die Verletzung eines Grundrechts, durch das dann auch die Menschenwürde mitbetroffen ist, was erlaubt, diesen Verletzungsvorgang im „Lichte der Menschenwürde“ zu interpretieren. Gibt es Tatbestände, die nur mit dem Begriff der Menschenwürde adäquat erfaßt werden können? Auf den ersten Blick sieht es so aus, als ob alle Tatbestände, die völlig unbestritten Menschenwürdeverstöße (Rassendiskriminierung, Vertreibung, Folter, willkürliche Verhaftung) sind, durch Grundrechte oder einfache Strafgesetze abgedeckt werden[99]. Zu deren Ahndung bedürfte es also nicht eigens der Menschen-

98 Young-Whan Kim: Rekonstruktion der Diskussion um die Menschenwürde. Menschenwürde als ein normativer Anspruch, in: Neumann/Tiedemann/Liu, S. 115

99 Hoerster betont, „daß in fast allen Fällen das aus der Menschenwürde abgeleitete Resultat – auch ganz unabhängig von Art. 1. 1 GG – im geltenden Recht verankert ist.“ (Hoerster, S. 96) Hoerster, einer der wenigen dezidierten Vertreter des Rechtspositivismus, verkennt allerdings, daß Grundrechte trotz der Wesensgehaltgarantie von Art. 19.1 GG in einem Maße eingeschränkt werden können, das der Idee der Menschenwürde widerspricht. Das Menschenwürdeprinzip ist zumindest ein zusätzlicher Sicherheitsmechanismus vor derartigen Umfälschungsversuchen, da dieses den Wesensgehalt der Grundrechte, die in „ihrem Lichte“ gesehen werden müssen, konkretisiert. Auch wenn das Menschenwürdeprinzip in der alltäglichen Rechtsprechung wegen des lückenlosen Grundrechtsschutzes nicht erforderlich ist, so wächst ihr bei der Gesetzgebung erhebliche Bedeutung zu.

würde. Wäre dies doch der Fall, dann wäre die Menschenwürde ein Grundrecht unter anderen und könnte nicht die Grundnorm sein, von der sich die wesentlichen Grundrechte ableiten. Das Fundament eines Hauses ist nicht bewohnbar. Wenn sich aber der normative Gehalt der Menschenwürde vollständig in den Einzelgrundrechten entfaltet, dann hat er sich, wie ein Krug Wasser in diese Grundrechte entleert und ist somit funktionslos geworden. Eine zusätzlich zum Geltendmachen des tangierten Grundrechts vorgebrachte Berufung auf die Menschenwürde bringt dann keinen Mehrwert.

Es soll hier aber nicht Kritik um der Kritik willen geübt werden. Es sei stattdessen angeführt, daß die Idee der Menschenwürde mittels der Objektformel durchaus zur Rechtsschöpfung mit unmittelbarer praktischer Relevanz beigetragen hat. Das von Dürig ausgesprochene, sich aus der Objektformel ergebende Verbot, „den Menschen zwangsweise in seiner ganzen Persönlichkeit zu registrieren und zu katalogisieren … und ihn damit wie eine Sache zu behandeln, die einer Bestandsaufnahme in jeder Beziehung zugänglich ist“,[100] wurde im Grundrecht auf *informationelle Selbstbestimmung* umgesetzt. Dieses anläßlich des Volkszählungsurteils[101] eingeführte Grundrecht ist ein gelungenes Beispiel für eine sinnvolle Konkretisierung des inhaltsleeren und abstrakten Menschenwürdeprinzips. Dieses ist so hoch aufgehängt und so abstrakt, daß es die spezifische und in sich differenzierte Problematik eines Sachverhalts nicht zu erfassen vermag. Entweder wird dann die zumeist im Prinzip als berechtigt anerkannte Klage abgewiesen, weil sie dem hohen und hohe Ansprüche stellenden Niveau des Menschenwürdeprinzips nicht gerecht werden kann oder es wird einem

100 s. Fn. 50

101 Der in diesem Zusammenhang besonders aktive Ernst Benda, seinerzeit Präsident des Bundesverfassungsgerichts, argumentierte mit typischen Ausdrücken aus dem Objektformel-Topos (vgl. Baldus, S. 121f.).

Sachverhalt durch die Verknüpfung mit dem Menschenwürdeprinzip eine überragende Bedeutung zuerteilt. Beides ist gleichermaßen unerwünscht. Im ersten Fall bleibt mangels einer Integrierbarkeit des Sachverhalts in die rechtliche Regel auf mittlerer Ebene wegen der Abstraktionshöhe der dann praktisch nicht verwertbaren Menschenwürde dieser ohne rechtliche Würdigung, im zweiten Fall verleitet der Erfolg der Klage zu einer anspruchsinflationsbedingten Klageflut unter dem Panier der Menschenwürde.

Die Einführung des Grundrechts auf informationelle Selbstbestimmung führte über verschiedene Zwischenstufen zur Datenschutzgrundverordnung (DSGVO), welche präzise und praktikabel, wenn auch leider mit beträchtlichem bürokratischen Overhead, den Umgang mit personenbezogenen Daten regelt. Berechtigte Ansprüche können unter Berufung auf die DSGVO mit Aussicht auf Erfolg geltend gemacht werden, weil diese einen handhabbaren Weg der Rechtsdurchsetzung eröffnet. Dieser Erfolg verdankt sich der Abkopplung des Sachgebiets vom Menschenwürdeprinzip, das sich in der Praxis als untauglich erweist, weil berechtigterweise die Verfassungsgerichtsbarkeit sich vor einer Anwendung der ultima ratio scheut. Die Menschenwürde hat sich aber sozusagen als Geburtshelfer erwiesen. Ohne das Menschenwürdeprinzip wäre das Grundrecht auf informationelle Selbstbestimmung nicht zur Welt gekommen, was auch die laxe Datenschutzgesetzgebung in den USA, deren Verfassung keine Menschenwürde kennt, erklärt. Aber nach der Geburt bedarf es nicht länger der Hilfe einer Hebamme.

Abgesehen von diesem positiven Faktum der aus dem Menschenwürdeprinzip entstandenen Datenschutzregelung wird die rechtliche Klärung von vielfältige Formen annehmenden Verstößen gegen Persönlichkeitsrechte durch die Abstraktheit und ethische Hochwertigkeit der Menschenwürde erschwert.

Durch eine das jeweilige Sachgebiet betreffende Gesetzgebung wird die spezifische Problematik auf eine rechtlich handhabbare Form heruntergebrochen. Das Grundrecht auf informationelle Selbstbestimmung und die davon abgeleitete Datenschutzgrundverordnung zeigen einen Weg auf, wie menschenwürdebezogene Persönlichkeitsrechte gewahrt werden können, ohne sich direkt auf das rechtlich nur schwer verwertbare Menschenwürdeprinzip berufen zu müssen.

Vernunft und Selbstbestimmung

Auf die längste Tradition kann die *Mitgifttheorie* der Menschenwürde zurückblicken. Mitgift besagt, daß die die Menschenwürde begründende Eigenschaft jedem Menschen wesenhaft mitgegeben ist. Jeder Mensch hat also diese Eigenschaft, und darum hat auch jeder Mensch Menschenwürde. Diese Wesenseigenschaften haben wir bereits im geschichtlichen Überblick kennengelernt: die Gottesebenbildlichkeit (Bibel), die Vernunft (Cicero) und die damit zusammenhängende Selbstbestimmung (Kant).

Vorweg möchte ich kurz auf das Verhältnis von Vernunft und Selbstbestimmung zu sprechen kommen. Weil ich diese beiden Begriffe der Einfachheit halber in diesem Kapitel als Einheit behandle, muß vorausgeschickt werden, daß diese zwar funktionell ähnlich, aber nicht identisch sind. Die Vernunft gibt die Ziele sinnvollen Handelns an und stellt Handlungsanweisungen zum Gebrauch der Mittel für die Zielerreichung zur Verfügung, aber erst die Selbstbestimmung entschließt sich zum Handeln. Die Selbstbestimmung folgt nicht unmittelbar aus der Vernunft. Vernunft, insbesondere wenn sie im instrumentell verengten, dafür aber empirisch nachprüfbaren Sinne als Rationalität verstanden wird, stellt Überlegungen zu logisch-mathematischen, kausalen oder Kosten/Nutzen-Verhältnissen an. Diese Überlegungen geben Gründe an, um in einer bestimmten Weise zu handeln, aber sie lösen nicht unmittelbar ein konkretes Handeln aus. Es muß der willentliche Entschluß hinzutreten, nämlich zunächst eine der sich anbietenden Handlungsalternativen auszuwählen, dann diese auch in die Tat umzusetzen. Ob man sich, beispielsweise bei der Auswahl eines Geschenks, für etwas Schönes oder etwas Nützliches, für etwas Prestigeträchtiges oder etwas Unterhaltsames entscheidet, kann die Vernunft nicht bestimmen. Sie kann nur anhand bewährter ästhetischer oder technischer Kriterien belegen, ob etwas schöner oder nützlicher ist, nicht aber, ob das Schöne dem Nützlichen vorzuziehen ist. Das ist eine *Wertentscheidung* und keine Sachentscheidung. In die Wertentscheidung fließt ein beträchtliches Maß an Irrationalität ein, aber genau diese Arbitrarität des freien Willens, der sich auch von der Vernunft nicht bestimmen läßt, macht die Selbstbestimmung aus. Da Selbstbestimmung zumeist als Gegensatz zu einer von externen menschlichen Akteuren vorgenommenen Fremdbestimmung verstanden wird, ist das Beharren auf dem eigenen Willen, sei dieser genährt durch Leidenschaften oder vernünftige Überlegungen, Zeichen echter Selbstbestimmung. Wer sich als Adliger früherer Zeiten für eine Liebesheirat entschloß und dadurch seiner Leidenschaft folgte, während er die vernünftigen Überlegungen seiner Eltern und Ratgeber hinsichtlich der politischen und sozialen Vorteile einer arrangierten Heirat ignorierte, die er als vernünftiger Mensch nicht abstreiten konnte, hat sich selbst bestimmt. Könnte die rationale Überlegung als Ergebnis ihrer Berechnungen unmittelbar zu Handlungen führen, wäre der Mensch nichts anderes als ein Computer, der bei Erreichen bestimmter Kennzahlen Warnungen aussendet oder Aktien verkauft. Der die Selbstbestimmung auslösende Wille kann sich von den Ratschlägen der Vernunft distanzieren. Vernunft und Selbstbestimmung können also sehr weit auseinandertreten. Beide aber haben gemeinsam, daß sie auf der Fähigkeit des Menschen beruhen, durch bewußtes Denken sich zu sich selbst zu verhalten.

Die Begründungen der sogenannten Mitgifttheorie[102] für ein universelles, prinzipielles, vom Verhalten unabhängiges Vorhandensein von Menschenwürde gehen von einer *wesenhaft nur dem Menschen zugehörigen Eigenschaft* aus: der Gottes-

102 Diesen Begriff hat Hasso Hoffmann geprägt.

ebenbildlichkeit, der Vernunft und der Willensfreiheit[103]. Diese besondere Eigenschaft konstituiert die *Sonderstellung* des Menschen innerhalb der Gesamtheit alles Seienden und macht seine Würde aus. Diese Argumentation setzt dreierlei voraus:

1. Die genannte Eigenschaft ist tatsächlich nur beim Menschen und nicht bei anderen Lebewesen vorhanden, wodurch die Behauptung einer Sonderstellung gerechtfertigt ist.

2. Die genannte Eigenschaft ist tatsächlich stets bei allen Menschen vorhanden, wodurch die Behauptung einer durch sie begründeten Universalität der Menschenwürde gerechtfertigt ist.

3. Die genannte Eigenschaft ist tatsächlich so bedeutend, daß sie sich als Grundlage eines Systems der Sittlichkeit eignet.

Schlagwortartig lautet die Zusammenfassung dieser drei Voraussetzungen: *Einmaligkeit, Universalität und Bedeutsamkeit*. Diese drei Voraussetzungen möchte ich nun einer kritischen Prüfung unterziehen.

ad 1) Da die Eigenschaft der Gottesebenbildlichkeit bereits im Kapitel zum geschichtlichen Überblick separat behandelt wurde, werde ich mich hier auf den Komplex Vernunft/Willensfreiheit beschränken. Während die Vernunft schon in der Antike als das zentrale, den Menschen vom Tier unterscheidende Merkmal beschrieben wurde, ist die Willensfreiheit eine vergleichsweise späte Errungenschaft. Erst in der Renaissance wurde die Fähigkeit des Menschen zur autonomen

---

103 Vernunft und Willensfreiheit gehören, auch wenn sie nicht identisch sind, zusammen, weshalb im weiteren oft nur ein Ausdruck dieses Begriffspaares genannt wird, wobei der andere mitgedacht werden sollte. Vernunftgebrauch setzt Willensfreiheit voraus, da in Situationen völliger Triebbestimmtheit die Vernunft ausgeschaltet ist. Vernunft ist also eine Folge der Willensfreiheit. Die Thematisierung von Vernunft bezieht sich zumeist auf Kontexte des Denkens und damit auf die Richtigkeit von Erkenntnisakten, die Thematisierung von Willensfreiheit zumeist auf Kontexte des Handelns und auf die Moralität dieses Handelns.

Selbstbestimmung erfahren und theoretisch erfaßt; durch Kant rückte sie ins Zentrum von Ethik und Anthropologie. Bis in die Epoche der griechischen Klassik hinein wurden die basalen Handlungsantriebe dem Wirken der Götter zugeschrieben; auch scheute man sich, schicksalhafte Entscheidungen selbst zu verantworten, sondern machte diese von der durch Opfer beeinflußbaren und durch Orakel erkennbaren Gunst der Götter abhängig. Im späteren Verlauf der Antike führte die einsetzende „Modernisierung", die mit einem Rationalisierungs- und Individualisierungsschub einherging, zu einer Entwicklung in Richtung moderner Ich-Autonomie, die vor allem in der *Selbstsorge* der Stoa zum Ausdruck kam. Die stoische Philosophie, die auf die Ausschaltung aller dem eigenen Selbst fremden Einflüsse abzielte, kann in der Tat als ein Streben nach Willensfreiheit gedeutet werden. Da es freilich hinsichtlich des faktischen Vorhandenseins von Willensfreiheit nicht darauf ankommt, ob diese auch gedanklich begriffen ist, sollen diese Bemerkungen nur darauf aufmerksam machen, daß dieses Merkmal keineswegs schon immer und selbstverständlich zur differentia specifica des Menschen gezählt wurde.

In der Aufklärung kulminierte der Glaube an die Vernünftigkeit des Menschen, dem durch Kants Betonung der Willensfreiheit zudem noch eine weitere Nuance hinzugefügt wurde. Doch nachdem dieser Höhepunkt erreicht worden war, schrumpfte der Umfang des Bereichs einer zweifelsfrei nur dem Menschen zukommenden Freiheit des Vernunftgebrauchs immer weiter. Zum einen entdeckte man, daß auch höhere Tiere (Rabenvögel, Delphine, Hunde, Menschenaffen) zu vernunftanalogen Handlungen in der Lage sind: zum Zählen, zum Werkzeuggebrauch, zum Betrug und zu absichtsvollem, auf die Zukunft gerichtetem Planen, usw. Während also auf der einen Seite sich das Tier dem Menschen annäherte, glich sich auf der anderen Seite der Mensch dem Tier an. Der Vernunft wurde eine immer geringere

Steuerungskapazität über die Gesamtheit des menschlichen Lebens zugeschrieben und im Gegenzug den „tierhaften“ Trieben und generell den materiellen Bedingungen eine immer größere Bedeutung beigemessen. Die Vernunft wurde abgewertet, der Leib aufgewertet. Man hatte entdeckt, daß der Mensch sich evolutionär aus tierischen Vorformen entwickelt hat; er ist also nicht mehr, wie man früher glaubte, etwas per se völlig Andersartiges als das Tier. Auch erkannte man die Verhaltensprägung durch Triebe[104] und sonstige biologisch fundierte Mechanismen, die der Mensch mit dem Tier gemeinsam hat. Behaviorismus[105] und gewisse Richtungen der Hirnforschung sprachen dem Menschen sogar schlichtweg den Anspruch auf Willensfreiheit ab. Des weiteren wurde auch immer deutlicher, in welch starkem Maße menschliches Handeln vorgebahnt ist durch die Vorgaben von Sprache, Kultur und wirtschaftlichen Bedingungen. Der Mensch gleicht in diesem Determinismusdiskurs einer Marionette, die sich nur deshalb einbilden kann, frei zu sein, weil sie die dünnen Drähte, an denen sie hängt, nicht sieht. Auch wenn man diesen Theorien wegen ihrer Einseitigkeit und Hypostasierung bestimmter Phänomene mit Skepsis begegnen muß, haben sie doch dazu beigetragen, den Glauben an die Sonderstellung des Menschen nachhaltig zu erschüttern. Vernunftfähigkeit und Willensfreiheit wurden durch die diversen Wissenschaften so weit relativiert, daß deren noch vorhandener Umfang nicht mehr ausreicht, um daraus eine allseits verbindliche Grundlage für ein System der Sittlichkeit abzuleiten.

104 Prägnant hat Freud formuliert, „daß das Ich nicht Herr sei im seinem eigenen Haus.“ (Sigmund Freud 1917, S. 11)

105 „Alles Verhalten wird durch äußere Umstände bestimmt. Die traditionelle Vorstellung vom Menschen als einem autonomen Subjekt, für das freiheitliche Selbstbestimmung charakteristisch ist, hat sich aus verhaltenswissenschaftlicher Sicht als unhaltbar erwiesen.“ Franz Josef Wetz: Unhaltbare Idee, in: Wetz 2020, S. 293

Die prominente Stellung der Vernunft wird durch Biologie und Anthropologie, Psychologie und Medizin relativiert, diejenige der Selbstbestimmung durch die Soziologie. Wenn Selbstbestimmung mehr sein soll als die bloße Fähigkeit, sich – à la sapere aude – selbständig Gedanken zu machen, nämlich seinen Platz in der Welt durch eigene Kraft zu bestimmen, dann ist dieses Prinzip im strengen Sinne ein Ding der Unmöglichkeit. Im strengen Sinne trifft dies nur auf die Ritter und Großbauern des Mittelalters u. dgl. zu, die in ihrer Burg oder auf ihrem Hof tatsächlich nahezu völlig unabhängig von äußeren Einflüssen ihr Leben gestalten konnten. Je länger man darüber nachdenkt, desto deutlicher wird, welch zahlreichen Einflüssen ein Mensch ausgesetzt ist. In früheren Zeiten war der Mensch dem Naturzwang unterworfen. Der Jagderfolg hängt von den Wanderzügen der Beutetiere ab, die Ernte von der Gunst des Wetters. Nachdem der Mensch sich im Laufe des zivilisatorischen Fortschritts vom Naturzwang befreit hat, hat er diesen durch die Abhängigkeit von der gesellschaftlich-technischen Umwelt ersetzt. Der moderne Mensch ist essentiell abhängig von den Verkehrsmitteln, Supermärkten, Stromleitungen, Medikamenten, Arbeitsplätzen, Lieferanten, usw. Bei nahezu jeder Lebenstätigkeit ist er in ein Netz ihn bestimmender Abhängigkeiten eingesponnen.

Dem Argument der fehlenden Willensfreiheit läßt sich entgegnen, daß dieses ein Perspektivenproblem sei. Wenn man das Problem der Willensfreiheit im Rahmen des dualistischen Schemas eines Wettstreits zwischen mind and matter, zwischen biologischem Substrat und bewußtem Ich untersucht, dann kann es immer nur einen Sieger geben.

In der Diskussion um die Willensfreiheit geht es letztlich darum zu klären, wer entscheidet über den Handlungsvollzug: der bewußte Geist oder neurophysiologische Prozesse? Daß der Großteil alltäglicher Handlungen durch Automatismen und

Routinen gesteuert wird, wird jeder zugeben. Darüber entsteht kein Streit. Willensfreiheit kommt erst dann ins Spiel, wenn es um Alternativen geht, die bedacht werden müssen: Soll ich die billigere grüne oder die teurere blaue Hose kaufen, soll ich weiterarbeiten oder mit den Kumpeln durch die Kneipen ziehen? Ich wäre nur völlig determiniert, wenn ich in den Laden gehe, ohne nachzudenken eine Hose heraussuche und bezahle oder wenn ich robotergleich meine Arbeit durchziehe. Nur weil in derartigen Situationen nicht bereits durch die alltäglichen Automatismen vorentschieden ist, was getan wird, sondern zwischen zwei gleichberechtigten Möglichkeiten entschieden werden muß, wird überhaupt erst interessant zu klären, warum und für was man sich entscheidet. Eine Erklärung durch Hirnaktivitäten liegt nur eine Ebene tiefer als die Erklärung durch bewußtes Denken, also bei den beiden Beispielen das Abwägen zwischen Preis und schöner Farbe, zwischen Pflicht und Neigung, erklärt aber, indem man sagt, Hirnareal A hat stärkere Reize ausgesandt als Hirnareal B, nicht mehr.

In diesem dualistischen Schema repräsentiert der Geist das Eigene, mit dem sich das bewußte Ich identifiziert, während der Körper etwas Fremdes ist, das von außen auf den Geist einwirkt. Die Aussage, alles bewußte Denken sei physiologisch determiniert, gewinnt ihre polemische Kraft nur dadurch, daß man sich auf die Eigenständigkeit des bewußten Geistes fixiert. Aber die Person ist ein Ganzes. Zu ihr gehören auch die Triebe und unbewußten Prozesse. Normalerweise arbeiten diese mit dem bewußten Ich Hand in Hand. In Freudscher Terminologie: das Es will etwas und das Ich setzt es um, als ob ihm selbst diese Idee gekommen wäre. Dieses „als ob" ist der Knackpunkt der Willensfreiheitproblematik. In dualistischer Perspektive kann man dieses „als ob" nur als Illusion, als Verkennung der tatsächlichen „Machtverhältnisse" deuten, in holistischer Perspektive dagegen hat das bewußte Ich überhaupt keinen Grund an seiner Souveränität zu zweifeln, weil es mit dem Es-Impuls übereinstimmt, weil es sich selbst und das Es als zur Gesamtperson gehörig weiß. Ein Selbstbestimmungsproblem wird erst akut, wenn bei Neurosen, Süchten und triebhaften Charakteren Ich und Es nicht übereinstimmen, wenn also der Triebimpuls als fremd, nicht gewollt und zwanghaft empfunden wird.

Erkenntnisfortschritte stellen sich oft erst ein, wenn man bereit ist, die Anzahl der zu betrachtenden Variablen zu reduzieren. So ist auch die moderne Naturwissenschaft vorgegangen. Aus diesem Grund habe ich mich darauf beschränkt zu untersuchen, was Menschenwürde in rechtlicher Hinsicht bedeuten und bezwecken soll. Die Frage, auf welche Weise und ob überhaupt angesichts der neuronalen Determination des Handelns der Mensch innerlich frei ist zur Selbstbestimmung, ist deshalb relativ uninteressant. In rechtlicher Hinsicht ist allein die Frage relevant, ob Situationen vorliegen, in denen einerseits subjektiv ein Mensch den *Eindruck* hat, seines Selbstbestimmungsrechts beraubt zu werden und die andererseits objektiv, gemäß in einer Gesellschaft vorherrschender Auffassungen, den Gebrauch des Selbstbestimmungsrechts unmöglich machen. Wenn ich den Wunsch verspüre, einen roten Apfel zu essen, so mag dieser Wunsch vollständig determiniert sein: zum einen der Triebimpuls selbst durch die biologischen Mechanismen des Hungergefühls und zum anderen das Triebziel durch irgendwelche frühkindlichen Prägungen. Dies tangiert aber die Selbstbestimmung in rechtlicher Hinsicht in keinster Weise; dies tät es nur, wenn mir jemand befehlen würde, einen roten Apfel zu essen oder mich ein unerklärlicher Drang dazu veranlaßt, obwohl ich gar keinen Appetit habe. Der Unterschied zum Zwang, besteht darin, daß ich im ersten Fall sagen kann: „das will ich" und im zweiten: „das will ich nicht." Das Recht betrachtet und bewertet soziales Handeln. Die im Inneren eines Subjekts ablaufende neuronale Determinierung – und sei sie auch noch so umfassend – spielt im Hinblick auf das soziale Handeln keine Rolle. Die rechtliche Würdigung setzt erst ein, wenn ein – wie auch immer determinierter – Wille in den Bereich sozialen Handelns eintritt. Allein um die Verwirklichungschancen dieses Willens geht es. Selbstbestimmung besteht nicht in der Fähigkeit eines Ichs, sich unabhängig von inneren Motivationen rein rational für etwas zu entscheiden, sondern sie wird erst dann zu einer rechtlich relevanten Größe, wenn diese Entscheidung in Form sozialen Handelns verwirklicht werden soll und einem Subjekt, das von sich behauptet, „so habe ich es gewollt" zugerechnet werden kann. Kann dieser Wille – auch notfalls gegen Widerstand – umgesetzt werden, so handelt man selbstbestimmt.

ad 2) Hier stößt man auf den unbestreitbaren und in der einschlägigen Diskussion auch stets präsenten Einwand, daß zahlreichen Menschengruppen die Vernunftfähigkeit abgesprochen werden muß: Ungeborene, Kinder, Schwachsinnige, Geisteskranke, Süchtige, Komatöse. Das akzidentielle Fehlen einer bei einer Gebildegattung prinzipiell vorhandenen Eigenschaft widerlegt nicht deren prinzipielles Vorhandensein. Ein einzelner schwarzer Schwan beeinträchtigt nicht die Aussage, daß Schwäne weiß sind; nur weil ein Mensch wegen eines Unfalls einen Arm verloren hat, kann man nicht daraus folgern, daß Menschen nicht zwei Arme haben. Schwarze Schwäne, einarmige oder vernunftlose Menschen können trotz dieser Abweichung problemlos als Schwäne oder Menschen identifiziert werden. Aber ab einer bestimmter Menge von der Norm abweichender Phänotypen schlägt Quantität in Qualität um, verwandelt sich die zu vernachlässigende Ausnahme zu einer die Norm auflösenden Tatsache. Wenn man behauptet, daß allein die individuelle Vernunftfähigkeit die besondere Schutzwürdigkeit eines Menschen begründet, dann wird der vernunftlose Mensch, also gerade derjenige, der am ehesten des Schutzes bedarf, des rechtlichen Schutzes beraubt. Eine Ethik, die menschliches Dasein erst da beginnen läßt, wo Anzeichen der Vernunft erkennbar sind, kann nicht begründen, warum man Menschen, denen die Vernunft fehlt, wie Menschen behandeln soll. Dieser Zusammenhang gilt natürlich auch für alle anderen Eigenschaften, die man für eine wertverleihende Besonderheit des Menschen erklärt. Eine Ethik, die nicht über die Mittel verfügt, sich mit guten Gründen der „Vernichtung lebensunwerten Lebens“ zu widersetzen, verdient den Namen „Ethik“ nicht.

Auch dem Argument der fehlenden Universalität läßt sich – wenn auch mit geringerer Überzeugungskraft als bzgl. Punkt 1 – ein Argument entgegenhalten: Eine indirekte Wirkung kann das Vernunftargument durch die Zugehörigkeit nicht-vernunftfähiger Personen zur Gattung Mensch entfalten. Da Vernunftfähigkeit die Gattung Mensch auszeichnet, partizipiert jeder Mensch allein kraft seines Menschseins an der sich aus der Vernunft ergebenden Sonderstellung. Durch diese Teilhabe an der Allgemeinheit des Menschseins wird zwar die Besonderheit der individuellen Vernunftlosigkeit aufgehoben, aber damit auch deren Problematik auf die Tatsache des bloßen Lebendigseins verschoben. Wenn, was ungeachtet der im nachfolgenden Abschnitt beleuchteten axiomatischen Fragwürdigkeit der Vernunftqualität hier zugestanden werden soll, Vernunftbesitz Würde impliziert, kann dies vom bloßen Lebendigsein nicht mit gleichem Recht behauptet werden.

In genau umgekehrte Richtung zielt ein Argument, das uns noch später (im Kapitel „Unantastbar – Unverletzlich“) beschäftigen wird. Speziell auf die Selbstbestimmung bezogen, muß man fragen: Wenn man die Menschenwürde auf die Fähigkeit zur Selbstbestimmung als die das Wesen des Menschen auszeichnende Eigenschaft zurückführt, wie kann die Notwendigkeit bestehen, durch Maßnahmen zur Behebung materieller Not, erst die Voraussetzung zur Selbstbestimmungsfähigkeit zu schaffen? Nach neuerer Rechtsprechung des BVerfG (Hartz

IV-Urteil)[106] besteht zur Wahrung der per Selbstbestimmung definierten Menschenwürde (Urteil zur lebenslangen Freiheitsstrafe)[107] eine staatliche Pflicht zur Sicherung des Existenzminimums. Die Argumentation ist ein Zirkelschluß: Menschenwürde beruht auf Selbstbestimmung. Selbstbestimmung bedarf aber der Sicherung des Existenzminimums, die bereitgestellt werden muß, wenn diese nicht gewährleistet ist, um Menschenwürde zu ermöglichen. Man kann daraus nur schließen, daß die Selbstbestimmung als Kandidat für die Begründung einer universellen Menschenwürde ausscheidet. Wenn man freilich von einer immer gegebenen Menschenwürde und Selbstbestimmungsfähigkeit ausgeht, muß man konsequenterweise auch Sozialleistungen ausschließen. Diese Auffassung hatte das BVerfG ursprünglich vertreten. „Zu Beginn der fünfziger Jahre hatte es, entgegen der damals herrschenden Sicht der Staats-

106 „Art. 1 Abs. 1 GG erklärt die Würde des Menschen für unantastbar und verpflichtet alle staatliche Gewalt, sie zu achten und zu schützen … . Als Grundrecht ist die Norm nicht nur Abwehrrecht gegen Eingriffe des Staates. Der Staat muss die Menschenwürde auch positiv schützen … . Wenn einem Menschen die zur Gewährleistung eines menschenwürdigen Daseins notwendigen materiellen Mittel fehlen, …, ist der Staat im Rahmen seines Auftrages zum Schutz der Menschenwürde und in Ausfüllung seines sozialstaatlichen Gestaltungsauftrages verpflichtet, dafür Sorge zu tragen, dass die materiellen Voraussetzungen dafür dem Hilfebedürftigen zur Verfügung stehen. Dieser objektiven Verpflichtung aus Art. 1 Abs. 1 GG korrespondiert ein Leistungsanspruch des Grundrechtsträgers, da das Grundrecht die Würde jedes individuellen Menschen schützt … und sie in solchen Notlagen nur durch materielle Unterstützung gesichert werden kann. (BVerfG, Urteil des Ersten Senats vom 09. Februar 2010 - 1 BvL 1/09 -, Rn. 1-220,)

107 „Der Staatsgewalt ist in allen ihren Erscheinungsformen die Verpflichtung auferlegt, die Würde des Menschen zu achten und sie zu schützen. Dem liegt die Vorstellung vom Menschen als einem geistig-sittlichen Wesen zugrunde, das darauf angelegt ist, in Freiheit sich selbst zu bestimmen und sich zu entfalten. […] Der Satz, „der Mensch muß immer Zweck an sich selbst bleiben“, gilt uneingeschränkt für alle Rechtsgebiete; denn die unverlierbare Würde des Menschen als Person besteht gerade darin, daß er als selbstverantwortliche Persönlichkeit anerkannt bleibt.“ (BVerfGE 45, 187 - Lebenslange Freiheitsstrafe)

rechtslehre[108], sogar dezidiert abgelehnt, aus der Würdenorm einen Anspruch auf Schutz vor materieller Not abzuleiten."[109] In ein solches, wie gesagt, noch näher zu untersuchendes Dilemma gerät man, wenn man der Menschenwürde Voraussetzungen unterlegt, die nicht zweifelsfrei vorausgesetzt werden können.

ad 3) Rechtfertigt die unzweifelhaft dem Menschen als Gattungswesen zukommende Eigenschaft der Vernunft ihm eine „Würde" zuzuschreiben, wobei Würde zunächst einmal nur ganz abstrakt einen besonders hohen moralischen Wert bezeichnen soll?

Wäre die die Würde begründende Vernunft ein rein biologisches Faktum wie die Beschaffenheit der Stimmbänder (bzw. des Sprechapparats im allgemeinen) oder die Schweißdrüsen, das aber nur den Menschen zukommt und daher eine Sonderstellung begründen könne, so ist dem zu entgegnen, daß irgendwelche Alleinstellungsmerkmale die meisten Tiere auszeichnet. Jede Tierart hat spezifische, sich in der körperlichen Gestaltung oder im Verhalten manifestierende Überlebensstrategien. Aus der Besonderheit ergeben sich per se keine rechtsrelevanten Folgerungen. Die Besonderheit als solche konstituiert nichts.[110]

---

108 Bereits sehr früh und sehr deutlich hatte Dürig Stellung bezogen: „Gewiß kann der konkrete Mensch den höchsten Grad der sittlichen Vervollkommnung erreichen, indem er (und vielleicht gerade weil er) ohne materielle Gütersubstanz auskommt; der Mensch als solcher ist ohne diese äußere Grundsubstanz, die seine Vollexistenz ermöglicht, nicht denkbar und die Freiheit zur Daseinsentfaltung wird zur Phrase, wenn sie nicht auf der Möglichkeit der ökonomischen Daseinserhaltung aufbaut." (Günter Dürig 1956, S. 117)

109 Baldus, S. 230

110 „Fledermäuse orientieren sich mit Echolot, Menschen mit Vernunft. Das ist ein Unterschied, ja – aber wieso ein Unterschied, der die Menschen über die Fledermäuse stellt? Mag es immer sein, dass die Menschen sich durch eigene Gesetze leiten können, die Tiere nicht, so ist das doch keine Ehre und Auszeichnung, also Würde, sondern nur eine Besonder-

Um rechtsrelevante Folgen auszulösen, muß die Besonderheit als Wert anerkannt werden.

Aussagen über die Natur sind Sachurteile. Den dadurch festgestellten Sachverhalten kann zusätzlich ein Wert zugeschrieben werden. Man muß sich aber im Klaren sein, daß wir es hierbei mit Werturteilen zu tun haben und daß diese mehr oder weniger willkürlich sind. Im Gegensatz zu Sachurteilen sind diese nicht zweifelsfrei allgemein zustimmungsfähig

Die Vernunft war seit der Stoa neben der Gottesebenbildlichkeit das Hauptthema des Würdediskurses. Auch wenn modernes Denken sich bemüht, aus welchen Gründen auch immer, die Metaphysik zu überwinden, hält es am Wert der Vernunft fest. Um diese, wie man meint[111], metaphysikfrei zu begründen, wird nun ihr Wert anthropologisch-biologisch bestimmt. Die Nützlichkeit des Vernunftgebrauchs als Überlebensstrategie kann nicht bestritten werden. Dank der Vernunft hat sich der Mensch die Natur untertan gemacht und zum Herrn über alles Seiende aufgeschwungen. Im Rahmen einer solchen biologistisch-instrumentellen Sichtweise muß man sich aber fragen, ob diese Art von Tauglichkeit wirklich gut ist? Eine instrumentell reduzierte Vernunft, welche rücksichtslos alles Zuhandene vernutzt, führt zur Naturzerstörung und damit zur Untergrabung der eigenen Lebensgrundlagen. Eine reflexiv hypertrophierte Vernunft bewirkt dagegen Handlungsunfähigkeit, weil alles zerdacht, bezweifelt, auf alles Rücksicht genommen wird (Hamlet: „so macht Gewissen Feige aus uns allen“). Aka-

---

heit, wie das Echolot der Fledermäuse.“ (Rüdiger Bittner in: Abschied von der Menschenwürde, in Brandhorst/Weber-Guskar, S. 97

111 Metaphysik kann nicht „überwunden“ werden. Wenn modernes Denken, scheinbar metaphysikfrei, nüchtern und neutral, ganz ohne Bezug zu etwas Ideellem, Transzendent-Überweltlichem, Seiendes im Hinblick auf Tauglichkeit und Funktionsweisen bestimmt, dann macht sie metaphysische Aussagen über das Wesen des Seienden. Das instrumentelle Weltverhältnis ist die Erscheinungsweise der Metaphysik in der Moderne.

demikerinnen bekommen aus den verschiedensten, aber stets mit dem Vernunftgebrauch zusammenhängenden Gründen, die wenigsten Kinder. So wendet sich das vernünftig durchgestaltete Leben gegen das Leben selbst. Es ist darum zu fragen, ob die Vernunft vielleicht letztendlich weniger tauglich ist als ein sicher einrastender Brutpflegeinstinkt. Weniger ambivalent wäre wahrscheinlich der Verweis auf die vernunftbewirkten Kulturleistungen in Wissenschaften, Künsten und eben auch der Sittlichkeit. An dieser Stelle soll innegehalten werden, da es überhaupt nicht um eine Vernunftkritik geht. Vielmehr soll nur aufgezeigt werden, daß die Bevorzugung der Vernunft ein menschliches Werturteil ist. Sie läßt sich selbst bei einer dezidiert biologistischen Argumentation nicht unmittelbar aus naturhaften Tatsachen ableiten. Die Argumentation lautet – nochmals in etwas anderer Form: die Vernunft ermöglicht dem Menschen nicht nur das Überleben, sondern auch eine weit über das bei allen anderen Tierarten vorhandene Maß hinausgehende Vermehrung und schließlich die Herrschaft über die Natur und dadurch eine, sich u.a. in kulturellen Leistungen ausdrückende Selbstbestimmung und Selbstverwirklichung. Deshalb ist die Vernunft nicht nur eine beliebige, wertmäßig neutrale Besonderheit, sondern etwas positiv Auszeichnendes. Aber genau diese Behauptung ist eine wertmäßige Setzung. Ein Sachurteil kann nur feststellen, daß Vernunft zur Vermehrung, Herrschaft und Selbstverwirklichung beiträgt. Daß all dies gut sein soll, folgt daraus nicht selbstverständlich, sondern nur, wenn man Gutheit mit Überlebenstauglichkeit gleichsetzt.

Vernunft ermöglicht Selbstbestimmung. Dadurch kann man frei sich für das Gute entscheiden. Zumeist heißt dies, dem bereits in expliziter Gesetzesform oder allgemeiner im Sittengesetz Vorgedachten und Festgelegten zu folgen, indem man den vorliegenden Tatbestand einer Norm subsumiert und die dort beschriebene Handlung ausführt, weil man das Sittengesetz in seiner Gesamtheit – wenn auch nicht unbedingt im Einzelfall

– für befolgenswert erachtet hat. Bei unnormierten, neuartigen oder in ihrer Komplexität nicht einordenbaren Tatbeständen verhilft einem die Vernunft immerhin zu einem moralisch anspruchsvollen Urteil, auch wenn es sich nachträglich als falsch herausstellen sollte. Aber das rechtfertigt noch nicht die Zuschreibung der Eigenschaft „Würde“. Diese ergibt sich nicht direkt aus der Fähigkeit zur vernunftgeleiteten Selbstbestimmung. Ein üblicher, sinnvoller Vernunftgebrauch bei einem Schachspiel, beim Lösen einer mathematischen Gleichung, bei der Konstruktion einer Maschine, beim Abfassen einer Rede, mit deren Hilfe überzeugt werden soll, usw. hat – selbst bei einem weitgefaßten Begriffsinhalt – nichts „Würdevolles“ an sich. Vernunft richtet sich, wie bei den ersten drei der genannten Beispiele, zumeist überhaupt nicht auf moralisch relevante Sacherhalte. Des Weiteren ergibt sich durch logischen oder kausalen Zwang bei vollständig vernunftbestimmbaren Sachverhalten die optimale Lösung quasi von selbst, sofern man nur die Vernunft optimal gebraucht. Instrumentelle Vernunft ist die Vernunft von Instrumenten. Das heißt: Die angestrebte Lösung kann auch von einem geeigneten Computerprogramm erbracht werden. Da auch Computer eine Art Vernunft besitzen, kann man die als Würde bezeichnete Besonderheit menschlichen Daseins nicht mehr wie früher, als diese nur mit derjenigen von Tieren verglichen werden mußte, an der Vernunft festmachen. Eine moralische Qualität erhält der Vernunftgebrauch erst, wenn er sich auf moralische Zwecke richtet, wenn durch Nachdenken das Gute ermittelt wird. Würdequalifizierend ist die Vernunft nicht durch sich selbst, sondern nur insofern sie als Mittel zur moralischen Reflexion dient. Diese macht die Besonderheit des Menschen aus und unterscheidet ihn sowohl vom Tier als auch vom Computer.

Zusammenfassung: Die Sonderstellung des Menschen durch die Selbstbestimmung ermöglichende Vernunft läßt sich rechtfertigen und das Argument der fehlenden Willensfreiheit entkräften, wenn man eine ganzheitliche Perspektive einnimmt, die sich vom traditionellen Geist/Körper-Dualismus löst. Allerdings ist der der Sonderstellung beigemessene Wert zweifelhaft und läßt sich wie jedes Werturteil nicht aus der Natur der Sache ableiten. Eine solche axiomatische Setzung läßt sich zwar rechtfertigen, man muß aber akzeptieren, daß sie nicht von allen geteilt wird. Am problematischsten ist auf jeden Fall die behauptete Universalität der die Menschenwürde begründenden Vernunft. Die „Vernunftlosen" bleiben der Stachel im Fleisch der Menschenwürdedefinition. Insgesamt ergibt sich also sozusagen ein Unentschieden. Vernunft und Selbstbestimmung scheiden nicht rundweg als Begründungsargumente aus, ihr diesbezüglicher Wert muß aber relativiert werden.[112]

112 Das wird von etlichen Autoren ähnlich gesehen. So kommt beispielsweise Mario Brandhorst am Ende seiner Überlegungen zu dem Schluß: „Doch … bleibt …die Frage, wie sich ein Merkmal wie Personalität und Vernunft und Freiheit sich in jedem einzelnen Menschen manifestiert, oft genauso ungeklärt wie die Frage, warum ausgerechnet diese Eigenschaften, die nicht offensichtlich jedem Menschen zuzuschreiben sind, einen besonderen Status der Würde begründen." (Brandhorst in: Brandhorst/Weber-Guskar, S. 139)

„Vom Verletzungsvorgang her“

Angesichts der im Laufe der Jahre offenbar gewordenen Schwierigkeiten einer *positiven* Menschenwürdedefinition, wie sie vor allem in der Vernunft oder Gottesebenbildlichkeit thematisierenden Mitgifttheorie zum Ausdruck kommt, schlug Peter Badura 1964[113] vor, den Begriffsinhalt anhand einer „Kasuistik klarer Tatbestände“ zu bestimmen. Dieses Verfahren wurde später auf die Formel „vom Verletzungsvorgang her“ gebracht. Seine Kritik an den bisherigen Deutungsmethoden läßt sich in folgenden Punkten zusammenfassen:

1. Stünde hinter dem Art 1.1 GG eine bestimmte Anthropologie, so müßte angegeben werden können, welche genau dies sei. Dies hat sich als unmöglich erwiesen. Selbst wenn eine solche aufgefunden werden könnte, müßte begründet werden, warum gerade diese und nicht eine andere zum ethisch/rechtlichen Maßstab erhoben werden soll.

2. Seit Ende des Mittelalters kann keine Ethik mehr einen Allgemeinverbindlichkeitsanspruch erheben. Der weltanschaulich neutrale Staat würde seine Neutralität verlieren, wollte er eine bestimmte Ethik, die immer nur die Ethik eines begrenzten Bevölkerungskreises ist, zum Maßstab machen.

3. Wertordnungsorientierte Interpretationen tendieren im Gegensatz zu strengen traditionellen Auslegungsverfahren zur Beliebigkeit und eignen sich zur Ideologisierung der Rechtsordnung.

4. Die Notwendigkeit einer nur durch Judikatur erreichbaren inhaltlichen Konkretisierung eines derart zentralen und weithin ausstrahlenden Rechtssatzes führe zu einem so nicht gewollten und nicht wünschbaren Machtzuwachs der Verfassungsgerichtsbarkeit.

113 Peter Badura, S. 337 - 344

5. Personale und Wertethiken sehen den Menschen nicht so wie er ist, sondern wie er sein sollte. Sie haben große Schwierigkeiten, die Schutzwürdigkeit nicht-idealer Menschen (Behinderte, Asoziale usw.) zu begründen.

Als klare Tatbestände führt er auf:

1. Die besondere Schutzwürdigkeit der „Nicht-Normalen" jedweder Art (Abhängige, psychisch Abnorme, Asoziale, Angehörige weltanschaulicher und religiöser Minderheiten, Gefängnisinsassen)

2. Reaktion auf Erfahrungen des „Dritten Reiches" („Diese geschichtliche Erfahrung vermag deutlicher als jede Theorie über die sittliche Persönlichkeit des Menschen darüber Aufschluß zu geben, wie der Schutz der ›Würde des Menschen‹ in Art. 1.1 GG vorzustellen ist." Konkret betrifft dies: Verbrechen gegen die Menschlichkeit[114]: Ausrottung, Versklavung, Zwangsverschleppung, Folterung, an der Zivilbevölkerung begangene unmenschliche Handlungen …, Verfolgung aus politischen, religiösen und rassischen Gründen. Ferner: „Aufstachelung zum Haß gegen Teile der Bevölkerung und die Aufforderung zu Gewalt oder Willkürmaßnahmen gegen sie."[115]

3. Urteile, bei denen auf die Menschenwürde Bezug genommen wurde, wo er als Beispiel die Verwertung von heimlich aufgenommenen Tonbandmitschnitten anführt.

Die von Badura vorgeschlagene Vorgehensweise entspricht dem in den Geisteswissenschaften und auch in der Juristik gebräuchlichen und bewährten *hermeneutischen Verfahren*. Ausgehend von einem Vorverständnis werden bestimmte, einfache Teilbereiche eines komplexen Sachverhalts gedeutet, wodurch sich dann schrittweise, rückkopplungsförmig („hermeneuti-

114 In der unmittelbaren Nachkriegszeit diente die Menschenwürde dazu, sich mit diesem von den Siegermächten erfundenen Straftatbestand anzufreunden, vgl. Baldus S. 33ff.

115 P. Badura, S. 341f.

scher Zirkel“) der Gesamtzusammenhang erschließt. Diese Vorgehensweise, die keiner metaphysischer oder sonstiger Vorannahmen bedarf, sondern sich allein auf den Text und eine Methodik stützt, verdient Vertrauen. Vor einer Prüfung von deren Validität möchte ich aufführen, welche Tatbestände in der Literatur, über Badura hinausgehend, von der Formel „vom Verletzungsvorgang her“ erfaßt werden. Ich beschränke mich hierbei auf rechtlich relevante Tatbestände, weshalb Diskurse, die sich auf die ähnliche, aber metaphysisch fundierte und eher ethisch orientierte „Objektformel“ beziehen, an anderer Stelle behandelt werden (S. 123, Peepshow).

Altan Heper plädiert für eine Minimalmoral, zu der „das Tötungsverbot, das Verbot der Schadenszufügung oder das Diskriminierungsverbot“ gehören. Diese Minimalmoral soll den sogenannten Grundübeln entgegenwirken:

> *„Das Erleiden von Tod, Schmerzen und anderen körperlichen und gesundheitlichen Eingriffen, der Entzug der Grundbedingungen, die zu einer angemessenen Lebensführung gehören, und der Entzug der Grundfreiheiten. ... Die oben als Grundübel genannten Verletzungshandlungen stellen gleichzeitig typische Menschenwürdeverletzungen dar.“*[116]

Horst Dreier faßt die um die Jahrtausendwende herrschende Lehre zu den Verletzungstatbeständen zusammen:

> *„massive Verletzungen der Gleichheit: das richtet sich gegen Sklaverei, Leibeigenschaft, systematische Diskriminierung, also gegen die Herabstufung zu Menschen zweiter Klasse. ... [Die Menschenwürde, W.K.] soll zweitens bewahren vor massiven Verletzungen der körperlichen und seelischen*

116 Altan Heper in: Ulfrid Neumann, Paul Tiedemann, Shing-I Liu 2021, S. 95

Integrität und Identität: also vor Folter, Gehirnwäsche, schweren Demütigungen.“[117]

Sehr häufig wird, angestoßen durch die einflußreiche Theorie Margalits, eine Menschenwürdeverletzung mit Demütigung gleichgesetzt. Diese bestehe in der Verletzung der Selbstachtung, die jedem Menschen qua Mensch gebühre.[118] Namhafte Vertreter dieses Ansatzes sind in Deutschland Julian Nida-Rümelin, Ulfrid Neumann und Franz Josef Wetz.[119] Menschenwürde werde getroffen, „wenn ein Mächtiger mit den Unterlegenen nach seinem Belieben verfahre und diese keine andere Wahl haben, als jede Art der Behandlung hinzunehmen.“[120]

Manfred Baldus faßt nach Sichtung der Protokolle des Parlamentarischen Rates die Punkte zusammen, die das verfassungsgebende Gremium als Menschenwürdeverletzung erachtete[121]:

- *„Arbeitszwang und Zwangsarbeit*
- *Übersteigerung des Staates zur Totalität der Lebensregelung und damit zum polizeistaatlichen Terror ...*
- *Entrechtungen*
- *Erniedrigungen*
- *Versklavungen*
- *grausame Quälereien*
- *Massenmorde*
- *Zwangssterilisierungen*

117 Horst Dreier: Bedeutung und systematische Stellung der Menschenwürde im deutschen Grundgesetz, in: Kurt Seelmann 2004, S. 36

118 A. Margalit, S. 125ff.

119 vgl. Micha H. Werner: Menschenwürde in der bioethischen Debatte – eine Diskurstopologie, in: Matthias Kettner, S. 193ff.

120 Alfred Söller: Betrieb und Menschenwürde. Ein Beitrag zur Sinndeutung des Betriebsverfassungsrechts, in: Recht der Arbeit 21 (1968), S. 437f., zit. nach: Baldus, S. 116

121 Baldus, S. 26f.

- *Sippenbestrafungen*
- *Brandmarkungen*
- *Zwang, gegen seine Überzeugung zu handeln*
- *Prügel*
- *Unterstützungsverweigerung*
- *Infragestellung der Mindestanforderungen für Nahrung, Kleidung und Wohnung*
- *Verhungern lassen*
- *Verletzung der Rechtspersönlichkeit des Menschen, des Mindeststandards an Rechten, die die Rechtspersönlichkeit ausmachen."*

Diese Untersuchung verfolgt unter anderem den Gesichtspunkt, einen möglichen Zusammenhang zwischen dem alltagssprachlichen und dem verfassungsrechtlichen Würdebegriff herzustellen. Auch wenn in verschiedenen Idiolekten gleichlautende Begriffe unterschiedliche Bedeutungen haben können, darf sich die verfassungsrechtliche Bedeutung nicht völlig von der alltagssprachlichen entfernen, da die Intention der Wortwahl auf das achtungsgebietende Prestige des alltagssprachlichen Begriffs abzielte.[122] In dieses Vorhaben fügt sich das Konzept des „Verletzungsvorgangs" ein, indem Würde negativ durch „Entwürdigen" bestimmt wird. Eine entwürdigende Behandlung zwingt dem Betroffenen ein gewissermaßen untermenschliches, also unterhalb des normalen Zivilisationsniveaus liegendes Verhalten auf. Man könnte demnach annehmen, daß der Würdebegriff des Grundgesetzes nicht so sehr die positive, überzivilisierte Bedeutung der Würde betont als vielmehr die negative, unterzivilisierte der Entwürdigung. Mit anderen Worten: es soll nicht die Erhabenheit des Mehr-als-Normalen angestrebt werden, sondern nur die sich in einem

122 Mehr dazu auf S. 344ff.

durchschnittlichen Verhaltensrahmen bewegende Autonomie gewahrt werden.

Trotz der Komplexitätsreduktion durch die Beschränkung auf intuitiv eindeutig der Menschenwürde zuordenbare Tatbestände ist die Deutung vom Verletzungsvorgang her ebenfalls problematisch. Auch wenn Tiedemann mit deren Wertung als „Ausdruck einer Kapitulation“[123] etwas übertreibt, legt er damit den Finger auf eine offene Wunde. Wenn sich aus der Sichtung einschlägiger Tatbestände kein zu einem klaren Begriff zusammenfaßbarer gemeinsamer Nenner herausdestillieren läßt, dann läßt sich bei der Beurteilung noch nicht mit der bisherigen Kasuistik erfaßter Tatbestände (z. B. Abtreibung oder Sterbehilfe) nicht angeben, ob diese menschenwürderelevant sind oder nicht. Genau um diese Subsumtionsgeeignetheit geht es ja bei der praktischen Verwendung von Rechtsbegriffen. „… wie soll eine Würdeverletzung sicher festgestellt werden können, wenn das, was verletzt wurde, nicht zuvor klar bestimmt worden ist?“[124] Konkret stellt sich die Frage, wie sich eine Menschenwürdeverletzung von anderen Verbrechen/Vergehen unterscheiden läßt.

Relative Einigkeit besteht hinsichtlich des quantitativen Gesichtspunkts. Es muß ein besonders hohes Maß individueller Betroffenheit, worin diese auch immer genau bestehen mag, vorhanden sein. „… nicht jeder Diebstahl [ist] auch eine Menschenwürdeverletzung.“[125]

Micha H. Werner bezeichnet diese Problematik als „Schwellenproblem“, das in der Unklarheit darüber besteht, „von wo eine Handlung die Menschenwürde verletzt.“[126]

---

123 P. Tiedemmann, S. 83

124 M. Baldus, S. 249

125 Eva Weber-Guskar in: Brandhorst/Weber-Guskar, S. 210

126 Micha H. Werner in: Kettner, S. 213

Völlige Einigkeit kann freilich auch hier nicht erzielt werden. Beispielsweise behauptet Holmer Steinfath: „Ich verletze die Würde des anderen, wenn ich ihn in moralisch wichtigen und ihn selbst betreffenden Belangen keinerlei Gehör gewähre; wenn ich ihn wie Luft behandele oder wie ein lebloses Objekt oder vielleicht auch wie ein Tier, das grundsätzlich keine Rechenschaft von mir verlangen kann.“[127] Generell läßt sich beobachten, daß sich philosophische Diskurse an phänomenal auffälligen Befindlichkeitsbeeinträchtigungen abarbeiten, die aber zumeist als solche nicht strafrechtsrelevant sind, und zum Teil dadurch auch an einem alltagssprachlichen Würdeverständnis orientieren, ohne die zentrale Bedeutung des Menschenwürdeprinzips für die Rechtsordnung der BRD zu berücksichtigen. Während Juristen sehr vorsichtig vorgehen, da sie um die sich eventuell ergebenden Folgen für die Rechtspraxis wissen, agieren Philosophen wesentlich unbekümmerter.

Aus einer Quantität folgt keine Qualität. Eine harmlose Rempelei wird nicht zu einem Menschenwürdeverstoß, wenn sie zu schwerer Körperverletzung eskaliert. Daher rückt die Form der individuellen Betroffenheit ins Zentrum. Diese wird zumeist am Begriff der *Demütigung* festgemacht. Was aber bedeutet Demütigung, genauer: Was wird durch Demütigung geschädigt, warum ist Demütigung böse? Mögliche Antworten wie: Geschädigt wird das Recht an der eigenen Person. Selbstbestimmung, Ehre sind nichts anderes als alternative Bezeichnungen für den Bedeutungsinhalt, der sonsthin durch den Würdebegriff abgedeckt wird. Mit dem Zirkelschluß „Die Würde ist das, was durch Demütigung verletzt wird“ und „Demütigend ist das, was Würde verletzt“ kommt man nicht weiter.

Einem Vorverständnis von Demütigung eingedenk, habe ich folgendes Beispiel konstruiert: Magere, in schäbige Uniformen gekleidete Männer werden über einen kahlen, trostlosen Hof

127 H. Steinfath in: Brandhorst/Weber-Guskar, S. 273

gehetzt und gezwungen, bis zur Erschöpfung gymnastische Übungen zu absolvieren. Dabei werden sie vom Leiter dieser Prozedur übel beschimpft und verspottet.

Liest man diese Beschreibung, denkt man unwillkürlich an Würdeverletzung durch demütigende Zerstörung der Selbstachtung. Erfährt man dann noch, daß hier alltägliche Vorgänge in einem KZ geschildert wurden, sieht man sich in seinem Eindruck bestätigt. Wird einem dagegen mitgeteilt, daß in dieser Skizze die Grundausbildung von US-Marines dargestellt wird, kommt man ins Grübeln.

Es handelt sich in beiden Fällen um den objektiv absolut identischen Vorgang: die Männer erleiden dieselben Schmerzen, denselben Stress, müssen die gleichen Schimpfkanonaden über sich ergehen lassen. Ist aber dieser Vorgang auch subjektiv identisch? Daß die Männer diese Behandlung nicht gut finden und lieber vermeiden würden, steht außer Frage. Fühlt sich der US-Marine aber in seiner Würde verletzt, wie dies zweifelsohne beim KZ-Insassen der Fall ist. Bei einigen mag das so sein, bei anderen, die aus härterem Holz geschnitzt sind, dagegen nicht. Eine rechtliche Beurteilung des Geschehens kann sich nicht von subjektiven Empfindungen, die zudem unterschiedlich sind, abhängig machen. Es erscheint sinnvoller, beim Initiator dieses Geschehens anzusetzen. Der KZ-Scherge will demütigen; die Gefangenen sollen schmerzhaft erfahren, daß sie nicht mehr sind als Dinge, mit denen er machen kann, was er will. Die mitbewirkte körperliche Ertüchtigung wird mißbilligend in Kauf genommen. Ob aber tatsächlich alle dieser Behandlung unterworfenen KZ-Insassen sich gedemütigt fühlen, ist fraglich. Auch unter diesen kann es harte Knochen und stoische Naturen geben, die so fest in sich ruhen, daß sie sich von als Demütigung intendierten Handlungen nicht demütigen lassen und sie so innerlich unberührt ertragen, als wären sie nur ein leichter Regenschauer. Der Drill-Sergeant will aus den schlappen Rekruten gute Soldaten machen; er muß sie hart rannehmen, damit sie die Strapazen der Feldzüge durchstehen und im Streß des Gefechts nicht durchdrehen. Damit versucht er indirekt ihr Leben zu retten. Er tut ihnen und auch seinem Land, das den Krieg gewinnen will, etwas Gutes an. Doch ist sein Handeln wirklich so altruistisch, wie es nach diesen Ausführungen den Anschein hat? Warum wird man Drill-Sergeant, wenn man auch Funker oder Panzerkommandant hätte werden können? Vielleicht deshalb, weil man auf diesem Posten seine sadistische Ader auf völlig legale Art ausleben kann?

Fassen wir das Gesagte zusammen, wobei sich vier Faktoren bzw. Gesichtspunkte herausschälen:

1. Eine qualvolle Schinderei, die für Außenstehende den Eindruck der Demütigung erweckt.
2. Unterschiedliche subjektive Empfindungen, die teils das Gefühl der Demütigung enthalten, teils aber auch nicht.
3. Im Fall des KZ eine klare subjektive Absicht der Demütigung, wobei aber nicht sicher ist, ob diese Intention durchgängig verwirklicht ist, bei den „Objekten" auch ankommt.
4. Im Fall der Marines-Ausbildung eine klare institutionell vorgegebene Absicht der positiv zu wertenden Körper- und Kampfertüchtigung, wobei aber nicht sicher ist, ob beim Ausbilder nicht doch eine heimliche Demütigungsabsicht verborgen ist.

Diese Diskussion kann nicht zu einem sinnvollen Ergebnis führen, weil deren ursprüngliche Einbettung in einen juristischen Kontext vergessen wurde. Das zentrale Moment der Deutung des Menschenwürdeverstoßes vom als Demütigung gefaßten Verletzungsvorgang her ist das Gefühl der Demütigung. Wer sich nicht gedemütigt fühlt, obwohl ein Quäler dies beabsichtigt, ist eben nicht gedemütigt. Ebenso unklar ist die

Lage, wenn sich in einem Handlungszusammenhang jemand gedemütigt fühlt, auch wenn dies nicht intendiert war. Persönliche Empfindlichkeiten lassen sich rechtlich nicht objektivieren.[128]

> *„In der Tat ist auch der Bewertungsmaßstab schwer festzumachen, weil sowohl das Maß der Verletzungshandlungen als auch menschliche Empfindlichkeiten unterschiedlich ausfallen."*[129]

Es geht nicht um das subjektive Empfinden, sondern um die Frage, ob ein Verstoß gegen Recht und Sittlichkeit vorliegt. Über die Unrechtmäßigkeit eines KZ braucht kein Wort verloren werden. Diese wird auch nicht durch die Freundlichkeit eines einzelnen Schergen gemildert (was aber immerhin für diesen spricht), der auf Schindereien verzichtet. Daß die Grundausbildung von Elitetruppen ein ganz anderes Belastungsniveau aufweist als Seniorengymnastik, liegt auf der Hand. Zur Beurteilung der Rechtmäßigkeit von über das alltägliche, konsensual geteilte Niveau von Zwangsanwendung hinausgehende Maß in sogenannten „besonderen Gewaltverhältnissen" müssen objektive, rechtliche Kriterien wie *Angemessenheit, Verhältnismäßigkeit* und *Üblichkeit* herangezogen werden. Entspricht die zu beurteilende Praxis derjenigen in anderen Ausbildungsstätten des eigenen Landes bzw. befreundeter Länder? Ist sie dem angestrebten legitimen Zweck der Ertüchtigung für den Kriegseinsatz angemessen oder geht sie in sachlich nicht gerechtfertigter Weise darüber hinaus?

Mit einer solchen Objektivierung anhand klarer, in der Judikatur bewährter Beurteilungskriterien, die sich nicht nur in den besonderen Gewaltverhältnissen anwenden lassen, ist man einen Schritt weiter über das bloße Vorverständnis hinausge-

---

128 Christoph Horn: Lässt sich Menschenwürde in Begriffen von Selbstachtung und Demütigung verstehen?, in: F. Bornmüller et al., S. 113f.

129 Young-Whan Kim in: Neumann/Tiedemann/Liu, S. 119

langt. Potentiell menschenwürdeverletzende Vorgänge können dahingehend geprüft werden, ob sie über das in bestimmten Handlungszusammenhängen übliche, unvermeidliche und allgemein akzeptierte Maß an Zwang und Unbill jedweder Art hinausgehen. Wie und von wem aber wird dieses Maß bestimmt? Ein Objektivitätsanspruch, der das Hineinspielen des subjektiven Moments ignoriert, kann einen Sachverhalt nicht vollständig erfassen.

Die Frage nach dem Maß stellt sich vor allem im Privatbereich, da hier die Beurteilung der Intensität bzw. überhaupt das Vorliegen eines Rechtsverstoßes nicht unmittelbar so einsichtig ist wie bei den das verfassungsrechtliche Bild der Menschenwürde prägenden Verbrechen gegen die Menschlichkeit, sondern kontingenten Wertvorstellungen unterliegt.

Verletzungsvorgänge in der individuellen Sphäre

Wiederum einleitend ein Beispiel: Zwei Pianisten werden ins Krankenhaus eingeliefert. Der eine hat den kleinen Finger verloren, der andere ist blind geworden. Fast alle würden der Aussage zustimmen, daß der Verlust des kleinen Fingers nur eine im Alltag kaum merkliche Beeinträchtigung mit sich bringt, während Blindsein ganz schlimm ist. Es steht also objektiv ein kleiner Schaden einem großen Schaden gegenüber. Nur: Ein Pianist braucht 10 Finger; der Verlust des kleinen Fingers beendet des einen Karriere und zerstört bei einem Menschen, dessen Leben der Musik gewidmet ist, den Lebenssinn. Dagegen braucht der andere keine Noten sehen, da er sich jede Melodie merken kann, die man ihm vorspielt, weshalb er weiterhin seiner geliebten Musik nachgehen kann. Aus einer objektiv bewertbaren Schadenshöhe bzw. der Intensität schadensbewirkender Handlungen folgt keineswegs eine entsprechende Bedeutsamkeit. Erst in Gestalt rechtlicher Würdigung tritt die Bedeutsamkeitszuschreibung in den nachfolgend untersuchten Sachverhalten aus dem Kreis subjektiver Empfindlichkeit heraus und wird eine objektive, gesellschaftliche Tatsache.

Hänseln, Verspotten, Piesacken und gar *Mobben*: Das sind Vorgänge, denen eine Menschenwürdebeeinträchtigung nicht abgesprochen werden kann. Die Täter zielen bewußt auf eine demütigende Wirkung ab: Dem Opfer soll klargemacht werden, daß es ein Mensch zweiter Klasse ist. Es wird wie ein lästiges Ding behandelt, mit dem man, zumal es wehrlos ist, machen kann, was man will. Das Opfer empfindet auch diese Demütigung in der beabsichtigten Weise und nimmt oft schweren psychischen Schaden. Zumeist ziehen diese Vorgänge keine strafrechtlichen Konsequenzen wegen mangelnder Nachprüfbarkeit nach sich. Ereignen sich diese beispielsweise in Schulen, neigt die Schulleitung dazu, aus Rücksicht auf den inneren Frieden und das Renommé, sie herunterzuspielen. Mobbing ist nicht als eigenständiger Straftatbestand anerkannt, weshalb aushilfsweise auf die Straftatbestände der Körperverletzung (§ 223 StGB). Beleidigung (§ 185 StGB), Verleumdung (§ 187 StGB) oder Nötigung (§ 240 StGB) zurückgegriffen wird.

Was bedeutet dies für den Wert des Menschenwürdeprinzips? Ist Menschenwürdebeeinträchtigung nur dann beachtenswert, wenn sie die Verfolgung und Diskriminierung rassisch, national, politisch oder religiös definierter Gruppen betrifft, aber vernachlässigt werden kann, wenn es um den privaten Bereich geht? Das Leiden der Betroffenen ist immer gleich, ob sie nun dicke Brillenschlangen oder Dissidenten sind. Der Menschenwürdeverstoß deckt eine enorme Bandbreite von Tatbeständen ab, die einerseits nicht einmal ausreichen, um eine einfachgesetzliche Beleidigungsklage mit Erfolg durchziehen zu können, andererseits sich bis zum großformatigen Verbrechen gegen die Menschlichkeit erstrecken. Ist ein Rechtsprinzip mit einem derart umfangreichen und disparaten Gegenstandsbereich überhaupt praktisch anwendbar?

Mobbing ist die einzige Form von Menschenwürdeverletzung, mit der man mit einer gewissen Wahrscheinlichkeit im Alltag als Opfer, Zeuge (oder Täter?) zu tun hat. Es hat, vor allem wenn es systematisch und von mehreren betrieben wird, auf die psychische Befindlichkeit eine schädlichere Wirkung als staatliche Schikanen gegenüber Dissidenten, die immerhin wissen, warum sie gequält werden. Man kann deshalb Mobbing keineswegs als die notorische „kleine Münze“ abtun, oder man nimmt in Kauf, die Validität dieser zum Topos geronnenen Formel anzuzweifeln. Mobbing ist ganz zweifelsfrei eine Menschenwürdeverletzung[130], die aber nur in der Form eines ein-

130 Dürig hatte in seinem Grundgesetzkommentar beklagt, daß im Strafrecht Rechtsgüter nicht nach ihrer „jeweiligen Beziehung zur Men-

zelgesetzlichen, einschlägigen Straftatbestands (Beleidigung, Nötigung, usw.) rechtlich relevant wird. Ausgerechnet Mobbing, das nach allgemeinem Sprach- und Rechtsverständnis ein geradezu exemplarischer Fall von Menschenwürdeverletzung ist, weil im Gegensatz zur aus einer momentanen Affekthandlung hervorgegangenen Beleidigung oder zum nur für einen speziellen kriminellen Zweck durchgeführten Nötigung es der Täter genau darauf abgesehen hat, der Gesamtpersönlichkeit des Opfers einen Wert abzusprechen, wird strafrechtlich nur stiefmütterlich behandelt. Meines Erachtens ist Mobbing neben KZ-artiger Mißhandlung überhaupt *der einzige Vorgang*, in dem ausschließlich die Menschenwürde und kein anderes Rechtsgut betroffen ist. Da Mobbing – auch in der Theorie – nicht die gebührende Aufmerksamkeit gefunden hat, muß man sich ernsthaft fragen, ob mit dem verfassungsrechtlichen Begriff der Menschenwürde überhaupt die reale Menschenwürde gemeint ist.

Ein ähnlich zwiespältiger Status kennzeichnet auch die Fernsehshow „Ich bin ein Star – holt mich hier raus“, die ganz offensichtlich entwürdigend ist. Sich ekelerregenden Erlebnissen aussetzen zu müssen, ist noch das geringste aller Übel, mehr oder weniger nur der Ausgangspunkt für alles weitere, denn ähnliche Praktiken müssen sich auch Survivalleute unterziehen, ohne daß dadurch ein würdeverletzender Eindruck entsteht. Das Dschungelcamp ist dagegen intentional auf Würdeverletzung angelegt, was sowohl den Zuschauern als auch den Protagonisten bewußt ist. Trotzdem ist diese Veranstaltung – im Gegensatz zum Zwergenwerfen und zur Peepshow – nicht rechtlich beanstandet worden, was auf einen beträchtlichen Er-

---

schenwürde“ gewertet werden und daher die Körperverletzung weniger zählt als der Diebstahl und die seelische Grausamkeit weniger als die körperliche. (G. Dürig 1979, S. 17). Der Mut, eine angemessenere Bewertung in einem geradezu höchstoffiziellen Text vorzuschlagen, verdient Lob.

messensspielraum hinsichtlich der Beurteilung menschenwürdeverletzender Vorgänge hindeutet.

Beide Vorgänge decken Diskrepanzen der Menschenwürdekonzeption auf. Im Dschungelcamp werden die Protagonisten, denen man beim Absolvieren von Ekelprüfungen zusieht, als „Deppen der Nation" vorgeführt. Ihr Verhalten ist gemäß allgemeinen Sprachverständnisses objektiv würdelos. Im Gegensatz zu Bettlern und Behinderten, die zwar auch ein würdeloses Erscheinungsbild abgeben, denen aber eine aktiv demütigende Behandlung erspart bleibt, kommt im Dschungelcamp eine solche noch hinzu. Auch die intendierte Entwürdigung beim Mobbing ist eine Schädigung dessen, was man gemeinhin unter Menschenwürde versteht. Dennoch wird das Dschungelcamp überhaupt nicht rechtlich beanstandet, während Mobbing nur, falls überhaupt, mit minder gravierenden Straftatbeständen rechtlich erfaßt wird. Es liegen also zwei Diskrepanzen vor: zum einen zwischen dem alltagssprachlichen und dem verfassungsrechtlichen Begriff und zum anderen zwischen der fehlenden bzw. geringfügigen rechtlichen Relevanz objektiv menschenunwürdiger Vorgänge und dem zentralen Rechtsgut der Verfassung. Wie kann es sein, daß phänomenal nahezu identische Sachverhalte (Abu Ghareib und Dschungelcamp) einmal als Menschenwürdeverstoß gewertet werden und das andere Mal nicht? Wie kann es zudem sein, daß ein Verstoß gegen den verfassungsrechtlichen Höchstwert nicht mit einem entsprechend hohen Strafmaß geahndet wird? Problematisch im Hinblick auf die statusmäßige Einordnung des Menschenwürdeprinzips ist auch, daß ausgerechnet auf diese vergleichsweise banalen Vorgänge wie Dschungelcamp, Mobbing, Peepshow viel eher und ausschließlich der alltagssprachliche Würdebegriff zutrifft als auf die ursprünglich gemeinten großen „Haupt- und Staatsaktionen", die sich durchaus und weitaus präziser allein mit spezifischen Grundrechten fassen lassen. Einer rechtlichen

Ahndung alltäglich-individueller Menschenwürdebeeinträchtigung steht entgegen, daß das hehre und für essentielle Sachverhalte reservierte Prinzip der Menschenwürde entwertet wird, wenn es in „kleiner Münze" also für vergleichsweise banale Sachverhalte, ausgezahlt werde. In der Tat besteht die Gefahr eines Mißbrauchs des Menschenwürdeprinzips als Passepartout zur Sanktionierung beliebiger moralischer Anstößigkeiten oder subjektiver Unannehmlichkeiten und dies umso mehr, je populärer und damit auch erfolgversprechender die Berufung auf die Menschenwürde wird. Kurz: Jedem, dem etwas nicht paßt und sich durch irgendeinen Vorgang unangenehm berührt fühlt, könnte einen Menschenwürdeverstoß geltend machen. Das Menschenwürdeprinzip könnte somit qua Inflationierung an seinem eigenen Erfolg scheitern. Diese Diskrepanzen lassen den Verdacht aufkommen, daß der verfassungsrechtliche Höchstwert so hoch in den Wolken der Theorie angesiedelt ist, um einer solchen Inflationierung vorzubeugen, daß er gar nicht in die Niederungen der Rechtspraxis herabsteigen kann.

Es erhebt sich auch hier wiederum die Frage nach der strafrechtlichen Relevanz der Menschenwürdeverletzung, die nur anerkannt werden kann, wenn zugleich der Verstoß gegen ein spezifisches Recht vorliegt. Es gibt keinen ausschließlich die Menschenwürde betreffenden Straftatbestand. Dies kommt auch in der Rechtsprechung des BVerfG zum Ausdruck, das immer dann, wenn in der Urteilsbegründung die Menschenwürde erwähnt wird, diese nur zusätzlich zum primär geschädigten Rechtsgut nennt. Wenn aber der Menschenwürde keine eigenständige rechtliche Relevanz zukommt, dann wird auch fraglich, worin eigentlich ihre Schutzwirkung bestehen soll, weil ein Schutz sich nur auf ein konkretes Rechtsgut beziehen kann.

Es besteht eine *Diskrepanz* zwischen dem Höchstwert der Würde und der strafrechtlich-praktischen Wertung von Würdeverletzung auf einem mittleren Niveau. Ein absichtlich auf die Beeinträchtigung der Würde abzielendes Handeln wie eben Mobbing wird, wie auch am Strafmaß ablesbar, als Vergehen/ Verbrechen minderer Schwere gewertet, während ein Mord im allgemeinen als das schlimmste aller Verbrechen gilt und darum auch mit dem höchstmöglichen Strafmaß geahndet wird. Die Rechtswirklichkeit bemißt durch die unterschiedliche Strafhöhe den Wert des geschädigten Rechtsgutes. Sie macht dadurch deutlich, daß sie dem Leben einen deutlich höheren Wert als der Würde zubilligt. Daher stellt sich die Frage: Wie kann ein Rechtsgut mittleren Niveaus zum Grundstein der Wertordnung[131] der Verfassung, zum Ausgangspunkt der Entfaltung der Grundrechte gemacht werden? Die Würde kann nicht gleichzeitig im Strafrecht als Rechtsgut unter vielen anderen fungieren und in der Verfassung als zentrales und höchstes Rechtsgut. Erklären läßt sich diese Diskrepanz dadurch, daß die Menschenwürde kein Begriff des Strafrechts ist; sie ist nicht einmal ein Grundrecht.[132] Sie ist nur in Symbiose mit einem Grundrecht klagefähig – es ist kein Menschenwürdeverstoß denkbar, der nicht zugleich ein Grundrecht oder zumindest ein Einzelrecht verletzt. Darum kann das Strafmaß für einen Straftatbestand, der auch eine Menschenwürdeverletzung enthält, nicht höher sein als der für diesen Straftatbestand übliche. Trotzdem bleibt ein Unbehagen zurück.

Zieht man sich auf eine Schwundstufe rechtlicher Relevanz zurück, nämlich auf die Formel, die Grundrechte müßten im Lichte der Menschenwürde ausgelegt werden, so ist auch hier

131 Zur Problematik dieses Begriffs vgl. Kapitel 14 „Der Auftritt der objektiven Wertordnung“

132 Das ist zwar die Mehrheitsmeinung, aber es gibt auch gewichtige Stimmen, die das anders sehen. Die Gründe für meine Positionierung: 1. Die Menschenwürde ist nicht einklagbar, was sie von Grundrechten unterscheidet. 2. Sie ist die Fundamentalnorm der Verfassung. Etwas Fundierendes kann nicht gleichzeitig Fundiertes sein; im Fundament eines Hauses, das die Wohnräume fundiert, kann man nicht wohnen.

nicht klar, was das genau bedeuten soll. Dies wird ersichtlich, wenn man sich überlegt, wie denn Grundrechte so anders ausgelegt würden, wenn man sie *nicht* im Lichte der Menschenwürde betrachtet. Diese Überlegung erübrigt sich freilich, weil man den angelsächsischen Ländern keinen unzureichenden Grundrechtsschutz vorwerfen kann, obwohl in diesen das Menschenwürdeprinzip keine nennenswerte Rolle spielt.

Angesichts der nicht erkennbaren praktischen Relevanz des Menschenwürdeprinzips muß man zu dem Schluß kommen, daß das Bekenntnis zur Menschenwürde eine deklaratorische Formel ist, mit der der Staat sich selbst in der Pflicht nimmt. Im Parlamentarischen Rat vertrat Carlo Schmid die Auffassung, daß „vor dem Staat … der Mensch kommen solle“[133] und daß mit der Menschenwürde „eine absolute Schranke … gegenüber der Staatsraison aufgerichtet“[134] (ebd., S.25) werden solle, während Hermann von Mangoldt etwas später betonte, daß mit der Menschenwürde „Eigenwert und Eigenständigkeit des Menschen schlechthin als unverbrüchliche Grundlage der Grundordnung“[135] anerkannt werde. Aus diesen Bestimmungen folgt rechtspraktisch unmittelbar nichts, weil diese auch gar nicht für einen solchen Zweck gedacht sind.

Außer Frage steht, daß das Würdeprinzip eine Schutzwirkung gegenüber diktatorischen Tendenzen entfalten soll und daß es aufgrund der Erfahrung des nationalsozialistischen Regimes eingeführt wurde. Wie die bereits des öfteren genannten Warnungen, das große Prinzip nicht durch Umprägung in kleine Münze fürs juristische Alltagsgeschäft (privat-, arbeits-, verwaltungsrechtliche Angelegenheiten) zu verschleißen, nahelegen, muß unbedingt berücksichtigt werden, für welche Zwecke das Würdeprinzip angewendet werden soll. Man mobilisiert

133 zit. nach M. Baldus, S.23

134 ebd., S.25

135 ebd. S. 68f.

kein SEK, um einen Taschendieb zu verhaften. Der zu sanktionierende Tatbestand muß der überragenden Bedeutung des Würdeprinzips angemessen sein. Deshalb ist es höchst zweifelhaft, ob zur Ahndung eindeutig die persönliche Würde (im alltagssprachlichen Sinn) beeinträchtigender Handlungen wie Beleidigungen das Würdeprinzip herangezogen werden sollte. Man greift erst dann zu einem höheren Rechtsprinzip, wenn ein minderes sich als untauglich erwiesen hat. Was mittels StGB oder BGB erledigt werden kann, erfordert nicht den Rekurs aufs Grundgesetz. Warum ist eine Beleidigung kein Menschenwürdeverstoß, obwohl durch eine solche Handlung der soziale Achtungsanspruch geschmälert wird und der Geschädigte in eine öffentlich erkennbare entwürdigende Lage gebracht wurde? Der Betroffene kann sich mit rechtlichen Mitteln zur Wehr setzen. Er hat das Recht auf seiner Seite und ist nicht machtlos dem Angreifer ausgesetzt. Die Würde kann problemlos wiederhergestellt werden.

Es geht beim Würdeprinzip also nicht um die persönliche, individuelle Würde, die im alltäglichen Verkehr durch andere Individuen beeinträchtigt wird. Ein Menschenwürdeverstoß liegt dagegen vor, wenn Angehörige bestimmter gesellschaftlicher Gruppen faktisch weitgehend entrechtet sind und straflos von anderen systematisch gedemütigt werden können, und wenn sich jemand anmaßt, über die Lebensgrundlagen eines Individuums zu bestimmen. Auch wenn der Staat nicht direkt als Akteur in den jeweiligen Geschehenszusammenhang involviert ist, wird er dennoch als Stifter der Ordnung herausgefordert, indem er auf die Frage antworten muß: Wie hältst Du's mit dem Leben der Bürger? Konkreter: Welche Handlungen sind in Bezug auf die Lebensgrundlagen eines Menschen erlaubt, wer darf bestimmen, wo die Grenzen einer an sich gerechtfertigten Fremdbestimmung liegen?

Die Menschenwürdeformel ist, wie auch der zweite Satz von Art. 1.1 belegt, an den Staat adressiert. Sie beschreibt, wie er sich selbst verstehen soll: Der Staat ist nicht Selbstzweck, sondern dient dem Wohle der Bürger. Die Achtung der Menschenwürde ist eine allgemeine Staatszielbestimmung, die den Zweck und die Grenzen staatlicher Machtwirkung festlegt. Die Menschenwürde ist kein Grundrecht, sondern Grundlage der Grundrechte, weshalb sie auch nie unmittelbar, sondern nur mittelbar durch ein verletztes Recht Gegenstand eines Strafprozesses werden kann. Deshalb bereitet auch, nebenbei bemerkt, die Ahndung von Mobbing Schwierigkeiten, weil nur mühsam eine Beziehung zwischen einem strafrechtsrelevanten Einzelrecht und der Menschenwürde hergestellt werden kann. Rechtlich relevant wird die Menschenwürde immer nur dann, wenn der Verdacht einer Verfehlung des Staatszieles aufkommt, wenn also vermutet werden kann, daß entweder der Staat selbst aktiv in seiner Gesetzgebung oder durch Handeln der Exekutive sich über seine Grenzen hinwegsetzt und das vorstaatliche Recht auf Rechtssubjektivität mißachtet oder eine solche Mißachtung durch Privatpersonen oder gesellschaftliche Gruppen zuläßt. Mit anderen Worten: Eine nur die private, persönlich-individuelle Sphäre betreffende Schädigung, so massiv sie auch sein mag, reicht nicht für die Qualifizierung als Menschenwürdeverstoß aus; es muß immer die aus politisch-ideologischen Gründen motivierte Negierung der Rechtspersönlichkeit hinzutreten.

In dem Übergangsbereich zwischen staatlicher und privater Sphäre, wo privates Handeln politische Absichten verfolgt, stößt man auf den Tatbestand der sogenannten *Volksverhetzung*, die als eine Form der Menschenwürdeverletzung gilt. Der einschlägige § 130 besagt:

„Wer in einer Weise, die geeignet ist, den öffentlichen Frieden zu stören,

1. *zum Haß gegen Teile der Bevölkerung aufstachelt oder zu Gewalt- und Willkürmaßnahmen gegen sie auffordert oder*
2. *die Menschenwürde anderer dadurch angreift, daß er Teile der Bevölkerung beschimpft, böswillig verächtlich macht oder verleumdet, ...“*

Mit dem Volksverhetzungsparagraph wird ein Angriff auf die Menschenwürde einzelgesetzlich zum Straftatbestand erklärt und damit sie selbst als unmittelbar geltendes Rechtsgut und nicht mehr nur als sich indirekt auswirkendes Prinzip konkretisiert. Aufschlußreich ist dessen Entstehungsgeschichte. Im Jahre 1950 hatte die SPD den Entwurf eines Gesetzes „gegen die Feinde der Demokratie“ eingebracht,[136] das eine Verletzung „der Menschenwürde oder der Menschenrechte“ von Personen wegen ihrer Rasse, ihres Glaubens oder ihrer Weltanschauung ahnden sollte. Dieser Entwurf wurde zum Anlaß genommen, den letztlich aus dem Preußischen Strafgesetzbuch von 1851 übernommenen und mittlerweile hinfällig gewordenen § 130 StGB, der sich auf staatsfeindliche Aktivitäten bezog, einen zeitgemäßen Inhalt zu verleihen. Die Beratungen dümpelten freilich mangels Dringlichkeit lustlos jahrelang dahin, bis es Ende 1959 zu den berüchtigten Hakenkreuzschmierereien an einer Kölner Synagoge und ähnlichen Vorfällen kam. Daraufhin wurde die Neufassung des § 130 zügig umgesetzt. Dessen 1994 erfolgte Verschärfung und tatbestandlich enumerativ vorgenommene Konkretisierung erfolgte ebenfalls aufgrund aktueller Vorkommnisse, nämlich der ausländerfeindlichen Unruhen nach der Wiedervereinigung.

Die ursprünglich aus dem Preußischen Strafgesetzbuch stammende, staatsbezogene, politische Ausrichtung ist auch

---

136 Hier und im weiteren beziehe ich mich auf: Jochen Lober: Bonn auf dem Weg zum Ausnahmerechtsstaat, in: Staatsbriefe-Consiliarien 1, 1995 „Der Rechtsverfall“, S. 78ff.

noch in der aktuellen Fassung des § 130 enthalten, wodurch auch der Geltungsbereich einer Menschenwürdeverletzung deutlicher hervortritt. Die im § 130 genannten Tatbestände der Beleidigung und Verleumdung gehen über die diesbezüglichen „normalen" und mittels § 185 und § 187 StGB erfaßten Tatbestände im bloßen Privatverkehr insofern hinaus, als sie den „öffentlichen Frieden"[137] stören. Erst in der Kombination mit der Störung des öffentlichen Friedens wird aus einer Beleidigung eine Menschenwürdeverletzung. Dabei hat die generalklauselhafte Formel des öffentlichen Friedens die Funktion, die politische Dimension des Vorgangs anzuzeigen. Es wird nicht nur die persönliche Ehre angegriffen, sondern der betroffenen Person wird als Repräsentant einer Gruppe das Recht abgesprochen, Rechtssubjekt zu sein. Ein Dieb entwendet Eigentum, ein Kommunist, der das Eigentum an Produktionsmitteln entschädigungslos enteignen will, negiert das Eigentumsrecht als solches und spricht dem Eigentümer grundsätzlich das Recht auf Eigentum ab, weshalb er, sobald er erkennbar diese Absicht umzusetzen gedenkt,[138] den öffentlichen Frieden stört und die Menschenwürde verletzt. Strafwürdig ist demnach die durch die besondere Intensität der Meinungsäußerung ernstgemeinte Umsetzungsabsicht einer Entrechtung von Personengruppen, womit sich der „Hetzer" zugleich auch staatliche Hoheitsbefugnisse anmaßt. Erst die Kombination eines konkreten Tatbestands mit einer Diskriminierungsabsicht bringt eine Menschenwürdeverletzung hervor: Eine bloße Beleidigung ohne

137 Dieser läßt sich definieren als „Verläßlichkeit der Rechtsordnung".

138 Die Grenzziehung zwischen erlaubter Meinungsäußerung und verbotener Handlung ist naturgemäß schwierig, läßt sich aber ansatzweise am Konkretisierungsgrad festmachen. Aus der Aussage „es wäre schön, wenn Leute wie X nicht in diesem Land lebten" ergeben sich keine konkreten Handlungsfolgen, weshalb sie unbeanstandet bleiben muß. Wenn die Polizei dagegen konkrete Attentatspläne auf X mit dessen genauem Tagesablauf und dazuhin noch Waffen vorfindet, liegen deutliche Hinweise auf eine strafbare Handlung vor.

weitergehende politische Zielsetzungen ist ebenso wenig eine Menschenwürdeverletzung wie eine auf Beleidigungen verzichtende, durchaus diskriminierend gemeinte Kritik an Personengruppen. Sieht man einmal von der ganz realen Gefahr eines Mißbrauchs des Volksverhetzungsparagraphen zur Unterdrückung oppositioneller politischer Auffassungen ab[139], so trägt dessen Analyse immerhin zu einer gewissen Klärung des Menschenwürdebegriffs bei. Einer Menschenwürdeverletzung liegt die Einstellung zugrunde: „Diese Art Mensch will ich nicht wie einen Mitmenschen behandeln."

Die Staatsbezogenheit der Menschenwürde umfaßt zwei konträre Gesichtspunkte. Der Staat besitzt einen janusköpfigen Charakter: zum einen als Gefährder und zum anderen als Hüter der Menschenwürde. Abwehrrechtlich richtet sich das Menschenwürdeprinzip gegen den Staat; es soll gemäß der ursprünglich antitotalitären Ausrichtung eine ideologisch motivierte Diskriminierung verhindert werden. Die Macht des Staates soll durch die Verpflichtung zur Wahrung der Menschenwürde begrenzt werden. Leistungsrechtlich soll dagegen zum gleichen Zweck die Macht des Staates ausgedehnt werden, indem er Menschenwürde dort herstellen soll, wo sie materiell[140] nicht vorhanden ist. Einsehbar ist dies bei der sozialstaatlichen Garantie des

---

139 Josef Schüßlburner kritisiert, daß der Volksverhetzungsparagraph zu einer Umwandlung der Rechtsschutz-Minimalgarantie des Menschenwürdeprinzips in eine verfassungsrechtliche Maximalgarantie beigetragen hat, „die geeignet ist, alle konkreten Verfassungsvorschriften und positiven Gesetzesvorschriften zu überspielen und in der Verfassungswirklichkeit außer Kraft zu setzen. Da diese Inflationierung der Menschenwürde sich auch noch zunehmend auf das Bürger-Bürger/Ausländer-Verhältnis bezieht, hat diese Entwicklung unmittelbare Auswirkungen auf den Strafrechtsparagraphen der Volksverhetzung insofern, als das einschränkend gedachte Tatbestandsmerkmal der Menschenwürdeverletzung keine Einschränkung der Strafbarkeit mehr darstellt, sondern zu einer Steigerung der Strafbarkeit … führt." (J. Schüßlburner 1995, S. 4)

140 Formell ist Menschenwürde immer vorhanden, da sie – mit welchen Begründungen auch immer – zum unverlierbaren Wesen des Menschen

Existenzminimums. Mit der Gewährung von Sozialleistungen sind keine Vorgaben zur Lebensgestaltung verbunden. Der Staat stellt Mittel zur selbstbestimmten Lebensführung bereit, bestimmt diese aber nicht selbst. Sozialleistungen werden unter Verweis auf die Menschenwürde von gesellschaftlichen Akteuren eingefordert. Der Staat reagiert also nur auf einen gesellschaftlichen Bedarf. Doch die produktive Potenz des leistungsrechtlichen Dispositivs treibt dieses über sich hinaus. Als Hüter der Menschenwürde sieht er sich dazu berufen, diese auch dort herzustellen, wo kein Bedarf angemeldet wird.

Dies war der Fall beim umstrittenen *Peepshow-Urteil* des Bundesverwaltungsgerichts. Das Gericht hatte das vorangegangene Verbot dieser Darbietungen mit einer auf der bekannten Objektformel beruhenden Begründung bestätigt. Bei Peepshows „werde der auftretenden Frau eine entwürdigende objekthafte Rolle zugewiesen“, das gesamte Setting führe zu einer „verdinglichenden Isolierung der als Lustobjekt zur Schau gestellten Frau.“ Über die Objektformel hinausgehend und damit rechtliches Neuland betretend, konstatierte das Gericht: es müsse „die Menschenwürde wegen ihrer über den einzelnen hinausreichenden Bedeutung auch gegenüber der Absicht des Betroffenen verteidigt werden, seine vom objektiven Wert der Menschenwürde abweichenden subjektiven Vorstellungen durchzusetzen.“[141]

Die Akteure in Peep-Shows und ähnlichen Veranstaltungen wie Zwergenwerfen oder Paintballspielen haben subjektiv keinen Verstoß gegen die Menschenwürde empfunden. Sie haben sich völlig freiwillig und ohne Vorliegen einer irgendwie gearteten Zwangslage zu dieser Tätigkeit entschlossen. Zugun-

gehört. Materiell ist sie dies freilich nicht, da sie in ihrer Erscheinungsweise verletzt werden kann.

141 zit. nach Baldus, S. 132f., bezugnehmend auf BVerwGE 64, 274 – Peep-Show I (1981) und BVerwGE 84, 314 – Peep-Show II (1990)

sten eines Verbots sittlich zweifelhafter Tätigkeiten wird die Schutzpflicht des Staates geltend gemacht, weshalb er sich ja auch nach längerem Zögern zur Sicherung eines menschenwürdigen *Existenzminimums* entschlossen hat. Der Staat muß – auch gegen den Willen des Betroffenen – einen Schutz vor körperlicher, sozialer oder sonstwie gearteter, objektiv feststellbarer Beeinträchtigung aufrichten. Daher hat er auch Gesetze zur Helmpflicht für Motoradfahrer und Anschnallpflicht für Autofahrer erlassen, obwohl viele Verkehrsteilnehmer diese Pflicht als lästig und unnötig empfanden. Andererseits hat das BVerfG über einen längeren Zeitraum hinweg einen Schutz vor materieller Not abgelehnt und dies mit dem Menschenbild eines sich dank seiner Vernunft frei selbstbestimmenden Wesens begründet. Diese Fähigkeit zur Selbstbestimmung werde durch materielle Not nicht beeinträchtigt. Diese Auffassung läßt sich aus dem geistesgeschichtlichen Hintergrund erklären. Gemäß philosophischer Tradition wird der Mensch primär als geistiges Wesen angesehen: kraft seiner Vernunft kann er sein Leben selbst bestimmen. Materielle Not beeinträchtigt nicht die Fähigkeit zur Selbstbestimmung. Im Rahmen der verfügbaren Möglichkeiten kann auch der völlig Verarmte sein Handeln selbst bestimmen. Der Umfang der verfügbaren Möglichkeiten ist bei ihm natürlich geringer als bei einem Wohlhabenden, aber dies tut dem Bestehen der Fähigkeit zur Selbstbestimmung keinen Abbruch. Faktisch ist aber ein Leben in totaler Armut unwürdig, weil zum einen der Zwang, sein Leben völlig auf die Beschaffung der zum bloßen Überleben notwendigen Mittel zu beschränken, eine geistig-kulturell bestimmte Lebensgestaltung unmöglich macht, also die Verwirklichung der eigentlichen Wesensart des Menschen verhindert. Zum anderen ist ein Armer mangels materieller Möglichkeiten vom normalen gesellschaftlichen Verkehr ausgeschlossen, was der fundamentalen Gemeinschaftsbezogenheit des grundgesetzlichen Menschenbildes zuwiderläuft. Bei dem hier vorliegenden argumentativen Anlaß hat es sich eingebürgert, ein berühmtes Distichon von Schiller, der erneut seine Kompetenz als Würdeexperte unter Beweis stellt, zu zitieren: „Nichts mehr davon, ich bitt euch. Zu essen gebt ihm, zu wohnen, / Habt ihr die Blöße bedeckt, gibt sich die Würde von selbst."

Gleichwohl hat auch, wie vieles, das an sich absolut begrüßenswerte und – nebenbei bemerkt – allein aus dem Sozialstaatsprinzip (Art. 20.1 GG) legitimierbare Postulat der Sicherung des Existenzminimums eine Schattenseite. Das Existenzminimumskriterium ist kein Abwehrrecht, das einen Schutz vor klar definierbaren Gefährdungstatbeständen bietet, sondern ein Leistungsrecht, das prinzipiell offen ist für ein immer weiteres Heraufschrauben von Forderungen. Ist der Staat verpflichtet, allen Menschen ein *gutes Leben* zu verschaffen? Auf einer grundsätzlichen Ebene ist die Wirkung von Abwehrrechten der von Leistungsrechten genau entgegengesetzt. Abwehrrechte wollen den Staat zurückdrängen, Leistungsrechte dagegen machen den Staat stärker. Indem sie staatliche Allmacht stärken, schwächen sie die Wirkungschancen der Abwehrrechte. Wenn die Bevölkerung und auch der Staat selbst sich daran gewöhnt haben, im Staat einen wohlwollenden und treusorgenden Hausvater zu sehen, dann wird man weniger bereit sein, in ihm einen potentiellen Tyrannen zu sehen, der durch jederzeit einklagbare Grundrechte eingehegt werden muß. Die theoretischen Erwägungen haben insofern keine Bedeutung mehr, als das Bundesverfassungsgericht nach langem – und wie man sieht, durchaus berechtigtem – Zögern[142] eine menschenwürdebegründete Si-

142 In einem aus der Frühzeit des Gerichts stammenden Urteil hatte das BVerfG eine menschenwürdebegründete Sicherung des Existenzminimums mit dem Hinweis auf den abwehrrechtlichen Charakter des Menschenwürdeprinzips (es sei bezogen auf „Erniedrigung, Brandmarkung, Verfolgung, Ächtung usw.") abgelehnt (BVerfGE 1, 97 – Hinterbliebenenrente)

cherung des Existenzminimums deklariert hat. Praktisch bedeutsam ist aber, daß damit das Menschenwürdeprinzip einmal mehr zum Gegenstand politischen Streits geworden ist, da nun Forderungen nach materieller Besserstellung sich nicht nur auf das Sozialstaatsprinzip, sondern auch auf den verfassungsrechtlichen Höchstwert berufen können. Die Hoffnung, im Menschenwürdeprinzip den kleinsten gemeinsamen Nenner eines allgemeinen Konsenses gefunden zu haben, hat sich also nicht erfüllt. Aber das ist wohl generell das Los aller hochwertigen, konsensheischenden Prinzipien: Wenn alle sich auf das gleiche Prinzip berufen, dann versteht jeder etwas anderes darunter und will damit etwas anderes erreichen. Aus einem in der Theorie intendierten einigenden Band wird somit ein Schlachtfeld des politischen Kampfes.

Zurück zum *Peepshow-Urteil*! Die üblichen Bestimmungskriterien der Menschenwürde im juristischen Sinne wie Selbstbestimmung, Selbstachtung oder Demütigung treffen in diesem Fall nicht zu. Sich in dieser Weise zur Schau zu stellen, ist zweifelsohne würdelos im alltäglichen Wortverständnis. Aber dieses ist eben nicht das juristische. Würdelos ist vieles, ohne daß es juristische Beachtung findet: als Klofrau sich den Lebensunterhalt verdienen müssen, Betteln, sich am Ballermann die Kante geben, in unangemessener Kleidung zur Beerdigung gehen, usw. Von diesen Tätigkeiten unterscheiden sich Peep-Show und Zwergenwerfen dadurch, daß sie gesellschaftliche Tabus (Sexualität, körperliche Deformation), mithin das sittliche Empfinden, berühren. Die Akteure haben sich aus freien Stücken zu ihrem Handeln entschlossen. In dem Geschehniszusammenhang ist auch keine demütigende Absicht zu erkennen. Die Nutzer einer Peepshow wollen sich aufgeilen, aber die betrachtete Frau nicht demütigen. Der Eindruck der Demütigung kann nur entstehen, wenn man annimmt, daß Sexualität per se durch das Ausagieren niederer Instinkte den Menschen auf tierisches Niveau herabwürdigt. Aus den zahlreichen kritischen Stellungnahmen zum Peepshow-Urteil möchte ich die von Norbert Hoerster herausgreifen. Er hält die Unterscheidung zum, dem Gericht akzeptabel erscheinenden, Striptease für „grotesk“ und spricht die wahrscheinliche Intention des Urteils unumwunden aus: „Die Menschenwürde als Damm gegen das Laster der Selbstbefriedigung!“[143] Dies zu bekennen und auf das altbackene Konzept der „guten Sitten“ zurückzugreifen, ist so nicht opportun, weshalb man stattdessen unter Zuhilfenahme der wunderlichen Konstruktion einer „Würde des Menschen als Gattungswesen“ (Baldus, S. 158) sich auf die Menschenwürde bezieht. Eine gewisse Plausibilität gewinnt die Vorgehensweise des Bundesverwaltungsgerichts nur dadurch, daß das Peepshow-Urteil sich implizit auf das alltagssprachliche Würdeverständnis stützt. Nur von diesem aus ist eine Menschenwürdeverletzung überhaupt vorstellbar. Während das alltagssprachliche Würdeverständnis im Falle des Existenzminimums zu einer sinnvollen Erweiterung des verfassungsrechtlichen Menschenwürdebegriffs beigetragen hat, erweist es sich hier als „wenig hilfreich“. Es empfiehlt sich daher, den juristischen und alltagssprachlichen Menschenwürdebegriff strikt getrennt zu halten, weil deren Vermischung zur Konfusion führt. Bedenklich dabei ist vor allem, daß sich der durch seine Erstrekkung auf verschiedenste privat-individuelle Verhaltensweisen deutlich weiter ausgreifende Bedeutungsumfang des alltagssprachlichen Verständnisses mit dem verfassungsfundierenden Schwergewicht des juristischen Verständnisses verbindet, was dem Mißbrauch des Menschenwürdeprinzips zu einer juristischen Allzweckwaffe den Boden bereitet.

Daß zur Bestimmung des Menschenwürdeprinzips wahlweise konträre Beurteilungskriterien angewandt werden, muß zu denken geben. Warum hält die herrschende Lehre hinsichtlich

143 N. Hoerster, S. 96

der Sicherung des Existenzminimums eine generelle staatliche Schutzpflicht für geboten, während sie in Ansehung des Selbstbestimmungsprinzips beim Peepshowfall eine solche verneint? Überall dort, wo ohne fremden Zwang selbst über das eigene Handeln bestimmt wird und keine anderweitigen, klar objektivierbaren Rechtsgüter verletzt werden, darf der Staat nicht beanspruchen, die Menschen vor sich selbst schützen zu müssen. Die inkriminierten Tätigkeiten finden unter Ausschluß der Öffentlichkeit statt, so daß kein Anlaß besteht, eine Verletzung des sittlichen Empfindens Unbeteiligter zu konstatieren. Eine staatliche Schutzpflicht muß sich auf Fälle beschränken, wo aufgrund eines Machtgefälles ein Mensch gezwungen wird, eine Gefährdung des körperlichen oder sittlichen Wohls hinzunehmen, also wenn beispielsweise ein rücksichtslos gewinnmaximierender Arbeitgeber meint, auf Maßnahmen der Arbeitsplatzsicherheit wie Geländer oder Notausschalter verzichten zu können. Ein Übergehen des individuellen Selbstbestimmungsrechts bei sittlich umstrittenen Sachverhalten durch Bezugnahme auf den angeblich menschenunwürdigen Verstoß gegen die Sittlichkeit würdigt das Individuum gemäß der Objektformel zum *Demonstrationsobjekt von Weltanschauungspostulaten* herab. Dagegen läßt sich die Gewährleistung eines Existenzminimums durch die Schutzpflicht des Staates rechtfertigen. Das Unterschreiten eines gewissen materiellen Niveaus hat als Folge ja nicht nur eine bloß quantitative Reduzierung von Entfaltungschancen, was rechtlich ohne Belang wäre, sondern führt auch unter Umständen zu einer qualitativen und grundsätzlichen Verfehlung des Lebensvollzugs in Form von Alkoholismus, Selbstmord, Abgleiten in Kriminalität, was sich statistisch belegen läßt. Hier wäre geboten, die Menschen vor sich selbst zu schützen, da sie in ihrer Verzweiflung und Hoffnungslosigkeit nicht mehr in der Lage sind, ihr Schicksal selbst zu bestimmen.

Die Frage, wer über einen Verstoß gegen das Menschenwürdeprinzip entscheidet, ist mit diesen Überlegungen noch nicht unmittelbar berührt: ist es das Individuum oder der Staat? Formal entscheidet natürlich immer der Staat durch seine Verfassungsgerichtsbarkeit. Gemeint ist freilich inhaltlich, ob sich das Verfassungsgericht die Auffassung des Individuums oder die staatlicher oder sonstiger öffentlicher Stellen zu eigen macht. Vielleicht läßt sich die gestellte Frage gar nicht eindeutig beantworten, denn eine durchgängig einseitige Favorisierung ist problematisch.

Eine proindividualistische Stellungnahme wirft drei Probleme auf. Zum einen kann eine jederzeit vorhandene Fähigkeit zur freien Selbstbestimmung nicht vorausgesetzt werden, da diese durch Sucht oder psychische Störungen beeinträchtigt sein kann. Zum anderen bereitet ein schrankenloser Individualismus den Boden für eine Anspruchsinflation beliebiger Anliegen (vor allem im Hinblick auf materielle Zuwendungen). Schließlich beraubt man sich mit einem prinzipiellen ethischen Agnostizismus eines Kriteriums, um eine Grenze zwischen noch tolerabler sittlicher Zweideutigkeit und zweifelsfreier Unsittlichkeit zu ziehen. Erfahrungsgemäß wird die Akzeptanz immer radikalerer Praktiken mit dem Hinweis darauf, daß doch bereits eine ähnliche (etwas weniger drastische) Praxis unbeanstandet blieb, eingefordert. Ohne ein Grenzziehungskriterium gleitet ethische Liberalität in sittliche Verwahrlosung und Anarchie ab.

Eine prostaatliche Positionierung wiederum führt zu staatlichem Paternalismus. Ohne das Veto individueller Einspruchsmöglichkeiten wird der Staat ermächtigt, beliebige, aber stets der jeweils regierenden Partei entsprechende weltanschauliche Sittlichkeitsnormen durchzusetzen. Der sittlichen Verwahrlosung eines schrankenlosen Individualismus korrespondiert spiegelbildich der (jakobinische) Tugendterror eines schrankenlosen Paternalismus.

Eine staatliche Schutzpflicht in sittlichen Belangen widerspricht dem auf der Fähigkeit zur freien Selbstbestimmung fußenden Menschenbild des Grundgesetzes. Das in der paradigmatischen Düriginterpretation gleichwertige Kriterium der Gemeinschaftsbezogenheit kann hier nicht einschränkend in Betracht kommen. Dieses Kriterium ist inhaltsleer und läßt sich nicht konkret operationalisieren, da jegliches soziales Handeln irgendwie gemeinschaftsbezogen ist und das Vorliegen eines gemeinschaftsförderlichen Verhaltens ganz von der Sichtweise des Betrachters abhängt. Ein gemeinschaftsschädigendes Verhalten kann nur konstatiert werden, wenn die Freiheit von anderen beeinträchtigt wird. In den drei eingangs genannten Fällen ist eine solche Beeinträchtigung nicht gegeben. Eine bloße Verstörung des sittlichen oder religiösen Empfindens muß in einem liberalen Rechtsstaat hingenommen werden. Einwenden ließe sich, daß hier nicht das Grundrecht der Freiheit, sondern die Menschenwürde zur Debatte steht, die gemäß Art.1.1 GG dem Staat eine auf sie bezogene Schutzpflicht auferlegt. Einer Schutzpflicht Genüge zu tun, ist aber nur bei Vorliegen einer Schädigung erforderlich. Geschädigt werden kann immer nur der in einem Handlungszusammenhang Beteiligte. Dies trifft auf die genannten Fälle nicht zu, da die Beteiligten keinen Menschwürdeverstoß beklagen. Eine Schädigung ohne Geschädigten ist ein Widerspruch in sich. Dies sah das BVerfG anders. Im Urteil zur Indizierung des Horrorfilms „Tanz der Teufel“ prägte das Gericht eine neue Rechtsformel, die besagt, daß Würdeverletzung nicht nur konkrete Personen betrifft, sondern die Würde des Menschen als *Gattungswesen*. Bezugnehmend auf § 131 StGB[144] führte das Gericht aus, daß der

144 „Mit Freiheitsstrafe bis zu einem Jahr oder mit Geldstrafe wird bestraft, wer einen Inhalt ..., der grausame oder sonst unmenschliche Gewalttä-

Film darauf angelegt sei, „beim Betrachter eine Einstellung zu erzeugen oder zu verstärken, die den fundamentalen Wert- und Achtungsanspruch …, die jedem Menschen zukomme“ zu leugnen und geeignet sei, einer „allgemeinen Verrohung Vorschub zu leisten, den Respekt vor der Würde des Mitmenschen beim Betrachter zu mindern …“[145] Im ähnlich gelagerten Peepshowurteil wurde verlangt, daß die Idee der Menschenwürde auch gegen die subjektive Vorstellung der Nicht-Betroffenheit durchgesetzt werden muß. Einer solchen Objektivierung der Menschenwürde zu einem realen Sachverhalten enthobenen, eigenständigen Wesen, zu einer platonischen Idee muß entschieden entgegengetreten werden. Insbesondere das Peepshow-Urteil hat in Tat auch eine vernichtende Kritik erfahren: Eine Menschenwürde, die sich gegen die freie Entscheidung des einzelnen kehren könne, kenne das Grundgesetz nicht; sehr persönliche Wertungen erhalten eine pseudoobjektive Scheinlegitimation; bemängelt werden Verstoß gegen das Autonomie-Herzstück der Menschenwürde und ein totalitärer Werte-Absolutismus. Statt des freien Einzelnen bestimmt der Staat[146].

> *„Die vom Gericht vorgenommene Objektivierung der Menschenwürde führte nicht nur zur Ablösung vom konkreten Schutz konkreter Subjekte und damit zur Aufweichung des Wirkungsradius des Art. 1 Abs. 1 GG, sondern transformierte den freiheitsschützenden Satz von der Menschenwürde in eine Verpflichtungsnorm: zu einem bestimmten, nach Meinung Dritter ›menschenwür-*

---

tigkeiten gegen Menschen oder menschenähnliche Wesen in einer Art schildert, die eine Verherrlichung oder Verharmlosung solcher Gewalttätigkeiten ausdrückt oder die das Grausame oder Unmenschliche des Vorgangs in einer die Menschenwürde verletzenden Weise darstellt.“

145 zit. nach Baldus, S. 157

146 M. Baldus, S. 132

digen Verhalten‹ kann aber niemand gezwungen werden.“[147]

Eine Schutzpflicht gegenüber einer nicht anlaßbezogenen, nicht konkrete Personen betreffenden, sondern zu einem abstrakten Prinzip um seiner selbst willen erhobenen Menschenwürde läßt sich aus dem Grundgesetz nicht ableiten, wie die nachfolgende Abschnitt Art. 1.2 und 1.3 erhellen. „Das Deutsche Volk bekennt sich darum [d.h. wegen der Unantastbarkeit und Schutzwürdigkeit der Menschenwürde, W.K.] zu unverletzlichen und unveräußerlichen Menschenrechten …“ In 1.3 werden im Zuge einer deduktiven Ableitung die Grundrechte eingeführt. Menschenrechte und vor allem aber die Grundrechte sind prinzipiell Abwehrrechte gegenüber dem Staat, die diesen zur Wahrung eines Freiraums selbständiger Entfaltung der Bürger verpflichtet. Daher hat der Bürger die Befugnis, selbständig über das Vorliegen einer Menschenwürdebeeinträchtigung zu urteilen. Dem Staat obliegt es nur, darüber zu befinden, ob die entsprechende Klage tatsächlich berechtigt ist. Die Initiative liegt gemäß einer traditionellen Grundrechtsdeutung beim Bürger und nicht beim Staat.

Bezugnehmend auf die bereits vorgebrachten Argumente möchte ich eine persönliche Stellungnahme abgeben. Ich plädiere für das Prinzip: in dubio pro libertate. Im Zweifelsfall soll der Gesichtspunkt der individuellen Freiheit überwiegen. Damit soll nicht jedes beliebige Handeln, nur weil es subjektiv als dem frei empfundenen Willen entsprungen zu sein scheint, legitimiert werden. Eine gerichtliche Klärung hat zwei Voraussetzungen zu prüfen: 1. Ist die Handlungsabsicht wirklich aus freiem Willen entstanden? Es ist also zu klären, ob Sucht, psychische Störung oder eine nicht unmittelbar erkennbare Einflußnahme von Dritten die freie Selbstbestimmung verhindern. 2. Auch wenn die an der betreffenden Handlung Beteilig-

147 H. Dreier in: Seelmann, S. 42

ten subjektiv keinen Menschenwürdeverstoß empfinden, kann die Handlung auf Außenstehende einwirken, so daß diese ihre eigene Menschenwürde als beeinträchtigt empfinden. Es muß daher sichergestellt werden, daß sittlich umstrittene Handlungen nicht nach außen wirken, sondern auf den Kreis der diese Handlung Ausübenwollenden beschränkt bleibt. Daher ist eine öffentlich zugängliche Werbung für Peepshows und Zwergenwerfen verboten; Paintball darf nicht in der Öffentlichkeit gespielt werden. Sind diese Voraussetzungen gegeben, müssen auch geschmacklose Handlungen erlaubt sein, da objektiv niemandes Menschenwürde verletzt wird. Eine stellvertretende Menschenwürdeverletzung in absentia darf nicht als rechtliches Postulat eingeführt werden. Das heißt: Die Menschenwürde eines Richters wird nicht bereits dadurch verletzt, daß er von geschmacklosen Praktiken Kenntnis erhält.

Letztendlich scheint alles auf eine Wertentscheidung hinsichtlich des Menschen- und Staatsbildes hinauszulaufen. Wird der Mensch als böse angenommen (homo homini lupus), so muß in der Tat der Staat die Menschen voreinander schützen. Dies tut er aber bereits hinreichend mit der Strafrechtsordnung und der Polizei. Eine weitergehende Schutzpflicht im Sinne eines Schutzes der Menschen vor sich selbst oder gar der sittlichen Bestimmung des Menschen als Gattungswesens läßt sich auch aus dieser negativen Anthropologie nicht ableiten. Dies widerspräche dem Autonomiepostulat des grundgesetzlichen Menschenbildes. „Art. 1 dürfe nicht im Sinne einer Abwehr von Geschmacklosigkeiten abgenutzt werden. Zur Freiheit des Menschen gehöre auch die Freiheit, sich unter seiner Würde zu verhalten.“[148] Die Menschenwürde als Generalvollmacht des Staates zur Berechtigung des Eingriffs in die Privatsphäre oder gar zur inhaltlichen Bestimmung des Lebensvollzugs der Bürger zu nutzen, verrät ein bedenkliches Verständnis der Funkti-

148 M. Baldus, S. 342

on des Staates, der mittels derartiger Vorstellungen zum Herrn über die Herde unmündiger Untertanen gemacht wird.

Abschließend muß aber in diesem Zusammenhang, Ergebnisse von Kap. 16 vorwegnehmend, auf die ganz fatalen Folgen der Deutung des Grundgesetzes als *Wertordnung* aufmerksam gemacht werden. Im Grunde hebelt diese Deutung die gesamte grundrechtliche Abwehrfunktion aus. Grundrechte sind Abwehrrechte gegen den Staat und werden daher vom Bürger in Anspruch genommen, wenn er sich durch staatliches Handeln beeinträchtigt fühlt. Eine Wertordnung wehrt nichts ab, sie kann nur verwirklicht werden. Verwirklichen kann sie aber nicht der Bürger, da er überhaupt nicht in der Lage ist, irgendetwas hinsichtlich eines derart komplexen Gebildes zu tun. Mehr als Gesetzesgehorsam kann nicht vom Bürger verlangt werden. Verwirklichen kann sie nur der Staat und zwar gegen den Bürger, der im Zweifelsfall zur Einhaltung der Wertordnung gezwungen wird. Während Grundrechte in ihren Inhalten, Befugnissen und Grenzen klar definiert sind, öffnet sich ein so nebulöser Begriff wie der der Wertordnung einer Auffüllung mit beliebigen sittlichen oder politischen Vorstellungen. Im Rahmen dieser Wertordnungskonzeption kommt auch der Menschenwürde die Funktion eines objektiven Werts zu, der auch gegen die subjektive Gewißheit der Nicht-Betroffenheit durchgesetzt werden kann, was, wie gezeigt, die Bahn frei macht für ein Verständnis des Staates als paternalistischer Tugendhüter.

Robert Spaemanns Menschenwürdekonzeption – ein typisches Beispiel

Der Aufsatz von Robert Spaemann „Über den Begriff der Menschenwürde“ hat eine weit über seine innere Substanz hinausreichende Beachtung gefunden und wird bis heute immer wieder als maßgebliche Stellungnahme zitiert, weil er in christlicher Perspektive, vor allem aber tiefschürfend und prägnant formulierend, zentrale Topoi des Menschenwürdediskurses diskutiert. Darum betrachte ich diesen Beitrag als paradigmatisch für eine wesentliche Strömung der herrschenden Meinung, weshalb ich ihn einer ausführlichen Kritik unterziehen möchte.

Spaemanns Beitrag zu einem 1985 abgehaltenen Kolloquium über Menschenrechte und Menschenwürde zeichnet sich – ungeachtet der gedanklichen Tiefe und sprachlichen Qualität – durch eine außerordentlich wirre und haltlose Argumentationsweise aus, da zum einen die logischen Schlüsse sich nicht aus den Prämissen ableiten lassen und zum anderen sich die Argumente gegenseitig widersprechen.

Zunächst bestimmt Spaemann, der Tradition und dem Sprachgebrauch folgend, die Würde als eine Verhaltensweise. Er erwähnt hierzu die würdevolle Erscheinungsweise eines Löwen und die aus dem Amtscharisma erwachsende Würde eines Königs. Diese traditionellen Vorstellungen vertiefend, gelangt Spaemann zu der Definition von Würde als Distanznahme „zu sich selbst als natürlichem Wesen.“[149] Damit aber wird nur der sachliche Inhalt des Würdebegriffs umrissen, es wird jedoch noch nicht gezeigt, was ihn auszeichnet, um als oberster Wert und gründendes Prinzip des Sittengesetzes einer politischen

149 Robert Spaemann: Über den Begriff der Menschenwürde, in: Böckenförde/Spaemann, S. 300

Gemeinschaft fungieren zu können. Zu diesem Zweck verweist er auf den Einfluß des Christentums, durch das „der Mensch als Mensch und nicht erst in einer bestimmten Rolle eine schlechthin zu respektierende Würde habe ...“[150] Die Notwendigkeit einer religiösen Fundierung ergibt sich für Spaemann aus der Schwäche einer rein anthropozentrischen Sichtweise. Diese Sichtweise kann ihm zufolge kein „Argument gegen den schmerzlosen und geheimen Mord an einem Menschen ohne Angehörigen“[151] entwickeln. Der Wert des eigenen Lebens ist nur für den jeweils einzelnen Menschen vorhanden und würde zugleich mit dessen Vernichtung verschwinden. Das Leben ist nur *für* diesen Menschen ein Wert und kein „Selbstzweck an sich“. Diese Argumentation ist natürlich nicht schlüssig, denn ein Rekurs auf die Selbstzweckhaftigkeit ist keineswegs für die Absolutheit des Lebenswertes erforderlich. Unter Hinweis auf die „Goldene Regel“ („was Du nicht willst, das man Dir tu, das füg‘ auch keinem andren zu!“) läßt sich durchaus rein anthropozentrisch die intersubjektive, gegenseitige Anerkennung eines generellen Lebensrechtes begründen.

Aus der bereits erwähnten, durch die Tradition bekannten Fähigkeit zur Distanzierung von der eigenen Natürlichkeit (Triebhaftigkeit) begründet sich der Mensch als sittliches Wesen. Aus dieser Fähigkeit zur Sittlichkeit folgert Spaemann die Selbstzweckhaftigkeit des Menschen und seinen Anspruch auf Respektierung seiner Subjektivität. Dies läßt sich nun keineswegs nachvollziehen, weil ja nicht die bloße Potenz zur Sittlichkeit Respekt abnötigt und damit die Anerkennung der Subjektivität garantiert, sondern nur ihre tatsächliche Aktualisierung im intersubjektiven, gesellschaftlich vermittelten Verkehr. Im übrigen hat dies alles überhaupt nichts mit Selbst-

150 ebd., S. 300.

151 ebd., S. 301. Spaemann hat hier wohl die nationalsozialistische Euthanasie als konkretes Fallbeispiel vor Augen.

zweckhaftigkeit zu tun. Spaemann verläßt darum auch diesen Argumentationsstrang wieder und erklärt: „Weil der Mensch als sittliches Wesen Repräsentation des Absoluten ist, darum und nur darum kommt ihm das zu, was wir ›menschliche Würde‹ nennen.“[152] Unverkennbar ist Spaemanns Bemühen, eine religiöse mit einer rechtsphilosophischen Begründung zu verbinden, was aber beiden Seiten nicht zum Guten gerät. Die „Repräsentation des Absoluten“ meint in einer philosophisch kompatibel gemachten Weise nichts anderes als Gottesebenbildlichkeit, während Sittlichkeit und Selbstzweckhaftigkeit[153] – wie im Kontext deutlicher ersichtlich wird – auf die Kantsche Morallehre verweisen. Als ob die angestrebte Verbindung zwischen religiöser und rechtsphilosophischer Begründung nicht schon problematisch genug wäre, versucht Spaemann zudem noch, den gewöhnlichen, handlungsorientierten Würdebegriff mit dem „metaphysischen“ Würdebegriff, wie er im Grundgesetz zutage tritt, zu versöhnen. Dies bewerkstelligt er, indem er die Würde mit der sittlichen Substanz korreliert. Da die Befähigung zur Sittlichkeit bei den verschiedenen Individuen sich in unterschiedlichem Grade ausprägt, besitzen sie auch ein unterschiedlich hohes Maß an Würde. Das Würdemaß bemißt sich an der Fähigkeit, von eigenen Trieben und Interessen abzusehen. „Pater Maximilian Kolbe besaß in seinem Hungerbunker mehr Würde als seine Schergen, aber auch mehr Würde als der rechtschaffene Mann, für den er sein Leben opferte.“[154] Der zur Selbstaufopferung bereite Pater Kolbe markiert das Höchstmaß an Würde, sein Folterknecht den Tiefststand. Mit dieser Unterscheidung gelingt es Spaemann die vom gewöhnlichen Sprachgebrauch anerkannte empirische Streuung der

152 ebd., S. 301f.

153 Laut Kant soll der Mensch nicht nur als Mittel, sondern zugleich auch als Zweck behandelt werden.

154 ebd., S. 304.

Würdeausprägung einzuholen – allerdings nur um den Preis einer inhaltlichen Verdünnung des Würdebegriffs. Der Folterknecht, der kalt und unbeteiligt seinem grausigen Handwerk nachgeht, ist weder würdevoll noch würdelos, er ist schlicht und einfach böse. Würdelos würde er nur handeln, wenn er besinnungslos vor Haß und Zorn auf sein Opfer einprügelte. Die Gleichsetzung des moralisch Guten mit dem Würdevollen und des moralisch Bösen mit dem Würdelosen ist falsch. Der scharfsinnige, als Dichter genau beobachtende und als Denker über ein weitgespanntes Netz von Kategorien verfügende Schiller hat hier viel klarer unterschieden. Er bestimmt Würde als Verhaltensweise; ihr korrespondiert im Innern die Geistesfreiheit, die Spaemanns sittlicher Fähigkeit zur Distanzierung entspricht. Der Verhaltensaspekt geht bei Spaemann verloren. Er reduziert Würde völlig auf die moralische Größe, die bei Schiller nur eine Voraussetzung der Würde darstellt, aber nicht mit ihr identisch ist.

Die dem empirischen Wissen geschuldete und durch die Befähigung zur Sittlichkeit bestimmte Abstufung des Würdemaßes birgt die Gefahr einer Auflösung des Würdebegriffs in sich. Da, wie Spaemann selbst einräumt, Embryonen, kleine Kinder, Debile und schwer Geisteskranke nicht zur sittlichen Selbstbestimmung in der Lage sind, fehlt ihnen die Voraussetzung zur Würdehaftigkeit. Um dieser Problematik zu entgehen, zieht er sich auf den Standpunkt zurück, „daß die biologische Zugehörigkeit zur Spezies *homo sapiens* allein es sein darf, die jene Minimalwürde begründet, welche wir Menschenwürde nennen.“[155] Wir erinnern uns, daß der Autor wenige Seiten zuvor (vgl. Zitat zu Fn. 152) die Menschenwürde vom sittlichen Wesen und der Gottesebenbildlichkeit abgeleitet hat, was einen eklatanten Widerspruch zu diesem jetzt eingeführten biologistischen Argument darstellt. Nur um zu der gewissermaßen

155 ebd., S. 306

axiomatischen Aussage zu gelangen: „Jeder Mensch besitzt von Natur aus ein Mindestmaß an Menschenwürde", hätte man sich die gesamte bisherige, theologisch und kantianisch hochgerüstete Argumentation ersparen können. Die im Hinblick auf ihre grundrechtsschutzbezogene Funktion äußerst problematische Aufspaltung des Würdekonzepts in ein empirisch beobachtbares, individuell variierendes Maß an Würdeverwirklichung und einen unverfügbaren metaphysischen Menschenwürdekern ergibt sich zwangsläufig, wenn man die rechtsphilosophische Idealität der Menschenwürde mit der Realität würdevollen Verhaltens zu vereinen beabsichtigt.

Dieses, dem Wesen des Menschen zugehörige Mindestmaß an Würde bezeichnet Spaemann als unverlierbar. Dies hat seinen Grund darin, daß die Würdehaftigkeit von zur sittlichen Selbstbestimmung unfähigen Personen (s. o.) nur anerkannt werden kann, wenn man einen unverlierbaren Würdekern annimmt, der weder durch eigenes (vernunft- und würdeloses) noch fremdes (entwürdigendes) Handeln berührt wird. Leider verwirrt Spaemann diese klare, wenn auch nicht logisch zwingende Aussage, indem er nun doch wiederum die Verlierbarkeit auch dieses Kerns postuliert. Er neigt zu der Auffassung, daß man durch den bewußten Verzicht auf die sittliche Orientierung (im Gegensatz zur bewußtlosen Unfähigkeit zur Sittlichkeit der Kleinkinder etc.) die Würde preisgibt. Als Beispiel führt er Frauen an, die sich in Peepshows als bloßes Sexualobjekt darbieten und sich dadurch selbst entwürdigen. Diese Shows sollten verboten werden, um auch gegen den Willen der Betroffenen ihre Würde zu wahren.[156]

156 Es ist hier sehr die Frage, ob eine objektive Würdelosigkeit vorliegt und nicht vielmehr der Eindruck der Würdelosigkeit nur in den Augen von durch christliche Sündevorstellungen konditionierten Betrachtern entsteht. Des weiteren scheint mir der Verbotswunsch weniger auf den Schutz der Prostituierten abzuzielen (sind nicht auch Toilettenputzer, Soldaten in der Grundausbildung, Zirkusclowns usw. entwürdigt?), als auf den Schutz der Kritiker, die von diesen sexuellen Darbietungen un-

Dem biologischen Argument fügt Spaemann noch ein metaphysisches hinzu. *„Alle empirischen Qualitäten sind nur die nach außen tretende Erscheinungsform einer sich nicht als sie selbst zeigenden Substanz"*[157] Diese Behauptung trägt überhaupt nichts zu dem Problem bei, warum sich ein Schutz- und Achtungsanspruch auch für nicht über Vernunft verfügende Menschen wie Schwachsinnige und Kleinkinder aus der auf Vernunft- und Selbstbestimmungsfähigkeit beruhenden Menschenwürde ableiten lassen soll. Wie begründet Spaemann dieses Argument? Zum Wesen des Menschen gehört die Vernunftfähigkeit. Die Anlage zur Vernunft ist in jedem Menschen vorhanden, nur wird diese nicht bei allen realisiert. Da aber auch Menschen ohne realisierte Vernunft zur Gattung Mensch gehören, genießen sie ebenfalls den Schutzanspruch der Menschenwürde, der sich aus der die Gattung Mensch charakterisierende Vernunftfähigkeit ableitet.

Rechtsansprüche ergeben sich nicht aus einer Potentialität, sondern nur aus einer Realität. Ich kann nicht verlangen, als „Doktor" angesprochen zu werden, weil ich schlau genug bin, um den Doktortitel zu erwerben, sondern nur, wenn ich tatsächlich promoviert wurde. Ein Blinder kann nicht behaupten zu sehen, nur weil er ein Mensch ist und die Sehfähigkeit zum Wesen des Menschen gehört. Möglicherweise hat Spaemann den selbst in der Theologie umstrittenen ontologischen Gottesbeweis (Gott ist ein vollkommenes Wesen. Zur Vollkommenheit gehört auch die Eigenschaft der Existenz. Folglich existiert Gott) auf die Menschenwürde übertragen. Fest steht jedenfalls, daß Spaemann die menschenwürdequalifizierende Vernunftfä-

angenehm berührt werden. In einem durchaus umstrittenen Urteil des BVerwG wurden ja auch bekanntlich die Peepshows verboten. Zahlreiche Autoren wandten kritisch ein, daß dadurch die hohe rechtliche Norm der Menschenwürde allzu sehr in den Bereich von „Anstand und Sitte" hineingezogen werde.

157 Spaemann, S. 305

higkeit den „Vernunftlosen“ indirekt durch Vermittlung über die Zugehörigkeit zum vernunftbesitzenden Gattungswesen Mensch verleiht. Das ändert aber nichts daran, daß die genannten Personenkreise keine Vernunft besitzen. Das Argument läßt sich nur halten, wenn man die Vernunft herausstreicht. Menschenwürde kann diesen nur zuerkannt werden durch ihre Zugehörigkeit zum Mensch-Sein. Mensch-Sein reicht also für den Besitz von Menschenwürde aus.

Warum hat sich Spaemann überhaupt auf eine solche gewundene, widersprüchliche Argumentation eingelassen? Er ist, so wie ich, vom alltagssprachlichen Würdeverständnis ausgegangen und versucht nun dieses mit dem ganz andersgearteten philosophisch-religiösen Würdebegriff zu vereinbaren. Er sieht das „tertium comparationis“ im „Ausdruck des In-sich-selbst-Ruhens, der inneren Unabhängigkeit“[158], die wiederum von der vernünftigen Selbstbestimmung ermöglicht wird. Im Versöhnungsprozeß der beiden unterschiedlichen Würdebegriffe bleibt aber der Leistungscharakter des im alltagssprachlichen Begriff enthaltenen würdevollen Handelns erhalten. Daraus folgt, wie Spaemann selbst betont, ein individuell unterschiedliches Würdemaß, was es ihm erlaubt, entsprechend der katholischen Tradition, gleichzeitig die besonders wertvolle Würde einer frommen bzw. sittlichen Lebensführung zu betonen wie auch eine allgemeine, für alle Menschen geltende Minimalwürde anzuerkennen. Er braucht also die Vernunft des metaphysischen Würdebegriffs für die Minimalwürde und den Leistungsaspekt des alltagssprachlichen für die Maximalwürde. Die angestrebte Versöhnung beider Begriffe mißlingt, weil die

158 Spaemann, S. 299. Das ist, nebenbei bemerkt, ein typisch stoischer Gedanke, was insofern naheliegt, als bereits der von der Stoa beeinflußte Cicero die Allgemeinheit der kosmisch-anthropogisch konzipierten Vernunft mit der Besonderheit individuellen Würdeverhaltens zusammenbringt.

Fundierung der Minimalwürde auf der Vernunft nicht stimmig legitimiert werden kann.

Wie aus der bioethischen Debatte (Abtreibung, Gentechnik, Reproduktionsmedizin) bekannt ist, belohnt die kirchliche, insbesondere die katholische Morallehre, sofern man bereit ist, die theologischen Prämissen als diskussionswürdig anzuerkennen, den Ethikinteressierten zumeist durch eine in sich schlüssige, überzeugende Argumentation. Wohl aus Rücksicht auf die Diskursgepflogenheiten seines Faches (Philosophie) ist Spaemann zu schüchtern, um sich offen zur christlichen Prägung seiner Interpretation zu bekennen. Da es ihm aber nicht gelingt, mit rein philosophischen Mitteln zu einer zweifelsfreien und unumstößlichen Letztbegründung zu gelangen, rekurriert er auf theologische Axiome, die weiteres Nachfragen abschneiden. Damit entwertet er aber seine ansonsten durchgehaltene philosophische Argumentation, indem er sie zu einem letztlich überflüssigen Propädeutikum macht, und reduziert gleichzeitig die Theologie auf den Status eines Notnagels.

Aus dem offensichtlichen Scheitern von Spaemanns Deutung läßt sich folgendes für den Fortgang der Untersuchung lernen:

1. Empirischer und metaphysischer Würdebegriff lassen sich nicht vereinbaren. Gerade der Versuch ihrer Versöhnung führt zu Hilfskonstruktionen, die die Einheitlichkeit des Würdebegriffs auflösen.

2. Der rechtsphilosophisch-metaphysische Würdebegriff läßt sich nicht empirisch ableiten. Er muß als axiomatische Setzung postuliert werden. Die hierzu unumgängliche Fundierung des normativen Verfassungskerns auf theologische Prämissen steht im Widerspruch zur Laizität und Positivität der Verfassungswirklichkeit. Um diesen Widerspruch nicht zum Austrag zu bringen, muß der Normgrund im Dunkeln gelassen werden.

3. Das Konstrukt der Unverletzlichkeit der Menschenwürde bleibt ein ungelöstes Problem. Um die Allgemeingültigkeit der Menschenwürde annehmen zu können, muß man einen unverlierbaren Menschenwürdekern behaupten, der nicht durch ein an sich objektiv der Würde zuwiderlaufendes Handeln beeinträchtigt werden kann. Wenn dieser Kern je schon gegeben ist, stellt sich die Frage, auf was eigentlich sich ein Menschenwürdeschutz beziehen soll.

4. Angesichts der Schwierigkeiten einer Definition der Menschenwürde stellt sich in praktischer Hinsicht die Frage, wodurch sich ein Verstoß gegen die Menschenwürde auszeichnet.

Überleitung

Die Interpretation eines strittigen Begriffs durch außerhalb des betreffenden Textes liegende Diskurse kann hilfreich sein – muß es aber nicht. Alle bisher untersuchten außertextlichen Deutungsversuche qua Objektformel, Demütigung, Selbstbestimmung usw. haben kein befriedigendes Ergebnis erbracht. Darum empfiehlt es sich einen umgekehrten Ansatz zu verfolgen, der da lautet: Zurück zum Text! Der textimmanenten Exegese bieten sich angesichts des naturgemäß knappen Grundgesetzartikels drei Punkte an: 1. unantastbar 2. Verpflichtung des Staates, 3. Menschenrechte. In den nachfolgenden Kapiteln sollen diese drei Kriterien kritisch analysiert werden.

Menschenwürde und Menschenrechte

Zwei Gesichtspunkte werden in diesem Kapitel bei der Analyse des Kriteriums der Menschenrechte leitend sein: 1. Wie ist das Verhältnis von Menschenwürde zu den Menschenrechten beschaffen? 2. Was hat es für eine Bewandtnis, wenn ein Staat sich in seiner verfassungsrechtlichen Fundierung auf ein überstaatliches Prinzip wie das der Menschenrechte beruft?

„Das Problem des Herleitungszusammenhangs von Menschenwürde und Menschenrechten wird nach meiner Kenntnis weder in der juristischen noch in der philosophischen Literatur erörtert."[159] Gleichwohl hat sich eine „weit verbreitete Meinung"[160] gebildet, der zufolge „das Prinzip der Menschenwürde … als eine oberste oder allgemeinste Norm, aus der die einzelnen Menschenrechte als Konkretisierungen logisch abgeleitet werden können",[161] bestimmt wird. Die Menschenwürde umfaßt als ein gleichsam sprachlich verdichtetes Symbol die Gesamtheit der Menschenrechte (quantitativer Gesichtspunkt) und bezeichnet zugleich deren inneren Wesenskern, deren Quintessenz (qualitativer Gesichtspunkt). Im Hinblick auf die juristische Praxis ist also der Begriff der Menschenwürde auf ihren Bezug zu den Menschenrechten hin auszulegen. Die Menschenrechte sind bekanntlich im Grundgesetz als Grundrechte positiviert. Die allgemeinen und abstrakten Menschenrechte sind als Grundrechte zur Besonderheit konkretisiert und dadurch justitiabel gemacht. Die Grundrechte werden nach herrschender Lehre in drei Kategorien unterteilt:

1. liberale Freiheits- und Abwehrrechte (Recht auf Leben, auf freie Meinungsäußerung)

---

159 P. Tiedemann, S. 505

160 ebd.

161 ebd.

2. demokratische Teilhaberechte (Wahlrecht, Versammlungsfreiheit, Recht auf Staatsbürgerschaft)

3. soziale Fürsorgerechte (Recht auf Existenzminimum, Recht auf Arbeit[162], Sozialbindung des Eigentums).

4. Diese übliche Einteilungsmethode muß ergänzt werden, da im ausdrücklich „Grundrechte“ überschriebenen Abschnitt des Grundgesetzes auch kaum als Rechte bezeichenbare Festlegungen zur staatlichen Organisation (Art.7: Schulwesen, sowie Art 12a und 17a: Wehrwesen) enthalten sind.

Bereits hier zeigt sich ein Problem. Regelungen zum Schulwesen („Der Religionsunterricht ist … ordentliches Lehrfach“ Art. 7.2) und zum Wehrdienst sowie auch die Sozialbindung des Eigentums (Art. 14 und 15) können schlechterdings nicht Konkretisierungen von Menschenrechten sein. Man kann nun behaupten, daß im sogenannten Grundrechtekatalog nur alle grundlegenden Normierungen für das Staatswesen „Bundesrepublik Deutschland“ aufgelistet werden sollen, ob diese nun Grundrechte sind oder nicht[163]. Mit anderen Worten: man sollte sich nicht an der etwas unglücklichen textarchitektonischen Gestaltung stören. Dennoch bleibt man ratlos zurück, welche Normierungen nun sich aus der Menschenwürde ableiten las-

162 Im Grundgesetrz – im Gegensatz zu einigen anderen Verfassungen – nicht als Grundrecht garantiert; Art. 12 GG beschreibt nur das Recht auf freie Berufswahl.

163 So war das in der Tat. Ursprünglich war eine Beschränkung auf die klassischen Grundrechte geplant gewesen, um diesen unmittelbare Rechtswirksamkeit zuweisen zu können. Deswegen verzichtete man auch auf sozialstaatliche Rechte, da diese entweder nur deklaratorischen Charakter haben (wie in der Weimarer Reichsverfassung) oder umfangreiche Detailregelungen enthalten müssen. Vor allem aber liefen sie dem primären Ziel der Betonung des Abwehrrechtscharakters entgegen. Aus dieser Zielsetzung hätte ein klarer architektonischer Aufbau resultieren müssen. Dieser wurde durch das vom Hauptausschuß vorgenommene Einfügen zusätzlicher Normen verwässert, der, wie der Vorsitzende der Grundrechte-Arbeitsgruppe, Hermann von Mangoldt, erläuterte, mit den Überlegungen des Grundrechteausschusses nicht vertraut war. (Erhard M. Lange, S. 122-127)

sen und welche nicht. Eine solche Ableitung läßt sich durch den Aufbau von Artikel 1 klar erkennen. Dieser erfolgt in zwei Stufen: Die Menschenrechte ergeben sich aus der Menschenwürde, und die Grundrechte wiederum konkretisieren die Menschenrechte. Nach Carlo Schmid ist die „Menschenwürde … die Generalklausel für den ganzen Grundrechtskatalog“[164]. Das Ableitungsverhältnis ist offensichtlich.

> *„Dem Wort ›darum‹ läßt sich zweierlei entnehmen. Zum einen[165] macht es deutlich, dass sich Achtung und Schutz der Menschenwürde in Achtung und Schutz der Menschenrechte konkretisieren muss … . Jemandes Menschenwürde zu achten und zu schützen heißt demnach, seine Menschenrechte zu achten. Die Menschenwürde, so formuliert Roman Herzog, ›kann nicht verletzt werden, ohne dass gleichzeitig ein Menschenrecht verletzt würde, und umgekehrt kann kein Menschenrecht angetastet werden, ohne dass gleichzeitig die Würde des Menschen litte‹.“*[166]

> *„Die Menschenwürde … muss sich in der Pflicht zu Achtung und Schutz der Menschenrechte konkretisieren, die ihrerseits durch die Grundrechte gesichert werden. Zugleich soll die Menschenwürdenorm auch als Entscheidungskriterium bei Grundrechtskollisionen*

---

164 zit. nach Baldus, S. 25

165 [sic!] Das „zum einen“ wird nicht, wie eigentlich zu erwarten wäre, vom Autor durch ein „zum anderen“ fortgeführt.

166 Micha H. Werner in: Menschenwürde in der bioethischen Debatte – eine Diskurstopologie, in: Kettner, S. 197 Quelleangabe zu Herzog: Die Menschenwürde als Maßstab der Rechtspolitik, in: Heinz Sessing [Hrsg.]: Technologischer Fortschritt und menschliches Leben. Die Menschenwürde als Maßstab der Rechtspolitik, München 1987, S. 23-32

dienen. Und sie soll begründen können, warum die Menschenrechte gelten.“[167]

Wenn also die Grundrechte – und das sind formal eben alle in den ersten 19 Artikeln des Grundgesetzes genannten Normen – mit der Menschenwürde zusammenhängen, dann besteht theoretisch auch eine Verbindung der Menschenwürde zum Schulwesen. Das ist natürlich Unsinn. Ich will nur darauf hinweisen, daß nicht ganz klar wird, auf welche konkreten Normen sich das Ableitungsverhältnis bezieht.

Schwerer wiegt der Einwand, wie überhaupt ein Ableitungsverhältnis vorgestellt werden kann. Historisch hatten sich die Menschenrechte (Amerikanische Unabhängigkeitserklärung, Französische Revolution) ohne jeglichen Bezug zur Menschenwürde etabliert. Sie bedürfen daher nicht einer Begründung durch die Menschenwürde.[168] Aus der oben zitierten Feststellung Herzogs läßt sich schließen, daß man eine Menschenwürdeverletzung nur dann erkennen kann, wenn sie sich in Form einer Menschenrechtsverletzung zeigt, bei einer Menschenrechtsverletzung die Menschenwürde gewissermaßen immer nur mitbetroffen ist. Damit sind die Menschenrechte das Primäre; das Prioritätsverhältnis kehrt sich um: Daher leiten sich die Menschenrechte auch nicht von der Würde ab, sondern umgekehrt. Eva Weber-Guskar zieht daraus das Fazit: „Es heißt nicht mehr: ›Weil Menschen Würde haben, gelten die Menschenrechte‹. Sondern: ›Damit Menschen in Würde leben können, müssen die Menschenrechte berücksichtigt werden.‹[169] Wenn aber die Wahrung der Menschenwürde nur eine Folgewirkung eines umfassenden Menschenrechtsschutzes ist, stellt

---

167 Micha H. Werner, ebd. S. 199

168 vgl. Farnz Josef Wetz: Daseinskontingenz als Gefährdung der Menschenwürde, in: Brandhorst/Weber-Guskar, S. 307 und von der Pfordten, S. 59

169 Weber-Guskar in: Bandhorst/Weber-Guskar, S. 212

sich die Frage, ob „die Idee der Würde nicht gänzlich überflüssig wird, da sie den Menschenrechten doch nicht Neues hinzuzufügen scheint.“[170]

Um diese Frage zu beantworten, möchte ich an den wichtigen Aufsatz Bendas (s. Kapitel zum Verletzungsvorgang) erinnern. Der von Ernst Benda zusammengestellte Minimalkonsens enthält drei Punkte: Menschenwürde dient

1. als Schutz vor diskriminierender und demütigender Ungleichbehandlung;
2. zur Wahrung der Subjektqualität von Menschen und
3. zur Gewährleistung eines materiellen Existenzminimums.

Es kommt hier nicht darauf an, ob wirklich alle Verfassungsinterpreten all diesen Punkten zustimmen oder ob vielleicht noch weitere konsensfähig wären, sondern nur darauf, daß diese drei Punkte tatsächlich die Schnittmenge der einschlägigen Diskurse bilden.

Allen drei Punkten kann ein Grundrechtsprinzip zugeordnet werden: der Ungleichbehandlung – das Gleichheitsprinzip; der Subjektqualität über das verbindende Element der Selbstbestimmung das Freiheitsprinzip und dem Existenzminimum das Sozialstaatsprinzip. Es stellt sich nun die Frage, warum man es nicht bei den seit langem bewährten, klar definierten und praktikablen Grundrechten beläßt und sich stattdessen das nebulöse und streitverursachende Menschenwürdeprinzip aufbürdet. Was bringt es, wenn man bei einem Fall möglicher Ungleichbehandlung zusätzlich zum Gleichheitsgebot in Art. 3 GG noch die Menschenwürde ins Spiel bringt? Rein verfahrensrechtlich stiftet dies keinen Zusatznutzen. Ist der Kläger im Recht, braucht es keinen weiteren Grund, um den Angeklagten zu verurteilen. Bei einer demütigenden, mit Beleidigungen angereicherten Diskriminierung macht der Verstoß gegen das, was gemeinhin

170 F. J. Wetz, ebd., S. 308

mit Menschenwürde gemeint wird, die Sache nicht schlimmer, da der Gleichbehandlungsaspekt der Menschenwürde bereits vollumfänglich im grundrechtlichen Gleichheitsprinzip enthalten ist. Mit einem Verstoß gegen das Gleichheitsprinzip ist immer auch die Menschenwürde betroffen. Weil dies so ist, erübrigt es sich, die Menschenwürde als irgendwie eigenständig mitspielenden Gesichtspunkt zu thematisieren. Wird der Klage nicht stattgegeben, kann unter Verweis auf die Menschenwürde auch keine Verurteilung erfolgen, weil kein Grund vorliegt, eine Beeinträchtigung der Menschenwürde zu konstatieren, wenn kein Verstoß gegen das Gleichheitsprinzip vorliegt.

Was für einen Sinn hat also die Einführung des zusätzlichen Menschenwürdeprinzips? Meines Erachtens liegt dieser Sinn in einer Fundamentallegitimierung der Grundrechte. Man kann nicht einfach so tun, als seien die Grundrechte vom Himmel gefallen und müßten nur noch aufgelesen und aufgeschrieben werden. Die Menschenwürde gibt Antwort auf die Frage, warum Freiheit, Gleichheit und Sozialstaatlichkeit es verdienen, als verfassungsrechtliche Normen anerkannt zu werden. Die Freiheit in all ihren Erscheinungsweisen als Rede-, Versammlungsfreiheit usw. ist nicht allein deshalb eine Norm, weil es eudämonistisch besser ist, frei als unfrei zu sein, sondern weil Freiheit Selbstbestimmung ermöglicht. Durch Selbstbestimmung kann ein Mensch sein spezifisch menschliches Wesen verwirklichen. Die Eigentümlichkeit menschlicher Wesensart wird wiederum mit dem Ausdruck Menschenwürde bezeichnet. Die Bedeutsamkeit der Grundrechte wird *durch die Menschenwürde begründet*. Das Wesen des Menschlichen wird verfehlt, wenn die Grundrechte mißachtet werden. Durch den Bezug auf die Menschenwürde wird den Grundrechten zusätzliches Gewicht verliehen. Der Verstoß gegen ein Grundrecht ist nicht allein deshalb schlimm, weil dieser eine, von dem Grundrecht abgedeckte, Aspekt beeinträchtigt wird, sondern weil durch den damit implizit enthaltenen Menschenwürdeverstoß der Mensch als ganzer, in seiner gesamten Persönlichkeit getroffen wird.

Diese Argumentation hat allerdings einen Haken. Sie beruht auf einem Zirkelschluß. Das an sich inhaltsleere Prinzip der Menschenwürde wird durch die Grundrechte inhaltlich aufgefüllt, während die Grundrechte in einem zweiten Schritt durch die Menschenwürde, also quasi durch sich selbst, legitimiert werden. Man holt nur das heraus, was man vorher hineingetan hat. Der Zirkel funktioniert so: Gleichbehandlung muß verwirklicht werden, weil Ungleichbehandlung gegen die Menschenwürde verstößt. Menschenwürde ist zu achten, weil sie das Gleichheitsprinzip legitimiert.

2. Auch wenn die Notwendigkeit einer Fundamentallegitimierung der Grundrechte nicht bestritten wird, so erhebt sich die Frage, ob einzig und allein die Menschenwürde diese Aufgabe übernehmen kann. Warum Menschenwürde und nicht etwas anderes? Auch die Demokratie eignet sich dafür. Das Grundgesetz könnte, nur wenig verändert, so eingeleitet werden. „Die Bundesrepublik Deutschland ist eine Demokratie. Die demokratische Verfaßtheit ist unantastbar. Aus ihr leiten sich alle Grundrechte ab." Darauf aufbauend, könnte der gesamte Grundrechtskatalog des realen Gunrdgesetzes durchexerziert werden. Verfassungsrechtler könnten später hervorheben, daß Demokratie auf sich selbst bestimmenden Menschen beruhe und daher die Freiheit zu achten sei, daß die Gleichheit bei Wahlen eine generelle Gleichbehandlung verlange usw. Der Bezug auf die Menschenwürde ist also keine notwendige Voraussetzung für eine Fundamentallegitimierung der Grundrechte, weil sich auch andere, wenn auch nicht beliebig viele andere Prinzipien für diese Funktion eignen. Die Wahl der Menschenwürde ist also begründungsbedürftig. Hinzu kommt, daß alle Legitimierungsprozesse zu einem progressus ad infinitum nei-

gen. Wenn die Menschenwürde die Grundrechte legitimiert, was legitimiert dann die Menschenwürde?

Ich komme nun zum zweiten Gesichtspunkt, dem Problem der Berufung auf ein überstaatliches Prinzip.

Eine Verfassung regelt die politische Ordnung eines Staates. Rechtlich bindend kann sie nur für die Angehörigen dieses Staates sein; sie findet die Grenzen ihrer Wirksamkeit an den Grenzen des staatlichen Territoriums. Sieht man von der der historischen Lage, in der das Grundgesetz entstanden ist, geschuldeten Fortdauer der Geltung besatzungsrechtlicher Vorbehalte (beispielsweise der die Entnazifizierungsvorschriften betreffende § 139) ab, die die Identität von Staat und Verfassung durch äußeren Druck partiell außer Kraft setzt, so wird diese Identität durch den Würdekomplex aktiv und freiwillig in bedenklicher Weise überschritten.

Die *Menschen*rechte, die als solche nur eine abstrakte Potentialität besitzen, gewinnen Rechtswirksamkeit erst dann, wenn sie als *Bürger*rechte eines Staates konkretisiert werden, denn nur sie können gegenüber den Rechtsorganen eines Staates geltend gemacht bzw. von diesen durchgesetzt werden. Daher können selbst bei einer expliziten Bezugnahme auf die Menschenrechte Adressaten und Subjekte einer Verfassung, also die Personen, für die die Verfassung gilt, immer nur Staatsbürger und nicht *die* Menschen sein. Eine anthropologische Aussage über Wesen und Rechtsqualität des menschlichen Seins ist darum rechtlich wirkungslos. Es ist deshalb zu fragen, was die Aussage, „die Würde *des Menschen* ist unantastbar“ bezweckt, da hier ja ausdrücklich von Menschen und nicht von Staatsbürgern die Rede ist.

Damit könnte eine Selbstverpflichtung der Politik gemeint sein, sich um die Würde aller Menschen auf der Welt zu sorgen und diese gegebenenfalls durch humanitäre (sprich: militärische) Interventionen durchzusetzen. Angesichts der Lage des Jahres 1949, als die sich in Gründung befindliche BRD ja noch nicht einmal über eine eigene Armee verfügte, kann dies schlechterdings nicht den Intentionen der Verfassungsgeber entsprochen haben. Wie aber die staatliche Propaganda, die dem Bundeswehreinsatz im Kosovokrieg voranging, zeigt, läßt sich eine solche Deutung anscheinend aus dem Grundgesetz herauslesen oder zumindest mit ihm vereinbaren. Ursprünglich beabsichtigt oder nicht, hat vor allem in der Asylrechtsdebatte die Selbstverpflichtung deutscher Politik auf einen universellen Menschenwürdeschutz eine prominente Rolle gespielt.

Um obige Frage nach der Menschheitsbezogenheit zu beantworten, muß der gedankliche Hintergrund, dem diese argumentative Figur entstammt, analysiert werden. Wenn vom Menschen als dem axiomatischen und normativen Grundstein der Verfassung ausgegangen wird, dann ist der Mensch das Primäre und der Deutsche als Staatsbürger nur etwas davon Abgeleitetes. Der Deutsche tritt in das Grundgesetz nur als Sonderfall des Menschen ein. Wie auch der nachfolgende Satz, die Menschenwürde „zu achten und zu schützen ist Verpflichtung aller staatlichen Gewalt" belegt, betrachtet sich das Grundgesetz als spezifische Ausprägung einer allgemeingültigen und *überzeitlichen Verfassungsidee*. Dadurch untersteht das Grundgesetz einer doppelten, stereoskopischen Optik: Mit dem einen Auge schaut es auf den deutschen Staatsbürger, mit dem anderen auf die Menschheit. Mit dieser menschheitlichen Ausrichtung gibt das Grundgesetz zu erkennen, daß es mehr sein will als eine Verfassung, die die politische Ordnung des deutschen Staates bestimmt. Es situiert sich auf einer metaphysischen Ebene, die vom normativen Brennpunkt der Menschheit zentriert wird. Diese Fixierung auf den Menschheitsbegriff verleiht ihr eine internationalistische Ausrichtung, die a priori die Souveränität des Staates aushöhlt.

In zwei Passagen kommt diese internationalistische Ausrichtung klar zum Ausdruck. In der Präambel macht es sich das „Deutsche Volk“ zur Aufgabe, „als gleichberechtigtes Glied in einem vereinten Europa dem Frieden der Welt zu dienen.“ Dieser Passus ist relativ harmlos, da die Forderung, dem „Frieden der Welt zu dienen“ wegen ihrer Abstraktheit und Allgemeinheit nicht dazu taugt, der politischen Praxis eine konkrete Handlungsanweisung vorzugeben. Des weiteren mag man in der damaligen Situation die Verpflichtung zum Friedensdienst für einen geringen Preis erachtet haben, wenn man zum Ausgleich dafür als planetarisch Geächteter die Anerkennung als gleichberechtigtes Völkerrechtssubjekt erhält. Wesentlich gravierender dagegen ist Abschnitt 2 des Artikels 9: „Vereinigungen ..., die sich gegen die verfassungsmäßige Ordnung oder gegen den Gedanken der Völkerverständigung richten, sind verboten.“ Während das Verbot verfassungsfeindlicher Organisationen sich als Modalität des sua esse perseverare nachvollziehen läßt, ist die Einführung der Wendung „Verstoß gegen den Gedanken der Völkerverständigung“ außerordentlich verblüffend, zumal die Verfassung selbst bereits in § 26 „Handlungen, die geeignet sind und in der Absicht vorgenommen werden, das friedliche Zusammenleben der Völker zu stören, insbesondere die Führung eines Angriffskrieges vorzubereiten,“ als verfassungswidrig bestimmt. Ein gegen die Interessen anderer Staaten oder Völker gerichtetes manifestes Handeln ist also bereits ein Verstoß gegen die verfassungsmäßige Ordnung, wobei die Wendung „Verstoß gegen den Gedanken der Völkerverständigung“ über die diesbezügliche Festlegung in § 26 hinausgeht, da ein solches Handeln ja keineswegs die Planung eines Angriffskrieges impliziert. Wieder haben wir es mit einer höchst unklaren Formulierung zu tun. Die Planung eines Angriffskrieges oder das Plädoyer dazu lassen sich eindeutig erkennen, was aber soll der „Gedanke der Völkerverständigung“ sein? Aus dieser

Wendung spricht eine pazifistische, ja mehr noch, eine radikal gutmenschliche Gesinnung. Daß eine solche Gesinnung Eingang in einen staatsrechtlichen Text finden konnte, muß als ein Novum ersten Ranges imponieren. Während ein auf außenpolitische Aggressivität abzielendes Handeln sich noch an konkret nachprüfbaren Tatbeständen festmachen läßt und eine sich in den politischen Betrieb einschaltende parteiliche oder weltanschauliche Organisation voraussetzt, wird hier eine bloße Gesinnung einzelner Individuen sanktioniert, da ja bereits der Verstoß gegen einen *Gedanken* verboten ist. Des weiteren setzt der Begriff der Völkerverständigung voraus, daß alle Völker diese Zielsetzung teilen, denn als unmittelbar Betroffene sind sie ja die eigentlichen Adressaten dieses Rechtsgutes. Es ist allerdings anzunehmen, daß nur die wenigsten Völker auch nur von diesem Begriff je gehört haben und es sicherlich einige Völker geben wird – wie etwa die Palästinenser oder Kurden –, die es sich entschieden verbieten würden, für den Gedanken der Völkerverständigung in die Pflicht genommen zu werden. Der „Gedanke der Völkerverständigung" ist ein Gummibegriff, eine Leerformel, die es dem Staat erlaubt, jegliche Kritik an seiner Außenpolitik zu unterbinden.

Die hier interpretativ herausgearbeitete internationalistische Ausrichtung war als solche auch durchaus intendiert. Wie der amerikanische Verbindungsoffizier zum Parlamentarischen Rat, Hans Simons, festgestellt hat, ist das Grundgesetz „eine Verfassung, die vergleichbar der ostdeutschen, in erster Linie für internationale Zwecke gemacht wurde. Und in dieser Zielsetzung, so denke ich, besitzt sie einen recht eigenartigen Platz in der Geschichte der Verfassungsgebungen. Sie erfolgte, um einen Partner für die westeuropäische Integration und eine bessere Grundlage für die Marshall-Plan-Hilfe zu gewinnen, und vor allem, um einen Spannungsherd zu kräftigen, der nicht mehr länger ein Weichpunkt bleiben durfte.“[171]

Im Gegensatz zur heute üblichen Praxis[172], die dazu neigt, das Grundgesetz als autochthone Schöpfung der urplötzlich vom eidos der Demokratie erleuchteten Parlamentarier darzustellen, darf die nicht unbeträchtliche Einflußnahme der Besatzungsmächte auf seine Gestaltung keineswegs außer acht gelassen werden. Allerdings waren weder die Alliierten noch die deutsche Seite ein monolithischer Block, genauso wenig versuchten die Besatzer Auffassungen zu oktroyieren, die nicht zumindest von einer Minderheit unter den Deutschen unterstützt worden wären. So strebten etwa die Franzosen einen extremen Föderalismus an, um das neue Staatengebilde in ihrem Osten zu schwächen, was den auf eine weitgehende Eigenständigkeit erpichten Bayern sehr entgegenkam. Unter internationalistischer Ausrichtung verstanden vor allem die Amerikaner jedenfalls vornehmlich Einbindung in die westliche Allianz, was beispielsweise in den die deutsche Souveränität beschneidenden institutionellen Regelungen des Artikels 24, der die Übertragung von Hoheitsrechten auf zwischenstaatliche Einrichtungen beschreibt, zum Ausdruck kommt. Weitergehende, eine abstrakte Menschheit betreffende Bestimmungen waren den unmittelbaren politischen und strategischen Interessen der Westalliierten nicht dienlich, weshalb sie wohl auf eine rein deutsche Initiative zurückzuführen sind. Im Gegensatz zur Paulskirchenverfassung und zur Weimarer Reichsverfassung, wo nur von „Grundrechten des Deutschen

171 zit. nach: Erhard H. M. Lange, S. 150f.

172 Gemeint ist damit vor allem die Festtagsrhetorik der führenden Berufspolitiker und fachfremden Intellektuellen (wie etwa Habermas). Die juristischen Spezialisten für Verfassungs- und Staatsrecht sind sich der hier anstehenden Problematik durchaus bewußt, doch dringen deren auf die scientific community beschränkten Diskurse nur selten an die Öffentlichkeit.

Volkes“, bzw. von „Grundrechten und Grundpflichten der Deutschen“ die Rede waren, sind im Grundgesetz „überall dort, wo es sich nicht um engstens mit der Staatsangehörigkeit zusammenhängende Rechte handelt, die Grundrechte als allgemeine Menschenrechte ausgestaltet ... [worden]. Anders zu verfahren hätte geheißen, den Rechtsstaatsgedanken gegenüber dem Ausland zu verneinen.“[173] Materiell zeigt sich diese erweiterte Grundrechtsbestimmung im Text darin, daß überall dort, wo nicht explizit von Deutschen gesprochen wird[174], sondern von „jeder“[175] oder „Menschen“ auch Nicht-Deutsche gemeint sind. Was der ebenso verworrene wie bedenklich stimmende letzte Satz des obigen Zitats („Verneinen des Rechtsstaatsgedankens“) bedeuten mag, ist schwer zu ergründen. Entweder ist ein Staat ein Rechtsstaat, indem er im Innern nach rechtsstaatlichen Prinzipien organisiert ist und nach außen hin sich ans Völkerrecht hält, oder er ist es nicht. Etwelche Relation zum Ausland kann weder Rechtsstaatlichkeit hervorbringen, wo diese an sich nicht besteht, noch eine vorhandene aufheben. Der Frage nach dem Zweck dieser Regelung wollen wir uns nähern, indem wir deren Adressat ausfindig zu machen suchen. Es liegt nahe, in diesem Adressaten in der BRD lebende Ausländer anzunehmen. Es ist ferner anzunehmen, daß beabsichtigt wurde, zu vermeiden, dieser Menschengruppe einem Zustand der *Rechtlosigkeit* auszusetzen und sie deshalb mit einer menschenrechtlichen Minimalgarantie auszustatten. Im allgemeinen sind Ausländer Bürger eines anderen Staates.

173 Lange, s.o. (1), S. 127

174 Z. B. Artikel 8: „Alle Deutschen haben das Recht, sich ohne Anmeldung oder Erlaubnis friedlich und ohne Waffen zu versammeln, oder Artikel 11: „Alle Deutschen genießen Freizügigkeit im ganzen Bundesgebiet.“

175 Z. B. Artikel 2: „Jeder hat das Recht auf freie Entfaltung seiner Persönlichkeit ...“ oder Artikel 5: „Jeder hat das Recht, seine Meinung ... frei zu äußern.“

Es ist Aufgabe dieses Staates, für die Wahrung der Interessen und Rechte seiner Bürger, auch wenn diese sich im Ausland aufhalten, einzutreten. Was den allgemeinen Rechtsverkehr betrifft, wie er etwa im Bürgerlichen Gesetzbuch oder im Strafgesetzbuch geregelt wird, sind sowieso seit alters her Ausländer deutschen Staatsbürgern weitgehend gleichgestellt. Es besteht hier also kein zusätzlicher, spezifischer Regelungsbedarf. Ein Mindeststandard an Rechtsschutz für Ausländer ist seit langem durch völkerrechtliches Gewohnheitsrecht gewährleistet. Ein älteres Standardwerk des Völkerrechts nennt fünf Gruppen von Rechten[176]:

> *„Jeder Ausländer ist als Rechtssubjekt anzuerkennen.*
>
> *Die von den Ausländern erworbenen Privatrechte sind grundsätzlich[177] zu achten.*
>
> *Den Ausländern sind die wesentlichen Freiheitsrechte einzuräumen.*
>
> *Den Ausländern ist der Rechtsweg offenzuhalten.*
>
> *Die Ausländer sind gegen verbrecherische Angriffe auf Leben, Freiheit, Eigentum und Ehre zu schützen."*[178]

Nach herrschender Lehre gilt das Grundgesetz als ein Rechtswerk, das sich bewußt vom nationalsozialistischen Unrechtssystem absetzt und die Wiederkehr eines solchen zu verhindern beabsichtigt. Während des Zweiten Weltkriegs waren weite Teile Europas vom Deutschen Reich erobert worden und damit

---

176 Daran hat sich zwischenzeitlich nichts Wesentliches geändert, da ein neueres Werk von 1990 (Knut Ipsen: Völkerrecht, S. 664) diesen Mindeststandard in beinahe identischer Weise wiedergibt

177 Damit ist gemeint, daß der Erwerb der für eine normale Lebensführung erforderlichen Mittel (Nahrung, Wohnung) und die Ausübung allgemein üblicher Betätigungen (z. B. Verheiratung) nicht behindert werden dürfen; dagegen können größere kommerzielle Rechtsgeschäfte (z. B. Erwerb von Grundstücken oder Firmenbeteiligungen) untersagt werden.

178 A. Verdross, S. 288

in den besetzten Ländern die staatliche Schutzfunktion für die dortige Bevölkerung beseitigt. Bekanntlich sind nicht nur Juden, sondern auch Polen, Russen usw., sowie Zwangsarbeiter aus allen besetzten Ländern einer menschenrechtswidrigen Behandlung ausgesetzt gewesen. Dies hätte sicherlich nicht verhindert werden können, wenn man in der nominell noch gültigen Weimarer Reichsverfassung die auf Deutsche beschränkte Grundrechtsgarantie auch auf Nicht-Deutsche erweitert hätte. Schwerer wiegt allerdings, daß die menschenunwürdige Behandlung der unterworfenen Zivilbevölkerung bereits gegen geltendes Völkerrecht (Haager Landkriegsordnung) verstoßen hat, weshalb auch in einem solchen Fall kein zusätzlicher Regelungsbedarf erkennbar ist. Ob derartige Überlegungen 1949 überhaupt eine Rolle gespielt haben, mag freilich bezweifelt werden, da sicher niemand daran dachte, zukünftige deutsche Eroberungen völker- und menschenrechtlich einzuhegen. Auch wenn von Eroberungen im klassisch-militärischen Sinne nicht die Rede sein kann, so haftet doch manchen Formulierungen ein deutlich expansiver Zug an – expansiv im Sinne eines moralischen Imperialismus.

3. Mit dieser Feststellung sind wir bereits bei der dritten Konsequenz angelangt. In der Präambel verpflichtet sich das deutsche Volk „in seiner Verantwortung vor Gott und den Menschen ... dem Frieden der Welt zu dienen." In ähnlicher Weise bekennt sich in Absatz 2 des Artikels 1 das deutsche Volk zu den „Menschenrechten als Grundlage jeder menschlichen Gemeinschaft[179], des Friedens und der Gerechtigkeit der Welt."

179 Diese Aussage ist strictu senso objektiv falsch, da, systematisch betrachtet, echte Gemeinschaften wie Völker oder Familien durch die Bindekraft naturwüchsigen Zusammenseins und nicht – wie etwa Staaten – durch rechtliche Satzungen existieren und da, historisch gesehen, staatliche Gebilde schon bestanden, als noch nicht einmal die Idee von Menschenrechten vorstellbar war. Selbst wenn man annähme, daß vormoderne Staaten wie etwa Athen oder das Römische Reich noch vor der juristischen Explikation gleichsam unbewußt Menschenrechte prakti-

Verantwortung kann es nur innerhalb eines konkreten Rechtsverhältnisses geben, entweder indem beispielsweise eine herrschaftliche Instanz die Verantwortung für den Schutz der ihr anvertrauten Schutzbefohlenen übernimmt, oder indem ein Untergebener die Verantwortung für eine ihm von einem Übergeordneten übertragene Aufgabe übernimmt. Im Bekenntnis zur Verantwortung vor den Menschen tritt also das deutsche Volk in ein Rechtsverhältnis mit der gesamten Menschheit ein, wobei die zu verantwortende Aufgabe im Friedensdienst besteht. Dies kann gemäß der gerade gegebenen Deutung des Verantwortungsbegriffes nur heißen, daß das deutsche Volk entweder im Auftrag der Menschheit als ausführendes Organ – quasi als angestellter Weltpolizist – sich der Pazifierung des Erdballes zu widmen habe oder schulmeisterlich als praeceptor mundi die Menschheit zur Friedfertigkeit anhält. Mit den Festlegungen „Verantwortung vor den Menschen" und dem „Frieden der Welt zu dienen" ist eine *sehr eigenartige substantielle Staatszielbestimmung* gegeben, die über den Geltungsbereich des Staates hinausreicht. Die Norm müßte demgegenüber eine auf den eigenen Staat bezogene Staatszielbestimmung sein, wie sie sich beispielsweise in der Eidesformel der Regierungsvereidigung findet: „den Nutzen des deutschen Volkes mehren und Schaden von ihm abwenden." Unabhängig vom Inhalt dieser Zielbestimmung (warum ausgerechnet „Frieden" und nicht „Freiheit" oder „Wohlstand" fördern?), zeichnet sich in dieser Formulierung der Impuls einer moralischen Hybris ab,

ziert hätten, da in einem Rechtsstaat durch die Wahrung von Rechtsprinzipien implizit auch die Menschenrechte mitgewahrt werden, so spielen doch für die Gemeinschaftsform der Familie die Menschenrechte überhaupt keine Rolle. Richtig wäre allenfalls zu behaupten, daß die Menschenrechte Grundlage jedes *modernen Staatswesens* wären, aber dies klingt keineswegs so beeindruckend wie die gewählte Formulierung. Einschränkend muß zugleich bemerkt werden, daß durchaus langlebige Diktaturen sehr wohl der Grundlage der Menschenrechte entbehren können. Wieder einmal wird also ein Sollenssatz in irritierender Weise in Form einer Tatsachenbehauptung zum Ausdruck gebracht.

die darin besteht, sich für das Wohl der gesamten Welt verantwortlich zu fühlen. Des weiteren macht die Behauptung einer Verantwortungsübernahme nur dann Sinn, wenn man auch im Versagensfalle zur Verantwortung gezogen werden kann. Das heißt, man überantwortet das Schicksal des deutschen Volkes einer abstrakten Menschheit und macht es davon abhängig, wie erfolgreich es im Hinblick auf den sehr schwer zu beurteilenden Friedensdienst reüssiert. Mit dieser universalistischen Staatszielbestimmung spannt sich Deutschland in eine gefährliche *Dialektik von moralischer Überhebung und Unterwürfigkeit* (gegenüber der Menschheit als beurteilender Instanz) ein. Strukturell entspricht diese Haltung der verderblichen mittelalterlichen Reichsmetaphysik, die das Heilige Römische Reich Deutscher Nation als Schutzherrn des christlichen Abendlandes imaginierte und nominell eine Oberhoheit über die europäischen Staaten beanspruchte, sich zugleich aber durch diesen metaphysisch-theologischen Anspruch dem Schiedsspruch des Papsttums unterwarf. Verderblich war dies, weil das Reich sich – neben anderen Faktoren – durch die Dialektik von metaphysischer Überdehnung und päpstlicher Kritik zerrieb.

Beschwichtigend ließe sich freilich einwenden, daß die Präambel nur *deklaratorischen* Charakter ohne politisch-rechtlich bindende Funktion habe und man daher, um das Grundgesetz von unverbindlichen, rein pathetischen Absichtserklärungen zu entlasten, diese in die Präambel ausgelagert habe. Dem stehen die oben zitierten Ausführungen in Artikel 1.2 entgegen, in denen in einer im Vergleich zur Präambel zwar wesentlich zurückhaltenderen und subtileren Weise, aber dennoch unübersehbar dieselbe universalistische Ausrichtung enthalten ist. Eigentlich hätte es völlig genügt zu schreiben: „Das Deutsche Volk bekennt sich darum [wegen der Unantastbarkeit der menschlichen Würde] zu unveräußerlichen und unverletzlichen Menschenrechten.“ Man hat aber diese Aussage dadurch erweitert, daß man die Menschenrechte „als Grundlage jeder menschlichen Gemeinschaft, des Friedens und der Gerechtigkeit der Welt" bezeichnet. Möglicherweise hat man diese Erweiterung unternommen, um die Bedeutsamkeit der Menschenrechte zu unterstreichen und um zu zeigen, daß diese nicht nur für das Individuum relevant sind, sondern daß sie auch einen überindividuellen Charakter haben, da sie generell die Ordnung des menschlichen Zusammenlebens konstituieren. Durch diese Erweiterung wird eine Verbindung zwischen den Menschenrechten und diesen zusätzlichen Bestimmungen hergestellt. Dadurch aber wird ihre Bedeutung fatalerweise nicht erhöht, sondern vermindert. Zunächst einmal ist die Aussage, daß die Menschenrechte Grundlage jeder menschlichen Gemeinschaft sind, definitiv falsch. Die längste Zeit in der menschlichen Geschichte haben die Menschenrechte nicht die Grundlage menschlicher Gemeinschaften gebildet. Damit ist keineswegs gemeint, daß es keine Menschenrechte gegeben habe, weil sie nicht explizit formuliert worden waren. Auf die Formulierung kommt es gar nicht an: Ein Apfel ist schon stets zu Boden gefallen, bevor die Gravitationsgesetze durch Newton entdeckt wurden. Zweifelsohne wurde ein Grundrecht auf Leben durch Bestrafung von Tötungsdelikten implizit anerkannt. Aber andere typische Menschenrechte wie die auf Freiheit und Gleichheit wurden durch Institutionen wie Sklaverei und Stände/Kasten explizit negiert. Menschenrechte mögen zwar implizit gelten, aber nicht, wenn ihnen explizit ein positives Recht entgegensteht.

Des weiteren geraten die Menschenrechte durch ihre Grundlegungsfunktion in Abhängigkeit von ihren Zwecken. Wenn etwas den Grund für etwas anderes bildet, dann ist zwar der Grund sehr wichtig, weil ohne ihn alles andere nicht möglich wäre, die Existenzberechtigung für das Gründende ist aber eben das über ihm Befindliche. Das Fundament eines Hauses ist nicht Selbstzweck, sondern es ist zweckhaft auf die von ihm getragenen Wohnräume bezogen. Die zusätzlichen Zweckbestimmungen strahlen auf die Menschenrechte zurück und relativieren damit ihren Geltungsbereich. Wenn die Menschenrechte Bedingung des Friedens sind (um nur diesen einen Punkt beispielhaft herauszugreifen), wirkt die friedensstiftende Funktion der Menschenrechte auf diese wiederum zurück. Das heißt, die Menschenrechte müssen sich daran messen lassen, ob sie der friedensstiftenden Funktion gerecht werden. Die Menschenrechte werden also durch die ihnen zusätzlich aufgebürdete Aufgabe der Friedenssicherung limitiert. Sie können daher nicht mehr schlechthin gelten, da ein Widerspruch zwischen Inanspruchnahme der Menschenrechte und Friedenswahrung denkbar ist. Im Extremfall muß die Wahrung der Menschenrechte gegenüber der Wahrung des Weltfriedens zurücktreten. Eine solche Einschätzung entspricht zwar einem realistischen Politikverständnis, ist aber so ganz sicher nicht intendiert gewesen. Indem man die Menschenrechte durch eine auf wertvolle Objekte bezogene Funktionsbestimmung aufzuwerten versucht, wertet man sie ab, weil man ihnen nicht zutraut, aus eigener Kraft überzeugen zu können.

Das antitotalitäre Versprechen

Den Bezug der Menschenwürde zum Staat werde ich in zwei Kapitel aufteilen. Im ersten werde ich mich der der Menschenwürde zugedachten Schutzfunktion zuwenden, während ich im darauffolgenden untersuchen möchte, welche Folgen die durch das Menschenwürdeprinzip initiierte Umdeutung der Grundrechte in eine Wertordnung hat.

Das aktuelle Kapitel hätte ich auch in den Block der Begründungskonzepte einreihen können, weil es genauso gut mit „Deutung vom Ursprung her“ hätte überschrieben werden können. Wie bereits in der Einleitung erwähnt, bestand unter den Verfassungsgebern weitgehende[180] Übereinstimmung in der antitotalitären Zielsetzung des Menschenwürdeprinzips. Das Prinzip der Menschenwürde richtet sich gleichermaßen gegen die nationalsozialistische Unrechtspraxis wie gegen die Weimarer Reichsverfassung (WRV), die das Entstehen des Nationalsozialismus nicht verhindern konnte. Gemäß eines gängigen, aber nicht unwidersprochenen Narrativs habe die vom Geist des Rechtspositivismus durchdrungene WRV die Machtergreifung der NSDAP ermöglicht, weil diese auf legalem Weg zustandegekommen sei. Die Verfassung habe keine immanenten Schranken besessen, um einer verfassungskonformen Beseitigung der Verfassung zu wehren. Solche Schranken aufzurichten, ist das eine Ziel des Würdeprinzips. Das andere Ziel lautet: Die Opfer des nationalsozialistischen Regimes sind nicht nur völlig rechtlos gemacht worden, indem ihnen nicht einmal die Farce eines formal korrekten Gerichtsprozesses zuteil wurde, sondern ihnen wurde sogar die Qualität des Menschseins abgesprochen („lebensunwert“, „zu vernichtendes Ungeziefer“). Eine völlige Entrechtung muß also unbedingt verhindert werden.

---

180 Nur Theodor Heuss widersprach einer „Pointierung gegen den Nationalsozialismus“ (Baldus, S. 21)

Das Bestreben, eine rechtliche Schutzmauer gegenüber Totalitarismen wie dem Nationalsozialismus aufzurichten, war kurz nach Kriegsende gewissermaßen ein Gebot der Stunde und bestimmte neben der „Erklärung der Menschenrechte" auch zahlreiche andere Dokumente.

> *„Die Rede von der Würde des Menschen wurde eingesetzt, um das ungeheuerliche Ausmaß der Humanitätsverletzungen infolge totalitärer – und das hieß nicht nur, aber vor allem: nationalsozialistischer – Herrschaft zu benennen. Das spezifische Kennzeichen jener Herrschaft war ... die Missachtung der Menschenwürde durch die Nichtanerkennung von Menschenrechten. Man hoffte, so die schlüssige Folgerung, die missachtete und verletzte Würde wiederherstellen zu können, indem für die Zukunft in einem internationalen Dokument allen Menschen auf der Welt Rechte zuerkannt werden – Rechte, auf die sich jeder Mensch sollte berufen können. Die Universalität solcher Menschenrechte sollte das Mittel zur Erneuerung der Menschenwürde sein."*[181]

Im Hinblick auf den Nationalsozialismus wird ein Rechtsprinzip benötigt, das etwas ganz Grundlegendes, Unhintergehbares, Unzweifelhaftes und Einfaches beinhaltet. Es geht hier also um die Mindestvoraussetzung einer Rechtsordnung, die diesen Namen auch verdient. Im Hinblick auf die WRV wird dagegen etwas gesucht, was über den schwachen und schnöden Rechtspositivismus hinausgeht, etwas Großartiges, Beeindruckendes, Erhabenes, das am besten durch eine Assoziation mit metaphysisch-religiösen Gehalten verwirklicht wird. Man soll von der Großartigkeit dies Prinzips so beeindruckt und begeistert werden, daß man sich für dessen Erhaltung einsetzt.

---

181 Baldus, S. 56

Was das Wort „Würde“ betrifft, so ist zu fragen, warum die Wahl auf eines fiel, dessen semantisches Feld bereits durch Schillers Ästhetik und die theologische Tradition besetzt war, weshalb die eigentlich intendierte rechtliche Schutzwirkung nur mühsam hergestellt werden kann. In dieser Hinsicht wären Worte wie „Respekt“, das ja im Rahmen der schwarzen Emanzipationsbewegung Bedeutung erlangen sollte, oder „Anerkennung“, „allgemeines Persönlichkeitsrecht“ naheliegender gewesen. Wirft man einen Blick auf die Diskussion im Parlamentarischen Rat, so wird deutlich, daß der bereits vorhandene Begriffshintergrund trotz der eminenten Bildung der beteiligten Personen völlig ignoriert wurde und es vor allem darum ging, ein Wort zu finden, das Eindruck macht und das eine *Aura ethischer Erhabenheit* ausstrahlt. Die Wortwahl ist also schlicht und einfach Resultat verfassungsrechtlichen Marketings. Das wird auch von einigen Mitgliedern des Parlamentarischen Rates unumwunden eingestanden:

> *„Im übrigen haben wir Wert darauf gelegt, die Artikel so zu formulieren, daß sie eine gewissen Wirkung haben, gut klingen, aber auch die ethische Grundlage des neuen Gebildes klar herausstellen“ (Ludwig Bergsträsser, SPD, September 1948)*

> *„Die Formulierung ›Die Würde des Menschen steht im Schutze der staatlichen Ordnung‹ ... löst ... beim einfachen Mann, der sich nicht in philosophischen Gedankengängen zu bewegen pflegt, eine gewisse erhebende Wirkung aus.“ (Anton Pfeiffer, CSU, September 1948)*[182]

Dieses Schielen auf den Effekt hat verständlicherweise Kritik hervorgerufen. So beklagt Kim ein „Missverhältnis zwischen dem diesen Begriff eigenen Pathos und seinem deskriptiven

---

182 Baldus, S. 19f.

Gehalt.“[183] Auch Dieter Birnbacher äußert sich in einer beinahe identischen Wendung:

Beim Würdebegriff *„steht das Pathos, mit der er gemeinhin invoziert wird, in einem umgekehrten Verhältnis zu seiner inhaltlichen Festgelegtheit. Nicht zuletzt dadurch haftet dem Begriff etwas Theologisches an. Wie bei der Rede über Gott treten auch bei der Rede über Menschenwürde die deskriptiven gegenüber den expressiven und appellativen Bedeutungskomponenten in den Hintergrund. Es ist leichter, sich darüber zu einigen, dass das Gemeinte von zentraler und existentieller Wichtigkeit ist, als darüber, worauf es sich der Sache nach bezieht.“*[184]

Eine im Begriff der Menschenwürde verankerte „verfassungsrechtliche Schranke gegen jegliche Form verabsolutierter Staatsgewalt“[185], die als solche unmittelbar erkennbar ist, bietet in systematischer Hinsicht den unschätzbaren Vorteil, daß sie keiner komplexen und, wie man gesehen hat, stets bestreitbaren Begründungskonzepte bedarf. Doch ist diese Schutzmauer so stabil, wie behauptet wird?

Der Rekurs auf ein vorstaatliches Rechtsprinzip[186], das wie die antitotalitär verstandene Menschenwürde kein natur-

---

183 Young-Whan Kim: Rekonstruktion der Diskussion um die Menschenwürde. Menschenwürde als ein normativer Anspruch, in: Neumann/Tiedemann/Liu, S. 109

184 Dieter Birnbacher: Menschenwürde – abwägbar oder unabwägbar? in: Kettner, S. 249

185 Baldus, S. 60

186 Dies kommt auch in der unterschiedlichen architektonischen Gestaltung zum Ausdruck. Die Grundrechte wurden in der WRV erst nach den Artikeln zum Staatsaufbau genannt, was verdeutlicht, daß die Grundrechte als Gewährungen eines Primat besitzenden Staates gedacht wurden, während sie im Grundgesetz vor diesen staatsorganisatorischen Artikeln stehen, was anzeigt, daß die vorstaatlichen Rechte das Primäre sind und der Staat darauf aufbaut und diesen verpflichtet ist. (Lange, S. 119). Schüßlburner sieht in der besonderen „Hervorhebung der Grund-

rechtliches sein muß, wurde als notwendig erachtet, weil die rechtspositivistische Architektur der WRV keine Sicherung gegenüber deren legal durchgeführte Beseitigung besaß. „Die angeblichen Fehler der Weimarer Verfassung… spielten eine wesentliche Rolle, dass man von einer Traumatisierung sprechen kann.“[187] Diese Fehler wurden dem Rechtspositivismus angelastet, der geradezu zu einem „theoretischen Popanz“[188] wurde. Um dessen Einfluß auf das Scheitern der Weimarer Republik beurteilen zu können, genügt es nicht, nur auf das berüchtigte Ermächtigungsgesetz zu schauen. Es ist im übrigen sehr die Frage, ob das zentrale, den Umschlag von der Republik zur Diktatur ins Werk setzende Ermächtigungsgesetz auch nach den rechtspositivistischen Vorstellungen der Weimarer Zeit auf illegale Weise zustandegekommen ist und deshalb als illegal betrachtet werden muß. Die der Abstimmung vorausgegangenen Maßnahmen der NSDAP wie Verhaftung der KPD-Abgeordneten und der unter anderem durch Aufmarsch von SA-Abteilungen in der Kroll-Oper auf die Parlamentarier ausgeübte Druck sind aushilfsweise als Nötigung oder Landfriedensbruch zu werten. Da das Ermächtigungsgesetz in einer Unrechtssituation beschlossen wurde, kann es auch keine Rechtswirksamkeit begründen. Die Krise der Weimarer Republik hatte früher eingesetzt, nämlich durch die Selbstentmachtung des Parlaments, die eine Gewöhnung an eine formal demokratische, faktisch aber quasi-diktatorische Regierungsform ermöglichte. Diese Selbstentmachtung war durch einen Konstruktionsfehler der WRV zustandegekommen, die *kein konstruktives Mißtrauens-*

---

rechte“ eine Kompensation für „die Verminderung des demokratischen Elements gegenüber der WRV“. Die Grundrechte sollen „durch eine hypertrophe Verfassungsgerichtsbarkeit geschützt werden…, welche es wiederum in dieser Art ebenfalls in keinem anderen Staat der westlichen Welt gibt“ (Josef Schüßlburner 1999, S. 45)

187 Stolleis, S. 124

188 ebd., S. 200

votum kannte, weshalb zwar der Kanzler durch eine Mehrheit, die sich aus allen oppositionellen Kräften zusammensetzte, abgewählt werden konnte, aber kein neuer mehr auf parlamentarischem Weg gewählt werden konnte, weil sich diese, untereinander verfeindeten oppositionellen Kräfte auf keinen Kandidaten einigen wollten.[189] Dieser Konstruktionsfehler hat mit Rechtspositivismus nichts zu tun.[190] Dies war dem Parlamentarischen Rat allerdings auch bewußt, weshalb Überlegungen zur krisenresistenten Ausgestaltung der Staatsorganisation den Hauptteil seiner Arbeit ausmachten.[191] Möglicherweise ist der „Popanz“ des Rechtspositivismus nur eine nachträgliche Erfindung, um die Absetzbewegung von der WRV in einem Schlagwort verdichten zu können.

Wichtiger als die Frage, ob eine auf einem vorstaatlichen Fundierungsprinzip aufbauende Verfassungsordnung einen besseren Schutz vor totalitärer Entartung bietet als eine rechtspositivistisch konstruierte, ist die Frage, ob überhaupt irgendein Rechtsprinzip dazu in der Lage ist. Da die Wahrung des „Geistes“ einer Verfassung der Justiz obliegt, hängt diese also vom Willen der Verfassungsgerichtsbarkeit ab. Werner Weber hatte schon sehr früh (1949) Zweifel an der Vertrauenswürdigkeit der Justiz geäußert. Es sei doch „schlimmstes Unrecht im Namen des Rechts und unter vergleichbarer Unabhängigkeit

---

189 „Von C. Schmitt wurde zuerst auf den schweren Mißstand hingewiesen, daß ein Mißtrauensantrag auch dann rechtsgültig war, wenn er von einer heterogenen Mehrheit stammte, die weder fähig noch willens war, die gestürzte Regierung durch eine neue Regierung zu ersetzen.“ Berber, S. 350

190 Auch Rüdiger Bittner betont, daß ein durch die Wesensgehaltgarantie von Art. 19.2 GG und die Ewigkeitsklausel von Art. 79.3 GG bewirkter besserer Schutz der Verfassung vor Verfälschung, als dies die WRV leisten konnte, nichts mit dem „Unterschied zwischen einer wertgebundenen und einer wertneutralen Verfassung“ zu tun hat. (Rüdiger Bittner in: Brandhorst/Weber-Guskar, S.107)

191 vgl. Lange, S. 128 und S. 130

aus dem Munde politisierter Richter vernommen worden."[192] Schärfer noch hat Forsthoff die Grenzen der menschenwürdegestärkten grundrechtlichen Schutzfunktion ausgelotet. Er betont zwar, daß klare, eindeutige Verfassungsschranken wie Art 79 GG einer Machtübernahme erhebliche Hindernisse in den Weg legen können[193], gibt aber zu bedenken, daß jede Verfassungsauslegung, auch eine wertmäßige, einen verfassungsmäßigen Staatsstreich wie 1933 nicht verhindern kann, da es einfach ist, die Überlegenheit des revolutionären Wertesystems gegenüber dem bisherigen zu behaupten.[194] Die einzige Sicherheit bestehe in der Entschlossenheit der Rechtsgenossen, an der Verfassung festzuhalten.[195] Forsthoff beantwortet die obige Frage mit einem klaren Nein. Im Ernstfall erfolgt der Angriff auf die Rechtsordnung immer im Namen höherer Werte, weshalb die Berufung auf das Verfassungsverständnis gründende, hehre vorstaatliche Prinzipien keinen Schutz vor einer totalitären Umdeutung bieten.[196]

So weit ich das überblicken kann, ist – mit Ausnahme Forsthoffs – über die realen Verwirklichungschancen einer grundrechtlichen Schutzfunktion nie nachgedacht worden. Man kann sich des Eindrucks nicht erwehren, daß in einer Mischung aus

192 Werner Weber, S. 33

193 Ernst Forsthoff: Zur Problematik der Verfassungsauslegung, in: Forsthoff, S. 164

194 „Eine Analyse der Staatsstreich-Techniken dieses Jahrhunderts, insbesondere der Machtübernahme im Frühjahr 1933, muß aber zu dem Ergebnis führen, daß ein solches Ereignis mit den Mitteln der Verfassungsauslegung, wozu ich auch das Verfassungsverständnis im weitesten Sinne (als ein Wertsystem, Kultursystem, Ausdruck einer naturrechtlichen Ordnung usw.) rechne, nicht abgewandt werden kann. Der moderne Revolutionär, der seine Sache versteht ..., wird auf diesem Felde der Verfassungsauslegung keine Hindernisse finden, mit denen er nicht ebenso fertig würde." (ebd., S. 163)

195 ebd. S. 164

196 Ernst Forsthoff: Die Bindung an Recht und Gesetz, in: Forsthoff, S. 123

naivem Idealismus und Gedankenlosigkeit angenommen wurde, die Erhabenheit des Menschenwürdeprinzips reiche aus, um einer totalitären Fehlentwicklung Einhalt zu gebieten. Realistischerweise kann eine Schutzfunktion nur in einem Zwischenstadium, einer Lage, greifen, in der noch Reste der Rechtsstaatlichkeit bestehen und noch nicht der gesamte Staatsapparat in den Händen demokratiefeindlicher Kräfte liegt. Hier können klare Verurteilungen grundrechtsbeseitigender Maßnahmen der aufziehenden Diktatur durch die Verfassungsgerichtsbarkeit den Widerstand legitimieren und beflügeln. Allzu große Hoffnungen auf die Erfolgschancen eines solchen Szenarios sollte man sich freilich nicht machen, da Usurpatoren, die ihr Geschäft verstehen, natürlich die potentiellen Widerstandszentren kennen und durch Infiltration mit eigenen Leuten zu neutralisieren versuchen. Angesichts der Rechtsprechung des Bundesverfassungsgerichts, die – je länger, je mehr – sich als nahezu durchgängig systemkompatibel erwiesen hat, auch wenn durch floskelhafte Abstraktionen eine gewisse Konzilianz simuliert wird, und angesichts der Tatsache, daß es sich nicht mehr als Korrekturinstanz und dritte Gewalt versteht, sondern sich infolge von Ämterpatronage dem Parteienstaatssystem angeschmiegt hat, dürfte bei einer scheinlegalen Machtergreifung à la 1933 möglicherweise kein Widerstand von seiten des BVerfG zu erwarten sein.

Wegen der Bedeutung des BVerfG als „Hüter der Verfassung" und Bollwerk gegen die Legalisierung des Unrechts scheint mir hier ein Einschub zur Entscheidungspraxis des Bundesverfassungsgerichts angebracht. Oliver Lepsius hat die spezifische Entscheidungs- und Begründungstechnik der Karlsruher untersucht, die in der Aufteilung des Urteilstextes in einen Maßstäbe- und einen Subsumtionsteil besteht. Der Maßstäbeteil weist häufig über den Einzelfall hinaus und regelt langfristig Grundlegendes[197]. Kritisch über Lepsius hinausgehend, muß man ergänzen, daß der Maßstäbeteil sehr häufig dazu verwendet wird, die grundsätzliche Berechtigung der Klage und deren Berufung auf ein bestimmtes, in diesem Maßstäbeteil auch erörtertes Rechtsprinzip zuzugestehen, um dann aber im Subsumtionsteil in concreto die Klage abzuweisen. Als Beispiel möchte ich das Urteil zum Mikrozensus von 1963 herausgreifen. Das BVerfG bedient sich häufig eines Verfahrens von anfänglicher Konzilianz und letztlicher Ablehnung des Antrags; schaut man genauer hin, geht es weit darüber hinaus. Die Klage wird als berechtigt angenommen, sie dient im Rahmen einer grundsätzlichen Würdigung des Sachverhalts sogar als Anlaß zur Einführung eines neuen Rechtsprinzips, hier: der sogenannten „Objektformel". Dem Staat sei nicht gestattet, in den „Innenraum", der zur „selbstverantwortlichen Entfaltung" der Persönlichkeit erforderlich und daher schützenswert sei, einzudringen. Der Mensch dürfe nicht wie „eine Sache" behandelt werden, „die einer Bestandsaufnahme in jeder Beziehung zugänglich sei."[198] Es wird somit die grundlegende Bedeutung des Persönlichkeitsschutzes gegenüber staatlichen Eingriffen aufgezeigt. Dieses Rechtsprinzip wird aber so hoch aufgehängt, daß die Problematik des konkret vorliegenden Sachverhalts dem Anspruchsniveau der dogmatischen Abstraktionen nicht genügen kann. Die Bejahung der grundsätzlichen Berechtigung der Klage in der Theorie, die durch die theoretische Vertiefung sogar noch bestärkt wird, ermöglicht paradoxerweise eine Ablehnung in der Praxis. Mit einer solchen Vorgehensweise verschafft sich das Bundesverfassungsgericht einen weiten Entscheidungsspielraum, in den unmerklich Opportunitätsgesichtspunkte einfließen können.

197 Oliver Lepsius: Die maßstabsetzende Gewalt, in: Jetstaedt et al., S. 168

198 BVerfGE 27, 1 – Mikrozensus

Ohne die Stütze durch eine dazu legitimierte Autorität wie das Verfassungsgericht ist die Berufung auf Menschenwürde und Grundrechte nur eine private Meinungsäußerung ohne rechtlich bindenden oder sonstwie politisch funktionalen Wert. Auch der Rekurs auf eine vorstaatliche, durch positives Recht unberührbare Normativität kann seine Schutzfunktion nur dann ausüben, wenn der Appell an diese Rechtsprinzipien noch rechtliches Gehör findet. Auch vorstaatliche Rechte können sich nur im Rahmen einer funktionierenden Rechtsordnung Geltung verschaffen, weshalb sie auch stets in positiv geltendes, einklagbares Recht transformiert und konkretisiert werden müssen. Nur solange es noch unabhängige Gerichte oder sonstwie als „Hüter der Verfassung" auftretende Institutionen gibt, läßt sich der Widerstand gegen eine politisch unheilvolle Entwicklung auf rechtlichem Wege ausüben. Die Schutzfunktion irgendwelcher Rechtsprinzipien ist also nur innerhalb eins schmalen Zeitfensters relevant, in dem sich die Diktatur noch nicht völlig etabliert hat und noch Teile der alten Rechtsordnung Bestand haben. Im Hinblick auf die Erfolgsaussichten und die Durchsetzungsfähigkeit eines legalen Widerstandes ist die Berufung auf eine vorstaatliche Rechtssphäre nicht effektiver als die Berufung auf Wahrung positiv kodifizierter Bürgerrechte. Im übrigen haben sich auch die Väter des Grundgesetzes bezüglich dieser Schutzfunktion keine Illusionen gemacht. Thomas Dehler bekannte: „Auf jeden Fall halte ich es für notwendig, daß wir diese Barriere [eines absoluten Wertverständnisses, W. K.] aufrichten, nicht in dem Glauben, daß wir dadurch einer Revolution begegnen können, aber doch in dem Willen, einer Revolution die Maske der Legalität zu nehmen."[199] Entweder gibt es noch in Ansätzen eine echte, den Rechtsweg ermöglichende Rechtsordnung, dann ist die Annahme einer vorstaatlichen Rechtssphäre überflüssig. Oder es gibt

199 zit. nach Lange, S. 123

keine mehr, dann hilft diese Annahme auch nicht mehr weiter. Solange überhaupt noch Widerstand gegen eine diktatorische Entartung in rechtlichem Rahmen möglich ist, ist die Berufung auf eine vorstaatliche Rechtssphäre nicht erforderlich. Denn diese übt in diesem Rahmen gar nicht die eigentliche Schutzfunktion aus, sondern die Wesensgehaltsschranke von Art. 19 Abs. 2 und die Ewigkeitsgarantie von Art. 79 Abs. 3. Nur sie verhindern, daß der normative Kern der Verfassung außer Kraft gesetzt werden kann, weshalb auch Art. 1 nur im Zusammenspiel mit diesen beiden Bestimmungen seine volle Wirksamkeit entfalten kann. Mit eigenen, immanenten Mitteln wird die Geltungskraft der Grundrechte somit hinreichend gefestigt.

Es drängt sich deshalb die Frage auf, worin eigentlich der echte rechtliche Nutzen der Menschenwürdenorm besteht. Im Hinblick auf die damalige historische Lage ist die Einführung eines hochwertigen ethischen Prinzips in der Art der Menschenwürde durchaus verständlich. Wegen der Aufnahme der Menschenwürde in die UN-Charta und in die Allgemeine Erklärung der Menschenrechte war die Wahl des Begriffs Menschenwürde naheliegend, zumal man bestrebt war, durch Identifikation mit dem weltweiten Konsens in Grundrechtsfragen wieder als Teilhaber an der Weltgemeinschaft anerkannt zu werden. Des weiteren wollte man den früheren Rechtspositivismus, dem man zurecht oder unrecht eine Mitschuld an der nationalsozialistischen Machtergreifung anlastete, durch Fundierung der Verfassung auf ethische Prinzipien überwinden. Die Traumatisierung durch die noch ganz lebendigen Erfahrungen mit dem NS-Regime erklärt auch das Versäumnis, die reale Schutzwirkung derartiger ethischer Prinzipien genauer zu durchdenken. Das einhellige Bekenntnis zum „Nie wieder“ sollte durch die Formel der Menschenwürde bekräftigt werden.

So stimmig angesichts der Erfahrungen mit Nationalsozialismus und Stalinismus die antitotalitäre Ausrichtung des

Menschenwürdeprinzips zum Zeitpunkt der Einführung des Grundgesetzes auch war, so scheint sich deren Sinnhaftigkeit zu verflüchtigen, je weiter die Phase des Totalitarismus sich entfernt. Es wurde daher zunehmend Kritik laut, daß ein solcher Ansatz dem „Geist des Grundgesetzes" nicht gerecht werde und den nach wie vor bestehenden Rechtszweck des Menschenwürdeprinzips nicht zu begründen vermag.[200]

Trotz der eminenten Bedeutung der Menschenwürde ist, wie alle Kommentatoren, die nicht selbst einen dezidierten Standpunkt vertreten, sondern neutral die Interpretationsgeschichte dieses Prinzips schildern, deren Bedeutungsinhalt bis heute umstritten. Ein naheliegender Klärungsversuch, dem ich in diesem Kapitel folge, besteht darin, zu rekonstruieren, was die Verfassungsväter mit der Einführung der Menschenwürde bezweckten. Den Sinn einer sozialen Tatsache durch Aufdeckung ihrer ursprünglichen Funktion zu deuten, kann angesichts eines möglicherweise erfolgten, zeitlich bedingten Funktionswandels in die Irre führen. Die Anwendbarkeit einer bewährten Norm auf sich wandelnde Sachverhalte kann nur gelingen, wenn die Deutung der Norm sich den Zeitläuften anpaßt. Die Deutung darf aber nicht ins Beliebige abgleiten, weshalb es durchaus sinnvoll ist, den ursprünglichen Sinn sich zumindest immer zu vergegenwärtigen. Die zeitgemäß modulierte Deutung darf dem ursprünglichen Sinn nicht zuwiderlaufen, sie muß mit diesem in einem nachvollziehbaren, stringenten Zusammenhang stehen.

Um den Bedeutungsinhalt zu rekonstruieren, schlage ich vor, nicht unmittelbar einen Inhalt durch Deutung zu finden, weil dies die Gefahr mit sich bringt, eigene Vorstellungen zu projizieren, sondern zu fragen, welche Funktion dem Prinzip Menschenwürde zugewiesen wird. Welchem (argumentativen, politischen, sozialen) Zweck dient die Rede von der Menschen-

200 vgl. Baldus, S. 262 und 431 sowie F. J. Wetz in: Wetz 2020, S. 258

würde, was soll damit erreicht, was soll verhindert werden, auf welches Problem antwortet es? Es geht darum, den systematischen Ort des Menschenwürdeprinzips zu bestimmen. Welche Funktion, welchen Zweck hat es, wer ist der Adressat, was ist das zu schützende Objekt, gegen welche Art von Gefährdung wendet es sich?

Es lassen sich zwei im Prinzip konträre Auffassungen bzw. Zielsetzungen von Menschenwürde erkennen. Die eine strebt die rechtliche Sicherstellung der für menschliches Leben unabdingbaren Mindestvoraussetzungen an. Sie nimmt Bezug auf die Praxis totalitärer Gewaltherrschaft und will die Menschen vor totaler Entrechtung schützen, also vor staatlicher Willkür, vor ideologischer Diskriminierung, Verfolgung, Vertreibung, Versklavung usw. Sie richtet sich daher auf den Staat, der dazu verpflichtet wird, jeden Menschen als Menschen, d.h. als Rechtssubjekt und nicht als Ding zu behandeln. Diese Auffassung ist wesenhaft negativ orientiert; sie will Rechtsverletzungen durch den Staat verhindern, weshalb dieser aufgerufen wird, die Menschenwürde zu achten und zu schützen. Sie enthält sich daher einer positiven Konkretisierung. Bezeichnenderweise stand diese Auffassung anfänglich, als die Erinnerung an Nationalsozialismus und Stalinismus noch frisch war, im Vordergrund. Im Gefolge der Stabilisierung des demokratischen Systems, welche die Gefahr eines Abgleitens in totalitäre Verhältnisse zusehends unwahrscheinlicher machte, und der sozialen und wirtschaftlichen Konsolidierung der BRD wandelte sich auch die Ausgangslage für die Interpretation des Menschenwürdeprinzips. Nachdem nunmehr Sicherheit und Wohlstand selbstverständlich geworden waren, stiegen auch die Ansprüche. Es genügte nun nicht mehr, um im Bild des zugrundeliegenden Vorstellungskomplexes zu bleiben, davor gefeit zu sein, in ein KZ verschleppt zu werden, sondern der Begriff der Menschenwürde verband sich nun zusehends mit dem Anspruch auf Verwirklichung des „guten Lebens“. Es sollte also nicht mehr die Herabwürdigung zum Ding verhindert werden, vielmehr sollte der Mensch nicht nur als Mensch, sondern als Persönlichkeit mit seinen spezifischen höheren sozialen und kulturellen Interessen und Bedürfnissen anerkannt werden und die dafür erforderlichen Voraussetzungen erhalten oder geschaffen werden. Die durch die Ausstrahlung des Sozialstaatsprinzips bewirkte Umdeutung der Grundrechte von Abwehrrechten in Leistungsrechte vollzog sich auch in der Interpretation des Menschenwürdeprinzips.

Diese Vereinnahmung der Menschenwürde für gleichermaßen zeitgemäßere wie sublimere Ziele schwächt aber deren auf essentielle Lebensvoraussetzungen bezogenen Abwehrcharakter. Der klare inhaltliche Konturen verleihenden Rückführung auf den antitotalitären Ursprung wird mit dem Argument widersprochen, daß dafür kein Normierungsbedarf bestehe und deshalb die Menschenwürdenorm funktionslos leerlaufe. Diesem Widerspruch muß entschieden widersprochen werden. Angesichts der im Zeichen des Kampfes gegen Rechts stehenden politischen Entwicklung der BRD besteht ein mehr als dringlicher Bedarf für die Notwendigkeit der Anerkennung der Rechtspersönlichkeit *aller* Bürger und damit auch solcher, die vom herrschenden Konsens abweichen. Der Rechte ist der *Feind* und somit von vornherein ein Mensch minderen Werts, dessen Anspruch, gleichermaßen wie alle anderen Träger von Bürgerrechten zu sein, nicht als Recht, sondern als Anmaßung betrachtet wird. Es spielt dabei überhaupt keine Rolle, ob die von diesen Personen vertretenen Positionen politisch sinnvoll und richtig sowie gesellschaftlich akzeptabel sind; es geht einzig und allein darum, die Einstellung normativ zu verankern, daß alle Bürger als gleichberechtigt und als einander als gleichwertig zu betrachtende Menschen anerkannt werden müssen. Auch wenn das Recht nicht mehr helfen kann, wenn die Fahrt abwärts in Richtung Totalitarismus schon weit vorangeschritten ist, so kann doch mit der Durchsetzung eines Prinzips, das die allseitige Anerkennung der Rechtspersönlichkeit aller Bürger garantiert, ein Auffangpunkt gesetzt werden, der zumindest zu Beginn dieser Höllenfahrt verhindert, daß Mitbürger als Ungeheuer angesehen und zu störenden Objekten herabgewürdigt werden, die zugunsten der Wahrung des gesellschaftlichen Konsenses aus der Rechtsgemeinschaft ausgesondert werden.

Rein praktisch: Rechtsnormen sind sanktionsbewehrte, allgemein verpflichtende Verhaltensregulative. Sie haben instrumentellen Charakter; indem sie bestimmte Handlungsweisen gebieten oder verbieten, ermöglichen sie ein gedeihliches Zusammenleben in der Gesellschaft. Geregelt werden muß nur das, was ohne Regelung gefährdet wäre. Im Laufe der politisch-sozialen Entwicklung treten neue Gefährdungen auf und alte verschwinden, Problemlagen verändern sich. Dies gilt auch für oberste Rechtsnormen, weshalb prima vista das Argument, die ursprüngliche antitotalitäre Ausrichtung der Menschenwürde habe sich wegen des Fehlens einer ernsthaften Totalitarismusgefahr erledigt und müsse mit neuen Inhalten versehen werden, zu stechen scheint. Das ist Etikettenschwindel. Man kann nicht einen Spätburgunder in eine Rieslingflasche füllen, nur weil keine passende zur Hand ist oder weil die Rieslingflasche so schön und beliebt ist. Was also könnte getan werden? Die naheliegende Möglichkeit, die Würdenorm durch eine zeitgemäßere Formel zu ersetzen, ist wegen des Veränderungsverbots des Grundrechtskatalogs nicht gangbar. Des weiteren ist die antitotalitäre Ausrichtung von Artikel 1 nicht im Verfassungstext explizit enthalten und kann daher nicht als Maßstab gelten. Zudem hat sich keine diesbezügliche Interpretationstradition etabliert, die einen verpflichtenden Anspruch hätte erheben können. Vielmehr hatten sich bereits früh völlig andersgeartete Interpretationstraditionen herausgebildet, paradigmatisch die von Dürig mit ihrer Orientierung an der allgemeinen conditio humana auf christlich-naturrechtlicher Grundlage.

Alles Lebendige ist dem Wandel unterworfen. Dies gilt auch für Texte jedweder Art. Solange man ihnen zutraut, einem etwas zu sagen, liest man, den Bedürfnissen der jeweiligen Epoche entsprechend, etwas anderes aus ihnen heraus. Dennoch muß der Zusammenhang mit dem Text gewahrt bleiben. Die Interpretation darf nicht ins Beliebige abdriften. Dies gilt umso mehr für einen Verfassungstext, da das Unterschieben beliebiger Bedeutungen die Tür öffnet für den Mißbrauch der Verfassung zu politischen Zwecken. Wer in der Lage ist, eine bestimmte Deutung durchzusetzen, kann dadurch seine politischen Zielsetzungen legitimieren. Die Schutzfunktion von Verfassungsnormen wird durch genau ein solches Verfahren ausgehebelt. Wie sollen sie vor dem Mißbrauch staatlicher Macht schützen, wenn es dem Belieben des Staates anheimgestellt wird, diese in seinem Sinne zu interpretieren und zu seinen Zwecken zu gebrauchen? Um Verfassungsnormen mißbrauchsresistent zu machen, muß es Kriterien geben, die einer interpretatorischen Beliebigkeit Einhalt gebieten. Klare und eindeutige Kriterien gibt es freilich nicht, denn sonst hätte man sie bereits in der mittlerweile langen Geschichte der Grundgesetzauslegung gefunden. Mangels Besserem bleibt m. E. nichts anderes übrig als der Rückgriff auf die der Einführung der Menschenwürdenorm zugrundegelegte antitotalitäre Ausrichtung. Diese ist aber gar nicht so zeitgebunden, wie es den Anschein hat, sondern erlaubt eine Anpassung an sich verändernde Zeitumstände. Allerdings wird diese Anpassung zurückgebunden an einen festen interpretatorischen Rahmen, der eine Indienstnahme für Beliebiges verhindert. Problemfälle im Licht des antitotalitären Gesichtspunkts zu beurteilen, geht davon aus, daß politische Macht – gleich ob von seiten des Staates oder von gesellschaftlichen Gruppen – dazu verwendet werden kann, um Menschen den Status als Rechtssubjekt abzuerkennen, also sie zu entrechten, ihnen den Zugang zum durchschnittlich erwartbaren gesellschaftlichen Verkehr zu verwehren, sie zu demütigen, auszugrenzen, sie als Menschen zweiter Klasse zu behandeln. Damit wird ganz zweifelsohne der bisher sehr weitgehende Anwendungsbereich der Menschenwürde eingeschränkt, wodurch aber die Anwendbarkeit des Menschenwürdeprinzips erleichtert und dessen normative Kraft gestärkt wird. Die durch diese Reduktion weggeschnittenen Anwendungsbereiche bleiben aber nicht herrenlos ohne rechtliche Würdigung, da sie problemlos durch anderweitige Grundrechtsprinzipien (Freiheitsrechte, Gleichbehandlungsgrundsatz, usw.) abgedeckt werden.

Was man auch immer im Detail inhaltlich unter Menschenwürde verstehen mag, Einigkeit besteht hinsichtlich der Funktion von Art. 1.1 GG, nämlich daß der Staat den Eigenwert des Individuums achten und schützen müsse und es nicht zum bloßen, willenlosen Objekt für staatliche Zwecke herabwürdigen darf. Das Menschenwürdeprinzip wendet sich somit ausdrücklich gegen die Auffassung: „Du bist nichts, dein Volk (oder in zeitgemäßerer Tonart: die Menschheit, das Klima) ist alles." Damit scheint bei Konflikten zwischen staatlichen und individuellen Belangen eine klare Präferenz zugunsten des Individuums ausgesprochen worden zu sein.

So einfach ist es aber nicht. Die Existenz des Staates ist unabdingbare Voraussetzung für das Funktionieren einer Rechtsordnung und damit auch für den individuellen Grundrechtsschutz. Würde der Staat jederzeit und unter allen Umständen die Bedürfnisse des Individuums denen der vom Staat repräsentierten Allgemeinheit vorziehen, dann wäre es um die Existenz des Staates bald geschehen. Ohne Staat gibt es keine Instanz mehr, welche die Menschenwürde achten und schützen könnte. Jeder ist dann gezwungen, im Hobbesschen Naturzustand, dem bellum omnium ad omnes ums nackte Überleben zu kämpfen. Wie nicht nur die zeitgenössischen failed states in Afrika, sondern auch die Weimarer Republik und die Teilungen Polens im 18. Jahrhundert belegen, ist es jedesmal der Egoismus machthungriger gesellschaftlicher Gruppen, welcher den Staat zerstört und die Bürger ins Unglück stürzt. Der Staat steht nicht prinzipiell im Gegensatz zum Bürger, sondern er ist u.a. eben auch die Gesamtheit aller Bürger. Deswegen entscheidet man sich auch nicht gegen das Individuum, wenn man sich für den Staat entscheidet. In Konfliktsituationen steht also nicht der Staat gegen das Individuum, sondern einige Bürger gegen alle Bürger. Diese positive Staatsbezogenheit darf aber nicht dazu führen, das Menschenwürdeprinzip als Freibrief für die Inanspruchnahme des Staates zur Durchsetzung partikularer Interessen zu mißbrauchen.

Zur Daseinsweise des Menschen gehört es, Teil eines rechtsförmig organisierten, sich als substantielle Einheit begreifenden Kollektivs zu sein. In der Moderne ist dieses Kollektiv der Staat, in früheren Zeiten u.a. der Stamm. Diese Gemeinschaftsgebundenheit ist Teil der persönlichen Identität. Man kann seine Identität nur wahren, wenn diese Gemeinschaft fortbesteht. Ein Angriff auf die Rechtsordnung dieser Gemeinschaft durch Verbrecher und Terroristen oder auf die Gemeinschaft als solche durch einen äußeren Feind ist immer zugleich auch ein Angriff auf die eigene Menschenwürde, da er die eigene Rechtssubjektivität negiert. Durch einen solchen Angriff wird einem die Fähigkeit geraubt, selbst zu bestimmen, wie man leben möchte; man wird fremdbestimmt. Deshalb gebietet es das Interesse an der Wahrung der eigenen Menschenwürde geradezu, sich für den Erhalt des Staates einzusetzen und deshalb kann auch die allgemeine Wehrpflicht wie auch die Aufopferung im Falle einer Geiselnahme kein Verstoß gegen die Menschenwürde sein.

Die Gemeinschaftsbezogenheit des Menschen schlechthin und die sich daraus ableitende Verpflichtung des Bürgers gegenüber der Gemeinschaft haben die Karlsruher Richter in mehreren Urteilen hervorgehoben. Zum gerade erwähnten Thema Wehrdienst erklärte das BVerfG 1960, den Gemeinschaftsbezug betonend:

> *„Das Grundgesetz ist eine wertgebundene Ordnung, die den Schutz von Freiheit und Menschenwürde als den obersten Zweck allen Rechts erkennt; sein Menschenbild ist nicht das des selbstherrlichen Individuums, sondern das der in der Gemeinschaft stehenden und ihr vielfältig verpflichteten Persönlichkeit. Es kann nicht grundgesetzwidrig sein, die Bürger zu Schutz und Verteidigung dieser obersten Rechtsgüter der Gemeinschaft, deren personale Träger sie selbst sind, heranzuziehen.“*[201]

In seiner ersten diesbezüglichen Stellungnahme von 1952 hatte das BVerfG noch unmißverständlich der Gemeinschaftlichkeit die Priorität gegenüber dem Individuum zuerkannt.[202] Nach gerade erst überwundenen 12 Jahren „Volksgemeinschaft“ muß diese Gewichtung verwundern. In den darauffolgenden Urteilen, wie etwa auch im Lüth-Urteil[203], hat das Gericht sich

---

201 BVerfGE 12/45 – Wehrdienstverweigerung

202 „Das Menschenbild des Grundgesetzes ist nicht das eines isolierten souveränen Individuums; das Grundgesetz hat vielmehr die Spannung Individuum - Gemeinschaft im Sinne der Gemeinschaftsbezogenheit und Gemeinschaftsgebundenheit der Person entschieden, ohne dabei deren Eigenwert anzutasten. Das ergibt sich insbesondere aus einer Gesamtsicht der Art. 1, 2, 12, 14, 15, 19 und 20 GG. Dies heißt aber: der Einzelne muß sich diejenigen Schranken seiner Handlungsfreiheit gefallen lassen, die der Gesetzgeber zur Pflege und Förderung des sozialen Zusammenlebens in den Grenzen des bei dem gegebenen Sachverhalt allgemein Zumutbaren zieht, vorausgesetzt, daß dabei die Eigenständigkeit der Person gewahrt bleibt.“ (BVerfGE 4, 7 – Investitionshilfe)

203 „Ebenso richtig ist aber, daß das Grundgesetz, das keine wertneutrale Ordnung sein will …, in seinem Grundrechtsabschnitt auch eine objektive Wertordnung aufgerichtet hat und daß gerade hierin eine prin-

freilich besonnen und sich zu einem ausgewogenen Verhältnis zwischen Individuum und Gemeinschaft bekannt.

Diese prinzipielle Kongruenz zwischen individueller Menschenwürde und dem Existenzrecht des Staates enthebt einen aber nicht von der Aufgabe, die Grenze zu bestimmen, ab der das berechtigte Eigeninteresse des Staates in ein unberechtigtes und damit die Menschenwürde beeinträchtigendes umschlägt.

Grundrechte unterliegen zum Teil einem Gesetzesvorbehalt, zum Teil wird bei ihrer Anwendung von immanenten Schranken[204] ausgegangen. Vermutlich finden sich in jeder Verfassung Brückenköpfe für eine diktatorische Infiltration, Schwachstellen, die eine Auslegung von Rechten in einer dem ursprünglichen Geist der Verfassung widersprechenden Weise ermöglichen. Hierfür bietet sich im Grundgesetz Art. 18 an: Mißbrauch der Grundrechte zum Kampfe gegen die freiheitliche demokratische Grundordnung, indem das Meinungsäußerungsrecht durch fortschreitende Verschärfung einzelgesetzlicher Regelungen (Volksverhetzung, Haßrede) so eingeschränkt wird, daß jegliche Kritik am Staat als Verstoß gegen Art. 18 gewertet werden kann. Selbst ein scheinbar sakrosanktes, uneingeschränkt geltendes Recht wie das der Gleichbehandlung (Art. 3) kann in seiner Schutzwirkung verkehrt werden, indem eine Kritik an Zuwanderung als Benachteiligung der Migranten gedeutet und damit als Verstoß gegen Art. 3 geahndet wird. In einer optimistischen Sichtweise könnte man dem Menschenwürdeprinzip die Funktion zuweisen, eine Umdeutung der Grundrechte in eine

---

zipielle Verstärkung der Geltungskraft der Grundrechte zum Ausdruck kommt … . Dieses Wertsystem, das seinen Mittelpunkt in der innerhalb der sozialen Gemeinschaft sich frei entfaltenden menschlichen Persönlichkeit und ihrer Würde findet, muß als verfassungsrechtliche Grundentscheidung für alle Bereiche des Rechts gelten; Gesetzgebung, Verwaltung und Rechtsprechung empfangen von ihm Richtlinien und Impulse.“ (BVerfGE 7,198 – Lüth)

204 Religionsfreiheit schließt nicht das Recht auf Abhalten von Menschenopfern ein.

nur noch den Interessen des Staates – und das heißt faktisch: den jeweils regierenden Parteien – und nicht mehr den Interessen der Bürger dienenden Weise zu verhindern. In einer pessimistischen Sichtweise ist aber diese Funktion der Menschenwürde als Katechon einer Entartung zur Diktatur zweifelhaft. Beim eben genannten Beispiel eines Verbots der Zuwanderungskritik kann vielmehr die Hinzuziehung des Menschenwürdeprinzips sogar zu einer Verschärfung des inkriminierten Sachverhalts beitragen, da zusätzlich zum Verstoß gegen die Gleichbehandlung auch ein durch die Zuwanderungskritik bewirkter Verstoß gegen die Menschenwürde von Migranten behauptet werden kann. Ulrich Vosgerau hat in „Demokratie ohne Demos“[205] darauf hingewiesen, daß tatsächlich sich eine Rechtsprechung auszubreiten beginnt, die den bei der Entstehung des Grundgesetzes geltenden ethnischen Volksbegriff als menschenwürdewidrig und damit als verfassungsfeindlich kennzeichnet. Mit dieser Begründung hat das Verwaltungsgericht Köln die Beobachtung der AfD durch den Verfassungsschutz für rechtens erklärt. Die der Menschenwürde zugeschriebene Garantie eines unantastbaren Rechtsschutzkerns würde sich dann darauf beschränken, den wegen Volksverhetzung und Diskriminierung rechtmäßig verurteilten Dissidenten vor Folter und KZ-mäßiger Behandlung zu bewahren. Einzelgesetzliche Regelungen und eine interessegeleitete Auslegung der Grundrechte können völlig legal den Schutzbereich der Menschenwürde auf das bescheidene *Reservat eines Schutzes vor Grausamkeit* zurückdrängen. Zu einem Schutz der als individuelle Freiheitsrechte verstandenen Grundrechte kann unter solchen Umständen die Menschenwürde nichts beitragen.

Zwei Faktoren tragen zu dieser Entwicklung bei. Erstens: Die Objektivierung der Menschenwürde und Deutung der Grundrechte als Wertordnung bewirken zusammen mit der Drittwir-

---

205 U. Vosgerau, S. 78-82

kung (vgl. folgendes Kapitel) und dem gemeinschaftsbezogenen Menschenbild, daß die ursprünglich gegen den Staat gerichteten *Abwehrrechte der Bürger* nun sich als *Anspruchsrechte des Staates* gegen die Bürger wenden. Zweitens: Unerwünschte politische Kritik bezieht sich zumeist nicht auf abstrakte formale Tatsachen, indem man beispielsweise die demokratische Staatsform durch eine Monarchie ablösen will, sondern auf konkrete Tatsachen, bei denen immer konkrete Menschen involviert sind. Durch eine Kritik an Zuwanderung, Gender- und Coronapolitik sind immer auch konkrete Menschen betroffen, wobei behauptet werden kann, daß deren Menschenwürde beeinträchtigt wird. Es steht also das Recht auf freie Meinungsäußerung gegen das hochwertigere der Menschenwürde. Da zudem diese Betroffenen die öffentliche Meinung und die Gunst des Staates auf ihrer Seite haben, ist der Ausgang diesbezüglicher Prozesse vorhersehbar.

Die als Abwehrrechte gegen den Staat gedachten Grundrechte gehen ebenso wie das Prinzip der Gewaltenteilung auf eine historische Lage zurück, in der die durch gemeinsame Interessen verbundene, politisch sich als Einheit begreifende bürgerliche Gesellschaft (staatsrechtlich formal: der dritte Stand) einen Freiheitsraum gegen den Staat erkämpfte. Dieses Urbild eines Gegensatzes von Staat und Gesellschaft wirkt auch im Verständnis der Menschenwürde als eines Grundrechtssicherheit garantierenden Abwehrrechts gegen einen sich Allmacht anmaßenden Staat nach. Dieses Menschenwürdeverständnis hat auch bei der Formulierung von Art. 1 Pate gestanden. Die des öfteren ausgesprochene Mahnung, daß das Menschenwürdeprinzip seine Funktion verlöre, wenn man sie auf den mittlerweile von den Zeitläuften überholten ursprünglichen antidiktatorischen Zweck beschränke und man deshalb der Bedeutsamkeit des Menschenwürdeprinzips nur gerecht werden könne, wenn man ihm neue Aufgaben und Zwecke zuordne, ist nicht deshalb berechtigt, weil sich diese Abwehrrechtsfunktion als solche erübrigt habe, sondern weil sich die Konstellation, die das Vorhandensein von Abwehrrechten gegen Machtanmaßung erforderlich macht, geändert hat. Die Bedrohung individueller Freiheitsrechte geht nicht mehr von einem der Gesellschaft entgegengesetzten, autonomen Staat aus, sondern primär von mächtigen gesellschaftlichen Gruppen, die sekundär den Staat für ihre Ziele einspannen.

Eine auf dem Rechtsweg durchsetzbare Schutzwirkung des Menschenwürdeprinzips gegenüber staatlicher Allmacht steht und fällt mit der Unabhängigkeit des Bundesverfassungsgerichts. Im Sinne traditioneller Gewaltenteilung fungiert die Jurisdikative als Korrektiv der Legislative. Zur Wahrnehmung dieser Funktion erfordert es materiell-institutioneller Voraussetzungen: parteiliche Ungebundenheit der Richter, eigenständige Rekrutierung durch zugleich meritokratische wie innerständische Kooptation, evtl. auch gemeinsamer sozialer Hintergrund, der die Ausbildung eines Corpsgeistes erlaubt, was in der Moderne zwar schwierig, aber nicht unmöglich ist, wie das Beispiel Frankreichs mit den dortigen fachspezifischen Elitehochschulen zeigt. Nur eine tatsächliche, auf verschiedenen Faktoren gründende Eigenständigkeit kann ein kritisches Bewußtsein gegenüber den beiden anderen Organen staatlicher Gewaltenteilung hervorbringen. Die Entscheidung über ein grundsätzliches Mißtrauen oder grundsätzlichem Zutrauen gegenüber der Jurisdikative ist davon abhängig, ob sich das BVerfG als integraler Bestandteil des Staates oder als neutraler Schiedsrichter am Rande des staatlichen Spielfelds versteht.

Auslassungen von Jutta Limbach, die von 1994 bis 2002 Präsidentin des Bundesverfassungsgerichts war, in einer Zeitschrift der notorisch linken „Humanistischen Union" lassen erhebliche Zweifel an der politischen Unabhängigkeit des Gerichts aufkommen. Sie setzt die Drittwirkung der Grundrechte voraus, dabei deren Umstrittenheit souverän ignorierend, und identifiziert sie umstandslos, was ebenso Gegenstand der Kritik war, mit Grundwerten[206]: „Erforderlich ist ein Mindestmaß an menschenrechtlichem Ethos bei den Bürgern und Bürgerinnen. Für den Erhalt einer menschenwürdigen Gesellschaft kommt es nicht nur auf ihren Gesetzesgehorsam, sondern auch auf ihre Loyalität und Einsatzbereitschaft für die Grundwerte unserer Verfassung an." Zu einer großzügigen Auslegung fühlt sie sich berechtigt, da „das Bundesverfassungsgericht … sich nie durch das Denken und Wissen der Urheber des Grundgesetzes [hat, W.K.] an die Kette legen lassen". Daraus folgert sie: „Das Bekenntnis zur Menschenwürde ist ein dynamisches Konzept, das es im Lichte der heutigen Verhältnisse und sozialen Anforderungen zu interpretieren gilt." All diese Behauptungen sind trotz ihrer Schlagseite von Teilen der herrschenden Lehre gedeckt und wären noch vertretbar, wenn die Explikation des genannten „Ethos der Menschenwürde" nicht eine unverkennbare politische Tendenz aufwiese, da sie in diesem Zusammenhang erwähnt, „dass Bürger unseres Staates Obdachlose erschlagen, Ausländer zu Tode hetzen oder jüdische Friedhöfe schänden." Man sieht hier überdeutlich, wohin die Reise bei einer Abkehr vom ursprünglichen antitotalitären Minimalkonsens mit seinen klaren Auslegungsgrenzen geht, nämlich hin zu einer unter dem Vorwand der Aktualisierung betriebenen Instrumentalisierung der Menschenwürde zum Zwecke des politischen Kampfes.

Gesetze sind zunächst einmal nur tote Buchstaben. Leben erhalten sie erst im richterlichen Urteil. Auch wenn Gesetze nicht willkürlich ausgelegt werden können, so vollzieht sich deren Auslegung innerhalb der Spannweite eines weiten Ermessensspielraums, was allein schon dadurch zum Ausdruck kommt, daß Urteile unterer Instanzen im Revisionsverfahren kassiert werden, obwohl Richter beider Instanzen sich am sel-

206 siehe nächstes Kapitel

ben Recht orientieren. Recht ist letztlich immer das, was der Richter sagt. Angesichts der Unbestimmtheit des Würdebegriffs und der immer weiter divergierenden Deutungen erwartet man von Karlsruhe eine konkretisierende und konsensstiftende Auslegung. Diese Erwartung wurde freilich enttäuscht. Heftig kritisiert wurde, daß das BVerfG entweder durch einander widersprechende Urteile den Dissens noch vertieft oder zugunsten der Staatsräson entscheidet[207]. Auf eine Auslegung der Grundrechte im ursprünglichen Sinne des die Formulierung des Grundgesetzes prägenden antitotalitären Konsenses läßt sich nur vertrauen, wenn die richterliche Unabhängigkeit garantiert ist. Ein starkes Motiv hierfür ist die bei nahezu allen Berufen anzutreffende Berufsehre, also das Interesse, eine nach den internen Kriterien des Faches bestimmbare, sachgerechte Leistung zu erbringen. Dieser Motivation steht aber der zunehmende parteipolitische Einfluß auf das BVerfG entgegen. Das Gericht hatte durch bahnbrechende, rechtliche Sachverhalte klärende und gegebenenfalls auch die Legislative in Schranken weisende Urteile erheblichen Einfluß gewonnen. Paradoxie des Erfolgs: Indem es somit seine Unabhängigkeit gegenüber den anderen Staatsorganen unter Beweis gestellt und seine Rolle als unbestechlicher Hüter der Verfassung gefestigt hat, wird es für die anderen Staatsorgane zunehmend attraktiv, Einfluß und Nimbus des Bundesverfassungsgerichts durch die Besetzung der Richterämter mit geeignetem Personal für eigene Zwecke zu nutzen. Da sich mittlerweile ein in Grundsatzfragen übereinstimmendes Parteienkartell herausgebildet hat, das sich im BVerfG reproduziert, kann auch nicht erwartet werden, daß es in Grundsatzfragen vom herrschenden Parteienkonsens abweicht. Vom Maastricht- bis zum Klimaurteil folgt es vielmehr, nach einer die Argumente der Kläger würdigenden captatio benevolentiae, dem Mainstream.

207 vgl. Baldus, S. 302f.

Der Auftritt der objektiven Wertordnung

Ernst-Wilhelm Böckenförde resümiert folgendermaßen die Mitte der 50er Jahre einsetzende und in den 80er Jahren abgeschlossene Wandlung des Grundrechtsverständnisses:

> *„Das heutige Grundrechtsverständnis ist gekennzeichnet durch eine Doppelqualifikation der Grundrechte. Die Grundrechte werden zum einen als staatsgerichtete subjektive Freiheitsrechte des einzelnen Grundrechtsträgers verstanden, zum anderen und zugleich als objektive Grundsatznormen und Wertentscheidungen, die für alle Bereiche des Rechts Geltung haben.“*[208]

Wie ist es zu dieser Wandlung gekommen? Zunächst ist man, obwohl dies inhaltlich noch vornehmlich den Bereich der klassischen subjektiven Freiheitsrechte betrifft, auf die sogenannten *besonderen Gewaltverhältnisse* in öffentlichen Institutionen (Beamte, Soldaten, Schüler, Strafgefangene) aufmerksam geworden, die sich sozusagen durch eine grundrechtliche *Exterritorialität* auszeichnen. Um den spezifischen Anstaltszweck erfüllen zu können, sind über die Gesetzesvorbehalte des Grundgesetzes hinausreichende Einschränkungen unumgänglich. Diese dürfen aber nicht einfach als facta bruta qua traditioneller Geltung hingenommen werden, sondern müssen sich im Hinblick auf die im Prinzip stets zu wahrenden Grundrechte rechtfertigen. Des weiteren hat sich gezeigt, daß das klassische Paradigma der subjektiven Freiheitsrechte der heutigen gesellschaftlichen Wirklichkeit nicht mehr entspricht. Dieses Paradigma bestand im Verlangen der einzelnen Bürger, von der Obrigkeit das Recht beispielsweise auf Meinungsfreiheit eingeräumt zu bekommen. Der Staat war der Adressat dieses Rechtsanspruches, da nur er dieses Recht gewähren konnte und

208 Ernst-Wilhelm Böckenförde 1989, S. 9

auch nur er als potentieller Beeinträchtiger dieses Rechtes in Frage kam. In der heutigen Zeit ist aber offensichtlich geworden, daß Gefährdungen der Freiheitsrechte nicht ausschließlich vom Staat, sondern auch von gesellschaftlichen Akteuren wie Medien oder monopolistischen Firmen ausgehen können. Immer dort, wo es im interindividuellen Verkehr eine beträchtliche *Disproportionalität der Machtverteilung* zwischen den Parteien gibt, muß einer potentiell grundrechtsgefährdenden Ausnutzung der Machtfülle der einen Seite vorgebeugt werden. Der Staat ist deshalb aufgerufen, das Recht der Schwachen gegenüber der Macht der Starken zu schützen. Wegweisend wurde das Urteil des Bundesverfassungsgerichtes zum Schwangerschaftsabbruch:

> *„Die Schutzpflicht des Staates ist umfassend. Sie verbietet nicht nur – selbstverständlich – unmittelbare staatliche Eingriffe in das sich entwickelnde Leben, sondern gebietet dem Staat auch, sich schützend und fördernd vor dieses Leben zu stellen, d.h. vor allem, es auch vor rechtswidrigen Eingriffen von seiten anderer zu bewahren."*[209]

Der Wandel von einem Verständnis der Grundrechte als gegen den Staat gerichtete Abwehrrechte zu einer vom Staat zu exekutierenden Wertordnung wurde durch das legendäre *Lüth-Urteil* des BVerfG eingeleitet. In diesem Urteil ging es um folgendes: Lüth, der Medienbeauftragte der Stadt Hamburg, hatte 1950 aus Rücksicht auf das Ansehen des deutschen Films im Ausland und im Bemühen um echte Entnazifizierung zu einem Boykott des gerade fertiggestellten, neuen Films des berüchtigten NS-Regisseurs Veit Harlan („Jud Süß") aufgerufen. Das BVerfG revidierte mit dem Lüth-Urteil 1958 (also 8 Jahre später!) eine Entscheidung des Landgerichts Hamburg und deklarierte, daß der Boykottaufruf durch die Meinungsfreiheit

209 BVerfGE 39, 1 – Schwangerschaftsabbruch

geschützt sei. Die Meinungsfreiheit sei ein Wert, der auch in der Privatrechtssphäre Geltung habe. Dieses Urteil geht an der Sache vorbei, da nie Herrn Lüth das Recht bestritten wurde, Film und Regisseur zu kritisieren; ein Boykottaufruf, der unmittelbar eine ökonomische Schädigung des Betroffenen intendiert, geht weit über das Recht freier Meinungsäußerung hinaus. Da der inkriminierte Film, „Unsterbliche Geliebte", eine völlig unpolitische Liebesschnulze war und somit keine Gefahr der Verbreitung NS-affiner Propaganda bestand, zielte der Boykottaufruf über den konkreten Anlaß hinaus auch darauf ab, dem Regisseur Veit Harlan die Möglichkeit einer weiteren Berufsausübung zu entziehen, ihn gesellschaftlich zu ächten und seine soziale Existenz zu vernichten. Eine solche intendierte weitreichende Folgewirkung kann nicht mit dem Recht auf freie Meinungsäußerung abgedeckt sein. Diese unübersehbare Inkongruenz zwischen dem eigentlichen Tatbestand: der Aufruf zum Boykott eines unverfänglichen Kommerzfilms eines umstrittenen, im Entnazifizierungsverfahren aber als „Entlasteter" eingestuften Regisseurs und dessen Bewertung als legitime Meinungsäußerung läßt den Schluß zu, daß dieser Urteilsgrund nur vorgeschoben ist. Diese Annahme bestätigt eine Analyse des Rechtsprechungsverfahrens des Bundesverfassungsgerichts:

> *„Das überwiegend aus Gegnern des Nationalsozialismus zusammengesetzte Bundesverfassungsgerichts konnte es kaum zulassen, dass ein vermeintlich unpolitisches Zivilrecht im Meinungskampf die alten NS-Eliten privilegierte."*[210]

Offensichtlich hat das BVerfG bereits in seiner Frühzeit politische Ziele verfolgt. Auch wenn man der keineswegs über jeden Zweifel erhabenen Auffassung zustimmt, daß der Grundrechtskatalog des Grundgesetzes nicht nur allgemeine,

---

210 Oliver Lepsius in: M. Jestaedt et al., S. 192

grundlegende Rechtsnormen enthält, sondern eine Wertordnung aufrichtet, die alle Bereiche des Rechts verpflichtet, sie zu achten und zu schützen, so ist zu fragen, wie dieser Film diese Wertordnung hätte gefährden können. Des weiteren: Das Wertordnungspostulat und die sich daraus ergebende Drittwirkung besagen, daß Grundrechte wie das hier zur Diskussion stehende Recht auf freie Meinungsbeziehung nicht nur in der Beziehung Bürger – Staat gelten, sondern auch im Privatverkehr. Es darf also weder vom Staat noch von anderen Bürgern beeinträchtigt werden. Aber, wie gesagt, ein Boykottaufruf ist keine Meinungsäußerung, die sich damit begnügt, eine Tatsache zu beschreiben oder zu bewerten, sondern eine politische Handlung, die eine politisch bedeutsame Wirkung erzielen will. Eine sich aus der Objektivität der Wertordnung und der Drittwirkung ergebende, als solche allerdings anzweifelbare staatsbürgerliche Pflicht zum Schutz der freiheitlich-demokratischen Grundordnung gebietet den Rechtsweg einzuschlagen, also klar erkennbare verfassungsfeindliche Bestrebungen von Personen oder Gruppen anzuzeigen, nicht jedoch zur Selbsthilfe zu schreiten. Im vorliegenden Fall war der Rechtsweg versperrt, da überhaupt kein potentiell strafwürdiger Tatbestand hätte angezeigt werden können. Es ging einzig und allein darum, ein Zeichen zu setzen für ein gesellschaftspolitisches Ideal, in dem ehemaligen Nationalsozialisten kein Platz eingeräumt werden soll. Dieses Ziel wurde mit dem Abheben auf die den Vorgang nicht betreffende Meinungsfreiheit durch den Schein eines Rechtsprinzips camoufliert.

Bereits in der Anfangsphase der BRD zeigen sich zwei Tendenzen, die im Laufe der Zeit zunehmend größere Bedeutung erlangen sollten. Nicht immer, aber stets dann, wann es ihm geboten scheint, betreibt das BVerfG Politik unter dem Deckmantel der Rechtsprechung. Es orientiert sich nicht am Wortlaut des Gesetzes, sondern am politisch Erwünschten. Mit dem

Lüth-Fall haben die Verfassungsrichter die Chance genutzt, um ein Exempel zu statuieren, das die antifaschistische Grundlegung der BRD unter Beweis stellen soll. Das Gericht hat verdeutlicht, daß die Lauterkeit antifaschistischer Gesinnung höher als das Recht auf Berufsfreiheit zu veranschlagen sei. Damit hat es langfristig eine Weiche für einen Kurs gestellt, der vom Rechtsstaat zum antifaschistischen Gesinnungsstaat geführt hat. Gravierender noch ist die Vorwegnahme der Praktiken des „Kampfes gegen rechts" durch die Legitimierung der Okkupation hoheitlicher Macht von seiten gesellschaftlicher Akteure, indem diese sich ungeahndet Grundrechtsverwirkungen anmaßen dürfen. Es wurde die Atmosphäre eines rechtsfreien Raumes geschaffen, innerhalb dessen mit einem grundsätzlichen Einverständnis gerechnet werden kann, daß nahezu alles erlaubt ist, wenn es „gegen rechts" geht.

Zurück zum Urteil des BVerfG! Nachdem die traditionelle Abwehrfunktion der Grundrechte noch einmal ausdrücklich bekräftigt wurde, heißt es:

> *„Ebenso richtig ist aber, daß das Grundgesetz, das keine wertneutrale Ordnung sein will, in seinem Grundrechtsabschnitt auch eine objektive Wertordnung aufgerichtet hat ... Dieses Wertsystem, das seinen Mittelpunkt in der innerhalb der sozialen Gemeinschaft sich frei entfaltenden menschlichen Persönlichkeit und ihrer Würde findet, muß als verfassungsrechtliche Grundentscheidung für alle Bereiche des Rechts gelten; Gesetzgebung, Verwaltung und Rechtsprechung empfangen von ihm Richtlinien und Impulse. So beeinflußt es selbstverständlich auch das bürgerliche Recht; keine bürgerlich-rechtliche Vorschrift darf in Widerspruch zu ihm stehen, jede muß in seinem Geiste ausgelegt werden."*[211]

211 BVerfGE 7, 198 (205)

Die Fachdiskussion hat die sich aus dem Lüth-Urteil ergebende Entwicklung vornehmlich im Hinblick auf das dogmatische Problem der sogenannten *Drittwirkung* behandelt. Hierbei geht es um die Frage, ob Grundrechte im Verhalten der Bürger untereinander verpflichtenden Charakter haben, ob Bürger in ihrem Handeln auf Grundrechtskonformität reflektieren müssen. Diese Frage wird im allgemeinen verneint. Man geht davon aus, daß grundrechtsbezogene Probleme im Privatverkehr durch staatliche Gesetzgebung zu klären seien. Der Grundrechtsschutz obliegt dem Staat; er ist verpflichtet, die Rechtsordnung so auszugestalten, daß auch im Privatverkehr kein Grundrechtsverstoß möglich ist. Mit anderen Worten: Bürger müssen sich darauf verlassen können, durch gesetzeskonformes Verhalten der Grundrechtskonformität zu genügen.

Die Fokussierung auf die Drittwirkung versperrt allerdings den Blick auf die eigentliche Problematik, denn diese besteht weniger in der Frage, wer für den Grundrechtsschutz im Privatverkehr zuständig ist (der Bürger unmittelbar selbst oder mittelbar der Staat), als vielmehr in der Frage, was es heißt, das schwere Geschütz des Grundrechtsgesichtspunkts auf dem Terrain privater Verhältnisse aufzufahren. Wie auch immer man sich nämlich hinsichtlich der Drittwirkung entscheidet, verändert sich der Privatverkehr fundamental, wenn dieser nicht mehr ausschließlich durch das „leichtgewichtige" bürgerliche Recht, sondern durch das Schwergewicht einer „objektiven Wertordnung" reguliert wird. Im letzteren Fall sind die Bürger entweder gezwungen, den Grundrechtsgesichtspunkt zu verinnerlichen und (robespierreistisch?) eine *grundrechtsgetönte Tugend* auszubilden, oder der Staat wird veranlaßt, weite, bisher unnormierte Bereiche des gesellschaftlichen Lebens zu *verrechtlichen.* Günter Dürig hat frühzeitig auf die fatalen Konsequenzen einer solchen Entwicklung aufmerksam gemacht. Er betrachtet die zu „Einrichtungsgarantien" geronnenen Prinzipien einer objektiven Wertordnung als „Danaergeschenk", das eine „Bedeutungsverkehrung von der individuellen Freiheit weg, hin zu einer öffentlichen, institutionellen Pflichtbindung"[212] beinhaltet. Er kommentiert die als „beängstigend" bezeichneten Thesen Ridders[213], daß nach ihm (Ridder) „von der individuellen Meinungsfreiheit letztlich die Befugnis zum unpolitischen Stammtischgespräch, von der individuellen Pressefreiheit als Erscheinungsform der individuellen Meinungsfreiheit die Befugnis, ungehindert eine Schachzeitschrift zu redigieren, verbleiben."[214] In der von einigen Autoren intendierten Ausdehnung der Grundrechtsorientierung erblickt Dürig die „Selbstpreisgabe unseres Privatrechts":

> *„Für die eigenartige Situation, daß das Verfassungsrecht das Zivilrecht vor dem Zivilrecht schützen muß, diene etwa die These eines so bedeutsamen Zivilrechtlers wie G. Boehmer, der (in GR II, S. 422) seinen Beitrag „Erbrecht" mit den Sätzen schließt: ›Dagegen ist unzweifelhaft, daß Art. 3 III auch für Verfügungen von Todes wegen eine Schranke errichtet: das Verbot betrifft nicht nur staatliche, sondern auch private Akte. Daher ist eine letztwillige Bestimmung nichtig, die jemand wegen seines Geschlechts ..., seiner Abstammung, ... seiner religiösen oder politischen Anschauungen benachteiligt oder bevorzugt.‹ Es ist klar, daß die hier hingestellte Drittwirkungsthese schlechthin das Ende der Testierfreiheit bedeutet. Danach wäre etwa eine letztwillige Zuwendung an männliche Abkömmlinge ihres Geschlechts wegen, an Glaubensgenossen ihres Glaubens wegen, usw. nichtig."*[215]

212 G. Dürig 1979, S. 46 (98)

213 Ridder war seinerzeit einer der wenigen dezidiert linken Staatsrechtler und gehörte zu den Gründungsmitgliedern des linksgerichteten „Bund demokratischer Wissenschaftlerinnen und Wissenschaftler" (vgl. Stolleis, S. 403)

214 ebd., S. 47 (98)

215 ebd., 1 III, S. 52 f. (102)

Die von Dürig bereits in den siebziger Jahren perhorreszierte Tendenz hat sich in letzter Zeit im Zuge „antidiskriminierender“ Gesetzgebung beträchtlich verstärkt. Wie in dem obigen Zitat von Boehmer dargestellt, erstrecken sich mittlerweile die Maßgaben des Gleichheitsartikels (Art. 3 GG) tatsächlich auf das Vertragsrecht, wodurch das Prinzip der Vertragsfreiheit kassiert wird. Faktisch läuft jedes Diskrimierungsverbot auf eine positive Diskriminierung hinaus. Angehörige von Gruppen, die zu den gemeinhin als diskriminiert geltenden (Frauen, Homosexuelle, Ausländer usw.) zählen, können stets behaupten, wegen der in Art. 3 aufgeführten Kriterien benachteiligt worden zu sein, während der Beklagte nachweisen muß, daß er nicht aus diskrimierenden Motiven, sondern aus rein sachlichen Gründen den Vertragsabschluß verweigert hat. Um Zeit und Geld kostenden Gerichtsprozessen aus dem Weg zu gehen, wird er notgedrungen Angehörige solcher Gruppen bevorzugen müssen, zumal der Gegenseite ein Verbandsklagerecht eingeräumt wird, was lobbyistisch gut organisierte Interessengruppen bevorteilt. Insbesondere bei der durch einen starken Nachfrageüberhang ausgezeichneten Konkurrenz um knappe Güter (Mietwohnungen, Arbeitsplätze) ist der Anbieter stets gezwungen, aus einer Vielzahl von Bewerbern einen einzigen auszuwählen. Durch die antidiskriminierende Gesetzgebung wird er in seiner Auswahl nicht mehr frei sein. Eine solche privatrechtliche Auswahl, die sich vor allem bei sachlicher Gleichheit (gleiche Noten, gleiche Fachkompetenz) auf irrationale Motive (z. B. sympathische Erscheinung des Bewerbers) stützt, kann niemals eine grundrechtswidrige Diskriminierung sein, denn der abgewiesene Bewerber hat immer die Möglichkeit, andere Angebote zu nutzen. Nur bei einer monopolartigen Situation (man denke etwa an Wohnungsbaugesellschaften oder große Firmen, die in einer Stadt den gesamten Wohnungs- respektive Stellenmarkt kontrollieren) könnte man mangels Alternativen von einer Diskriminierung sprechen. Der auf die fatalen Konsequenzen der Diskriminierungsthematik hinweisende Dürig hält es für nicht „zweifelhaft ..., daß ein Vertrag, an Juden keine Wohnungen zu vermieten, ›sittenwidrig‹ im Sinne des Privatrechts ist."[216]

Das Diskriminierungsthema wird aus naheliegenden Gründen von der Linken forciert – es hat sich ja aus dem traditionell auf der Linken beheimateten Gleichheitsideal abgeleitet –, weshalb als Adressat der Antidiskriminierungsgesetzgebung auch beispielsweise von dem Grünen Volker Beck ausdrücklich eine typisch linke Klientel genannt wird: „Emigranten, Flüchtlinge, Schwule und Lesben, Behinderte, Obdachlose sowie kritische, linke Jugendliche."[217] Das ist nicht weiter überraschend, interessanter als der je nach politischer Opportunität und Durchsetzungsfähigkeit schwankende Umfang der *Antidiskriminierungsberechtigten* sind die Personenkreise, die *nicht* erwähnt werden. Wenn bei Verträgen oder sonstwie rechtlichen Festlegungen der zu regelnde Gegenstand enumerativ bestimmt wird, heißt dies, daß nicht in der Aufzählung aufgeführte Objekte von der Regelung nicht betroffen sind. Wenn also ausdrücklich genannte Gruppen nicht diskriminiert werden dürfen, dann bedeutet dies, daß alle anderen Gruppen nicht unter den Diskriminierungsschutz fallen. Ein Vermieter dürfte also ungestraft Fußballspieler, Brillenträger, Gewerkschaftsmitglieder oder realitätsnäher: Studenten, Raucher, Skinheads, kinderreiche Familien und Alte abweisen. Da dem im Vergleich zu heute in einer ganz andersgearteten politischen Landschaft entstandenen Grundgesetz keine linksideologische Imprägnierung unterstellt werden kann, ist zu fragen, warum Artikel 3 nicht auf ein ganz generelles Gleichbehandlungsgebot beschränkt wurde und stattdessen in Abs. 3 Diskriminierungstatbestände eigens

216 ebd., 1 III, S. 67 (133)

217 zit. nach: Frank Philip, S. 6

expliziert wurden. Hier war sicherlich das Bewußtsein leitend, daß einerseits für bestimmte Bevölkerungsgruppen (z. B. Frauen) eine wirklich umfassende und nicht nur formalrechtliche Gleichstellung noch gar nicht erreicht wurde, weshalb auch die Frauen in Absatz 2 und 3 gleich zweimal genannt werden[218], und daß andererseits bestimmte Bevölkerungsgruppen in der Vergangenheit (diejenigen, die im Nationalsozialismus verfolgt wurden) real diskriminiert wurden und sie deshalb einer potentiellen Gefährdung unterliegen[219]. Angesichts dieser potentiellen Gefährdung schien es geboten, den allgemeinen Gleichheitsgrundsatz in bezug auf diese Bevölkerungsgruppen zu konkretisieren und dadurch in seiner Schutzfunktion zu stärken.

Problematisch wird diese Vorgehensweise erst, wenn man zu bestimmen beginnt, wer der Adressat dieses Grundrechts ist und was die eigentliche Qualität des Gleichheitsgrundsatzes ausmacht. Wenn man Art. 3 als subjektives Abwehrrecht gegen den Staat und Gleichheit als rein rechtliche Gleichheit (Gleichheit vor dem Gesetz) interpretiert, dann soll damit nur gewährleistet werden, daß alle Menschen allein kraft ihres Menschseins und unbeschadet ihrer sonstigen Eigenheiten (Religion, Rasse, politische Orientierung usw.) in ihrem Verhältnis zum Staat – vor allem konkret in einem gerichtlichen Verfahren – gleich behandelt werden. Es soll also nur die durch das *Menschsein bereits vorhandene rechtliche Gleichheit* vom Staat in seinem Handeln *anerkannt* werden. Wenn dagegen Art. 3 als Ausfluß einer objektiven Wertordnung und Gleichheit als tatsächliche

218 „Männer und Frauen sind gleichberechtigt." „Niemand darf wegen seines Geschlechts ... bevorzugt oder benachteiligt werden."

219 Die Erwähnung in Abs. 3 von „Heimat und Herkunft" verweist sicherlich auf die potentielle Diskriminierung der Heimatvertriebenen aus Ostdeutschland, die in der Notlage des Jahres 1948 im Westen keineswegs mit offenen Armen aufgenommen wurden, weshalb dieser Passus auch im Hinblick auf den Handlungs- und Regelungsbedarf der damaligen unmittelbaren Gegenwart zu lesen ist.

und mithin auch materiell gefaßte Gleichheit betrachtet wird, dann ergibt sich für den Staat der Auftrag, diese Wertordung in allen Lebensbereichen zu verwirklichen und die so noch gar nicht vorhandene umfassende *Gleichheit erst herzustellen*. Damit verkehrt sich aber das bisherige Verhältnis: Gesellschaft – Grundrechte – Staat in sein Gegenteil. Im westlich-liberalen Staatsverständnis galt im Sinne des Gesellschaftsvertrages (Hobbes, Rousseau) die Gesellschaft als Summe oder Gemeinschaft der Bürger[220] als das Primäre und der Staat als das zum Zwecke der Selbsterhaltung und Systemstabilisierung davon Abgeleitete[221]. Diese Vorstellung von der dienenden Rolle des Staates bedingt auch die staatliche Achtungspflicht gegenüber der Menschenwürde. Implizit liegt diesem Verhältnis ein Subsidiaritätsverständnis zugrunde. Die Gesellschaft regelt selbst

---

220 Das „oder" in dieser Formulierung soll anzeigen, daß die von der antiliberalen Kritik (von der politischen Romantik bis zu den heutigen Kommunitaristen) vorgebrachten Argumente gegen das atomistisch-individualistische Modell des Gesellschaftsvertrags hier nicht berücksichtigt werden brauchen, weil an dieser Stelle nur das Verhältnis von Staat und Gesellschaft interessiert, nicht jedoch die Frage, wie Entstehung und Zusammenhalt der Gesellschaft gedacht werden. Dieses Verhältnis bliebe dasselbe, auch wenn man Gesellschaft von einer substantiellen Gemeinschaftlichkeit her begreift.

221 In einem frühen Entwurf des Grundgesetzes sollte ausdrücklich der Mensch zum Zweck des Staates erklärt werden. (Christoph Enders: Die Menschenwürde als Recht auf Rechte – die mißverstandene Botschaft des Bonner Grundgesetzes, in: Seelmann, S. 49) Dieser Gesichtspunkt wurde von Carlo Schmid mehrfach bekräftigt: „Vor dem Staat soll der Mensch kommen." (zit. nach Baldus, S. 23) und „Worin liegt die Würde begründet, worauf beruht sie? Auf Rechten, die den Menschen jedermann gegenüber Schutz bieten, Menschen und Obrigkeiten. Damit ist der Mindeststandard charakterisiert …, die absolute Schranke, die gegenüber der Staatsraison aufgerichtet ist." ebd. S. 25 Manfred Baldus faßt den Konsens des Parlamentarischen Rates zusammen: „Diese Norm [die Menschenwürde, W.K.] enthielt als antitotalitäres Versprechen eine Absage an jeglichen Staatsabsolutismus, also an das kollektivistische Staatsdenken des Nationalsozialismus wie auch des Bolschewismus. Mit dieser Norm sprach sich der Parlamentarische Rat für ein individualistisches Staatskonzept mit dem prinzipiellen Vorrang des Einzelnen vor dem Staat aus." (Baldus, S. 28)

das, was sie aus eigenen Mitteln regeln kann, alles andere (Schutz nach innen und außen, Finanzwesen, usw.) der Staat. In einem solchen Verhältnis können Grundrechte stets nur Abwehrrechte sein, da der Staat selbst nur insoweit Rechte hat, als sie ihm von den Bürgern eingeräumt werden; er ist in seiner Machtausübung durch die Grenzen dieser Rechtseinräumung beschränkt. Im Sinne einer objektiven Wertordnung dagegen ist der Staat das Primäre und tatsächlich „die Wirklichkeit der sittlichen Idee" (Hegel). Als Hüter der Wertordnung ist er geradezu verpflichtet, die Gesellschaft nach Maßgabe dieser Wertordnung umzuformen. Die Grundrechte verwandeln sich dadurch aus gegen den Staat gerichtete Abwehrrechte in gegenüber der Gesellschaft durchzusetzende Wertnormen. Die Umdeutung der Grundrechte in Werte erzeugt automatisch die Drittwirkung:

> *„Denn wenn man schon die Grundrechte zu Werten erklärte, dann lag die Frage nahe, warum diese Werte (Gleichheit, Meinungsfreiheit usw.) nur im Verhältnis des einzelnen zum Staate bestehen sollen; dann mußte die Ausdehnung des Wertes auf alle Rechtsbeziehungen, also auch der Rechtsgenossen untereinander, als konsequente Werteverwirklichung erscheinen. Der Wert hat seine eigene Logik."*[222]

Mit der Bestimmung der Grundrechte als Wertordnung wird die Stellung des Staates zweideutig. Vordergründig ändert sich zunächst einmal nichts, da weiterhin der materielle Gehalt der Grundrechte unangetastet bleibt und scheinbar nicht mehr passiert ist, als den Grundrechten eine zusätzliche ethische Dimension zu verleihen. Hintergründig verändert sich das Verhältnis von Staat und Bürger grundlegend. Während im Rahmen der grundrechtlichen Abwehrfunktion der Bürger der aktive Part

222 E. Forsthoff: Die Umbildung des Verfassungsgesetzes, in: Forsthoff, S. 139

ist, der berechtigt ist, gegen staatlicherseits vorgenommene Grundrechtsverstöße vorzugehen, wird nun der Staat der aktive Part, der über Gefährdungen der Wertordnung urteilt. Als Hüter der Wertordnung ist der Staat berechtigt, diese auch gegen den Bürger durchzusetzen. Während abwehrrechtlich der Staat in die Pflicht genommen wird, wird nun der Bürger auf die Wahrung der Wertordnung verpflichtet.

Es muß – ebenso wie hinsichtlich der permanent und vehement betonten Gemeinschaftsgebundenheit – verwundern, wie solche Begriffe wenige Jahre nach dem extrem gemeinschaftsgebundenen und wertorientierten Nationalsozialismus leitend werden konnten. „An Wertgebundenheit hat es dem nationalsozialistischen Staat nicht gefehlt“[223], wie Rüdiger Bittner zu bedenken gibt. Auch der in dieser Hinsicht nicht ganz verläßliche Carl Schmitt kommentierte sarkastisch: „Hitler erklärte (vor der Presse am 10. November 1938) den Menschen, und zwar den deutschen Menschen, zu einem ›unvergleichlichen Wert‹, das deutsche Volk war der ›Höchstwert, den es überhaupt auf der Erde‹ gibt.“[224] Hätten nicht viel eher, um sich vom Nationalsozialismus abzusetzen, der Primat des Individuums und die liberalen Freiheitsrechte in den Vordergrund gerückt werden sollen? Hier zeigt sich, daß eine Wertordnung sich in vielen Gestalten verwirklichen kann; der Begriff der Wertordnung allein besagt gar nichts. Eine genauere Konkretisierung, welche Werte denn zur bundesrepublikanischen Wertordnung gehören sollen, ist nie erfolgt. Einer expliziten Berufung auf eine christlich-konservative Wertordnung, wie sie in der Atmosphäre der 50er Jahre nahegelegen hätte, mußte man sich – ebenso wie bei einem Verzicht auf die von manchen gewünschte Anrufung Gottes bei der Abfassung von Art. 1 GG – aus Rücksicht auf die weltanschauliche Neutralität des Staates und die Hetero-

---

223 R. Bittner in: Brandhorst/Weber-Guskar, S. 106

224 C. Schmitt 2011, S. 18

genität der Gesellschaft versagen. Die Grundrechte selbst, was wohl intendiert gewesen ist, als Werte aufzufassen, ist eine Tautologie: Die Grundrechte bilden eine Wertordnung, und die Werte der Wertordnung sind Grundrechte. In die Leerformel der Wertordnung kann daher jeder alles Erstrebenswerte, was es auch immer sei, hineingießen.

Mit der Menschenwürde ist das Grundgesetz bereits über die herkömmlichen Formen von Verfassungstexten hinausgegangen. Es wird durch die Einführung des Würdeprinzips deutlich gemacht, daß auch der Grundrechtsabschnitt mehr sein will als eine Auflistung von Bürgerrechten. Was aber mehr sein will als eine *Rechtsordnung* kann nur eine Wertordnung sein, die in ihrem über das Rechtliche hinausgehenden „Mehrwert" sich auch freimacht von den relativ engen Regularien korrekter Gesetzesauslegung und sich den weit freizügigeren Gefilden von Metaphysik, Religion und Politik öffnet, in die es wesentlich leichter fällt hineinzulegen, was man selbst gern als Recht verwirklicht sehen möchte.[225] Ohne das Menschenwürdeprinzip wäre die Idee, den Rechtstext einer Verfassung auch als ethische Wertordnung zu deuten, möglicherweise gar nicht erst

225 Forsthoff weist eindringlich auf die Gefahren einer solchen Vorgehensweise hin: „Die geisteswissenschaftliche Methode, welche die Grundrechte in objektive Ordnungen umdeutet und als Werte versteht, kann diese Objektivation und das Wertverständnis nur im Ausgriff auf die jeweilig umlaufenden und anerkannten Anschauungen und Überzeugungen gewinnen. Es läßt sich nicht bestreiten, daß sich auf diese Weise ethische und sittliche Gehalte in die Verfassung hineinlegen lassen. Kategorisch zu verneinen ist jedoch, daß der Verfassung auf diese Weise zu einer größeren Gewähr verholfen wird. Wer daran glaubt, muß sich entgegenhalten lassen, daß er die Besonderheit dieses Jahrhunderts … mit seinen Auf- und Abwertungen, seinen unendlichen geistigen Fluktuationen noch nicht begriffen hat. … Die Verfassung als Gefäß variabler Gehalte ist … niemandem im Wege, so daß es sich nicht lohnt, sie abzuschaffen." (Ernst Forsthoff: Zur heutigen Situation einer Verfassungslehre, in: Forsthoff, S. 224

aufgekommen.[226] Stolleis bemerkt, deutlich ironisierend, zur Umdeutung der Verfassung als Wertordnung:

> *„Im Grunde war es ein revolutionärer Vorgang, bei dem eine wertbestimmte, ›politische‹ Verfassung der alten Rechtsordnung vorgeordnet und schrittweise eingeschrieben werden sollte. Nur wenigen kritisch eingestellten Beobachtern fiel auf, dass dies – nun freilich unter ›guten‹ demokratischen Vorzeichen – eine methodische Reprise der ›Umwertungen‹ von 1933 war.“*[227]

Schon Dürig hat auf die Problematik dieses Perspektivenwechsels aufmerksam gemacht[228]. Art. 9 beschreibt das Individualrecht der Vereinsbildung. Die aus diesem Recht hervorgegangenen Vereinigungen haben zum Teil auch eine wichtige öffentliche Funktion – zum Beispiel Gewerkschaften und Tarifverbände. Es wäre nun aber falsch zu sagen, zur Erfüllung öffentlicher Funktionen seien Vereinigungen notwendig, weshalb man ein Vereinigungsrecht gestiftet habe. Dieses Recht gründet nicht in einer wertordnungshaften Hochschätzung der sozialen Funktion von Institutionen, sondern ergibt sich aus der Konkretisierung des Rechts auf freie Entfaltung der Persönlichkeit (Art. 2). „Die öffentliche Funktion der Einrichtungen ist nicht ihr angelegter Zweck, sondern die Folge (um nicht zu sagen: das ›Nebenprodukt‹) der Betätigung des allein kausalen Individualrechts.“[229]

---

226 „Die entscheidende Weiche … wurde in den fünfziger Jahren gestellt, als eine wertephilosophische Deutung der Würdenorm rasch Dominanz erlangte, die dem christlich-naturrechtlichen Denken entsprang. […] Die Absicht des Parlamentarischen Rates, diese Norm gerade nicht als Brückenschlag zu Philosophie und Theologie zu verstehen, sondern als antitotalitäres Versprechen … geriet relativ rasch in Vergessenheit.“ (Baldus, S. 252 f.)

227 M. Stolleis, S. 218

228 vgl. G. Dürig 1979, S. 47 (98)

229 ebd.

Ein wesentliches Problem einer objektiven Wertordung besteht darin, daß vollkommene Freiheit und Gleichheit in der Praxis schlechterdings niemals verwirklicht werden können. Dem steht die Endlichkeit knapper Ressourcen entgegen. Ein Wohnungsbesitzer, der auf ein Vermietungsinserat 50 Anfragen erhalten hat, kann seine Wohnung nur an eine Partei vermieten und muß daher 49 andere „diskriminieren." Einem Schulabgänger, der mangels Lehrstellen nicht seinen Traumberuf als Kfz-Mechaniker ergreifen kann und sich als Metzger verdingen muß, wird sein Recht auf freie Entfaltung der Persönlichkeit verwehrt. Gerade eine solche, oberflächlich betrachtet, banale und alltägliche Zwangslage hat für seinen gesamten späteren Lebensweg und sein Lebensglück eine viel gravierendere Auswirkung als etwa das Verbot gewisser politischer Meinungsäußerungen. Um eine wirklich gleichmäßige Verteilung von Freiheits- und Gleichheitschancen zu gewährleisten, bliebe eigentlich nur übrig, Wohnungen und Arbeitsplätze usw. per Losverfahren zu vergeben. Nur so könnte eine Benachteiligung aufgrund individueller Zufälligkeiten („falscher" Wohnort, „falsches" Aussehen etc.) verhindert werden. Zum regelungsheischenden Problem werden diese Zufälligkeiten ja erst dadurch, daß gewissermaßen in der Natur der Dinge liegende, unvermeidliche Unfreiheiten und Ungleichheiten unter dem Horizont einer objektiven Wertordnung nicht länger hingenommen werden dürfen. Wird Gleichheit als Recht auf Gleichbehandlung verstanden, so wird von allen realen Unterschieden abgesehen, die nicht den jeweiligen Handlungszweck betreffen, was den Aktionsraum des Ver-Gleichens begrenzt. Gilt Gleichheit dagegen als Wert, so muß Gleichheit hergestellt werden, denn nur so kann der Wert verwirklicht werden. Dies öffnet den Weg zur völligen materiellen Gleichheit. Ein Recht wird angewandt, ein Wert wird verwirklicht. Mit der Verwandlung der Grundrechte von gegen den Staat gerichteten Abwehrrechten in gesellschaftsbezogene Wertnormen geht auch eine Verwandlung aus einer Mindestgarantie in eine Maximalgarantie einher. Wenn die Grundrechte als an den Staat adressiert betrachtet werden, dann sollen diese den Staat nur daran hindern, über die quasi „natürlichen“ Unfreiheiten und Ungleichheiten hinaus „künstliche“ zu erzeugen – durch Einschränkung der Bewegungsfreiheit („Bindung an die Scholle“), durch Verbot von Religionen und Parteien, durch Benachteiligung wegen Geschlecht, Abstammung, Rasse, usw. Wenn die Grundrechte dagegen als ein auf die Gesellschaft gerichteter Handlungsauftrag des Staates angesehen werden, dann heißt dies, daß durch den Staat ein Maximum an Freiheit und Gleichheit hergestellt werden soll.

Während eine Mindestgarantie sich bereits durch einfaches Unterlassen verwirklichen läßt, kann eine Maximalgarantie wegen der Knappheit der Freiheits- und Gleichheitschancen prinzipiell niemals zur Gänze eingelöst werden. Es muß also eine Auswahl erfolgen. Wie anhand der Diskussion um die Antidiskriminierungsgesetzgebung ersichtlich wurde, erhalten im Rahmen eines parteipolitischen Klientelverhältnisses bestimmte Bevölkerungsgruppen das Privileg der Anerkennung als potentielle Diskriminierungsopfer, was wiederum Schutz und Förderung von seiten des Staates nach sich zieht. Von jeher konzentrierten sich gesellschaftliche Machtkämpfe auf den Zugang zu knappen Ressourcen, und ebenso strebten schon immer die Gewinner dieser Machtkämpfe danach, durch Verrechtlichung, ideologische Überhöhung und Institutionalisierung ihre privilegierte Position auf Dauer zu stellen. Dabei waren sie freilich immerhin so fair, die diesen Privilegien zugrundeliegende soziale Ungleichheit einzugestehen. Jeden denkenden Menschen muß aber empören, daß heutzutage Privilegierung im Namen der Gleichheit stattfindet.

Die Wendung zu einer Deutung der Grundrechte als objektive Wertordnung hat bekanntlich mit dem legendären Lüth-Urteil eingesetzt. Dabei ging es um einen zwar politische Dimensionen besitzenden, aber dennoch primär privatrechtlichen Streit zwischen Veit Harlan und Senatsdirektor Lüth und faktisch um die Frage, ob der ruf- und geschäftsschädigende Boykottaufruf Lüths durch das Recht auf Meinungsfreiheit abgedeckt sei. Es ging wohlgemerkt nicht darum, den gerade abgedrehten Film Harlans durch staatliche Stellen verbieten zu lassen. Durch das Urteil des Bundesverfassungsgerichts wurde Herrn Lüth als Privatperson das Recht eingeräumt, die menschenwürdebezogene Problematik des Falles Harlan zu thematisieren. Aus der ursprünglichen *Erlaubnis*, auch im Privatverkehr die Menschenwürdethematik geltend zu machen, ist mittlerweile eine Pflicht geworden. Die Verschärfung der wertordnungsmäßigen Orientierung zeigt sich darin, daß jetzt schon die Kritik an den diskriminierungsmäßig notorischen Bevölkerungsgruppen unter Strafe gestellt wird. Auch ohne ein spezifisches Antidiskriminierungsgesetz ist diese Zielsetzung bereits weitgehend durch die Neufassung des Volksverhetzungsparagraphen 130 StGB verwirklicht. Als Straftatbestand gilt nämlich unter anderem der Angriff auf die „Menschenwürde", indem man „Teile der Bevölkerung beschimpft, böswillig verächtlich macht oder verleumdet."

Durch die Objektivierung der Wertordnung verändert sich zudem auch der Charakter justitiablen Verhaltens. „›Werte‹ können nur verbal verletzt werden, für Rechtsverletzungen braucht man juristische Tatbestände ..."[230] Wenn Grundrechte nicht primär als gesetzliche Bestimmungen, sondern als quasireligiöse, ethische Werte betrachtet werden, dann verändert sich dadurch die Beziehung der Bürger zu diesen Normen. Gesetzestreues Verhalten ist bereits dann gegeben, wenn man rein *äu-*

230 J. Schüßlburner 2000, S. 8

ßerlich den gesetzlichen Regelungen Folge leistet. Eine innere Zustimmung wird nicht verlangt. Beispielsweise kann man in der Öffentlichkeit den Sinn einer bestimmten Geschwindigkeitsbegrenzung (Tempo 80 auf einer breiten, übersichtlichen Landstraße) anzweifeln – und zwar auch öffentlich; man wird erst bestraft, wenn man im aktuellen Handeln dieses Tempolimit überschreitet. Ein Wert dagegen, der immer auch eine moralische Größe ist, verlangt darüber hinaus eine innere Zustimmung. Die Geltungsweise eines Gesetzes beschränkt sich auf den äußeren Vollzug, ein Wert jedoch muß, um wirklich Wert zu sein, vom Gewissen als wahr anerkannt werden. Die Kritik an einem Gesetz bleibt folgenlos und ist deshalb erlaubt, weil durch diese Kritik die Geltungsweise des Gesetzes nicht geschmälert wird. Gesetze beziehen sich auf das Handeln, Werte auf einen Glauben. Durch die Kritik an einem Wert wird dieser in seiner Geltungsweise beeinträchtigt, da diese auf Zustimmung angewiesen ist. Ein Wert, dem man keinen Wert zubilligt, ist wertlos. Eine Wertordnung kann keine Kritik dulden, da im Gegensatz zu einer reinen Gesetzesordnung bereits die Kritik und nicht erst der Verstoß in einem manifesten Handlungsvollzug diese Ordnung negiert. Durch die Errichtung einer objektiven Wertordnung wird die nach den frühneuzeitlichen Religionskriegen entstandene, liberale Trennung zwischen öffentlich und privat, außen und innen, wieder eingeebnet. Neben der klassischen, äußerlichen Gesetzestreue wird auch eine wertordnungsmäßig korrekte Gesinnung *verlangt.*

Als Instanz der Gesinnungskontrolle hat sich der *Verfassungsschutz* herausgebildet. Der Verfassungsschutz ist ja keine polizeiliche Organisation, die strafrechtsrelevante politisch motivierte Kriminalität (Hochverrat, Terrorismus, Gewalt gegen Andersdenkende usw.) bekämpft, sondern eine Institution, die nicht der Wertordnung entsprechende Gesinnungen beobachtet und anprangert. Die im Grundgesetz verkörperte Wertordnung bedarf wie alle heiligen Texte der Auslegung. Es gibt aber keinen außerhalb des Systems liegenden absoluten Punkt, der eine echt objektive, „interesselose" Auslegung garantieren könnte; die Auslegung erfolgt vielmehr gemäß der Interessen der systeminternen Mitspieler. Die Auslegung der grundgesetzlichen Wertordnung wird von der herrschenden politischen Klasse zu ihren Gunsten monopolisiert und zur Bekämpfung systemoppositioneller politischer Strebungen gebraucht. Die Wertordnung ist damit nichts weniger als objektiv. Sie ist eine herrschaftsstabiliserende Ideologie. In einem normalen, liberaldemokratischen politischen System müßte jede politische Bewegung, die ihre Ideen auf friedliche Weise propagiert und die Meinungsfreiheit konkurrierender Bewegungen achtet, als legal und gleichberechtigt anerkannt werden. In einem wertordnungsmäßig fundierten politischen System kann es eine solche Liberalität nicht geben. Durch die Monopolisierung der Auslegung der Wertordnung von seiten der herrschenden politischen Klasse wird jegliche Kritik an dieser als Angriff auf die Wertordnung gedeutet. Die Umfunktionierung des Verfassungsschutzes zu einem politischen Kontrollorgan und der dadurch bewirkte Machtzuwachs dieser Institution gehen zeitlich einher mit der Etablierung der objektiven Wertordnung. Beide Entwicklungen bedingen einander: Die Wertordnung findet im Verfassungsschutz ihr materielles Exekutivinstrument, der Verfassungsschutz wiederum erhält durch die Wertordnung seine normative Fundierung.

Die wertordnungsmäßige Durchdringung der bürgerlichen Öffentlichkeit zeigt sich nirgends deutlicher als gerade im Vergleich mit der Ausgangslage des Lüth-Urteils, das am Beginn dieser Entwicklung stand. Das Lüth-Urteil bezog sich auf eine rein privatrechtliche Problematik: Es ging hierbei um die Frage, ob das Recht Lüths auf Meinungsfreiheit höher zu bewerten sei als der geschäftsschädigende Einfluß von dessen

Boykottaufruf auf Harlans Filmproduktion. Aus dem im Privatverhältnis Lüth – Harlan Herrn Lüth eingeräumten *Recht* auf Meinungsäußerung ist mittlerweile die staatlicherseits zu exekutierende *Pflicht* geworden, wertordnungswidriges Verhalten zu verfolgen. Allerdings ist Lüths Kritik an Harlan nur formal betrachtet ein rein privatrechtlicher Vorgang, da diese ja – im Gegensatz beispielsweise zu einer persönlichen, auf das Individuelle abzielenden Beleidigung – auf einem grundrechtlichen Werteverständnis beruht. Die Privatperson Lüth hat gegenüber der durch seine nationalsozialistische Vergangenheit problematischen Persönlichkeit Harlans als „Hüter der Grundrechte" gehandelt und damit eine öffentliche Funktion wahrgenommen. Lüths Handeln läßt sich formaljuristisch als Notstand oder Selbsthilfe (BGB § 228, 229) bezeichnen, da durch seine Kritik der für das Ansehen und die innere Ordnung der BRD schädliche Einfluß eines notorisch nazistischen Ideologieproduzenten (so zumindest in der Sichtweise Lüths) eingedämmt werden soll. Derartige Selbstverteidigungsrechte werden vom Staat aber nur in Ausnahmefällen, in denen unmittelbare Gefahr droht und keine anderweitige Abhilfe möglich ist, eingeräumt, da diese im Prinzip dem staatlichen Gewaltmonopol zuwiderlaufen. Es ist daher naheliegend, daß der Staat einen solchen Freibrief grundrechtsorientierter Handlungsermächtigung baldmöglichst wieder einzieht und die sich gegen Privatpersonen richtende Grundrechtsdurchsetzung in eigener Regie ausübt. Dies ist allerdings nicht geschehen, vielmehr wurde die Privatisierung antifaschistischer „Demokratieverteidigung" sogar institutionalisiert.

Metaphysische Aussagen über das Wesen des Menschen in Form einer durch Objektivierung der Grundrechte (nebst Menschenwürde) gewonnenen Wertordnung sind in einem juristischen Diskurs fehl am Platze. Verlieren sie sich im Ungefähren, dann ermangeln sie der Begründungskraft für das, was sie begründen sollen. Werden sie dagegen konkreter gefaßt, verlieren sie ihre allgemeine Zustimmungsfähigkeit, weil angesichts der weltanschaulichen Pluralität moderner Gesellschaften jede Art metaphysischer Aussagen mit guten Gründen bestritten werden kann. Gravierender freilich ist folgendes: Verfassungsrechtlich fixierte metaphysische Aussagen über das Wesen des Menschen erteilen dem Staat den Auftrag, dieses Wesen zu verwirklichen, weil jede staatliche Ordnung dem menschlichen Wesen entsprechen muß. Dieser Gestaltungsauftrag muß im Zweifelsfall auch gegen den Willen der Betroffenen durchgesetzt werden. Nehmen wir das metaphysische Kriterium der Selbstbestimmung. Denkbar ist eine Entwicklung, die in der Tat auch historisch von der kulturmarxistischen Neuen Linken der 60er Jahre angestrebt wurde und darauf abzielte, den kulturindustriellen Verblendungszusammenhang, der die Menschen zur Verkennung ihrer eigenen Lage und zur Akzeptanz ihrer Unterwerfung unter die heteronomen Profitinteressen des Kapitals veranlaßt, zu beseitigen, damit die Menschen endlich zu wahrer Selbstbestimmung befreit werden können. Aber was ist, wenn die Menschen sich gerne berieseln lassen und nicht von den Gralshütern der Eigentlichkeit belehrt werden wollen? Sie werden so zur Selbstbestimmung fremdbestimmt, eine Konstellation, die das bekannte logische Paradoxon des Befehls: „Sei frei!" variiert. Ein liberaler Rechtsstaat darf nicht beanspruchen, das allgemeine Wesen des Menschen zu verwirklichen. Er hat sich damit zu bescheiden, dafür zu sorgen, daß alle Menschen ihr je eigenes Wesen verwirklichen können. Das Recht hat nicht das Recht, ins Innere des Menschen zu schauen, um dessen Wesen zu erkunden. Weiter als in den Bereich des beobachtbaren Handelns darf sein Blick nicht reichen.

Die Unantastbarkeit und ihre Konsequenzen

Die dritte und sicherlich insgesamt (und nicht nur hinsichtlich der praktischen und politischen Folgen) problematischste Bestimmung ist die der Unantastbarkeit. Diese wird mit Unverletzlichkeit gleichgesetzt. Von nahezu jedem Kommentator dieser Qualifikation wird zu Recht die Frage gestellt, warum etwas Unverletzliches des *Schutzes* bedarf? Ebenso problematisch sind die sowohl dogmatischen wie rechtspraktischen Konsequenzen der Absolutheit der Würdenorm. Führt deren Absolutsetzung nicht zu einer lähmenden und wirklichkeitsfremden Präjudizierung von Entscheidungsprozessen in Rechtsprechung und Politik, weil bei Konflikten stets der Gesichtspunkt gewählt werden *muß*, der einen stärkeren Gehalt an Menschenwürde aufweist? Schließlich soll auch noch kurz der Frage nachgegangen werden, ob das BVerfG zu einer Klärung und einer praktikablen Vorgehensweise beitragen konnte.

Wörtlich genommen, behauptet der Satz, „die Würde des Menschen ist unantastbar" eine apriorische, prinzipielle Gültigkeit, die in der Realität prinzipiell nie beeinträchtigt werden kann. Wenn die Würde tatsächlich unantastbar wäre, dann kann sie auch nicht durch grausame Folter, schonungslose Ausbeutung oder sonstwelche Unterdrückung angetastet werden. Um die Allgemeingültigkeit der Menschenwürde annehmen zu können, muß man einen unverlierbaren Menschenwürdekern behaupten, der nicht durch ein an sich objektiv der Würde zuwiderlaufendes Handeln beeinträchtigt werden kann. Wenn dieser Kern je schon gegeben ist, stellt sich die Frage, auf was eigentlich sich ein Menschenwürdeschutz beziehen soll. Dieses Problem wird in der Literatur sehr häufig thematisiert. Nur als ein Beispiel unter vielen sei eine Stellungnahme von Manfred

Baldus zitiert: „Warum sollte das, was gar nicht verloren werden kann, überhaupt durch das Recht geschützt sein …?“[231]

Für dieses Problems werden zwei Lösungswege aufgezeigt. Der eine besteht darin, neben einem nicht-beeinträchtigbaren Menschenwürdekern zusätzlich eine verletzbare „Menschenwürdeoberfläche“ anzunehmen. Dies erlaubt, an der Allgemeinheit der Menschenwürde festzuhalten und zuleich Verletzungen der „Würdeperipherie“ ahnden zu können. Robert Spaemann spricht recht nebulös davon, daß „der Begriff der Menschenwürde in einem Bereich angesiedelt ist, der dem Dualismus von Sein und Sollen vorausliegt[232], während Manfred Kriele in einem Diskussionsbeitrag zu Spaemanns Referat feststellt: „Zum einen wird juristisch die Voraussetzung der Verletzlichkeit der Würde aufgestellt. Philosophisch/theologisch werde die Unverletzlichkeit ausgesprochen.“[233] Deutlicher tritt das Gemeinte bei Dietmar von der Pfordten hervor: „Heißt es also in Art. 1 GG …, dass die Menschenwürde unantastbar sei, so gilt dies in beschreibender bzw. faktischer Hinsicht nur für die große Menschenwürde.“[234] Mit „großer Menschenwürde“[235]

231 M. Baldus, S. 161

232 R. Spaemann in: Böckenförde/ Spaemann, S. 297

233 ebd., S. 314

234 D. von der Pfordten, S. 89

235 Der Begriff „große Menschenwürde“ ist vom genannten Autor „erfunden“ worden. Von der Pfordten unterscheidet vier verschiedene Typen von Menschenwürde, denen er unterschiedliche Inhalte und Geltungsbereiche zuweist. Vergleichbare Begriffsdifferenzierungen nehmen auch andere Autoren vor. Damit soll das Problem einander widersprechender Inhalte innerhalb eines Begriffs umgangen werden. Ich halte es für keine glückliche Vorgehensweise, ein Problem durch Aufteilung zum Verschwinden bringen zu wollen. Das Problem verschwindet nämlich nicht, sondern wird nur verschoben. Wenn die vier Typen Differenzierungen eines gemeinsamen Prinzips sind, so muß angegeben werden können, was deren im übergeordneten Prinzip enthaltene Gemeinsamkeit ausmacht. Vielversprechender erscheint das – in ähnlicher Weise auch von anderen Autoren unternommene – Vorhaben von Franz Josef Wetz, den deskriptiven mit dem normativen Würdebegriff dadurch zu

bezeichnet von der Pfordten „eine nichtkörperliche, innere, im Kern unveräußerliche, notwendige und allgemeine Eigenschaft des Menschen, […] die am besten als Selbstbestimmung über die eigenen Belange“[236] zu verstehen sei. In dieser Konzeption gehört die Menschenwürde zum Wesenskern des Menschen. In klassischer metaphysischer Sprache ist das Wesen das allem Erscheinenden unveränderlich Zugrundeliegende (lat.: substantia; griech.: hypokeimenon). Verändert und mithin auch verletzt werden nur die der Grundsubstanz angehängten Akzidenzien. Wenn dieser Kern durch ein irgendwie geartetes Handeln gar nicht betroffen werden kann, stellt sich die Frage, auf was eigentlich sich ein Menschenwürdeschutz beziehen soll. Überaus kritisch äußert sich Ulfrid Neumann:

> *„... die als metaphysische Qualität verstandene Menschenwürde kann durch Handlungen gegenüber dem empirischen Subjekt nicht beeinträchtigt werden. Ist die Menschenwürde, als metaphysische Qualität, unantastbar in der faktischen Bedeutung des Wortes, dann läuft die Forderung nach dem Schutz dieser Würde notwendigerweise leer. […] Der Ontologisierung der Menschenwürde korrespondiert eine Entnormativierung und damit ein Verlust an schützender Kraft.“*[237]

Dieses metaphysische Menschenwürdeverständnis kann die verfassungsrechtlich angestrebte Schutzfunktion nicht nur nicht begründen, sondern läuft dieser geradezu entgegen.

Vielversprechender scheint der zweite Lösungsweg zu sein. Dieser deutet den Satz von der Unantastbarkeit der Menschen-

---

verknüpfen, daß aus dem deskriptiven, mitgifttheoretischen Wesensmerkmal eines Würdekerns folgt, diesen leistungstheoretisch und nun normativ verstanden als „Gestaltungsauftrag“ zu entfalten (vgl. F. J. Wetz: Einleitung, in: Wetz 2020, S. 15f.).

236 ebd. S. 9f.

237 U. Neumann in: Kettner, S. 59

würde nicht deskriptiv, sondern normativ. Der Satz ist also so zu verstehen, daß die Menschenwürde nicht angetastet werden *darf.* Die herrschende juristische Lehre folgt dieser Auffassung.[238] Es tut sich allerdings ein deutlicher Unterschied zwischen dieser und stärker metaphysisch geprägten Konzeptionen in der Philosophie auf, was nicht nur für dieses Thema zutrifft. Deshalb sieht sich Neumann veranlaßt, zu betonen:

> *„Ich werde im Folgenden erörtern, ob das in der Rechtsphilosophie traditionell dominierende Verständnis der Menschenwürde durch eine normative Interpretation ersetzt werden kann (und sollte), der zufolge Menschenwürde nicht als Eigenschaft zu verstehen ist, sondern als das Recht, von gravierenden Verletzungen bestimmter elementarer Interessen verschont zu werden.“*[239]

Ein solches Verständnis drängt sich allein schon deshalb auf, weil es nicht nur dem üblichen juristischen Sprachgebrauch, sondern vor allem auch dem des Grundgesetzes entspricht, was aus der Formulierungsweise der Artikel 10[240] und 13[241] erhellt. Es besteht aber ein großer systematischer Unterschied zwischen der Wahrung des Briefgeheimnisses und der Wahrung der Menschenwürde. Während das Briefgeheimnis erst durch die Respektierung der Nichtzugänglichkeit des Briefverkehrs für Dritte entsteht, ist die Menschenwürde immer schon vorhanden[242], weil vorausgesetzt wird, daß sie jeder Mensch besitzt.

238 „So gut wie unbestritten, ist …, daß der Satz von der Unantastbarkeit der Menschenwürde präskriptiv, nicht deskriptiv gemeint ist.“ H. Dreier in Seelmann, S. 33

239 U. Neumann in: Neumann et al., S. 160

240 Art 10: „Das Briefgeheimnis sowie das Post- und Fernmeldegeheimnis sind unverletzlich.“

241 Art 13: „Die Wohnung ist unverletzlich.“

242 „Wie schon die Formulierung: ›Die Würde des Menschen ist unantastbar‹ zeigt, ist dieser Eigenwert als etwas immer Seiendes, als etwas un-

Ein Rest Metaphysik läßt sich, nebenbei bemerkt, offensichtlich nur schwer heraustreiben. Während das Briefgeheimnis durch Mißachtung unmittelbar verletzt wird, ist nicht klar, was eine Mißachtung der Menschenwürde eigentlich bewirkt. Auch der verdeckt metaphysische normative Ansatz gelangt zum selben argumentativen Dilemma wie der offen metaphysische deskriptive: Wie kann Menschenwürde überhaupt angetastet werden, wenn sie immer schon vorhanden und prinzipiell unverlierbar ist? Das BVerfG hat eine mittlerweile zum klassischen Topos gewordene Formel gefunden, um aus diesem Dilemma herauszukommen: Die Menschenwürde könne keinem Menschen genommen werden, verletzbar sei nur der sich aus ihr ergebende Achtungsanspruch.

> *„Mit dem Begriff der Menschenwürde knüpft das Gesetz erkennbar an den Gehalt des Art. 1 Abs. 1 Satz 1 GG an. Das Bundesverfassungsgericht versteht ihn als tragendes Konstitutionsprinzip im System der Grundrechte ... Mit ihm ist der soziale Wert- und Achtungsanspruch des Menschen verbunden, der es verbietet, den Menschen zum bloßen Objekt des Staates zu machen oder ihn einer Behandlung auszusetzen, die seine Subjektqualität prinzipiell in Frage stellt. Menschenwürde in diesem Sinne ist nicht nur die individuelle Würde der jeweiligen Person, sondern die Würde des Menschen als Gattungswesen. Jeder besitzt sie, ohne Rücksicht auf seine Eigenschaften, seine Leistungen und seinen sozialen Status. Sie ist auch dem eigen, der aufgrund seines körperlichen oder geistigen Zustands nicht sinnhaft handeln kann. Selbst durch ›unwürdiges‹ Verhalten geht sie nicht verloren. Sie kann*

verlierbar und unverzichtbar *Vorhandenes* gedacht, so daß von vornherein der Wertanspruch des Wertträgers *nicht* darauf gerichtet sein kann, ihm durch positives Tun diesen Wert zu *verschaffen*." (Dürig 1956, S. 117)

keinem Menschen genommen werden. Verletzbar ist aber der Achtungsanspruch, der sich aus ihr ergibt."[243]

Verletzbar ist also nicht die Menschenwürde selbst, die als solche außerhalb des Rechts steht, sondern die Pflicht zu deren Achtung. Nur diese Pflicht kann, wie jede Pflichtvergessenheit, Gegenstand des Rechts sein. Mit einem vielleicht etwas gewagten Vergleich läßt sich dieses Verhältnis verdeutlichen: Gott kann nicht verletzt werden, wohl aber die Pietät, wenn man sich in einer Kirche ungebührlich aufführt.

Aber auch dieser Lösungsweg muß sich mit Einwänden auseinandersetzen. Oliver W. Lembcke fragt hinsichtlich des Anspruchsanspruchs zu Recht, „weshalb die unverlierbare Würde auf einen solchen Anspruch angewiesen sein soll."[244] Seines Erachtens „verschiebt sich im Grunde die Problematik um eine weitere Ebene", was keine Lösung sein kann. Manfred Baldus macht des weiteren auf einen Widerspruch zu Dürigs Aussage, die Menschenwürde könne, weil sie immer vorhanden ist, nicht verschafft werden, aufmerksam, „dass die Würdenorm den Staat verpflichte[245], jedem ein menschenwürdiges Existenzminimum zu sichern. Sinnvoll gedacht werden konnte diese Pflicht aber doch nur, wenn der Mensch unter bestimmten wirtschaftlichen Verhältnissen gerade auch seine Würde verlieren konnte."[246]

Nach diesem Überblick über wichtige Aspekte der diesbezüglichen Diskussion möchte ich eine eigene Einschätzung abgeben.

Zunächst eine gewissermaßen technische Vorbemerkung zur Begriffsklärung. Aus für mich nicht erkennbaren Gründen

243 BVerfGE 87, 209 – Urteil zum Verbot des Films „Tanz der Teufel" (20. Oktober 1992)

244 O. W. Lembcke in: Schaal, S. 77

245 so nach der neueren Rechtsprechung des BVerfG

246 Baldus, S. 161

ist in diese Diskussion der Begriff der Unverlierbarkeit eingedrungen, der zudem mit dem der Unantastbarkeit gleichgesetzt wird. Beide Begriffe sind aber nicht synonym. Ein Diebstahl tangiert weder das Eigentumsrecht als solches noch mein konkretes Eigentumsrecht an dem gestohlenen Gegenstand. Durch den Diebstahl verliere ich nicht mein Recht auf diesen Gegenstand. In analogem Sinne geht auch durch eine demütigende Behandlung meine Würde, die mein Eigentum ist, nicht verloren. Auch wenn ich meine Würde nicht mehr zum Ausdruck bringen kann, ist sie in mir selbst noch vorhanden. Wenn man mich betrunken macht und ich nur noch wirres Zeug rede, kann ich meine Verstandesfähigkeit nicht mehr zum Ausdruck bringen, doch diese ist nicht verschwunden, sie kehrt, sobald ich wieder nüchtern bin, wieder zurück. Die Verhinderung des Gebrauchs einer Fähigkeit durch böswillige äußere Einwirkung beeinträchtigt nicht die Existenz dieser Fähigkeit.

Nach dieser Vorbemerkung kann ich meine Überlegungen zum ersten Hauptthema dieses Kapitels beginnen. Wie kann die Menschenwürde zugleich als fest zum Wesen des Menschen gehörend unverlierbar sein und dennoch durch böse menschliche Handlungen verletzt werden? Etwas ist entweder unzerstörbar und zwar unter allen Umständen oder eben doch zerstörbar. Die Unterscheidung zwischen den beiden Modi des Negierens: „verlieren und verletzen“ gleicht allzu sehr einem semantischen Taschenspielertrick, um ihr erkenntnisstiftende Bedeutung zuerkennen zu können.

Wenn in einer Bibliothek ein Buch falsch eingereiht wurde, ist es zwar nicht verloren, aber dennoch unauffindbar. Es ist nicht da; man hat es nicht. Es hat also keinen praktischen Sinn, zu sagen, es sei nicht verloren. Ebenso sinnlos ist die Behauptung, trotz massiver Würdeverletzung wäre die Würde weiterhin vorhanden. In dem Augenblick, wo ich gefoltert oder dem Gespött der grölenden Menge preisgegeben werde, habe ich keine Würde. Mit der Formel „unverlierbar, aber verletzbar" soll die deskriptive Lesart der Unantastbarkeit der Menschenwürde gerettet werden und zwar deshalb, weil man die unverrückbar zum Wesen des Mensch gehörende Menschenwürde mit der realen Entwürdigung vereinbaren muß. Das ist eine Aporie, die zwingend aus dem mitgifttheoretischen Substanzbegriff der Menschenwürde folgt.[247]

Dennoch ist diese Argumentationsfigur der *verletzbaren Unverlierbarkeit* nicht ganz so abstrus, wie es zunächst aussieht. Da die gesamte Menschenwürde-Thematik metaphysisch geprägt ist, liegt es nahe, metaphysische Kategorien heranzuziehen. Der Unterschied von unverlierbar und verletzbar liegt auf der Ebene des Unterschieds von Wesen und Erscheinung. Die Menschenwürde in ihrer Seinsweise als Wesen, gewissermaßen als platonische Idee im Ideenhimmel, ist unverlierbar, während sie in ihrer Seinsweise als Erscheinung in der konkreten Welt verlierbar ist. Da es dem Recht nicht um Ideen geht, sondern um Erscheinungen in der konkreten Welt, ist die Qualifikation als unverlierbar rechtlich ohne Belang. Das Recht kümmert sich nur um Beeinträchtigungen der Erscheinungsweise der Menschenwürde. Darum hindert die Qualifikation der Menschenwürde als wesenhaft unverlierbar nicht die Qualifikation der Menschenwürde als erscheinungsmäßig verlierbar.

Dennoch ist diese Dialektik unter dem Gesichtspunkt der Wertbestimmung problematisch. Ein Wert (als begrifflicher Gegenstand) erhält seinen Wert (als Rangmaßstab) im Ver-

247 Dieser Aporie entgeht die im nachfolgenden Kapitel vorgestellte Anerkennungstheorie, da sie auf die deskriptive Lesart verzichten und sich auf die normative („die Menschenwürde darf nicht angetastet werden") beschränken kann. Menschenwürde konstituiert sich dieser Theorie zufolge als Ergebnis von Anerkennungsvorgängen. Sie geht verloren, wenn die Anerkennung verweigert wird. Da Gesellschaft nur funktionieren kann, wenn sich alle Gesellschaftsmitglieder als in ihrer Rechtssubjektivität gleichwertig anerkennen, muß dieses Anerkennungsprinzip unantastbar sein.

gleich mit anderen Werten. Insbesondere kontrastiert er mit einem ihm direkt entgegengesetzten Unwert, die Freiheit also mit Unfreiheit/Unterdrückung, die Gleichheit mit Ungleichbehandlung/Diskriminierung. Die Werthaftigkeit eines Wertes ergibt sich also u.a. durch den Abstand zum kontrastierenden Unwert. Ganz praktisch: Man schätzt den Wert von Freiheit in besonderen Maße vor allem dann, wenn man die Unfreiheit kennengelernt hat. Der Bezug zum entgegengesetzten Unwert ist für die Werthaftigkeit eines Wertes konstitutiv. Etwas wird also nur dann als wertvoll empfunden, wenn die Vergegenwärtigung des entsprechenden Unwerts möglich ist. Auf eine kurze Formel gebracht: Es gibt keinen Wert ohne den entsprechenden Unwert.

Wie verhält sich dies nun mit dem Wert der Menschenwürde? Nach dem eben Gesagten kann die Menschenwürde nur dann ein Wert sein, wenn Würdelosigkeit bzw. Entwürdigung möglich ist. Gemäß der obigen metaphysischen Unterscheidung ist Entwürdigung auf der Erscheinungsebene durchaus möglich. Auf der Wesensebene ist aber kein dem Wert der Menschenwürde entsprechender Unwert erkennbar. Wie soll dann die essentielle Menschenwürde ein Wert sein, wenn sie mit nichts Vergleichbarem verglichen werden kann? Erst durch den Vergleich bildet sich ja der Wert. Man könnte nun einwenden, daß die Menschenwürde etwas Absolutes und damit einem Vergleich Enthobenes sei. Dann aber kann sie kein Wert sein, weil Werthaftes immer Vergleichbarkeit voraussetzt.

Man mag sich vielleicht fragen, ob derartige philosophische Überlegungen der Erörterung der verfassungsrechtlichen Funktion der Menschenwürde dienlich sind. Mit anderen Worten: Besteht dabei nicht die Gefahr, auf Abwege zu geraten und den eigentlichen Gegenstandsbereich zu verfehlen? Doch da die Menschenwürde das tragende Prinzip des Grundgesetzes ist und sich nach herrschender Lehre die Grundrechte von ihr ableiten, muß sich die dogmatische Verortung der Menschenwürde durchaus eine kritische Sondierung gefallen lassen. Zugestanden sei freilich, daß der Versuch unternommen werden muß, die durch die Berücksichtigung des Wertgesichtspunkt entstandene Aporie aufzulösen.

Zu diesem Zweck soll die diskursive Funktion der Begriffe „Wert", „unverlierbar", „verletzbar" untersucht werden. Im menschenwürdebezogenen Diskurs sind zwei Ebenen zu unterscheiden: die von Theorie und Praxis oder genauer: von ethischem Fundament und rechtlicher Konkretisierung. Auf der empirischen Ebene kontrastiert die Menschenwürde mit den Gegensätzen Würdelosigkeit bzw. Entwürdigung, wodurch sie auch ihren spezifischen Wert erhält. Hier kann auch die Würde verletzt werden bzw. in ihrer konkreten Erscheinungsweise verlorengehen. Davon unabhängig ist die Würde als Wesenseigenschaft des Menschen. Nach herrschender Lehre gehört die Würde ebenso zum Wesen des Menschen als ihn auszeichnendes Merkmal wie die Sprachfähigkeit. Die Sprachfähigkeit des Gattungswesens Mensch wird als solche nicht tangiert, wenn diese bei einzelnen Menschen z. B. durch eine Verletzung der Stimmbänder fehlt. Ebenso läßt sich behaupten, daß die Würdefähigkeit des Gattungswesens Mensch durch eine entwürdigende Behandlung einzelner Menschen nicht verlorengeht. Doch diese Analogie hat einen Haken. Die Sprachfähigkeit des Menschen ist eine objektive Tatsache, die sich im Sprechen der allermeisten Menschen ganz real zeigt. Von den empirisch beobachtbaren Sprechakten kann auf das Vorhandensein der Sprachfähigkeit geschlossen werden. Das Wesen manifestiert sich in der Erscheinung. Demgegenüber zeigt sich aber im Verhalten der Menschen nichts dem Zusammenhang von Sprachfähigkeit und Sprechen Vergleichbares. Was sich beobachten läßt, sind nur die bekannten temporäreren Ereignisse würdevollen Verhaltens, die an ganz spezifische Fähigkeiten und Voraussetzungen gebunden sind und keineswegs den Rückschluß auf eine generelle Würdehaftigkeit erlauben. Vielmehr legen sie die gegenteilige Annahme nahe, daß nur wenige Menschen immer und etliche Menschen gelegentlich Würde haben.

Schon wieder ist man bei einer Aporie angelangt. Aber halten wir kurz inne und beschränken uns zunächst auf das unmittelbar Greifbare und gemäß obiger Vorgabe auf die argumentative Zielsetzung des Menschenwürdediskurses. Mit dem Begriff der Menschenwürde soll eine normative Regelung bezeichnet werden, um bestimmte, einander ähnliche Verbrechen/Vergehen ahnden zu können wie Versklavung, Mißhandlung, Diskriminierung, Herabwürdigung zur bloßen Sache. Strafgesetze regeln den Verstoß gegen ein bestimmtes Rechtsgut: Mord – Leben, Diebstahl – Eigentum, Beleidigung – Ehre. In diesem Sinne ließe sich behaupten, daß die Menschenwürde das mit den genannten Verbrechen/Vergehen beeinträchtigte Rechtsgut beschreibt. Aber so einfach ist es nicht, denn es tun sich zwei Schwierigkeiten auf. Zum einen wird der genannte Tatbestandsbereich bereits durch spezifische Gesetze bzgl. Freiheitsberaubung, des Gleichheitsgrundsatzes, der körperlichen Unversehrtheit abgedeckt. Es ist also durchaus begründungsbedürftig, warum diese Unrechtstatbestände einem neuen, eigenständigen Rechtsgut, nämlich der Menschenwürde, zugewiesen werden sollen. Bei den Gesetzen zu Mord und Diebstahl bestand nie der Bedarf einer Fundierung durch das metaphysische Postulat der Unverlierbarkeit. Die Tatsache der Beeinträchtigung des Lebens- und Eigentumsrecht durch Mord, Gewalttat und Diebstahl genügte vollauf. Auch Leben und Eigentum gehören zum Wesen des Menschen. Um deren rechtliche Dignität zu betonen, wurde nie die Notwendigkeit einer ethischen Tieferlegung durch das Postulat einer Unverlierbarkeit gesehen. Die rechtlich zu schützenden Kriterien menschlichen Wesens kommen sehr gut ohne dieses Postulat aus. Die Bestimmung der Würde des Menschen in Satz 1 von Art. 1 GG als unantastbar ist nicht im Sinne einer Unverlierbarkeit auszulegen, sondern im Sinne einer Aufforderung, diese niemals anzutasten. Dies erhellt auch der Folgesatz, da die Verpflichtung des Staates, die Menschenwürde zu schützen und zu achten, nur Sinn ergibt, wenn diese durch die Möglichkeit der Antastbarkeit gefährdet ist. Mit dem Postulat der Unverlierbarkeit hat man sich nur unnötig das Leben schwergemacht, weil man dadurch die in der Rechtspraxis unumgängliche Abwägung mit anderen Rechtsgütern behindert.

Warum also? Man hat einen Begriff gesucht, der die unbedingte Schutzwürdigkeit der gesamten menschlichen Existenz in all ihren Aspekten in einer bündigen, eindrucksvollen Formel zusammenzufaßt. Dieser rhetorische Effekt ist gelungen – allerdings auf Kosten juristisch-dogmatischer Klarheit. Der Begriff einer Eigenschaft, der die gesamte menschliche Existenz zusammenfassen soll, muß dieser wesenhaft angehören. Diese wesenhafte Eigenschaft kann also nicht verlierbar sein. Um aber die Notwendigkeit eines Schutzbedarfs zu begründen, muß diese Eigenschaft dann doch wieder – wie man es auch nennen mag – verlierbar sein.

Einen Ausweg aus dieser Aporie bietet die Achtungsgebotsformel des BVerfG. Mit dieser zerschlägt man den gordischen Knoten der substanzhaften Wesenswürde. Die Gedankenfigur der verletzbaren, aber unverlierbaren Würde beruht auf der Vorstellung, Würde sei eine *Substanz*. Würde bezeichnet in diesem Sinne die durch eine besondere Eigenschaft (Vernunft, Autonomie, Gottesebenbildlichkeit) bewirkte Besonderheit des Menschen. Da diese Eigenschaft das Wesen des Menschen ausmacht, kann sie überhaupt nie verlorengehen. Die Fähigkeit zum Vernunftgebrauch kann dem Menschen nicht genommen werden. Derartige Konstruktionen gehen am Problem vorbei. Metaphysische Aussagen zum Wesen des Menschen sind rechtlich irrelevant. Das Recht bezieht sich auf menschliches Verhalten, das dahingehend beurteilt wird, ob es rechtmäßig oder unrechtmäßig ist. In rechtlicher Hinsicht formuliert das Menschenwürdeprinzip den rechtlichen Anspruch, von anderen Menschen als Mitmensch geachtet zu werden und in der Lage zu sein, sich selbst achten zu können. Daß dieser Achtungsanspruch verletzbar ist, wird auch von denjenigen zugestanden, die von einer Unantastbarkeit der Menschenwürde ausgehen. *Für das Recht* ist nur die Wahrung dieses Achtungsanspruchs interessant; Aussagen zur Unantastbarkeit der Menschenwürde sind in einem juristischen Diskurs ebenso überflüssig und letztlich sinnlos wie Aussagen zum Wesen der Kunst oder der Nützlichkeit der Religion. Das Recht muß die Ausübung der Religion regeln; zu beurteilen, ob es Gott bzw. Götter gibt, ist nicht Aufgabe des Rechts.

Man steigt vom Ideenhimmel herab und bescheidet sich zu einem Aufenthalt in der Höhle der Erscheinungen. Ob ein bestimmtes Verhalten eine Beeinträchtigung des substanzhaften Würdekerns beinhaltet, ist rechtlich weder relevant noch nachprüfbar. Auch die sich dabei wahrscheinlicherweise einstellende Empfindung der Demütigung läßt sich aufgrund der kontingenten Variationsbreite subjektiver Empfindungen nicht objektivieren. Von diesen rechtlich nicht verwertbaren Kriterien macht sich das Achtungsgebot frei. Es beruht auf einer gesellschaftlich allgemein akzeptierten Vorstellung, wie Menschen sich zueinander verhalten sollten und operiert auf der Ebene des Verhaltens. Die empirische Würde, die sich in der Fähigkeit zu einer in einer rechtsstaatlich organisierten Gesellschaft durchschnittlich erwartbaren Lebensführung ausdrückt, läßt sich durch diese Bestimmung rechtlich objektivieren. Wie oben bzgl. des Eigentums beschrieben, kommt es auf die Möglichkeit des Gebrauchs einer Fähigkeit an. Eine massive Abweichung von diesem Durchschnitt, sei sie durch Gewalt oder materielle Not verursacht, bedeutet eine Menschenwürdeverletzung. Wenn man sich von der Vorstellung einer substanzhaften Wesenswürde freimacht und stattdessen einen handlungspragmatischen Ansatz verfolgt, dann löst sich auch das Problem des Gegensatzes von Unverlierbarkeit und Verletzbarkeit in Luft auf. Die empirische Würde kann durch Mißachtung durchaus angetastet werden. Davon unberührt bleibt aber, analog zum Verhältnis Eigentum an einem Gegenstand und Eigentumsrecht, das Recht auf Achtung.

Eventuell könnte man geneigt sein, diese Überlegungen als einen müßigen Streit um winzige Bedeutungsnuancen abzutun. Doch Unantastbarkeit und oberster Rang der Menschenwürde in der Verfassungsordnung, die allein schon durch ihre architektonische Stellung als erster Artikel gekennzeichnet ist, ergeben zusammen eine brisante Mischung mit beträchtlicher Sprengkraft für die Rechtspraxis. Dieser Sprengstoff hat die Bezeichnung „Unabwägbarkeit“ bzw. „Abwägungsverbot“. Was bedeutet *Unabwägbarkeit*? Bei Entscheidungsprozessen, nicht nur juristischen, wo zwischen konkurrierenden Rechtsgütern ausgewählt werden muß, wird normalerweise und sinnvollerweise eine Güterabwägung vorgenommen. Man entscheidet sich für das Rechtsgut, welches dem betreffenden Sachverhalt am angemessensten ist. Wenn dagegen einem Sachverhalt ein gewichtiger Menschenwürdeanteil zukommt, dann ist dieser der Güterabwägung entzogen. Der Trumpf der Menschenwürde sticht immer. Das BVerfG hat kategorisch erklärt: „Die Menschenwürde als Wurzel aller Grundrechte ist mit keinem Einzelgrundrecht abwägungsfähig.“[248] Damit wird die Menschenwürde absolut gesetzt; es ist kein Umstand denkbar, der das unbedingte Geltendmachen des Menschenwürdeprinzips außer Kraft setzen könnte.

Eine mit dem Verbot der Abwägbarkeit einhergehende Verabsolutierung der Menschenwürde ist mehr als problematisch.

248 BVerfGE 93, 266 – „Soldaten sind Mörder“

Die alternativlose, jede Diskussion von vornherein ausschließende Absolutsetzung eines Prinzips, das auf alle anderen, diesem Prinzip untergeordneten Prinzipien bestimmend einwirkt, verrät einen dogmatischen Fanatismus, den man in einem liberalen Rechtsstaat nicht anzutreffen vermutet. In der Wirklichkeit ist alles relativ. Das ist natürlich zunächst nur eine Leerformel wie „alles ist eins", mit der praktisch mangels Kriterien für ein darauf aufbauendes Handeln nichts anzufangen ist. Zugleich sei betont, daß mit dieser Formel kein Werterelativismus intendiert ist. Die Aussage ist vielmehr sowohl epistemologisch als auch soziologisch-historisch gemeint. Die Wirklichkeit ist ein komplexes System, wobei jedes Systemelement mit anderen Elementen in Beziehung steht. Die Verabsolutierung eines Elements ignoriert die für dieses Element wesensnotwendige Interdependenz mit anderen Elementen und ist daher falsch, weil die Seinsweise eines Elements nur dann richtig erfaßt werden kann, wenn die Beziehung zu anderen Elementen mitgedacht wird. Soziologisch-historisch gehört ein Denken, das alles Seiende auf ein Grundprinzip zurückführt bzw. von ihm als abhängig denkt, der Vergangenheit an. Die Welt wurde als ein System angesehen, das von einem Zentrum aus gesteuert wird: das kosmische System von Gott, das gesellschaftliche System vom König. Aber selbst in diesen Zeiten wurden, was ethische Belange (modern: Werte) betrifft, Tugendlehren aufgestellt, die alle aus mehreren Elementen bestehen, von denen keinem gegenüber anderen ein Vorrang eingeräumt wurde.

Wie es zu der Gleichsetzung des Unantastbaren mit dem Unabwägbaren kam, konnte ich nicht ermitteln. Zwingend ist sie nicht. Beide Begriffe haben gemeinsam, daß sie ein absolut geltendes Prinzip bezeichnen. Aber der Begriff des Absoluten läßt sich in zweierlei Weise deuten. Zum einen im Sinne des von allem Losgelöstseins. Ein solches Absolutes ist eine völlig unbestimmte, abstrakte Allgemeinheit, die so unantastbar ist, daß sie zwar durch nichts berührt werden kann, aber auch nichts mehr Konkretes berührt. Es ist daher für praktische Zwecke nicht zu verwenden. Die Rechtsphilosophie braucht keinen deus absconditus im Normenhimmel. Zum anderen im Sinne einer Zusammenfassung einer Gesamtheit in einem höchsten Punkt. Der absolute Monarch faßt das Wesen des Staates in seiner Person zusammen. Diese Art des Absoluten ist in sich zugleich völlig bestimmt und bestimmend. Der absolute Monarch kann frei über alles in seinem Staat bestimmen, ist aber dennoch bestimmt durch das in seinem Staat Vorfindliche.

Auf die Menschenwürde bezogen heißt dies: Die Menschenwürde als höchster Punkt der Verfassung faßt die Gesamtheit der Grundrechte in sich zusammen und steht über ihnen. Die Menschenwürde konkretisiert sich in den einzelnen Grundrechten, deren Auslegung wiederum im Lichte der Menschenwürde zu erfolgen hat. Da die Grundrechte kollidieren können und damit auch die konkretisierten Aspekte der Menschenwürde, gibt es zwar keine Kollision der Grundrechte mit der Menschenwürde, aber doch eine Kollision innerhalb der in sich differenzierten Menschenwürde. Absolutheit schützt vor Kollision nicht. Die Menschenwürde kommt immer erst ins Spiel, wenn es um Großes geht. Sie soll ja bekanntlich nicht „für kleine Münze“ verschachert werden. Die Menschenwürde kann also erst ab einem Niveau in Anspruch genommen werden, wenn Grundrechte tangiert sind. Da alle Grundrechte einen Menschenwürdebezug aufweisen, ist bei einer Grundrechtskollision in jedem Fall, d.h. bei beiden im Konflikt stehenden Grundrechten, die Menschenwürde mitbetroffen.

Dies zeigt sich beispielsweise in der Frage, ob privat geführte Kommunikationen rechtlich zugänglich sind, also ob das Abhören, d.h. das Verwanzen von Wohnungen, und die Verwertung von Tonbandaufnahmen legal seien. Diese Frage hat das Bundesverfassungsgericht mehrfach beschäftigt und unterschiedlich beantwortet. Rein grundrechtlich betrachtet, besteht eine Kollision zwischen den Grundrechten der Unverletzlichkeit der Wohnung (Art. 13 GG), des Fernmeldegeheimnisses (Art. 10 GG) und des sich aus Art. 2.1 GG ergebenden allgemeinen Persönlichkeitsrechts einerseits und dem Recht auf Leben und körperliche Unversehrtheit (Art. 2.2 GG) sowie dem Eigentumsrecht (Art. 14 GG) andererseits, die durch die mutmaßlich geplanten Straftaten gefährdet werden. Welche der beiden Seiten dieses Normenkonflikts nun menschenwürdiger bzw. menschenwürdebeeinträchtigender ist, läßt sich per se schlechterdings nicht angeben. Das BVerfG hat die Nutzung einer heimlich aufgenommenen privaten Tonbandaufnahme unter Bezugnahme auf Menschenwürde und Abwägung in einem Urteil von 1973 untersagt:

> *„1. Das Bundesverfassungsgericht hat in ständiger Rechtsprechung anerkannt, daß das Grundgesetz dem einzelnen Bürger einen unantastbaren Bereich privater Lebensgestaltung gewährt, der der Einwirkung der öffentlichen Gewalt entzogen ist. [...] Das verfassungskräftige Gebot, diesen Kernbereich, die Intimsphäre des Einzelnen, zu achten, hat seine Grundlage in dem durch Art. 2 Abs. 1 GG verbürgten Recht auf freie Entfaltung der Persönlichkeit. Bei der Bestimmung von Inhalt und Reichweite des Grundrechts aus Art. 2 Abs. 1 GG muß berücksichtigt werden, daß nach der Grundnorm des Art. 1 Abs. 1 GG die Würde des Menschen unantastbar ist und gegenüber aller staatlichen Gewalt Achtung und Schutz beansprucht. Überdies darf nach Art. 19 Abs. 2 GG auch das Grundrecht aus Art. 2 Abs. 1 GG nicht in seinem Wesensgehalt angetastet werden. [...] Selbst überwiegende Interessen der Allgemeinheit können einen Eingriff in den absolut geschützten Kernbereich privater Lebensgestaltung nicht rechtfertigen; eine Abwägung*

> *nach Maßgabe des Verhältnismäßigkeitsgrundsatzes findet nicht statt.*"[249]

Der Beschluß folgt dem üblichen procedere: Das den Sachverhalt betreffende Grundrecht, hier, wie zu erwarten, das allgemeine Persönlichkeitsrecht nach Art. 2.1 GG, wird genannt und diesem gewissermaßen durch Mithilfe der Menschenwürde der Rücken gestärkt. Allerdings wird die oben zitierte eindeutige Stellungnahme im direkt folgenden Passus relativiert:

> „*Jedoch steht nicht der gesamte Bereich des privaten Lebens unter dem absoluten Schutz des Grundrechts aus Art. 2 Abs. 1 in Verbindung mit Art. 1 Abs. 1 GG. [...] Als gemeinschaftsbezogener und gemeinschaftsgebundener Bürger*[250] *muß vielmehr jedermann staatliche Maßnahmen hinnehmen, die im überwiegenden Interesse der Allgemeinheit unter strikter Wahrung des Verhältnismäßigkeitsgebots getroffen werden, soweit sie nicht den unantastbaren Bereich privater Lebensgestaltung beeinträchtigen. Dabei ist von den Grundsätzen auszugehen, die das Bundesverfassungsgericht in seiner Rechtsprechung über die verfassungsrechtliche Zulässigkeit von Eingriffen in die körperliche Unversehrtheit entwickelt hat ...*"[251]

Genau dieses Interesse der Allgemeinheit hat das BVerfG wenige Jahre zuvor bewogen, eine Abhörmaßnahme für rechtens zu erklären. Diese „verletzt die Menschenwürde nicht", da keine „Mißachtung oder Geringschätzung der menschlichen Person" vorliege.[252]

---

249 BVerfGE 34, 238 – Heimliche Tonbandaufnahmen

250 Man erinnere sich an das grundgesetzliche Menschenbild, das offensichtlich auch nach Jahrzehnten zum Kernbestand der Judikatur des Bundesverfassungsgerichts gehört.

251 ebd.

252 BVerfGE 30, 1 – Abhörurteil

Die unterschiedliche Gewichtung des Menschenwürdebezugs in den beiden thematisch ähnlichen Urteilen erklärt sich mühelos aus der Natur der Sache. Während es im Tonbandurteil um eine alltägliche, rein privatrechtliche Angelegenheit ging (ein Streit anläßlich eines rechtlich unsauberen Hausverkaufs unter Verwendung von Schwarzgeld), betraf das Abhörurteil die auf grundsätzliche Klärung der Abhörpraxis dringende Verfassungsbeschwerde einer Gruppe von Juristen, von denen einer Prominenz bei Landesverratsprozessen erlangt hatte, was einer gewissen Pikanterie nicht entbehrte. Sachverhalte können sich auch im Laufe der Zeit derart verändern, daß das Rechtswesen darauf reagieren muß. Ein solcher Wandel auf der Objektebene trifft freilich auf das Thema Abtreibung nicht zu. Der Sachverhalt als Vorgang und Problematik ist 1993 genau der gleiche wie 1975. In beiden Jahren hatte sich das BVerfG mit der Rechtmäßigkeit der Abtreibung beschäftigt.

In dem älteren Urteil zum Abtreibungsrecht hatte das BVerfG nicht nur in bisher noch nie so vorgenommener Deutlichkeit den Würdegegenstand bestimmt: „Wo menschliches Leben existiert, da kommt ihm Menschenwürde zu“[253], sondern darüber hinausgehend auch erklärt, daß nicht entscheidend sei, „ob der Träger sich dieser Würde bewußt ist und sie selbst zu wahren weiß“. Zu der Grundrechtskollision zwischen dem auf Art. 2.1 GG fußenden Persönlichkeitsrecht der Schwangeren und dem Lebensrecht des Fötus erklärte das Gericht:

> *„Ein Ausgleich, der sowohl den Lebensschutz des nasciturus gewährleistet als auch der Schwangeren die Freiheit des Schwangerschaftsabbruchs beläßt, ist nicht möglich, da Schwangerschaftsabbruch immer Vernichtung des ungeborenen Lebens bedeutet. Bei der deshalb erforderlichen Abwägung sind beide Verfassungswerte in ihrer Beziehung zur Menschenwürde als dem Mittelpunkt*

253 BVerfGE 39, 1 – Schwangerschaftsabbruch I

des Wertsystems der Verfassung zu sehen ... . Bei einer Orientierung an Art. 1 Abs. 1 GG muß die Entscheidung zugunsten des Vorrangs des Lebensschutzes für die Leibesfrucht vor dem Selbstbestimmungsrecht der Schwangeren fallen.“[254]

Unschwer läßt sich eine mangelnde Stimmigkeit der Entscheidungsbegründung erkennen. Die Menschenwürde kann nicht ausschlaggebend sein, da beide genannten Kriterien, nämlich Leben und Selbstbestimmung, nach herrschender Lehre und gängiger eigener Rechtsprechung des BVerfG gleichermaßen zum Begriffsinhalt der Menschenwürde gehören. Der Bezug auf die Menschenwürde hilft in solchen Fällen nicht weiter. Natürlich ist das Lebensrecht wichtiger als das Selbstbestimmungsrecht, allein schon deshalb, weil man sich nur selbst bestimmen kann, wenn man lebt. Da es aber ein *nicht opportunes Eingeständnis dezisionistischer oder naturrechtlicher Orientierung* wäre, sich klar zum Vorrang des Lebensrechts zu bekennen, muß die Menschenwürde als Notnagel herhalten, um den Eindruck eines neutralen Dritten, dem die Schlichtung des Streits zwischen den beiden Konfliktparteien anvertraut wird, zu erwecken. Kurz: Die Berufung auf die Menschenwürde ist nur die nachträgliche Rationalisierung einer Entscheidung, die bereits ohne sie getroffen wurde. Auch wenn die Begründung nicht überzeugen kann, so tut dies immerhin die Klarheit der Stellungnahme.

Im zweiten Abtreibungsurteil wurde diese klare Position dahingehend aufgeweicht, daß durchaus eine Güterabwägung zugunsten der Rechte der Schwangeren möglich sei. Diese sei vorzunehmen nicht nur „im Falle einer ernsten Gefahr für das Leben der Frau oder einer schwerwiegenden Beeinträchtigung ihrer Gesundheit“, sondern auch wenn „ein solches Maß an Aufopferung eigener Lebenswerte verlangt werde, „daß dies

254 ebd.

von der Frau nicht erwartet werden“[255] könne. Eine solche wachsweiche Formulierung, die im Extremfall einen Freibrief zur Fortführung eines bequemen Lebenswandels ausstellt, steht in bemerkenswerten Gegensatz zur vormals behaupteten Absolutheit und Unantastbarkeit fötalen Lebens.

Das Vorhandensein des Abtreibungsgesetzes § 218 signalisiert, daß der Fötus ein Rechtssubjekt ist und Schwangerschaft kein rechtsfreier Status ist. Die schwangere Frau kann nicht willkürlich über den Fötus verfügen. Durch die wie auch immer geartete rechtliche Formierung des Schwangerschaftsstatus ist ein minimaler Rechtsschutz und damit die abstrakte Achtung der Menschenwürde gewährleistet. Bei einem völligen Verzicht auf jegliche Regulierung wäre eine Abtreibung auch noch kurz vor der natürlichen Geburt legal, was unter Umständen auch eine Legalisierung der Tötung bereits geborener Kinder zur Folge hätte, weil man sich durch einen solchen Verzicht des Kriteriums begeben hätte, das angeben könnte, ab wann der Lebensschutz greift. Darum muß mindestens eine Fristenregelung gelten. Die Fristfestlegung unterliegt allerdings willkürlicher Entscheidung, da es kein objektives Kriterium gibt, ab wann zweifelsfrei menschliches Leben beginnt.[256]

Ich hatte geschrieben, daß die rechtliche Ausgestaltung der Abtreibungsthematik eine abstrakte Achtung der Menschenwürde gewährleistet. Das bedeutet aber konkret nicht viel. Faktisch heißt dies, daß trotz Be-Achtung der Menschenwürde ein Fötus getötet werden darf. Das Lebensrecht steht unter Gesetzesvorbehalt – in diesem Fall gegeben durch § 218, der unter bestimmten Bedingungen Abtreibung erlaubt. Indem dieses Gesetz dezisionistisch festlegt, daß menschliches Leben erst ab einer bestimmten Frist einsetzt, ist vor dieser Frist auch

255 BVerfGE 88, 203 – Schwangerschaftsabbruch II

256 Zu dem angesichts völlig konträrer weltanschaulicher Ausgangspositionen erwartbar zum Scheitern verurteilter Bemühungen, siehe S. 278 ff.

eine Geltendmachung der Menschenwürde nach Art. 1 GG ausgeschlossen, da die hierfür qualifizierende Bedingung des Mensch-Seins noch nicht erfüllt ist.

Das vorstaatliche, faktisch naturrechtliche Menschenwürdeprinzip konkretisiert sich positivrechtlich in den Grundrechten und letzten Endes auch in den einfachen Gesetzen. Diese müssen im Lichte des Menschenwürdeprinzips ausgelegt werden. Aber die Beziehung zwischen Menschenwürde und Grundrechten ist keine Einbahnstraße. Diese wirken auf die Menschenwürde zurück, indem der in ihnen beschriebene normative Gegenstand den Inhalt bestimmt, worin sich das Menschenwürdeprinzip konkret auswirkt. Die Menschenwürde ist das Fundament, aber das Fundament-Sein eines Hauses wird durch das Fundament-Sein *für* die Wohnräume bestimmt.

Rechtsnormen sind keine Lebewesen, die von sich aus zur Verwirklichung drängen und zu ihrem Lebensvollzug sich der Juristen als Erfüllungsgehilfen, quasi als Hebammen, bedienen. Bei der Lektüre juristischer Texte hat man oft den Eindruck, als wäre dem so, weil getan wird, als würden sich aus Normen automatisch bestimmte Folgen ergeben. Das Selbstverständnis des Juristen gebietet es, sich als objektiver Anwender des Gesetzes zu sehen und daher von der eigenen Subjektivität zu abstrahieren. Nein, die Rechtsnorm verwirklicht sich nicht von selbst. Vielmehr bedient sich der Jurist der Rechtsnorm, um ein Urteil über einen strittigen Sachverhalt zu fällen. In Straf- und Zivilprozessen muß durch gründliche Prüfung der Sachverhalt geklärt werden, damit der subsumierbare Tatbestand festgestellt werden kann. Da es um Tatsachen geht, wird ein Sachurteil gefällt. Im Falle der Abtreibung (und auch bei vielen anderen verfassungsrechtlichen Streitfällen) steht der Sachverhalt fest. Dieser muß nur noch gewertet werden. Es wird also ein Werturteil gefällt. Im Falle konfligierender Rechtsnormen kann die Entscheidung nicht aus *einer* Norm abgeleitet werden, da die Entscheidung ja gerade darin besteht, sich zwischen *zwei* Normen zu entscheiden. Man entscheidet, welcher Norm ein höherer Wert zukommt.

> „*Jede konkrete juristische Entscheidung enthält ein Moment inhaltlicher Indifferenz, weil der juristische Schluß nicht bis zum letzten Rest aus seinen Prämissen ableitbar ist ...*“[257]
> „*Die Entscheidung ist, normativ betrachtet, aus einem Nichts geboren. Die rechtliche Kraft der Dezision ist etwas anderes als das Resultat der Begründung. Es wird nicht mit Hilfe einer Norm zugerechnet, sondern umgekehrt; erst von einem Zurechnungspunkt aus bestimmt sich, was eine Norm und was normative Richtigkeit ist. Von der Norm aus ergibt sich kein Zurechnungspunkt, sondern nur eine Qualität eines Inhaltes.*“[258]

In der Abtreibungsthematik stehen sich Menschenwürde und Lebensrecht des nasciturus einerseits und Menschenwürde und Selbstbestimmungs- bzw. allgemeines Persönlichkeitsrecht der Frau gegenüber. Die normativen Vorgaben neutralisieren sich gegenseitig, weshalb die Entscheidung, wie Schmitt schreibt, in der Tat aus einem normativen Nichts hervorgehen muß. Die Begründung durch eine Norm rechtfertigt *nachträglich* die Entscheidung, die Norm erzeugt sie aber nicht. Zippelius erzählt diesbezüglich in mehreren seiner Werke eine Anektode, die es ihm offensichtlich angetan hat: „der berühmte Bartolus habe zunächst seine Entscheidungen getroffen und sich dann erst von seinem Freunde Tigrinus die zu ihnen passenden Corpus-Juris-Stellen aufsuchen lassen.“[259] Der subjektive Wille des Richters, der eine Vorstellung davon hat, was der höhere Wert sein soll, entscheidet. Er kann immer begründen, warum

257 C. Schmitt 1993, S. 36

258 ebd. S. 37f.

259 Zippelius, S. 11

die Menschenwürde bei der unterlegenen Norm keine ausschlaggebende Rolle spielt.

Zur Inkonsistenz der Judikatur des BVerfG bemerkt Baldus:

> *„In älterer Rechtsprechung hatte das Gericht gelegentlich zu verstehen gegeben, dass die Würde des Menschen ›absolut‹ gelte, es bei ihr mithin keine ›Möglichkeit eines Güterausgleichs‹ gebe, keine ›Abwägung nach Maßgabe des Verhältnismäßigkeitsgrundsatzes‹. Nun aber, in seiner zweiten Entscheidung zur verfassungsrechtlichen Zulässigkeit des nach der Wiedervereinigung neu geschaffenen Rechts des Schwangerschaftsabbruchs, waren ganz andere Töne hörbar. […] Der ›Schutz des Lebens‹ sei ›nicht in dem Sinne absolut geboten, daß dieses gegenüber jedem anderen Rechtsgut ausnahmslos Vorrang genösse‹. […] ›Als vom Lebensrecht des Ungeborenen berührte Rechtsgüter‹ kämen ›dabei – ausgehend vom Anspruch der schwangeren Frau auf Schutz und Achtung ihrer Menschenwürde (Art. 1 Abs. 1 GG) – vor allem ihr Recht auf Leben und körperliche Unversehrtheit (Art. 2 Abs. 2 GG) sowie ihr Persönlichkeitsrecht (Art. 2 Abs. 1 GG) in Betracht.‹ Ein Nachrang des in der Würdenorm wurzelnden Lebensrecht des ungeborenen Kindes könne es nicht nur ›im Falle einer ernsten Gefahr für das Leben der Frau oder einer schwerwiegenden Beeinträchtigung ihrer Gesundheit‹ geben, sondern auch bei Belastungen, ›die ein solches Maß an Aufopferung eigener Lebenswerte‹ verlangten, ›daß dies von der Frau nicht erwartet werden‹ könne.“*[260]

Wie Baldus im Weiteren ausführt, war die Aufweichung der ursprünglich restriktiven Abtreibungsregelung eine Folge der

260 Baldus, S. 162f. Die Zitate von Baldus beziehen sich auf das zweite Abtreibungsurteil von 1993, BVerfGE 88, 203 – Schwangerschaftsabbruch II

Wiedervereinigung, da diese „dem mehrheitlichen Wunsch der ehemaligen DDR-Bevölkerung aber wohl auch eines wesentlichen Teils der westdeutschen Bürgerinnen und Bürger“[261] entsprach. Da der Inhalt des Menschenwürdebegriffs sich nicht eindeutig formal codifizieren läßt, eröffnet sich ein weiter Ermessensspielraum für eine Deutung nach opportunistischen Gesichtspunkten.

Eine Fristenlösung bestimmt implizit die Begriffe „Mensch“ und „Leben“, da sie festlegt, ab welchem Zeitpunkt menschliches Leben beginnt. Damit steckt sie auch den Geltungsbereich der Schutzwirkung des Menschenwürdeprinzips ab. Durch eine derartige, hier nur am Beispiel der Abtreibung erläuterte Bestimmung des Schutzobjekts der Menschenwürde auf niederer, einzelgesetzlicher Ebene kann die Schutzwirkung des Menschenwürdeprinzips *ausgehebelt* werden. Einer solchen Vorgehensweise kann jedoch vom Bundesverfassungsgericht, das – freilich nur auf Antrag – die Verfassungsmäßigkeit von Gesetzen prüft, Einhalt geboten werden. Die reale Effektivität der Schutzwirkung des Menschenwürdeprinzips hängt also einzig und allein vom Urteil des Verfassungsgerichts ab, das seine Positionierung innerhalb seines Ermessensspielraums auch nach politischer Zweckmäßigkeit ausrichtet. Mit einem Auge schaut es auf die herrschende Meinung der Verfassungsrechtslehre, mit dem anderen auf die herrschende politische Meinung. Wenn die angebliche und offensichtlich nur in der Theorie bestehende unantastbare Absolutheit der Menschenwürde in der Rechtspraxis bereits durch eine unbestimmt bleibende „Belastung“ der schwangeren Frau (s.o.) relativiert werden kann, dann ist man gut beraten, sich nicht auf die Schutzwirkung des Menschenwürdeprinzips zu verlassen.

> *„Dem von der Norm benannten Gut, der Würde des Menschen, werden Merkmale wie Absolutheit und*

261 ebd. S. 163

Unverlierbarkeit zugeschrieben – doch diese Merkmale erweisen sich bei näherer Betrachtung als unhaltbar bzw. sinnwidrig. Dem Gericht zufolge sperre sich die Garantie wegen ihrer angeblichen Absolutheit gegen jede Einschränkung und gegen jede Abwägung – und zwar ausnahmslos. Jedoch zeigt sich schon bei einer flüchtigen Betrachtung, dass das Bundesverfassungsgericht bei der Anwendung der Menschenwürdegarantie regelmäßig das tut, was es immer tut, wenn es Grundrechte prüft: Es wägt Rechtsgüter ab. In Wirklichkeit ist die Absolutheitsbehauptung für das Gericht daher nur ein rhetorisches Mittel gewesen, um die tatsächlich vorgenommenen Abwägungen zu verschleiern."[262]

Das Festhalten am Unantastbarkeitsgebot ist praktisch undurchführbar. Entweder läßt man es, sich nominell zwar dazu bekennend, im praktischen Handeln fallen, was Heuchelei ist, oder man exekutiert es ohne Rücksicht auf Verluste (ganz wörtlich zu nehmen), was verantwortungslos ist.

Die eine Seite der Alternative haben wir beim zweiten Abtreibungsurteil gesehen, für die andere Seite bietet die Rechtsprechung zur *Rettungsfolter* ein Beispiel. Im Jahre 2002 war der elfjährige Jakob von Metzler entführt und, was zunächst nicht bekannt war, getötet worden. Der Entführer war im Zuge der Lösegeldübergabe verhaftet worden. Er konnte aber nicht zur Preisgabe des Verstecks bewegt werden. Da ein Verdursten des Opfers befürchtet werden mußte, erwog der Vizepräsident der Frankfurter Polizei, Folter anzuwenden, was jedoch nicht in die Tat umgesetzt wurde. Nach dem einige Monate später erfolgten Bekanntwerden der Vorgänge wurden die beiden Hauptverantwortlichen zu einer hohen Geldstrafe verurteilt.

262 Baldus, S. 249

„Das zuständige Landgericht argumentierte mit Verweis auf die Unantastbarkeit der Menschenwürde, dass keinerlei Straftat eine Anwendung von Folter legitimiere, sondern vielmehr gänzlich unerheblich von drohender Gefahr oder Vergehen unter keinen Umständen zu rechtfertigen sei.“[263]

Zur Frage nach der Rechtmäßigkeit der Rettungsfolter trägt der Menschenwürdegesichtspunkt nichts bei. Ähnlich wie beim Schwangerschaftsabbruch heben sich die beiden Menschenwürden auf. Täter und Opfer haben gleichermaßen Menschenwürde; während die Folter die Menschenwürde des Täters beeinträchtigt, wird die des Opfers durch Nichtstun negiert. Ein qualvoller Tod durch Verdursten wird gemeinhin als menschenunwürdig angesehen. Das Abwägungsverbot beseitigt die in Grenzfällen dringend gebotene Entscheidungsfreiheit. Es beansprucht, Vorgänge, die jenseits der Grenzen rechtlicher Normierbarkeit liegen, normieren zu wollen, wodurch das Recht in eine Lage gedrängt wird, in der es den elementarsten und universellsten Grundsätzen sittlichen Empfindens widerspricht, für welches unzweifelhaft feststeht, daß das Leben eines unschuldigen Kindes einen höheren Wert hat als die körperliche Unversehrtheit eines überführten Verbrechers. Manfred Herdegen, der Nachfolger Dürigs als „Chefkommentatator“ der Grundrechtsartikel des Grundgesetzes, faßt die dilemmatischen Folgen des Abwägungsverbots zusammen:

„Wer auf jede Differenzierung und Abwägung bei der Konkretisierung des Würdeanspruchs verzichten will, gelangt in das Dilemma jeder Urteilsbildung, die von der jeweiligen Situation abstrahiert. Dann beschränkt sich der Schutz der Menschenwürde entweder auf ein allzu schmales Feld von kategorial umrissenen Misshandlungen, oder

263 Wikipedia: Rettungsfolter (Stand Sept. 2022)

aber das strikte Verbot jedes würderelevanten Eingriffs erstickt die Handlungsfähigkeit staatlicher Organe.“[264]

Einen wichtigen Grund für die begriffslogisch[265] nicht zwingende Radikalisierung der Unantastbarkeit zur Unabwägbarkeit sehe ich in einer Lücke des Grundrechtsschutzes bei den Einzelgrundrechten. In einem säkularen, liberalen Staat muß das Recht auf Leben oberstes Rechtsprinzip sein, da alle weiteren Rechte wie die auf Freiheit, Eigentum usw. vom Lebendigsein des Rechtsträgers abhängen. Das Recht auf Leben bezieht sich auf eine ganz fundamentale, rein biologische Tatsache und ist damit völlig unabhängig von irgendwelchen ideologischen Vorannahmen. Damit ist es das säkulare Recht kat exochen. Dieses in Art. 2.2 verbürgte Lebensrecht steht aber unter Gesetzesvorbehalt, was verständlich ist, da im Kriegsfall und auch in anderweitigen Ausnahmesituationen dieses Recht nicht geltend gemacht werden kann. Wir haben hier also ein oberstes Rechtsprinzip, das einerseits aufgrund seiner logisch-systematischen Spitzenstellung einen Absolutheitsanspruch intendiert, andererseits aber wegen der Friktionen der Wirklichkeit eingeschränkt werden muß, wodurch dieser potentielle Absolutheitsanspruch dementiert wird. Dürig macht auf einen weiteren Gesichtspunkt aufmerksam[266]. Die Ewigkeitsgarantie von Art. 79.3 gilt nur für Artikel 1 *und* 20 und nicht, wie gelegentlich unterstellt wird: *bis*. Der Schutz der Grundrechte vor Verfälschung stützt sich daher allein auf die Wesensgehaltga-

264 M. Herdegen, RN 47,33

265 Bei allen ernsthaften, die Grundfesten des Rechts berührenden Normkollisionen ist immer die Menschenwürde involviert. Dabei steht Menschenwürde gegen Menschenwürde. Dadurch hebt sich deren Unantastbarkeit gegenseitig auf. Anders, positiv formuliert: Wie auch immer man sich entscheidet, bleibt die Menschenwürde bei der obsiegenden Norm gewahrt.

266 G. Dürig 1979, S.34

rantie von Art. 19.2[267]. Dieser Schutz erhält allerdings Unterstützung durch die Unantastbarkeit der Menschenwürde, aus der die Grundrechte hervorgehen. Man braucht deshalb die Unantastbarkeit der Menschenwürde, um die Unantastbarkeit des Wesensgehalts der modifizierbaren Grundrechte zu stärken. Ob es aber dieser zusätzlichen Hilfe bedarf, kann freilich angezweifelt werden.

Aus diesem systematischen Dilemma soll das Menschenwürdeprinzip heraushelfen. Die Menschenwürde genannte Anerkennung der Rechtssubjektivität ist zweifelsohne ein zentrales Prinzip für das Dasein des zoon politicon Mensch. Sie ist – etwa im Gegensatz zu einem Anspruch auf Glück – rechtlich handhabbar, weil massive Verstöße gegen das Menschenwürdeprinzip als Tatbestände klar erkennbar sind; sie ist – etwa im Gegensatz zum Seelenheil – von ideologisch-metaphysischen Vorannahmen unabhängig. Zugleich sind keine Situationen vorstellbar, die aufgrund ihrer Eintrittswahrscheinlichkeit, ihres Umfangs und ihrer Unumstrittenheit eine explizit rechtlich fixierte Einschränkung (wie beim Lebensrecht anläßlich des Kriegsfalls) zwingend erfordern. Die häufig diskutierten Problemfälle wie Rettungsfolter oder Sterbehilfe genügen nicht diesen drei Bedingungen: Ein Menschenwürdeverstoß bei Sterbehilfe ist umstritten, der Einsatz von Rettungsfolter beschränkt sich auf sehr seltene Ausnahmesituationen. Sofern in der Wirklichkeit überhaupt absolut geltende Prinzipien an-

267 Beide Artikel, 19.2 und 79.3 haben die Funktion eines Schutzes des Kerngehalts der Verfassung vor dessen Veränderung ins Unrechtmäßige. Sie unterscheiden sich in ihrer Zielrichtung. Art. 79 kennzeichnet diejenigen Teile des Grundgesetzes, die auch bei einer grundsätzlichen, ob partiellen oder totalen Verfassungsrevision nicht angetastet werden dürfen. Art. 19 bezieht sich auf das normale Gesetzgebungsverfahren und erklärt, daß sowohl kein Gesetz als auch keine Grundrechtsänderung dem Wesensgehalt des betreffenden Grundrechts widersprechen darf.

wendbar sind, so trifft dies am ehesten auf die Menschenwürde zu.

Die Menschenwürde eignet sich deshalb als rechtliches Instrument, um eine sich auf die Gesamtpersönlichkeit erstreckende Schutzwirkung rechtlich zu verankern. Da das Lebensrecht nicht die angestrebte Garantie eines absolut unantastbaren Minimums an Rechtsschutz erbringen kann, wird diese Funktion auf die Menschenwürde übertragen.

Diese vom Geist und der Systematik des Grundgesetzes zwingend gebotene Einführung eines Menschenwürde genannten, absolut geltenden Grundschutzes, den das Lebensrecht nicht leisten kann, hat aber einen Preis. Dieser besteht zum einen in der semantischen Kollision des Rechtsprinzips Menschenwürde mit der klar umrissenen Bedeutung des alltagssprachlichen Wortes Würde, das eine bestimmte Form sozialen Verhaltens beschreibt, zum anderen in der axiologischen Kollision mit dem Lebensrecht. Das heißt: Der Menschenwürde wird ein höherer Wert als dem Leben zugeschrieben, obwohl einerseits das Menschenwürde-Haben vom Lebendigsein abhängt, was logisch unsinnig ist, weil etwas Abhängiges nicht wichtiger sein kann als das ihm Zugrundeliegende, und andererseits Verstöße gegen die Menschenwürde objektiv einen geringeren Schaden bewirken als ein Verstoß gegen das Lebensrecht. Wer versklavt wird, kann irgendwann später wieder die Freiheit erlangen, wer getötet wird, wird aber niemals wieder lebendig.

Ein absolutes Abwägungsverbot hat, wie erwähnt, einen unangenehmen Beigeschmack von Fanatismus und hilft auch in Konfliktsituationen, in denen es um Grundlegendes geht, nicht weiter, da im allgemeinen beide zur Entscheidung stehende Positionen sich gleichermaßen auf die Menschenwürde berufen können. Über jeden Zweifel erhaben ist nur, daß der Staat nicht selbst *aktiv* menschenwürdeverletzende Handlungen begehen darf. Das war aber auch nie Gegenstand der Debatte. Problematisch sind immer nur Situationen gewesen, in die der Staat *passiv* involviert ist, indem er gezwungen ist, sich bezüglich Handlungsalternativen zu entscheiden, die von Dritten aufgeworfen wurden. Häufig (terroristische Geiselnahme, Reproduktionsmedizin) betrifft dabei die eigentliche Konfliktlage das Lebensrecht, das aber von interessierter Seite im Sinne der Menschenwürde umgedeutet wird, um eine Entscheidung zu präjudizieren.

Betrachten wir einmal in Tabellenform die Normkollisionen tpyischer Konfliktsituationen:

Terroritische Geiselnahme	Lebensrecht des Opfers	Gemeinwohl, Existenz des Staates
Reproduktions-medizin	Gesundheit	Dammbruch mit Folge eugenischer Menschenzüchtung
Abtreibung	Lebensrecht des Embryos	Persönlichkeitsrecht der Schwangeren
Sterbehilfe	Selbstbestimmung	Dammbruch mit Folge eines Verzichts auf optimale medizinische Betreuung von Alten und chronisch Schwerkranken
Rettungsfolter	Lebensrecht des Opfers	Persönlichkeitsrecht des Täters

Mit Ausnahme des Themas Sterbehilfe könnte bei allen anderen Themen auf eine Bezugnahme auf Menschenwürde verzichtet werden, da diese Themen bereits hinreichend durch ein entsprechendes Grundrecht abgedeckt sind. Was nun die Sterbehilfe betrifft, so steht hier Menschenwürde gegen Menschenwürde: nämlich die des Kranken, der ausdrücklich einen menschenwürdigen Tod wünscht, gegen eine menschenwürdewidrige mögliche Entwicklung, die dazu führt, daß Alten und chronisch Schwerkranken das Recht abgesprochen wird,

Rechte zu besitzen, sondern sie nur als statistische Größen in einer Negativbilanz nutzlos vergeudeter Ressourcen gewertet werden. In allen Fällen ist aber nicht zu erkennen, warum eine Abwägung schlecht sein soll. Nur durch Abwägung lassen sich alle Faktoren bestimmen, die in der gegebenen Situation mitspielen, und nur durch Nennung aller Faktoren läßt sich eine Entscheidung nachvollziehbar begründen. Eine vorschnelle Berufung auf die Menschenwürde vernebelt und verkürzt unzulässig den Entscheidungsprozeß. In Analogie zu Ockhams Rasiermesser sollte immer so lange wie möglich ausschließlich eine Abwägung zwischen grundrechtlichen Normen vorgenommen werden und erst als ultima ratio zum Menschenwürdeprinzip gegriffen werden.

Fragen wir abschließend zusammen,, was eigentlich bei einem Verzicht auf den Grundsatz der Unabwägbarkeit passieren würde. Würde damit der eben genannte lückenlose Grundrechtsschutz hinfällig? Vorausgesetzt ist natürlich, daß weiterhin die Menschenwürde den obersten Rang in der Verfassungsordnung behält. Ein höchster Wert ist ein Orientierungsmaßstab, der angibt, wie man handeln sollte, aber nicht wie man unbedingt und immer handeln muß, denn er läßt die Möglichkeit offen, sich anläßlich zwingender Notwendigkeiten zugunsten anderer Werte zu entscheiden. Bei diesen Problemfällen, die durchaus zu einem Mißbrauch, d.h. zu einem vorschnellen, nicht sachlich gerechtfertigten Abweichen vom höchstwertigen Orientierungsmaßstab einladen, sollten auch nicht die Sicherungsmechanismen des liberalen Rechts- und Verfassungsstaates vernachlässigt werden. Entscheider (Präsidenten, Kanzler, Minister und sonstige befugte Amtsträger) müssen sich für ihre Entscheidung (vor dem Parlament, vor Gerichten und letztlich auch vor der stimmzettelbewehrten Öffentlichkeit) für ihre Entscheidung rechtfertigen und können, wenn eine Fehlentscheidung, d.h. hier vor allem: ein durch sachliche Notwendigkeit nicht entschuldbarer Verstoß gegen Grundnormen, abgestraft werden. Man sieht: Auch eine relative oberste Norm läßt sich nicht umgehen oder beliebig manipulieren. Wer sich nicht zu einer systemischen, ganzheitlichen Sichtweise bequemt, wird dazu neigen, nur auf einzelne Elemente zu starren und, da die anderen unberücksichtigt bleiben, diese zu hypostasieren. Die Kenntlichmachung einer Norm als oberster Norm, wobei aber die fallweise Anwendung anderer Normen erlaubt ist, und die genannten Kontrollmechanismen sind völlig ausreichend, um diese Norm als prinzipieller Orientierungsmaßstab durchzusetzen. Man sollte hier auch nicht vergessen, daß diese anderen Normen auch als wertvoll geltende rechtliche Satzungen sind und nicht jenseits des Rechts stehende Willkürmotivationen. Die Absolutsetzung einer Norm stiftet keinen rechtlichen, ethischen oder handlungspraktischen Nutzen, sondern erzeugt nur Verwirrung. Der einzige Nutzen besteht nur darin, mit einer sich durch solche Konstruktionen selbstverliehenen Legitimation des guten Gewissens die Augen vor der unausweichlichen Tragik bestimmter Situationen verschließen zu können. Ansonsten aber bewirkt das qua Absolutheitsanspruch verlangte bedingungslose Festhalten an der obersten Norm wie bei der Flugzeugentführung[268] oder Rettungsfolter einen objektiv größeren Schaden als ein ausnahmsweises Abweichen. In der Praxis aber – und dies kennzeichnet die Rechtsprechung des Bundesverfassungsgerichts – wird verbal der Unantastbarkeit Tribut gezollt, in Wirklichkeit jedoch unter der Hand eine Abwägung durchgeführt. Ein solches Durchlavieren, ja eine solche Herrschaft der Lüge schadet der Glaubwürdigkeit der Rechtsordnung mehr als das mutige Eingeständnis der Unaus-

268 Ein ebenfalls heftig umstrittenes Thema war der rechtliche Rahmen für die staatliche Reaktion auf Flugzeugentführungen à la 11. September, bei denen ein gezielter Absturz auf Wohn- oder Bürogebäude geplant ist. Darf eine gekaperte Maschine abgeschossen werden?

weichlichkeit der Abwägung in Ausnahmefällen, auch wenn man damit den Ansprüchen einer Idealethik nicht genügt.

Eine Alternative zum Menschenwürdeprinzip: die Anerkennung der Rechtssubjektivität

Da es bei der Menschenwürde um Höchstes und Letztes geht, neigt man dazu, die Menschenwürde anhand von Extrem- und Grenzfällen zu diskutieren[269]. Es erscheint mir jedoch ratsam, sich allzu drastischer Beispiele (Nationalsozialismus etc.) zu enthalten, weil sie zum einen durch die Erweckung starker Affekte (Schrecken und Abscheu) den ruhigen Fortgang der Reflexion eher behindern als befördern und zum anderen weil die Bewertung des betreffenden Sachverhalts durch moralische Konventionalisierung bereits so stark vorstrukturiert ist, daß ein Bemühen um unbefangene Erkenntnis nicht mehr möglich ist. Stellen wir uns daher folgendes Szenario vor: Ein Tourist wird Anfang des 19. Jahrhunderts Zeuge, wie der Dorfdepp von bösen Buben verhöhnt und mit Unrat beworfen wird. Er stellt die ungezogenen Jugendlichen zur Rede und geleitet dann den armen Idioten zum Haus seiner Eltern.

Was ereignet sich phänomenologisch eigentlich in dieser Szene? Der Schwachsinnige ist mit seinem Stammeln, seinen stumpfen und grotesken Gesichtszügen und seinen ungeschickten Gebärden objektiv würdelos, ja vielleicht sogar abstoßend. Auch durch seine „Rettung“ wird Würde nicht wiederhergestellt, da er ja im gewöhnlichen Wortsinne diese noch gar nie besessen hatte. Nichtsdestotrotz wird jeder den Eindruck haben,

269 Dies erklärt auch den häufigen Streit um die Menschenwürde: „Die Menschenwürdenorm wird kaum für die Begründung von Selbstverständlichkeiten, sondern vor allem für die Argumentation in Streitfällen in Anspruch genommen, weil man Selbstverständliches eben nicht eigens zu begründen braucht – schon gar nicht mit einer so gewichtigen Norm wie dem obersten Verfassungsprinzip. Hingegen ist in Streitfällen die Versuchung groß, die Menschenwürdenorm als Grund für die eigene Position anzuführen – gerade wegen ihrer unbedingten Geltung.“ (Werner in: Kettner, S. 209)

daß durch das Eingreifen des Touristen eine Verwirklichung von Menschenwürde stattfindet. Worauf beruht dann dieser Eindruck der Würdeverwirklichung? Der Tourist bezieht sich in seinem Handeln primär gar nicht auf das konkrete Opfer, das er überhaupt nicht kennt und mit dem ihn nichts verbindet. Er sieht in dem Dorfdepp nichts anderes als einen Menschen, der einer entwürdigen Behandlung unterworfen wird. Nicht *diese* konkrete Person ist somit Gegenstand des Menschenwürdebezugs, sondern die Menschheit im Allgemeinen. Es ist also vorrangig eine *Idee* des Menschen, die hier geschützt wird. Worin besteht diese Idee?

Menschliches Leben vollzieht sich stets in einer Rechtsordnung. Jeder Mensch ist in einer solchen Rechtsordnung Rechtssubjekt. Durch die allseitige Anerkennung dieser Rechtsordnung wird zugleich der Anspruch jedes einzelnen, als Rechtssubjekt behandelt zu werden, anerkannt. Die Zugehörigkeit zu einer Rechtsordnung macht zu einem wichtigen Teil die Besonderheit menschlicher Existenzweise aus. Durch die unrechtmäßige Behandlung eines Rechtsgenossen, die vor allem darin besteht, ihm die Anerkennung als Rechtssubjekt zu verweigern, wird die gesamte Rechtsordnung mißachtet und damit die Grundlage menschlichen Zusammenlebens gefährdet. Dieser Bezug auf die *Rechtsordnung* ist meines Erachtens der springende Punkt und nicht die stets im Vordergrund stehende Würdequalität eines einzelnen Subjekts, das zumeist – so wie die Individuen in der Konstruktion des Gesellschaftsvertrags – als ein autonomes Wesen vor jeglicher Verrechtlichung und Vergemeinschaftung betrachtet wird.

Diesen Gesichtspunkt möchte ich im Folgenden noch genauer ausführen. Nehmen wir an, der Tourist habe dem Dorfdeppen geholfen, obwohl er diesen selbst als abstoßend und verachtenswert empfunden hat. Obwohl er, im Rahmen der Kategorien der Menschenwürdedebatte, objektiv durch seine Hilfestellung Menschenwürde verwirklicht hat, hat er subjektiv die Würdehaftigkeit der zu schützenden Person negiert. Er hat aus spontaner Empörung über das offensichtliche Unrecht heraus gehandelt, nicht aber weil er auf die spezifische Würdehaftigkeit dieser Person reflektiert hat. Am nächsten Tage marschiert unser Tourist wieder durchs Dorf und beobachtet, wie die ewig streitsüchtige Knabenbande jetzt einen der ihren, der wohl irgendeine Ungeschicklichkeit begangen hat, in gemeiner Weise verspottet. Jetzt aber greift er nicht ein, weil er davon ausgeht, daß der Betroffene selbst in der Lage ist, sich zu verteidigen und seinen Rechtsstatus wiederherzustellen. Die Schmähungen sind fast die gleichen, die er schon gestern vernommen hat, so daß man eigentlich annehmen müßte, es läge auch ein gleichartiger Würdeverstoß vor. Aber die Gleichartigkeit der äußeren Erscheinung verweist nicht auf die Gleichartigkeit des Tatbestands der Würdeverletzung. Hier liegt nur eine ganz normale Beleidigung vor. Man würde mit Kanonen auf Spatzen schießen und die Bedeutung des Menschenwürdeprinzips entwerten, wollte man einen solchen Vorfall unter die Kategorie des Menschenwürdeverstoßes subsumieren. Der Dorfjunge weiß sich selbst zu wehren, weshalb durch die Schmähung nur dieses bestimmte Subjekt betroffen ist und durch seine von ihm selbst betriebene Verteidigung sein Status als Rechtssubjekt gewahrt wird. Bei dem hilflosen Schwachsinnigen dagegen, der gar nicht den Status eines handlungsfähigen Subjekts besitzt, ist in der Schmähung unmittelbar die gegenseitige Anerkennungspflicht der Rechtssubjektivität in Mitleidenschaft gezogen. Es gibt also kein objektives, in der Erscheinungsweise des Sachverhalts direkt offenbar werdendes Kriterium für einen Menschenwürdeverstoß. Dieser konstituiert sich vielmehr in einem je spezifischen Handlungszusammenhang. Positiv formuliert heißt dies, daß Menschenwürde als ein soziales Strukturprinzip zu begreifen ist.

Unser Tourist schreitet nun weiter seines Wegs und stößt auf einen Bauern, der eine störrische Kuh brutal traktiert, indem er ihr mehrfach mit seinem Stock auf die empfindlichen Nüstern schlägt. Auch hier greift er ein und veranlaßt den Bauern zu einem pfleglicheren Umgang mit seinem Tier. Offensichtlich liegt hier ein ähnlicher Fall vor wie bei der Verspottung des Schwachsinnigen, nämlich die Mißhandlung eines hilflosen Lebewesens. Aber eine Kuh ist kein Mensch, so daß hier selbst bei einer weitgefaßten Definition kein Zusammenhang mit dem Menschenwürdeprinzip erkennbar ist. Man kann nur sagen, daß der Tourist aus einem allgemeinen Gefühl des Mitleids heraus gehandelt hat. Beidemale ist es nicht eine Vorstellung von Würde, die den Touristen zum Einschreiten veranlaßt, da im ersten Fall er dem Schwachsinnigen keine objektive Würde (im gewöhnlichen Wortsinne) zubilligt und im zweiten Falle ja nicht einmal ein Mensch betroffen ist. Ebenso strebt der Bauer nicht absichtlich eine „Herabwürdigung" der Kuh an, er handelt nur aus Gewohnheit und Gedankenlosigkeit. Dennoch sind die beiden Fälle insofern vergleichbar, als jeweils bei den Akteuren eine Roheit der Gesinnung zutage tritt, die ein normales Rechtsempfinden nicht dulden mag. Im Protest gegen diese Roheit wird die unbedingte Gültigkeit eines allgemein rechtlichen Verhaltens eingefordert.

Aus dem bisher Gesagten ergibt sich folgendes: In Handlungszusammenhängen, in denen das Menschenwürdeprinzip berührt wird, spielen subjektive Motivation, objektive Erscheinungsweise des Sachverhalts und vor allem der Status bzw. die würdebezogene Qualität des betroffenen Subjekts nicht die entscheidende Rolle.

Nach Hasso Hofmann liegt „der Kern aller Unzulänglichkeiten" des Menschenwürdebegriffs

> *„in dem aus der europäischen Tradition heraus Weltgeltung beanspruchenden Gedanken der einzigar-*

tigen Subjektivität des Individuums. Damit hängt aufs engste zusammen, daß Würde überwiegend als eine Qualität, als eine ›Seinsgegebenheit‹, nämlich eine Qualität oder Eigenschaft des Individuums, zumindest aber als eine Leistung des einzelnen gedacht wird. Würde konstituiert sich indes – dies die Gegenthese – in sozialer Anerkennung durch positive Bewertung von sozialen Achtungsansprüchen. Jedenfalls im Rechtssinne ist Würde demnach kein Substanz-, Qualitäts- oder Leistungs-, sondern ein Relations- oder Kommunikationsbegriff. Würde muß als eine Kategorie der Mitmenschlichkeit des Individuums begriffen werden. [...] Schutzgut des Art. 1 Abs. 1 GG ist mithin nicht so sehr eine bestimmte Eigenschaft oder Leistung des Individuums als im Kern die mitmenschliche Solidarität.“[270]

Menschenwürde wurde in den traditionellen Konzepten als ein konkreten Individuen zuordenbarer *Substanzbegriff* gefaßt. Menschenwürde gilt als eine – gleich einem biologischen Vermögen wie etwa der Denk- oder Sprachfähigkeit – allen Menschen zukommende substantielle Eigenschaft. Mit dieser Sichtweise stößt man aber auf Aporien.

Durch die Bindung der Menschenwürde an eine *konkrete* Individualität, also an tatsächlich vorhandene Personen, denen der Besitz einer Würdesubstanz unterstellt wird, begibt sich die Argumentation auf den Boden der Empirie. Auf diesem Boden aber muß es sich die Argumentation gefallen lassen, an

270 Hasso Hofmann, S. 11: Dieser vielzitierte Passus gibt mein eigenes Anliegen perfekt wieder. Leider können aus Hofmanns Vortrag keine weiteren Anregungen entnommen werden, weil sein Anerkennungskonzept durch die Verquickung mit der Figur des Gesellschaftsvertrags in demokratietheoretische Überlegungen mündet. Sein „Mensch“ ist der citoyen, der im Modus gegenseitiger Anerkennung das Renansche Plebiszit durchführt, während mein „Mensch“ der Durchschnittsmensch ist, der konkludent im alltäglichen Verhalten Mitmenschlichkeit verwirklicht. Hofmann denkt die Anerkennung vom Politischen her, ich vom Gesellschaftlichen.

der konkreten Sichtbarwerdung der Würdesubstanz gemessen zu werden. In diesem Rahmen fällt Würde mit empirisch in Erscheinung tretendem würdevollen Verhalten zusammen. Eine solche empirische Würde ist aber bei den bekannten Problemfällen (Embryonen, Kleinkinder, schwer Geisteskranke, Schwachsinnige, aber auch Komatöse, Betrunkene usw.), also Personen, die noch nicht, nicht mehr oder momentan nicht zu einer sittlich reflektierten Verhaltenssteuerung in der Lage sind, nicht vorhanden. Aus diesem Grund wird die Würde aus der konkreten Individualität zurückgezogen und in ein abstrakteres, allgemeines Prinzip verlagert, indem sie entweder mit dem Leben schlechthin gleichgesetzt wird oder indem man auf die theologische Prämisse der Gottesebenbildlichkeit rekurriert. Die Wendung ins Theologische vermag aber all diejenigen, die die religiösen Prämissen nicht teilen, nicht zu verpflichten. Man kann damit den angestrebten rechtlich bindenden Charakter des Menschenwürdeprinzips nicht hinreichend und für alle begründen.

Die Gleichsetzung mit dem Leben (etwa in der Form: menschliches Leben ist per se schützenswert) wiederum macht den zumeist in diesem Zusammenhang üblichen, auf Vernunft und Sittlichkeit fußenden, kantianischen Argumentationsgang hinfällig und zu einem letztlich überflüssigen Zierat. Vor allem ist sie bei weitem keine Begründung, sondern nur eine Behauptung. Man kann sehr wohl fragen, was denn am puren Faktum des Lebens so großartig ist, daß es unter allen Umständen zu schützen sei. Schillers Diktum, „das Leben ist der Güter höchstes nicht“ beschreibt eine Grundhaltung, die über Jahrtausende hinweg die Wertordnung der Menschen bestimmt hat. Die Bereitschaft, sein eigenes Leben für die polis, die Ehre, den Kommunismus usw. aufzuopfern, galt als Beweis höchster Tugend. Wenn ein Staat in seiner Verfassung das Leben für das höchste Gut erklärt, dann kann er von seinen Bürgern nicht verlangen, daß sie zu seiner Verteidigung ihr Leben aufs Spiel setzen. Auch heute, in einer Epoche der Dekadenz und des Individualismus, wird – zumindest als Lippenbekenntnis – den Helden des 20. Juli Respekt gezollt. Wenn tatsächlich das Leben das höchste Gut wäre, dann hätten sie dieses Gut verfehlt und eigentlich unrecht gehandelt, als sie ihr Leben zugunsten von Ehre, Menschlichkeit und Gerechtigkeitssinn aufopferten. Wenn der Begriff der Menschenwürde aber überhaupt irgendeinen Sinn ergeben soll, dann in einer solchen Situation, wo aus gutem Grund[271] der Wille zur Sittlichkeit über den Selbsterhaltungstrieb triumphiert. Diese Konstellation wird bei einer Gleichsetzung von Leben und Menschenwürde in ihr Gegenteil verkehrt. Im Begriff der Menschenwürde soll eine bestimmte Sittlichkeitskonzeption kulminieren und chiffrenartig benannt werden. Diese Intention wird durch die Gleichsetzung von Leben und Menschenwürde verfehlt, weil auf dem Faktum des Lebens sich keine sittliche Ordnung begründen läßt. Der mit dem Begriff der Menschenwürde verknüpfte Anspruch auf eine moralisch anspruchsvolle Begründung kann nicht durch einen biologistischen Diskurs, der sich auf eine vorsittliche Sphäre bezieht, eingelöst werden.

Als Ergebnis dieser Erörterungen sei festzuhalten:

Die Menschenwürde läßt sich nicht aus einer individuellen „Menschenwürdesubstanz“ ableiten. Wäre Menschenwürde ein substanzartiges biologisches Vermögen wie die Denk- oder Sprachfähigkeit, die im Prinzip jedem Menschen zukommt, in der konkreten Wirklichkeit aber in je verschiedener Ausprägung vorläge, dann wäre sie eine individuell unterschiedliche

271 Gemeint ist damit nämlich nicht ein Handeln wie beim Selbstmord oder bei Kamikazeattacken, wo das Leben aus einer zweifelhaften Motivation heraus leichtfertig weggeworfen wird, als hätte es selbst gar keinen Wert. Wenn das Leben von vornherein gering erachtet wird, dann ist das Opfer auch keine große sittliche Tat. Der Wert eines Opfers bemißt sich an dem Wert, den das Aufzuopfernde besitzt.

Variable. Sie soll aber ein für alle geltendes, allgemeines Prinzip sein.

Zum einen soll Menschenwürde unmittelbare Rechtswirksamkeit besitzen (und nicht nur ein Postulat sein, dessen Erfüllung dem privaten Belieben anheimgestellt wird) und eine normative Funktion ausüben (weshalb sie auch als fundierendes Prinzip am Anfang des Grundgesetzes steht). Zum anderen verwirklicht sich Menschenwürde in intersubjektiven Handlungszusammenhängen. Beide Tatsachen sind zusammenzudenken. Die in einer Rechtsordnung lebenden Rechtsgenossen erkennen sich durch die Anerkennung der allgemeinen Rechtsordnung gegenseitig als Rechtssubjekte an. Rechtlichkeit beinhaltet Gleichheit vor dem Gesetz. Jede dieser Rechtsordnung unterworfene Person erkennt somit die Gleichrangigkeit und Gleichwertigkeit jeder anderen an. Dies gilt selbst für nichtdemokratische, z. B. ständische Rechtsordnungen, da jedem zumindest der Status als rechtsfähiges Subjekt zuerkannt wird. Gerade weil Menschenwürde in einem juristischen Dokument (und nicht in einem theologischen oder ethischen Diskurs) als leitendes Prinzip eingeführt wird, kann sie nichts anderes bedeuten als eine Art kategorischer Imperativ, der da lautet: *Es soll eine Rechtsordnung gelten, in der jeder unter allen Umständen als Rechtssubjekt geachtet wird.* Das Prinzip der Menschenwürde zielt also in ihrer rechtspraktischen Wirkung und ihrem normativen Gehalt darauf ab, *den unabdingbaren Anspruch jedes einzelnen auf rechtliche Behandlung zu garantieren.*

Die Fraktion der Anhänger eines sich in gegenseitiger Anerkennung manifestierenden Rechtssubjektivitätsprinzips ist sicherlich die kleinste innerhalb der Gemeinschaft der Menschenwürdediskursteilnehmer, aber dennoch etabliert und auf eine längere Tradition zurückblickend. Neben dem schon im Kapitel zur Geschichte des Menschenwürdebegriffs vorgestellten Pufendorf seien noch Proudhon[272] und Jacques Maritain[273], der maßgeblich an der UN-Menschenrechtscharta mitgewirkt hat, genannt. Bemerkenswert ist die Einlassung Hermann von Mangoldts im Parlamentarischen Rat:

> *„Die Verletzung der Menschenwürde hat unter dem Nazi-Regime eine große Rolle gespielt. Worin hat sie bestanden? Sie hat gelegen in der Verletzung der Rechtspersönlichkeit des Menschen, in der Verletzung des Mindeststandards an Rechten, die die Rechtspersönlichkeit ausmachen."*

Kurt Seelmann resümiert:

> *„Betrachtet man die Menschenwürdediskussion der Nachkriegszeit, so steht zunächst der Schutz der Person, verstanden im Sinne der für alle gleichen Rechtssubjektivität, eindeutig im Vordergrund. Als Reaktion auf eine systematisch betriebene Ungleichbehandlung von Menschen, als Gegenbewegung gegen ein Erklären bestimmter Menschen zu ›Unpersonen‹ oder ›Untermenschen‹ galt es zunächst herauszustellen, dass Grundlage jeder Achtung von Menschenwürde das Verständnis eines jeden Menschen als ›Person‹, also als rechtlich gleich mit allen anderen Menschen, zu gelten hatte."*[274]

Selbst bei Dürig, der mit seiner Mischung aus christlichem Naturrecht und popularisiertem Kant, der vielleicht wirkmäch-

272 „Der Mensch hat kraft der Vernunft, mit welcher er begabt ist, die Fähigkeit, seine Würde in der Person des Nebenmenschen zu fühlen wie in seiner eigenen Person. Die Gerechtigkeit ist das Produkt dieser Fähigkeit; sie ist die spontan empfundene und gegenseitig garantierte Achtung der menschlichen Würde ..." (Pierre-Joseph Proudhon: Die Gerechtigkeit in der Revolution und in der Kirche. Neue Principien praktischer Philosophie, Hamburg 1958, zit. nach F. J. Wetz 2020, S. 163f.

273 Menschenwürde bedeutet, daß der Mensch „das Recht hat, respektiert zu werden, Rechtssubjekt zu sein und Rechte zu besitzen." (zit. nach Baldus, S. 53)

274 Kurt Seelmann, Einführung in: Seelmann, S. 8f.

tigste Vertreter der Substanztheorie[275] war, läßt sich ohne gewaltsame Interpretation eine anerkennungstheoretische Nebenader erkennen:

> *„Ein Wert läßt sich im rechtlichen Zusammenleben der Menschen nur verwirklichen, d.h. in der Ebene des rechtlichen Sollens realisieren, wenn er als auf ein Verhaltensollen Außenstehender gerichteter Wertanspruch des Wertträgers erscheint. […] Dieser Anspruch fragt als sittlicher, rechtlich nur rezipierter Anspruch nicht nach Richtungen. Er ist bereits im Ich-Du-Verhältnis und zur Gesellschaft als individualethischer Achtungsanspruch und im Verhältnis zu Dritten und zur Gesellschaft als sozial-ethischer Achtungsanspruch vorhanden gewesen, ehe er durch Art. 1 I GG auch gegenüber staatlichem Handeln als eigenständig verrechtlicht wurde.“*[276]

Diesem Passus können zwei wichtige Erkenntnisse entnommen werden. 1. Die Menschenwürde wird bereits im alltäglichen Miteinander („Ich-Du-Verhältnis“) realisiert und wird vom Grundgesetz nur als rechtswirksames Prinzip anerkannt. Die verfassungsrechtliche Anerkennung der Menschenwürde als zu achtendes und zu schützendes Prinzip fußt also auf der im Alltäglichen immer schon praktizierten Anerkennung. Sie erschafft also nichts Neues, fügt dem Üblichen nichts hinzu, sondern sorgt nur dafür, daß das Übliche so bleibt, wie es ist. 2. In dem Passus geht es nicht um die Würde selbst, sondern um den sich aus ihr ergebenden Achtungsanspruch. Dieser Achtungsanspruch generiert Rechtswirksamkeit. Die Würde bleibt in der Innerlichkeit des Subjekts gleichsam verborgen

275 „Jeder Mensch ist Mensch kraft seines Geistes, der ihn abhebt von der unpersönlichen Natur und ihn aus eigener Entscheidung dazu befähigt, seiner selbst bewußt zu werden, sich selbst zu bestimmen und die Umwelt zu gestalten.“ (G. Dürig 1979, S. 11)

276 ebd. S. 3f.

oder stecken; soziale Relevanz gewinnt nur der sich im Verhalten manifestierende Achtungsanspruch. Damit verliert auch die Frage nach dem genauen Inhalt des Achtungsanspruch an Bedeutung, weil das Wesentliche der interpersonelle Achtungsanspruch ist. Mit dieser interpersonellen Anerkennung wird auch die Rechtssubjektivität konstituiert. Wesentlich für die Stiftung gesellschaftlichen Miteinanders ist die formale Qualität des Anerkennungsprozesses, nicht der Inhalt, worauf er sich bezieht.

Ich bin ein emsiger Anwender von Ockhams Rasiermesser. In seiner Gebrauchsanweisung empfiehlt Meister Ockham, zum Verstehen von Sachverhalten zuerst einfache und naheliegende Erklärungen zu verwenden, um erst bei ihrem Scheitern zu komplizierteren und unwahrscheinlicheren überzugehen. Theorie kann Komplexität nicht reduzieren, wenn sie auf demselben Komplexitätsniveau wie die Wirklichkeit operiert. Daher sind alle Begründungsansätze der Rechtssubjektivität, die von höheren, geistigen Eigenschaften ausgehen, abzuschneiden, weil diese komplizierte, nicht überall vorhandene und deshalb unwahrscheinliche Voraussetzungen annehmen müssen. Stattdessen ist von ganz einfachen, grundlegenden Eigenschaften auszugehen. Hierfür scheinen mir der Egoismus und das Mensch-Sein geeignet.

Egoismus

Egoismus ist bei allen Menschen als grundlegende Handlungsmaxime anzunehmen, weil das wichtigste Ziel jedes Menschen die Erhaltung des eigenen Lebens ist. Jedes Verhalten, das auf eine egoistische, also dem eigenen Überleben dienliche Motivation zurückgeführt werden kann, ist daher in hohem Maße wahrscheinlich.

Vor dem Fortgang der Argumentation soll kurz auf den Einwand des *Selbstmords* eingegangen werden. Zunächst ein grundsätzlich-allgemeines Argument: Die Verwirklichung einer prinzipiell vorhandenen Potenz ist nie absolut sicher. Menschen haben zwei Beine. Aber ein Bein kann durch Krankheit oder Unfall verlorengehen. Dieser Verlust bei einem einzelnen Menschen tut der prinzipiellen Zweibeinigkeit des Menschen jedoch keinen Abbruch. Es wäre unsinnig zu behaupten, daß Menschen sowohl einbeinig wie zweibeinig sein können. Der Verzicht auf Selbsterhaltung bei wenigen widerspricht daher auch nicht dem prinzipiellen Überlebenswillen. Des weiteren: Der Selbsterhaltungstrieb ist nur eine notwendige, nicht eine hinreichende Bedingung für das tatsächliche Überleben. Dessen Verwirklichung ist auch von anderen Faktoren abhängig, z.B. vom Fehlen schädlicher äußerer Einwirkungen wie Seuchen oder Kriege. Auch innere Faktoren spielen eine Rolle, vor allem Lebensideale wie etwa das Streben nach Liebesglück. Können diese Ideale nicht realisiert werden, so ist das Gewicht dieses Scheiterns unter Umständen so stark, daß es auf der Waagschale der Überlebensfaktoren den Überlebenswillen nach oben zieht. Zuletzt: In einer nicht-metaphysischen Sichtweise können Erkenntnisse zu chaotischen, lebenden Systeme (also solchen, die nicht durchgängig auf logische oder kausale Zusammenhänge zurückgeführt werden können) nicht deduktiv gewonnen werden und absolut gelten, sondern nur empirisch gewonnen werden und statistisch gelten. Es kann auf diese Weise keine größere Gewißheit erzielt werden als die Aussage, daß die ganz überwiegende Mehrheit aller Menschen überleben will, weshalb ein für alle Menschen vorauszusetzender Überlebenswille angenommen werden muß. Mehr muß eine Theorie, die praktische Orientierung geben will, aber auch nicht leisten.

Der Mensch ist ein *soziales Wesen*. Diese Definition ist keine axiomatische, metaphysische Wesensbestimmung, sondern ergibt sich aus der Tatsache, daß ein völlig alleingestellter Mensch unter normalen Umständen in der Wildnis nicht dauerhaft überlebensfähig ist. Auch ein Robinson, Trapper oder Einsiedler braucht Werkzeuge, die er von anderen Menschen zuvor erhalten hat. Für das individuelle Überleben ist das Zusammenleben mit anderen Menschen zwingend erforderlich. Damit Zusammenleben funktionieren soll, muß Verhalten auf Zusammenleben eingestellt sein. Egoismus gebietet es also, auf die Bedingungen des Zusammenlebens zu achten. Ein dummer Egoismus ignoriert die Kooperationsnotwendigkeit. Wer sich permanent rücksichtlos oder gar kriminell verhält, wird geächtet, aus der Gesellschaft ausgestoßen und verliert somit die Vorteile des Zusammenlebens. Auch ein bedingungsloser Altruismus ist dumm, da die Hilfsbereitschaft ausgenutzt wird und man durch das ständige Sich-Aufopfern Ressourcen der Überlebensfähigkeit verliert. Ein kluger Egoismus hält sich, wie alle Tugenden, in der Mitte zwischen den Extremen (Aristoteles) und ist zugleich auch ein kluger Altruismus. Man hilft den anderen, weil man erwarten kann, daß auch der andere einem hilft, wenn man Hilfe braucht. Do, ut des! Dieses Zusammenspiel gegenseitiger Gaben webt das Band, welches die Gesellschaft zusammenhält.[277] Die Achtung, die man anderen entgegenbringt, entstammt der Erwartung, daß der andere ein wertvoller Kooperationspartner sein könnte. Mit einem potentiellen Partner will man es sich nicht verscherzen, weshalb es ratsam ist, ihm mit Respekt zu begegnen. Ein arabisches Sprichwort bringt dies auf den Punkt: „Behandle deinen Feind nicht grausam, weil du nicht weißt, ob er einmal dein Verbündeter sein wird.“ Interessanterweise ist es weder die Gewiß-

277 Dies ist ein Gedanke, der sich in der Arbeit aller von Durkheim ausgehenden Ethnologen niedergeschlagen hat.

heit über das Wesen des Menschen noch die Annahme einer fundamentalen Gutheit, welche Respekt gebietet. Wüßte man, daß alle Menschen gut sind, braucht man nicht respektvoll mit ihnen umzugehen (zwar auch nicht schlecht, weil man ja selbst auch gut ist), sondern gleichgültig, weil man davon ausgehen kann, daß der andere einen stets gut behandeln wird. Gerade die Unsicherheit des Nicht-Wissens, wie andere Menschen reagieren, macht es ratsam, vorsichtshalber respektvoll zu sein. Die gegenseitige Respekterweisung ist eine notwendige (aber natürlich nicht allein hinreichende) Voraussetzung für das Zusammenleben in Gesellschaft, das wiederum Voraussetzung ist für das eigene Überleben. Der mit Klugheit gepaarte Egoismus erkennt dies an und handelt entsprechend. Ein derart egoistisch motivierter und sich aus der sozialen Natur des Menschen ergebender Respekt holt die Würde aus den Höhen metaphysischer Erhabenheit herunter auf den nüchternen Boden realistischer Weltsicht. Was die nunmehr zum Respekt herabgestimmte Würde an numinosem Glanz verliert, gewinnt sie durch Klarheit und die Einsicht in die Notwendigkeit seiner/ihrer Beachtung. Dieser sozialtranszendentale Ansatz[278] besitzt den Vorzug, auf einen prinzipiell nicht verallgemeinerungsfähigen Transzendenzbezug verzichten zu können. Er leitet die Notwendigkeit der Anerkennung von Rechtssubjektivität allein aus den Erfordernissen des empirisch erfahrbaren Gemeinschaftsbezugs menschlichen Daseins ab.

Eine sich am Leitbild des Egoismus ausrichtende Argumentation muß sich die Frage gefallen lassen, ob man auch Personen Respekt schuldet, die als potentielle Kooperationspartner prinzipiell nicht in Frage kommen, die, drastisch formuliert, ohne Nutzen für einen selbst sind. Gemeint sind Personen wie Schwachsinnige, Bettler, Komatöse usw., also solche, deren

278 Was sind die Bedingungen der Möglichkeit des Funktionierens von Gesellschaft?

Würde sowohl hinsichtlich des traditionellen Würdebegriffs (im Sinne würdevollen Verhaltens) als auch hinsichtlich des modernen Würdebegriffs (im Sinne von Vernunft und Selbstbestimmungsfähigkeit) in der Würdediskussion schon immer problematisch gewesen sind. Aber auch hier rät der kluge Egoismus zu prophylaktischer Respektserweisung, da man – gemäß des arabischen Sprichworts – nie wissen kann, ob man nicht selbst durch einen Schicksalsschlag eines Tages in eine vergleichbare Lage geraten wird. Im Grunde ließe sich die gesamte Diskussion durch den Hinweis auf die Beachtung der Goldenen Regel abkürzen: „Was du nicht willst, daß man dir tu, das füg auch keinem andren zu!" Man muß nur ernstnehmen, daß der andere wirklich *jeder* andere ist. Um auf der sicheren Seite zu sein, empfiehlt es sich, allen anderen Respekt zu zollen. Diese Absicherung ist angesichts der Unsicherheit des Lebens sinnvoll: Man weiß nie, ob und von wem man Hilfe braucht. Die Bereitschaft zur allseitigen Respekterweisung erfordert nicht viel. Man muß nicht, wie der übertriebene Würdebegriff suggeriert, in Ehrfurcht vor dem Leben erstarren oder in Mitleid und Rührseligkeit zerfließen. Es genügt, alle anderen mit den in einer Gesellschaft üblichen Formen der Höflichkeit zu behandeln; eine innere Beteiligung, gar eine Pflicht zur emotional getönten Wertschätzung wird nicht verlangt.

Die Pflicht zur Respekterweisung ergibt sich aus dem überlebensnotwendigen Eingebundensein in eine Gesellschaft, die als Gemeinschaft von durch gegenseitige Gaben einander Verpflichteten verstanden wird. Eine solche Pflicht besteht gegenüber Tieren nicht in gleichem Maße, weil sie nicht in ein Beziehungsnetz gegenseitigen Gebens eingebunden sind. Deswegen soll man Menschen mehr achten als andere (intelligente) Lebewesen. Aber auch Tiere verdienen Achtung. Zunächst einmal indirekt: Menschen, die Tiere mißhandeln, ist zuzutrauen, daß ihre rohe und rücksichtslose Gesinnungsart auch in den Umgang mit Mitmenschen einfließt. Von solchen hält man sich besser fern. Vor allem aber muß das gesellschaftsbezogene Argument des dem eigenen Überleben dienenden Angewiesenseins auf andere auf die Gesamtheit aller Lebewesen ausgedehnt werden. Die Biosphäre ist ein System, in der jedes Element in einer im Einzelnen nicht nachvollziehbaren, aber dennoch wirksamen Weise von allen anderen Elementen abhängt. Da ich nicht weiß, inwiefern zwar nicht mein eigenes Überleben, durchaus aber mein eigenes gutes Leben vom Tierwohl abhängt, gebietet auch hier der vernünftige Egoismus, dieses zu achten. Das Fleisch eines Rindes, das gut versorgt wurde und auf einer Weide grasen konnte, schmeckt besser als das eines im dunklen Stall mit Gewalt hochgemästeten. Auch Tiere sind keine Dinge, die man wie Dinge behandeln darf. Auch sie stehen mit mir einer Beziehung der Gegenseitigkeit, wenn auch nicht in gleichem Maße wie zu Mitmenschen. Sie verdienen Achtung, wenn auch weniger als Menschen.

Mensch-Sein

Im Zuge des angekündigten Vorhabens der Komplexitätsreduktion möchte ich damit beginnen, den umstrittenen Begriff der Menschenwürde in seine zwei Bestandteile zu zerlegen – also in Mensch und Würde. Erstaunlicherweise hat man sich in der langen Diskussion immer darauf beschränkt, über die Würde nachzudenken, während die Bedeutung des im Begriff der Menschenwürde enthaltenen Mensch-Seins nie hinterfragt wurde. Darum möchte ich mich dem Begriff der Menschenwürde von dem bislang noch nicht beschrittenen Weg, der vom Menschen ausgeht, annähern.

Bei komplizierten Sachverhalten empfiehlt es sich, ein paar Schritte zurückzutreten und sie aus der Ferne zu betrachten.

Von da aus wird, wie bei einem impressionistischen Gemälde, wo man aus der Nähe nur Farbtupfer gesehen hat, einem manches deutlicher. In ähnlicher Weise empfiehlt es sich, so zu tun, als wäre der Sachverhalt ganz neu, gerade eben erst entstanden.

Die Menschenwürde ist ein Begriff, den es nicht in allen Kulturen gibt und gegeben hat. Den alten Griechen beispielsweise war er fremd. Nun bedeutet das Fehlen eines formalen Begriffs nicht, daß der damit bezeichnete Sachverhalt völlig unbekannt wäre und man im Handeln darauf keine Rücksicht nähme. Obwohl der Begriff der Schwerkraft erst durch das Newtonschen Gravitationsgesetz formalisiert wurde, hat man von jeher die Wirkung der Schwerkraft beachtet und sich davor gehütet, sich aus großen Höhen herabzustürzen. Eine solche gleichsam instinktive Kenntnis des Menschenwürdeprinzips läßt sich freilich nicht erkennen. Vielmehr sind zu allen Zeiten Menschen völlig rücksichtslos behandelt, mit der größten, gewissensentlasteten Selbstverständlichkeit getötet, geschändet, gequält und versklavt worden. Sie wurden wie Dinge oder wie auszurottendes Ungeziefer behandelt.

Grund dafür ist, daß die Objekte der Mißhandlung nicht als Wesen gleicher Art, zu der man selbst gehört, wahrgenommen werden. Angehörige vieler Gesellschaften bezeichnen nur sich selbst als „Menschen" (z. B. Inuit), was impliziert, daß alle anderen Menschen als Nicht-Menschen gelten.[279] Da – mit Ausnahme extrem Schwachsinniger – alle Menschen in der Lage sind, Unterschiede und Ähnlichkeiten von Wesensmerkmalen und damit auch Gattungszugehörigkeiten zu erkennen, sind

279 „Ein wenig vereinfachend kann man sagen, dass die Mitglieder ein und derselben ethnischen Gruppe sich untereinander als ›die einzigen vollwertigen menschlichen Personen‹ betrachten; die Angehörigen anderer ethnischer Gruppen werden dagegen als ›Sklaven‹, ›Tiere‹, ›Vögel‹, oder ›Sachen‹ verstanden und betrachtet. Allein die ersteren besitzen Rechtspersönlichkeit." (P. Tiedemann, S. 143)

auch alle Menschen in der Lage, die fundamentale Ähnlichkeit ihrer eigenen Erscheinungsweise mit der anderer Menschen zu erkennen. Kein Mensch wird einen anderen Menschen mit einem Reh oder einem Baum verwechseln. Aber diese intuitiv-instinktive Erkenntnis der biologisch codierten Ähnlichkeit ist nicht entscheidend, weil lebensweltliche Erkenntnis nie wertneutral ist. Wertneutrales Erkennen findet nur in der Sicherheit von Laboren und Bibliotheken statt. In der Lebenswelt ist Erkennen immer auf mich selbst bezogen. Ist das, was ich sehe, wichtig oder unwichtig, gut oder schlecht, nützlich oder schädlich? Diese Beurteilung ist in den Erkenntnisvorgang fest integriert. Angesichts der Überfülle von Reizen muß, um mich adäquat orientieren zu können, das Unwichtige bereits vor der bewußten Registrierung ausgefiltert werden. Des weiteren muß ich das Gute anstreben (sei es, daß ich es nur ansehe oder aber auch daß ich es besitzen will), weil es mich glücklich oder satt macht und meine Gesundheit erhält, während ich das Schlechte vermeiden muß. Darum muß ich wissen, was für mich gut und schlecht ist und wie ich das erkenne. Etwas Fremdes, das ich noch nicht beurteilen konnte, muß als potentiell gefährlich eingestuft werden. Dies gilt auch für fremde Menschen. Im Gegensatz zur biologischen Beschaffenheit eines Tieres oder einer Pflanze, deren Äußeres mir bereits aufgrund meiner Erfahrung ausreichende Signale zur angemessenen Beurteilung liefert, kann ich einen fremden Menschen nicht vom Äußeren allein beurteilen. Zwar sendet auch der fremde Mensch biologisch codierte Zeichen aus, die als Signale der Kampf- oder Kontaktbereitschaft gedeutet werden können. Aber die unmittelbare Bedeutung dieser Zeichen ist trügerisch. Droht er mir, weil er mir Böses will oder weil er Angst hat oder Stärke nur vortäuschen will und daher eigentlich lieber verhandeln möchte? Gibt er sich mit seinen Freundschafts- und Demutsgesten nur freundlich, um mich in eine Falle zu locken oder übers Ohr zu hauen? Es bedarf daher zusätzlicher Hinweise, um besorgniserregende Fremdheit ab- und sicherheitsversprechendes Vertrauen aufzubauen. Man beurteilt die Ähnlichkeit eines Fremden mit einem selbst hinsichtlich der Sprache, der Sitten, der Kleidung, der Speisen, der Glaubenssysteme usw. Die Ähnlichkeitsprüfung zielt darauf ab, festzustellen, ob der Andere als ein mir gleichgeartetes Wesen betrachtet und darum wie ein Mensch von meiner Art behandelt werden kann. Sie scheitert, wenn quantitativ die Summe der unähnlichen Merkmale überwiegt oder wenn qualitativ ein grundsätzlicher Unterschied hinsichtlich des zentralen Merkmals besteht. Der erste Fall beschreibt das „unmenschliche" Verhalten von Eroberern gegenüber besiegten Völkern (Hunnen und Mongolen, die Europäer gegenüber Indianern und Aborigines). Die Unterworfenen sind „in ihrer ganzen Art" so fremd, daß für die Sieger kein Grund zur Schonung besteht. Der zweite Fall bezieht sich auf „überwertige" ideologisch bestimmte Differenzen. Das zentrale Merkmal ist für die eine Gruppe so entscheidend für das eigene Selbstbewußtsein, daß dessen gegenteilige Ausprägung beim Anderen dessen Vernichtung erheischt: der Katholik, der Aristokrat, der Kapitalist, der Jude.

Obwohl die fundamentale Ungleichartigkeit der Menschen und vor allem die Neigung, beliebige, sogar scheinbar unbedeutende Unterschiede zum Gegenstand einer Freund/Feind-Unterscheidung zu machen, um die eigene Gruppenidentität zu bezeichnen und zu festigen, Anlaß genug böten, Gruppenfremden feindlich zu begegnen, hat die Menschheit sich bislang noch nicht selbst ausgerottet. Daß es so weit nicht kommen konnte, verdankt sich der Tatsache, daß jedem Prinzip durch ein Gegenprinzip die Waage gehalten wird. Die narzißtische „Hypostasierung der Differenz" wird durch den utilitaristischen Egoismus und den biologischen Altruismus begrenzt.

Die Wahrnehmung der Andersheit des Anderen verursacht Stress, da die Prüfung seiner Vertrauenswürdigkeit und die Deutung seines fremdartigen Verhaltens Aufmerksamkeitsaufwand erfordert. Der Gruppengenosse dagegen ist schon durchgescannt; hier muß ich auf nichts weiteres achten als auf wenige spezifische Details der Kommunikation. Um sich das Leben einfacher zu machen (Komplexitätsreduktion), wäre es daher sinnvoll, Kontakte zu Fremden zu vermeiden. Aber der Kontakt mit einem Fremden bringt Vorteile, da dieser Güter (Waren, Dienstleistungen, Informationen) anbietet, über die man selbst nicht verfügt. Man lernt, um des utilitaristischen Vorteils willen, die Andersartigkeit geflissentlich zu übersehen. Die Vorteilhaftigkeit des Handels überwindet also die natürliche, weil evolutionär sinnvolle Xenophobie, was auch erklärt, warum bereits in der Morgendämmerung menschlicher Geschichte weitreichende und intensive Handelsbeziehungen etabliert worden waren. Um den Handel nicht den Zufällen abenteuerlicher Expeditionen zu überlassen, sondern ihn auf Dauer hin anzulegen, hat schon früh das In-die-Fremde-Gehen eine gewisse Verrechtlichung erfahren. Der Reisende genießt auf seinem Weg Gastrecht, was die tendenziell abschreckende Gefährlichkeit des Reisens mindert und damit Handel erst möglich macht. Der Gast, der die Schwelle des Hauses, welche die Grenze zwischen dem Eigenen und dem Fremden markiert, überschritten hat, tritt damit temporär in die Zusammengehörigkeit der Hausgemeinschaft ein.

Während die differenzbetonende Tendenz durch Antriebe der Selbsterhaltung und Aggression verstärkt wird, wird sie durch Antriebe des Sexual- und Brutpflegeverhaltens wiederum reduziert. Hier wirken Schlüsselreize: die weibliche Sanduhrform, das Kindchenschema, die bittend entgegengestreckte Hand. Der Fremde sendet Reize aus, die positive, kontaktverstärkende Reaktionen hervorrufen: sexuelles Begehren, Hilfsbereitschaft.[280]

Ein weiterer Faktor trat hinzu. Mit der Etablierung immer größerer politischer Formationen: Stämme, Stadtstaaten, Königreiche dehnte sich die Sphäre, in der eine fundamentale Gemeinsamkeit vorausgesetzt werden konnte, weit über den Bereich der sinnlichen Gewißheit unmittelbarer, naturwüchsiger Nähe aus. Wer im Hethiter-, dem Perserreich unterwegs war, begegnete Menschen, auch wenn sie rassisch-physiognomisch anders aussahen und sich teilweise anders verhielten, die Rechts- und Reichsgenossen waren, die demselben Herrscher dienten, dieselben Götter anbeteten, idealerweise die Gemeinsprache beherrschten usw. Der Kreis, in dem man Mitmenschen antraf, wurde somit immer größer. Ein weitere Vergrößerung dieses Kreises erfolgte durch die Ausbildung der Universalreligionen Christentum und Islam. Obwohl diese Kulturkreise politisch in unterschiedliche Nationen differenziert waren, so war doch das religiöse Bekenntnis so stark, daß man im Anderen immer auch den Glaubensgenossen sehen konnte. Trotz der auch innerhalb dieser Kulturkreise anzutreffenden Grausamkeit der Kriegsführung war demjenigen, der dem Feind sein Schwert in den Leib bohrte, in diesem Augenblick bewußt, daß er einen Menschen von der eignen Art tötet. Der Bezug auf die religiös fundierte Gemeinsamkeit führte allmählich auch zu einer zumindest ansatzweise Humanisierung der Kriegsführung durch Ausbildung eines rudimentären Kriegsrechts, das bestimmte Handlungsweisen vorschrieb oder verbot (sonntäglicher Friede, Schutz von Kirchen, Klerikern, Frauen und Kindern).

Die Idee einer Achtung des Mitmenschen hatte sich etabliert, also ein Vorläufer dessen, was man heute unpassenderweise als Menschenwürde bezeichnet. Biologische Antriebe und ökonomische Interessen, die den Anderen als brauchbaren, ja

280 I. Eibl-Eibesfeldt, S. 71ff.

begehrenswerten Partner apperzipieren und damit die natürliche Xenophobie überwinden, und die ideelle politische und/ oder religiöse Gemeinsamkeit, welche den Anderen zu einem gleichartigen Genossen macht, haben zu dieser Idee geführt. Um aber einen Mitmenschen achten zu können, muß dieser als solcher erkannt und anerkannt werden. Diese Anerkennungsformen sind freilich kontingent. Man kann nicht unterstellen, daß der einmal angestoßene Vermitmenschlichungsprozeß von selbst immer mehr Menschengruppen in seinen Geltungsbereich hineinzieht. Zum einen endete der Kreis der Mitmenschlichkeit an der Grenze des jeweiligen Kulturkreises. Jenseits dessen lauerte der zwar ökonomisch und militärisch ebenbürtige, aber durch seinen „Unglauben" absolut böse Sarazene oder vegetierte der absolut unterlegene, halbtierische „Primitive". Mit diesen beiden Typen gab es keine Gemeinsamkeit; diese waren „die Anderen". Zwar war man bereit, in diesen Anderen biologisch auch Menschen zu sehen. Aber das Biologische ist nur etwas Äußerliches. Das Wesen des Menschen ist nach damaliger metaphysischer Überzeugung etwas Geistiges. Da sich diese Anderen durch ihren völlig andersartigen Geist unterscheiden, können sie schlechterdings nicht als Menschen der eigenen Art gewürdigt werden.

Auf den Anerkennungsprozeß wirken vier Kräfte bzw. Faktoren ein:

1. die rein sachliche Einordnung der Wahrnehmung eines Lebewesens in die Gattung Mensch.
2. Die biologisch-egoistische Wertung dieser Wahrnehmung als uninteressant, bedrohlich/negativ oder als potentieller Adressat meiner Interessen.
3. eine ideologische Wertung, die diese Art Mensch als gleichwertig oder minderwertig einstuft.

4. mehr oder weniger bewußte, mehr oder weniger formalisierte Gebote der Sittlichkeit, zu denen auch die Achtung der mitmenschlichen Rechtssubjektivität, alias Menschenwürde, gehört.

So wie auf biologischer Ebene aggressive und xenophobe Antriebe mit Abkömmlingen des Sexual- und Brutpflegeverhaltens, also Haß und Liebe, miteinander ringen, so auf der sittlichen Ebene Ideologie und Achtungsgebot. Das Achtungsgebot ist, sofern es gesellschaftliche Normen wirklich entscheidend prägt, so stark, daß es die gegenläufigen, würdefeindlichen Faktoren zurückdrängt und die Skala der Rezeptionsorientierung wieder in Richtung des Biologischen verschiebt, was Achtung gegenüber allem, was wie ein Mensch aussieht, ermöglicht. Die Wirkmächtigkeit des Menschenwürdeprinzips ist aber selbst abhängig von der Gesellschaft, in die es schützend hineinwirken soll. Es soll etwas regulieren, von dem es selbst bestimmt wird. Guten Christen, Kommunisten, Demokraten wird gerne Menschenwürde zugestanden, nicht aber den anderen, die aufgrund des Festhaltens an ihren bösen Irrlehren sowieso keine richtigen Menschen sind. Schauen wir uns die Kräfteverhältnisse an: Die biologische Wahrnehmung ist neutral und immer gleich stark. Das Menschenwürdeprinzip kann durch etablierte Rechtspraxis und Erziehung gefördert werden. Da es aber ein relativ abstraktes, formales Prinzip ist, kann es ein bestimmtes Stärkeniveau nicht überschreiten. Dagegen können die würdefeindlichen Faktoren durch ideologischen Fanatismus und das Aufpeitschen niederer Instinkte beinahe beliebig gesteigert werden. Die Instanz der biologischen Wahrnehmung sagt: „Das ist ein Mensch". Die Instanz der kulturellen Wahrnehmung widerspricht: „Nein, das ist ein Feind und daher kein Mensch." Das Menschenwürdeprinzip kann sich nur, um Geltung zu beanspruchen, auf die biologische Wahrnehmung stützen, die alles als Mensch wahrnimmt, was wie ein Mensch aussieht. Nur die Wahrnehmung als Mensch kann Würdezuschreibung ermöglichen. Wird das Ergebnis der biologischen Wahrnehmung von der ideologischen Wertung hinweggewischt, weil diese stärker ist, dann ist auch die Berufung auf die Menschenwürde sinnlos geworden. Um die Wucht der biologisch geprägten Ähnlichkeitswahrnehmung abblocken zu können, muß sich dieser eine gleichermaßen elementare Kraft entgegenstellen. Die Ideologie ist eine typische Form dieser Gegenkraft. Die elementare Kraft der Ideologie zeigt sich in der dem Gleichheitsgrundsatz der US-Verfassung hohnsprechenden Behandlung der Negersklaven und der bis in die Mitte des 20. Jahrhunderts hin andauernden Rassendiskriminierung. Wie kann man Menschen, die ganz offensichtlich Menschen sind und zudem die gleiche Sprache sprechen, denselben Glauben und gleichartige Verhaltensweisen und Interessen haben wie die weiße Mehrheitsbevölkerung, als Untermenschen behandeln, obwohl die Verfassung ausdrücklich erklärt, daß alle Menschen gleich und frei geboren seien? Dieser Widerspruch scheint den meisten überhaupt nicht aufgefallen zu sein. Die biologische Ähnlichkeitswahrnehmung wird durch eine sozial codierte Wahrnehmung überlagert und unterdrückt, die beim Anblick eines Negers sofort ein Reaktionsmuster aktiviert, das diesen als ein Wesen anderer Art erkennt, das so andersartig ist, daß diesem nicht die Rechte zukommen dürfen wie für Menschenwesen der eigenen Art. Die Wahrnehmung zeigt zwar die Gestalt eines Menschen, aber dieser Vorstellung wird die emotionale Besetzung entzogen, die normalerweise über das Erkennen der Gleichartigkeit eine Identifikation bewirkt. Man geht, weil sich dies als in der Gesellschaft als Selbstverständlichkeit fest eingespielt hat, von der Annahme aus, daß mit Menschen nur Weiße gemeint sein können, weshalb man gar nicht auf die Idee kommt, daß der Gleichheitsgrundsatz auch für Schwarze zutrifft. Die Idee der Anerkennung der Rechtssubjektivität aller Bürger war in den USA während der Epoche der Rassendiskriminierung nicht bekannt, weshalb dieses Prinzip der biologischen Ähnlichkeitswahrnehmung nicht zu Hilfe kommen konnte, um die ideologisch motivierte Geringschätzung zu überwinden.

Es sollte deutlich geworden sein: Um einem Menschen Würde zuzusprechen, muß dieser zunächst als Mensch anerkannt werden. Die Anerkennung des Menschseins ist Voraussetzung der Anerkennung von Menschenwürde und sozusagen bereits mehr als die halbe Miete, denn sie hemmt die Neigung zu Exzessen der Mißhandlung. Anders herum formuliert: Wer einem anderen nur die Würde abspricht, weil dieser Säufer, Hure, Schwachsinniger ist, aber noch als Mensch anerkennt, mag diesen verachten und auch verächtlich behandeln. Aber erst, wenn er dem anderen das Menschsein abspricht, kann er diesen nach Belieben quälen und grausam zu Tode bringen. Die Anerkennung des Menschseins geht der Anerkennung des Würdehabens voraus, womit sie zu deren Voraussetzung wird. Die Anerkennung des Menschseins beschränkt sich nicht auf die sittlich indifferente Registrierung des Gegenstandes eines Wahrnehmungsaktes als homo sapiens, sondern aktiviert, sofern nicht ideologische Filtersysteme intervenieren, das biologisch vorgeformte und kulturell überformte Mitmenschlichkeitsverhaltensregister. Computersprachlich formuliert: Nach erfolgreichem Durchlaufen des Menschsein-Prüfungsprogramms wird das Mitmenschlichkeitsprogramm gestartet. Dieses Mitmenschlichkeitsprogramm wiederum enthält die Anerkennung der Rechtssubjektivität mit einem auf basale Interessen und Bedürfnisse (Handel, Sexualität, Hilfe in Notsituationen) beschränkten Achtungsgebot.

Diesen Teil der Überlegungen abschließend, möchte ich das mögliche Gegenargument des *naturalistischen Fehlschlusses* entkräften. Wie soll sich aus dem bloßen Faktum des Mensch-

Seins ein normativer Anspruch ergeben? Der sogenannte naturalistische Fehlschluß genießt keinen guten Ruf: Es sei ein Fehler, von einem in der Natur sachhaft Gegegebenen eine Verhaltensnorm abzuleiten, kurz: von einem Sein auf ein Sollen zu schließen. Häufig wird in diesem Zusammenhang der gleichfalls übel beleumundete Sozialdarwinismus angeführt, dem zufolge Menschen rücksichtlos von ihren Machtmöglichkeiten Gebrauch machen sollen, weil in der Natur nur der Stärkere überlebt. Die Kritik am Naturalismus hat mich nie völlig überzeugen können; um eine Sache mies zu machen, fällt es nie schwer, ein passendes Beispiel zu finden. Diese Kritik verkennt die das menschliche Dasein kennzeichnende Dialektik von Natur und Kultur: Der Mensch ist von Natur aus ein Kulturwesen.

Das Mensch-Sein an sich gebietet bereits, jeden Menschen als Rechtssubjekt anzuerkennen. Der Mensch ist ein soziales Wesen (zoon politicon); er kann nur im Zusammenleben mit anderen Menschen in einer Gesellschaft überleben. Eine Gesellschaft wiederum kann nur funktionieren, wenn sie rechtlich organisiert ist, indem durch Normen festgelegt wird, was richtiges und falsches Verhalten ist. Eine a priori rechtliche Organisation ist erforderlich, weil nicht wie bei Herdentieren Instinkte das Zusammenleben regulieren. Menschliches Dasein ist kein ethisch neutrales Dahinleben, sondern ist kulturell strukturiert. Zur Kultur gehört das Recht. Im menschlichen Sein ist also bereits ein Sollen enthalten. Der Topos des naturalistischen Fehlschlusses unterstellt, daß Natur und Kultur völlig unterschiedliche Sphären sind, weshalb Gegebenheiten der einen Sphäre nicht als Vorbild auf die andere Sphäre übertragen werden dürfen. Beim Menschen sind aber Natur und Kultur untrennbar miteinander verwoben, weshalb ein Sphärenwechsel überhaupt nicht stattfindet. Die Zugehörigkeit zu einer als Rechtsgemeinschaft organisierten Gesellschaft bewirkt, daß jeder Gesellschaftsgenosse zugleich auch Rechtsgenosse und damit Rechtssubjekt ist.

Wie sieht dies aber mit der Beziehung zu Menschen aus, die nicht Mitglied einer konkreten Rechtsgemeinschaft (Horde, Dorf, Stamm, Nation) sind? Ein Fremder, der in eine solche Rechtsgemeinschaft hineingeht, wird temporär deren Mitglied. Indem er die Rechtsgrundsätze durch sein rechtskonformes Verhalten konkludent anerkennt, erwirbt er auch das Recht, als Rechtssubjekt anerkannt zu werden. Wer sich rechtskonform verhält, muß auch rechtskonform behandelt werden. In gesellschaftlichem Verkehr verhält er sich wie ein Interner, weshalb auch der für Interne geltende Rechtsschutz auf ihn angewandt werden muß. Dieser Rechtsschutz bezieht sich aber nur auf die Rechte, die ihm aufgrund seines Mensch-Seins zukommen (körperliche Unversehrtheit, Eigentum) und die für sein Überleben als Mensch unerläßlich sind. Als Mensch und damit als Rechtssubjekt, das auf das Vorhandensein von Gesellschaftlichkeit überhaupt angewiesen ist, wird er als Träger von Menschenrechten anerkannt. Er erwirbt aber nicht Anspruch auf Rechte, die die spezifische Form der jeweiligen Gesellschaft ausmachen, also keinen Anspruch auf Teilhabe am Kultus oder bei der Mitwirkung an politischen Entscheidungen. Er ist somit nicht Träger von Bürgerrechten.

Die Anerkennung der Rechtssubjektivität hat dem Menschenwürdeprinzip voraus, daß es begründungslogisch eine Schutzwirkung nicht von Voraussetzungen abhängig macht.

> *„Zwar trifft es zu, daß der einzelne Mensch allein kraft seines Menschseins und d.h. ganz unabhängig von der zufälligen Wirklichkeit seiner konkreten Lebensumstände, individuellen Eigenschaften und Leiden als Mensch rechtlich anzuerkennen und zu schützen ist. Rückt aber anstelle des einzelnen Würdeträgers eine bestimmte Vorstellung vom Menschen und von seinem eigentlichen*

Wesen ins Zentrum des Rechts, so wird in programmatischer Ablösung des Würdegedankens vom menschlichen Individuum als Rechtsträger dieses zum bloßen Destinär höherer Bestimmung und sein rechtlicher Schutz eine Rechtswohltat, die als Funktion des großen Ganzen zugesprochen oder versagt wird."[281]

In praktisch-politischer Hinsicht bringt es nichts, den Würdeaspekt immer weiter zu stärken, da dieser erst nach Anerkennung des Menschseins greifen kann. Eher schlägt dieses Vorhaben ins Gegenteil der Schutzintention um, da eine an die Stelle nüchterner Beurteilung durch das Recht tretende Moralisierung des gesellschaftlichen Zusammenlebens einen Tugendrigorismus hervorbringt, der zwischen Freund und Feind unterscheidet. Feinde sind dann all diejenigen, welche die – im Zweifelsfall immer höher geschraubten – ethischen Normen nicht erfüllen. Es sei hierbei auf den Radikalisierungsprozeß während der Französischen Revolution verwiesen, durch den immer weitere Bevölkerungskreise in den Verdacht gerieten, der revolutionären Tugend nicht zu entsprechen. Eine wirkliche Schutzwirkung vor einem wie auch immer gearteten Totalitarismus geht nicht vom Menschenwürdeprinzip aus, sondern von einer politischen Kultur, welche politische Auseinandersetzungen mäßigt und im Andersdenkenden nicht den an der Bestimmung der Menschheit frevelnden Unmenschen sieht, sondern nur den Konkurrenten um Wählerstimmen.

An das Konzept der Rechtssubjektivität müssen zur begrifflichen Klärung drei Fragen gestellt werden: 1. wer ist das Subjekt der Achtungserweisung? 2. Was genau ist die Rechtsordnung? 3. Kann dieses Konzept die beabsichtige Schutzwirkung gewährleisten?

---

281 Christoph Enders: Die Menschenwürde als Recht auf Rechte – die mißverstandene Botschaft des Bonner Grundgesetzes, in: Seelmann, S.57

1. Offensichtlich erstreckt sich das Achtungsgebot nicht nur auf den Staat, sondern auf alle Bürger. Aber wie Kant in der Grundlegung der Metaphysik der Sitten darlegte[282], ist sittliches Verhalten nichts Schweres; es wird nur von den Philosophen verkompliziert[283]. Dem Achtungsgebot wird vollauf Genüge getan durch gesetzeskonformes Handeln und durch Befolgen der ganz alltäglichen Gebote der Höflichkeit. In diesen Normen ist das Achtungsgebot bereits durch Institutionalisierung objektiviert; es muß also außer der Beachtung dieser Normen, was im Alltag vom Durchschnittsmenschen auch ganz selbstverständlich und ohne daß dies zum Bewußtsein kommt, getan wird, nicht noch etwas Zusätzliches oder Besonderes geleistet werden. Die meisten Menschen halten sich an die Gesetze und schlagen auch dann nicht über die Stränge, wenn sie vom Auge des Gesetzes nicht beobachtet werden. Zu dieser ausreichenden und brauchbaren Sittlichkeit sind sie gelangt, ohne daß sie jemals mit der Nase auf die Menschenwürde gestoßen worden wären. Mir selbst ist, bevor ich mit dieser Abhandlung begann, auch nie die Menschenwürde als ein beherzigenswertes Gebot begegnet. Den Respekt für andere erlernen Kinder, wenn ihre Eltern sie ermahnen, nicht das Spielzeug anderer Kinder wegzunehmen und sie nicht zu beleidigen. Um zu einem sittlich gefestigten Menschen zu werden, braucht man nicht zu wissen, was Menschenwürde bedeuten soll. Eine gute Erziehung reicht

282 I. Kant 1977, S. 31f.

283 In fast identischen Wendungen äußert sich der sich ansonsten stark von Kant unterscheidende Hegel in der Vorrede seiner Rechtsphilosphie, in der er darlegt, daß die Wahrheit über Recht und Sittlichkeit ebenso alt sei wie bekannt. Das Geschäft der Philosophen könne sich darauf beschränken, diese Wahrheit zu explizieren, während der Durchschnittsbürger sich einfach an die öffentlich bekannte Wahrheit zu halten braucht. Nur die Eitelkeit mancher Philosophen veranlasse sie, sich partout durch „Dekonstruktion“ und „Neuerfinden“ als besonders geistreich in Szene zu setzen. (G.W.F. Hegel, S. 13ff.)

aus, um sich in eine Rechtsordnung hineinzusozialisieren, welche die Anerkennung der Rechtssubjektivität gewährleistet.

Die institutionalisierte und das alltäglichen Verhalten orientierende konventionelle Moral verleiht eine für den Alltag ausreichende Gewährleistung sittlicher Richtigkeit. Man stößt aber immer wieder auf Problemfälle, wie diejenigen, die in der Menschenwürdedebatte ständig erörtert werden (Sterbehilfe, Abtreibung, Rettungsfolter usw.). Diese sind nicht bereits durch Gewohnheit vorentschieden. Für diese Fälle muß die Frage „was genau also gebietet die Pflicht, den anderen als Rechtssubjekt zu respektieren“[284] beantwortet werden. Der Fragende, Kurt Seelmann, beantwortet diese mit der Goldenen Regel[285]: „Was Du nicht willst, das man dir tu, das füg auch keinem anderen zu.“ Man soll also überlegen, was man selbst täte, wenn man in einer vergleichbaren Situation entscheiden muß bzw. was man will, wenn über einen selbst entschieden würde. Die dadurch angestoßene Reflexion auf das eigene Betroffensein veranlaßt zu einer Entscheidung, die sich ernsthaft und wohlüberlegt um das Angemessene bemüht. Wenn man ehrlich ist, laufen alle grundlegenden sittlichen Vorschriften, Kants kategorische Imperative eingeschlossen, auf dieses einfache Prinzip hinaus, weshalb man sich eines Rekurses auf diese scheinbare Trivialität nicht schämen muß. Alle grundlegenden sittlichen Vorschriften müssen einfach sein und sind es auch; wären sie stattdessen kompliziert, könnte man sich nicht darauf verlassen, daß sie alle verstehen und daher auch nicht, daß sie allgemein befolgt werden können. Im Grunde ist die Goldene Regel identisch mit dem Rechtssubjektivitätskonzept, weil sie auf der Anerkennung der rechtlichen Gleichwertigkeit

284 Kurt Seelmann: Haben Embryonen Menschenwürde? Überlegungen aus juristischer Sicht, in: Kettner, S. 65

285 ebd. S. 67

des Anderen beruht und daraus die handlungspraktischen Konsequenzen zieht.

2. Schwieriger wird es mit der Frage nach der *Rechtsordnung*. Beginnen wir aber mit dem Einfachen, dem Staat. Einfach verhält es sich hinsichtlich des Staates, weil dieser tun kann, was er will. Aber wollen darf er nur, was er muß: nämlich, sofern es sich um den Staat der Bundesrepublik Deutschland handelt, das Achtungsgebot von Art. 1.1. befolgen. Trotz der sehr divergierenden Begründungskonzeptionen der Menschenwürde ist immerhin hinreichend klar, was Menschenwürdeverstöße sind. An dem Minimalkonsens, daß damit zumindest die codifizierten „Verbrechen gegen die Menschlichkeit" gemeint sind, hat nie jemand gezweifelt. Die eigentliche Schwierigkeit betrifft den Bürger, der wissen muß, an was er sich halten soll. Eine empirische, positivierte Rechtsordnung kann, wie dies unter totalitären Regimen der Fall ist, faktisch eine Unrechtsordnung sein. Eine umstandslose Orientierung am hier und jetzt geltenden Recht kann also falsch und menschenwürdewidrig sein. Mangels einer nicht voraussetzbaren expliziten Kenntnis des Naturrechts, von Menschenrechtserklärungen oder sonstigen vergleichbaren Diskursen kann er sich nur an das halten, was er kennt, nämlich die *traditionelle Moral*. Hermann Lübbe hat in „Der Triumph der Gesinnung über die Urteilskraft" untersucht, wie es um das Rechtsbewußtsein in Unrechtsstaaten steht. Er geht dabei von der berüchtigten Posener Rede Himmlers vom 3. Oktober 1943 aus, wo Himmler den KZ-Mannschaften Lob zollte für ihre Durchhaltefähigkeit angesichts der von ihnen begangenen Massentötungen. Mit diesem Lob gab er aber zu, daß der Verstoß gegen die konventionelle Moral ein traumatisierendes Problem ist, womit er auch deren Vorrang und prägende Kraft eingestand. Lübbe betont,

> *„daß selbstverständlich auch den Exekutoren politischer Großverbrechen niemals zweifelhaft war, daß ihre*

Verbrechen nach einfachsten Regeln konventioneller Moral und gemeinen Rechts eben Verbrechen waren.“[286]

„Nicht die moralische Reflexionstüchtigkeit ist beschädigt, sondern die Urteilskraft, die einen in Orientierung an Erfahrung und traditionell gefestigtem politischen Wirklichkeitssinn gemeinsinnsfähig urteilen ließe, was erlaubt und was nicht erlaubt ist.“[287]

Weit davon entfernt, Moral zu verachten, sind totalitäre Regime vielmehr in besonders intensiver Weise auf Legitimierung ihres Handelns durch Moral, freilich einer von eigener Art, angewiesen. Intensives Moralisieren, das stets mit der Einführung einer neuen, höheren, revolutionären Moral einhergeht, ist unvermeidlich, weil man sich überkompensatorisch von der konsensualen Legitimität der konventionellen Moral absetzen muß. Man muß laut schreien, um die Stimme des Gewissens zu übertönen. Intensives Moralisieren kann darum als Warnzeichen wahrgenommen werden, daß die bisherige gesellschaftliche und moralische Ordnung abgeschafft werden soll und dafür Propaganda betrieben werden muß. Solche Warnzeichen – wie das Überhandnehmen innerstaatlicher Feinderklärungen, der schrille Tonfall, die Apokalypsedrohung, wenn der Ruf zur Umkehr nicht befolgt wird – erkennen und einfach an der konventionellen Moral festhalten, kann jeder. Dazu muß man kein Verfassungsrechtler sein. Die die achtungsgebietende Rechtsgenossenschaft stiftende Rechtsordnung wurde somit ex negativo bestimmt. Sie ist nicht die Ordnung des positiven Rechts, noch die des abstrakten Naturrechts, sondern die sich in der Alltäglichkeit der Befolgung konventioneller Moral konkretisierte Sittlichkeit[288]. Im Falle totalitärer Entartung kann die in

286 H. Lübbe, S. 14

287 ebd., S. 17

288 Diese muß nicht wirklich gut sein; es reicht aus, wenn sie die gegenseitige Achtung der Rechtssubjektivität garantiert. Eine sittliche Ord-

der durch die konventionelle Moral gestifteten Rechtsordnung enthaltene Menschenwürde nur so lange einen Schutzschirm aufspannen, wie diese noch lebendig ist. Orientierung kann diese geben, ebenso wie das im Kapitel über das „antitotalitäre Versprechen“ beschriebene Einklagen menschenwürdiger Behandlung auf dem Rechtsweg, nur in einem Übergangsstadium, wo die neue Ordnung noch nicht bis in die letzten Winkel des Gesellschaftsgebäudes vorgedrungen ist.

Aus beiden eben betrachteten Punkten (wer ist Subjekt?, welche Rechtsordnung?) ergibt sich ein wichtiger Gedanke: die Anerkennung der Rechtssubjektivität kann man *gelassen* angehen. Man muß nichts weiter tun, als die anderen Menschen so sein lassen, wie sie sind. Der Begriff der Menschenwürde verlangt zu viel, denn er stellt Ansprüche. Mit ihm verbindet sich immer implizit das Bild eines Menschen, wie er sein soll. Wenn er diesem Bild nicht entspricht, wird es problematisch: Entweder will man ihn dann zu dem erwünschten Bild umformen, was zur manipulativen Moralisierung und letztlich zum Tugendterror führt, oder man wertet den den Ansprüchen nicht genügenden Menschen ab. Die Gelassenheit, die sich bei der Reduktion des Anspruchsniveaus auf die Anerkennung der Rechtssubjektivität einstellt, verlangt nicht mehr, als allen Menschen das Maß an Achtung entgegenzubringen, das für ein störungsfreies, alltägliches Miteinander, das sich ja auch jeden Tag tatsächlich vollzieht, erforderlich ist. Die Pointe der Gelassenheit liegt beim Unterlassen. Man soll alles unterlassen, was Anlaß dazu geben könnte, andere Menschen so zu behandeln,

---

nung, die darüber hinaus auch noch Hochachtung für diejenigen, die diese verdient haben, ermöglicht, ist zweifelsohne besser. „Selbstachtung muß mit irgendeiner Form von Leistung verknüpft sein, und sei sie auch noch so bescheiden. Und je schwieriger die Leistung zu erbringen war, desto größer ist das Gefühl der Selbstachtung: Man ist stolzer auf sich, wenn man die Grundausbildung bei den Marines absolviert hat, als wenn man, sagen wir, in einer Armenküche um einen Teller Suppe angestanden hat.“ F. Fukuyama, S. 402f.

als hätten sie nicht dieselben Rechte wie man selbst. Man muß andere Menschen nicht lieben, man kann sie sogar aus guten Gründen auch hassen – aber auch der Feind verdient es, als Mensch geachtet zu werden. Den Haß zu zügeln, ist die eigentliche Schwierigkeit. Dazu muß das Achtungsgebot so fest verinnerlicht werden, daß es einen ständig dazu ermahnt, nicht die Grenzen der Mitmenschlichkeit zu überschreiten. Ein erster Schritt dahin ist der Verzicht auf Ideologien, die einen dazu überreden wollen, Menschen zu hassen und abzuwerten, nicht weil sie persönlich etwas Schlimmes getan haben, sondern allein deshalb, weil sie zu einer anderen Art Mensch gehören.

Was ist mit dieser Bestimmung der die Anerkennung der Rechtssubjektivität ermöglichenden Rechtsordnung als konventionelle Moral bzw. als alltägliche Sittlichkeit gewonnen? Sie fungiert einerseits als Korrektiv gegenüber der staatlicherseits positivierten Rechtsordnung, die eine Ordnung des Unrechts sein kann, und entgeht andererseits den Problemen einer naturrechtlichen Fundierung (Abstraktheit, Unklarheit hinsichtlich des konkreten Gehalts), da sie sich in der praktisch gelebten, durch Überlieferung habitualisierten Sittlichkeit positiviert hat.

Die Rechtssubjektivitätsfor-mel auf dem Prüfstand

Das Ziel des Würdeprinzips besteht in einer unhintergehbaren *Schutzfunktion* für das Individuum. Eine Schutzwirkung übt das überwiegend mit der Objektformel und vom Verletzungsvorgang her gedachte Menschenwürdeprinzip zweifelsohne aus, sofern noch die ursprüngliche Rechtsordnung der BRD und die Unabhängigkeit des Bundesverfassungsgerichts gewahrt sind. Angesichts der Bedeutsamkeit der sich aus der Idee der Menschenwürde ableitenden Schutzfunktion ist eine zweifelsfreie und unumstößliche argumentative Absicherung des diese Schutzfunktion gründenden Begriffs erstrebenswert. Man sollte allerdings die Bedeutung einer philosophisch anspruchsvollen und in sich stimmigen Begründung nicht überschätzen, da ein intuitives Verständnis und ein Minimalkonsens für die Praxis völlig ausreichen. Um die *Idee* der mit dem Wort Menschenwürde bezeichneten Schutzfunktion von der Belastung durch den problematischen *Ausdruck* „Würde“ zu befreien, habe ich vorgeschlagen, den Würdebegriff fallenzulassen und diesen durch das Zusammenwirken der Rechtssubjekthaftigkeit des menschlichen Seins mit der unabdingbaren Geltung einer Rechtsordnung zu ersetzen. Die Überzeugungskraft des Rechtssubjektivitätskriteriums muß, wie auf S. 269 als Aufgabe angekündigt, dahingehend überprüfen werden, ob sich aus ihm ein der bisherigen Rechtspraxis zumindest gleichwertiger und zudem kritikresistenterer Grundrechtsschutz ableiten läßt. Aus diesem Grund möchte ich zunächst noch einmal unter neuen Gesichtspunkten das bereits im vorangegangenen Kapitel im Hinblick auf das Unantastbarkeitsgebot behandelte Abtreibungsthema aufgreifen.

Als Stein des Anstoßes für den Begriff der Menschenwürde hatte sich generell die problematische Beziehung zwischen dem transzendentalen Würdepostulat und der empirischen Tatsächlichkeit der Würdemanifestation erwiesen. Es muß, um die normative Funktion des Würdepostulats zu gewährleisten, auch solchen Personen Würde zugebilligt werden, die objektiv keine Würde (im empirischen Wortsinne) besitzen. Man hat sich dahingehend beholfen, die Würde als dem Wesen des Menschen zugehörig zu bestimmen, weshalb die Eigenschaft des Mensch-Seins bereits für den Würdebesitz ausreicht und dadurch die Kontingenz der je empirisch-zufälligen Würdemanifestation keine Rolle spielt. Da jedem Mensch aufgrund der Eigentümlichkeit der menschlichen Seinsweise Würde zukommt[289], ist auch, gleichgültig ob im konkreten Handlungsvollzug Würde gezeigt wird oder nicht, bei jedem Menschen das Vorhandensein von Würde vorauszusetzen. Faktisch bedeutet dies aber ein Ausweichen der ursprünglich transzendentalphilosophischen Argumentation ins Biologistische. Nicht die anfänglich mit großem Aplomb herausgestellten hehren idealistischen Qualifikationen wie Freiheit, Autonomie, Personalität sind letztlich das Entscheidende, sondern nur die Zugehörigkeit zur biologischen Gattung homo sapiens.

Wird mit dem Rechtssubjektivitätskriterium der durch den Rekurs aufs Biologische ausgelöste Argumentationsbruch vermieden? Ganz offensichtlich erhebt dieses Kriterium den Anspruch, den Rahmen einer rein juristischen Argumentation nicht zu verlassen. Der Rekurs aufs Biologische war notwendig geworden, um den durch das Würdeprinzip gestifteten Grundrechtsschutz auch auf solche Situationen anzuwenden, wo ein auf personaler Autonomie beruhendes Vorhandensein

289 In seinem ersten Abtreibungsurteil erklärte das BVerfG: „Wo menschliches Leben existiert, kommt ihm Menschenwürde zu; es ist nicht entscheidend, ob der Träger sich dieser Würde bewußt ist und sie selbst zu wahren weiß. Die von Anfang an im menschlichen Sein angelegten potentiellen Fähigkeiten genügen, um die Menschenwürde zu begründen.“ (BVerfGE 39, 1 – Schwangerschaftsabbruch I)

von Würde objektiv nicht gegeben ist. Der Grundrechtsschutz wurde deshalb an das Vorhandensein von Leben geknüpft. Das eigentlich Problematische dabei ist weniger das biologistische Argumentieren als vielmehr die durchaus überflüssige Einmengung des Würdeprinzips. Es genügt völlig zu sagen, jedem menschlichen Leben steht per se Grundrechtsschutz zu. Es ist überhaupt nichts gewonnen, etwas zusätzlich Bedeutsames ausgesagt, wenn man behauptet, jedes menschliche Leben habe per se Würde und erheische dadurch Grundrechtsschutz.

Abtreibung

Da in der BRD der Grundrechtsschutz für personaler Autonomie entbehrender Individuen (Schwachsinnige, etc.) nie zur Disposition stand, eignet sich nur die Abtreibungsthematik zur Diskussion dieser Frage. Nach §1 BGB beginnt die Rechtsfähigkeit und damit die Rechtssubjektivität des Menschen erst „mit der Vollendung der Geburt". Dies versetzt meiner These von der Gleichrangigkeit der Schutzfunktion von Würde- und Rechtssubjektivitätsprinzip zunächst einen schweren Schlag. Aber auch in der herrschenden Lehre ist es höchst umstritten, „ob der nasciturus selbst Grundrechtsträger sei oder aber wegen mangelnder Rechts- und Grundrechtsfähigkeit ›nur‹ von den objektiven Normen der Verfassung in seinem Recht auf Leben geschützt wird."[290] Man behilft sich im Grunde damit, dem Fötus einen Sonderstatus zuzuweisen, der eine staatliche Schutzpflicht hervorruft. Diese „Pflicht des Staates, jedes menschliche Leben zu schützen[291]" wird auch vom BVerfFG betont. Eine solche Konstruktion kann mit gleichem Recht auch für die Rechtssubjektivität beansprucht werden. Als

290 T. Geddert-Steinacher, S. 66

291 BVerfGE 39, 1 – Schwangerschaftsabbruch I

Rechtssubjekt wird ja nicht ein beliebiger Anderer anerkannt, sondern der Teilhaber an einer Rechtsgemeinschaft. Die Anerkennung erfolgt also immer durch die Vermittlung der Rechtsordnung. Wenn diese dem Embryo ein Schutzrecht zuspricht, so ist dieser zumindest als Äquivalent eines Rechtssubjekts zu behandeln. Falls hier der Eindruck des Dezisionistischen entsteht, so ist zu erwidern, daß diese Materie in ihrer Gesamtheit von einer Atmosphäre des Dezisionismus, um nicht zu sagen: der Willkür durchzogen ist. Da beim Embryo schlechterdings nicht von Würde im Sinne personaler Autonomie die Rede sein kann, verlagert sich die Argumentation auf den Gesichtspunkt des Rechts auf Leben. Damit stellt sich die Frage, ab wann denn menschliches Leben beginnt[292]. Das Bundesverfassungsgericht hat hierzu festgestellt: „Leben im Sinne der geschichtlichen[293] Existenz eines menschlichen Individuums besteht nach gesicherter biologisch-physiologischer Erkenntnis jedenfalls vom 14. Tage nach der Empfängnis ... an.“[294] Geddert-Steinacher weist, ohne dies allerdings weiter zu problematisieren, darauf hin[295], daß sich das Kriterium des 14. Tages wohl we-

292 Einen Überblick über den sehr weitgespannten zeitlichen Rahmen der verschiedenen Zäsuren gibt Franz Josef Wetz: Menschenwürde als Opium fürs Volk. Der Wertstatus von Embryonen, in: Kettner, S. 224, sowie Sigrid Graumann: Präimplantationsdiagnostik, embryonale Stammzellenforschung und das Regulativ der Menschenwürde, ebenfalls in: Kettner, S. 128

293 Was soll hier „geschichtlich“ heißen? Gemeint ist ja wohl nur die schlichte Tatsache, daß sich ein *Kontinuum* von Lebensvorgängen vom Zellhaufen bis zur vollentwickelten Persönlichkeit erstreckt. „Geschichtliche Existenz“ spielt möglicherweise auf philosophische Vorstellungen an (z. B. Heidegger „Sein und Zeit“, 5. Kapitel), daß menschliches Dasein durch die Kategorie einer kollektiven Zeitlichkeit begrenzt und bestimmt wird. Dies aber hat mit dem anstehenden Sachverhalt überhaupt nichts zu tun. Wie häufig, so flüchtet auch hier die juristische Argumentation in einen philosophierenden Jargon, um argumentative Schwierigkeiten mit „Tiefsinn“ und Pathos zu überdecken.

294 BVerfGE 39, 1 – Schwangerschaftsabbruch I

295 T. Geddert-Steinacher, S. 63

niger „biologisch-physiologischer Erkenntnisse“ verdankt als vielmehr dem Wunsch, bis dahin wirksame postkontrazeptive Verhütungsmittel wie die „Pille danach“ und die Spirale nicht zu kriminalisieren. Im Rahmen der Gentechnikdebatte wird der Zeitpunkt des Beginns *menschlichen* Lebens sogar noch weiter nach vorne verlegt. Der Entwurf eines Embryonenschutzgesetzes definiert als Embryo „bereits die befruchtete Eizelle vom Zeitpunkt der Kernverschmelzung an“.[296] „Der Gesichtspunkt der Individualität im Sinne genetischer Einmaligkeit wird dabei auf die Fähigkeit[297] der menschlichen Zelle verlagert, sich zu einem vollständigen Organismus zu entwickeln.“[298] Von der Höhe kantischer Moralphilosophie ist man nunmehr in biologistischen Untiefen angelangt. Während man mit schwerem Geschütz den vom Würdeprinzip ausgehenden und mit dem Lebensrecht amalgamierten Schutzbereich nominell immer weiter, in den Bereich einzelner Zellen, ausdehnt, ist es in Wirklichkeit um die eigentliche Schutzfunktion des real existierenden Fötus schlecht bestellt. Im Hinblick auf die Abtreibungsthematik tut sich ein eklatanter Widerspruch zwischen Anspruch und Begründungspathos einerseits und der Wirklichkeit und der Rechtspraxis andererseits auf. Zwar erkennt das Bundesverfassungsgericht den Vorrang des Lebensschutzes des ungeborenen Kindes vor der Selbstbestimmung der Frau (Art. 2 GG, freie Entfaltung der Persönlichkeit) an, relativiert aber in einer zweiten Güterabwägung dieses Lebensrecht unter Hinweis auf die körperliche und psychische Integrität bzw. die Konfliktlage

296 zit. nach T. Geddert-Steinacher, S. 65

297 Dieses Potentialitäts-Argument ist zu einem Argumentationscluster mit dem Akronym SKIP ausgebaut worden. S: *Spezies* – Embryonen und (geborene) Menschen gehören zur selben Spezies; K: *Kontinuität* – kontinuierliche Entwicklung von der Befruchtung ab; I: *Identität* – Embryo und Erwachsener sind genetisch identisch; P: *Potentialität*: Embryo sei potentiell ein Mensch (vgl. Baldus, S. 190 ff.)

298 T. Geddert-Steinacher, S. 65

der Schwangeren. Wenn das BVerfG von einer Strafverfolgung aus Achtung vor der *Konfliktsituation* der Frau[299] absehen will, ist dies ein echtes Armutszeugnis juristischer Argumentation. Entweder gelten Würde und Lebensrecht absolut oder relativ – tertium non datur! Man kann nicht in der Theorie Absolutheit postulieren und in der Praxis eine Relativierung zulassen. Und was für eine Relativierung! Die ebenso eigenwillige wie blasse juristische Figur der „Konfliktsituation" soll die imposante Gestalt des Lebensrechts aushebeln. Ferner wird der noch verhältnismäßig undifferenzierte Embryo besser geschützt als der wesentlich weiter entwickelte und dadurch dem – wenn man so sagen darf – vollgültigen Leben nähere Fötus. Aber der bei der in vitro Fertilisation entstandene und sorgenfrei im Eisfach aufbewahrte Embryo macht ja auch nicht solche „Konfliktsituationen" heraufbeschwörende Umstände wie der im Mutterleib heranwachsende. Beim Kühlfach-Embryo ist die Würde einfach billiger zu haben. Schließlich ist auch der Formelkompromiß, die formgerecht durchgeführte Abtreibung als einen nicht zu ahndenden Straftatbestand zu qualifizieren, mehr als eigenartig. Sieht man davon ab, daß eine solch zwiespältige Entscheidung des BVerfG auch durch die Rücksichtnahme auf gesellschaftliche Belange (es besteht ja ein weitverbreitetes Bedürfnis nach einer freizügigen Abtreibungsregelung) zustandegekommen ist, so hat auch das Würdeprinzip eine Mitschuld an der Zwickmühle der Rechtsprechung. Nachdem man sich aufs hohe Roß der Würde gesetzt hat und damit im hortus conclusus der reproduktionsmedizinischen Rechtstheorie einherstolziert, kann man auch dann nicht mehr absteigen, wenn man erkennt, daß man mit diesem Pferd die Barriere der Faktizität massiver gesellschaftlicher Bedürfnisse nicht überspringen kann.

299 Die „Konfliktsituation der Frau [habe, W.K.] Vorrang vor dem Strafanspruch des Staates." (T. Geddert-Steinacher, S. 70) Sie führt weiter aus, daß der Fötus trotz der Möglichkeit der Abtreibung prinzipiell Würde besitze – nur, so muß man ergänzen, nützt sie ihm nichts.

Als Resümee ergibt sich: Zwar gebührt auch dem vorgeburtlichen Leben von einem sehr frühen Zeitpunkt an Würde, nur nützt sie ihm nichts. Die Würde verliert sich hinter einer aus vielfältigen Faktoren (Zeit, extrakorporaler Embryo, intrauteriner Fötus, Indikationen, Konfliktsituation, Straftatbestand, Strafverfolgungsanspruch) bestehenden kasuistischen Nebelwand. Als skandalös muß der *Widerspruch* zwischen der geradezu inflatorischen Ausdehnung des Würdeprinzips in der Theorie und deren Geringschätzung in der Praxis bezeichnet werden. Die Antwort auf die Frage, unter welchen Umständen denn tatsächlich eine würdebegründete Schutzfunktion greift, obliegt ganz allein einem dezisionistischen Akt. Zwar macht sich auch die von mir vorgeschlagene Kategorie der Rechtssubjektivität am biologistischen Faktum des Vorhandenseins von Leben fest und es handelt sich gleichfalls um eine dezisionistische Bestimmung, daß einem Status vorgeburtlichen Lebens Rechtssubjektivität zukomme, aber diese Festlegungen besitzen immerhin den Verdienst, klar, offen und eindeutig zu sein und einen Argumentationsbruch zu vermeiden. Dagegen erweist sich in der Praxis die hochfliegende moralphilosophische Begründung der Würde wegen des Ausweichens auf die Lebenskategorie als untauglich und ihre Absolutheit als höchst relativ. Diese Inkonsistenzen und Widersprüche und ihre dezisionistische Auflösung werden schamhaft unter den Teppich gekehrt, was die gesamte Rechtslage zwielichtig erscheinen läßt. Das Rechtssubjektivitätsprinzip ist damit begründungslogisch dem Würdeprinzip überlegen und in ihrer Schutzwirkung diesem mindestens ebenbürtig.

Eine sich am Würdebegriff festmachende Schutzfunktion startet ins Begründungsrennen gewissermaßen mit einem Handicap, weil die mit dem Würdebegriff sich unwillkürlich einstellende Assoziation mit einer irgendwie über die Faktizität des bloßen Daseins hinausgehenden Leistung oder sonstigen metaphysischen Erhabenheit nicht wegleugnen läßt. Dreh- und Angelpunkt der Problematik des Rechtssubjektivitätskriteriums ist nicht die Würde, sondern das Lebensrecht. Es läßt sich keine Einigung über den Beginn menschlichen Lebens erzielen. Aber das ist nicht ausschlaggebend. Ausschlaggebend ist vielmehr, daß die Schwangere sich nicht selbst zur Herrin über Tod oder Leben ermächtigen darf. Diese Entscheidung obliegt dem Staat, dem damit auch eine Schutzpflicht für das werdende Leben zuwächst, die sich dann eventuell aber auch auf eine Pflicht zur Aufzucht eines ungewollten Kindes ausdehnt. Durch die Abtreibungsgesetzgebung bestimmt der Staat die Schwangerschaft als eine rechtlich konturierte Sphäre, wodurch der nasciturus zum Rechtssubjekt wird. Abstrakt betrachtet, ändert sich für die Praxis nicht viel, da es dem Staat angesichts des nur dezisionistisch festlegbaren Lebensbeginns freisteht, den Status der Rechtssubjektivität erst zu einem bestimmten Zeitpunkt zuzumessen und die Schwangere gleichfalls Rechtssubjekt ist. Dennoch tritt ein Perspektivenwechsel ein, da die Schwangere nicht mehr den Anspruch erheben kann, über das werdende Leben eigenmächtig entscheiden zu können, sondern der Staat als Schutzherr des embryonalen Rechtssubjekts stärker in die Pflicht genommen wird. Die durch die Betonung der Rechtssubjektivität des Fötus gestärkte Einbettung der Schwangerschaft in einen öffentlich-rechtlichen Kontext läßt nicht mehr die bislang dominierende Sichtweise der Schwangeren als letztlich entscheidenden Maßstab gelten. Es darf sich nicht in der Gesellschaft das Bewußtsein verfestigen, daß es eine Privatangelegenheit sei, über bestimmte Formen des Lebens zu verfügen. Faktisch hat sich ja ein Anspruch auf eine allein dem Willen der Schwangeren unterliegende Selbstverständlichkeit der Durchführbarkeit der Abtreibung durchgesetzt. Diese Anspruchshaltung könnte durch den Perspektivenwechsel erschüttert werden, was auch dazu beitragen könnte, zumindest in geringem Umfang die erschreckend hohe Zahl von Abtreibungen zu reduzieren.

Das hehre Menschenwürdeprinzip hat es nicht vermocht, werdendes menschliches Leben im Mutterleib zu schützen. Jährlich werden in der BRD rund einhunderttausend Föten abgetrieben. Man muß sich fragen, wozu dieses Prinzip nütze sein soll, außer um einige Philosophie- und Juraprofessoren mit interessantem Diskussionsstoff zu versorgen. Diese deprimierenden Vorgänge werden von einer dreisten Abtreibungspropaganda begleitet, die geradezu zwanghaft die Begriffe Fötus, Baby, Mensch vermeidet und stattdessen nur von Gewebe u. dgl. spricht. Man sieht hier ein weiteres Mal, daß das eigentliche Problem nicht im Begriffsbestandteil „Würde" steckt, sondern im Begriffsbestandteil „Mensch". Dem werdenden menschlichen Leben wird die Qualität des Menschseins abgesprochen. Damit erübrigt sich auch die Erörterung der Frage, ob dem Fötus Würde zukommt, da diese nur Menschen besitzen. Damit auch wird die Anwendbarkeit der Schutzwirkung von Art. 1 ausgehebelt. Diese Strategie wendet die Höchstwertigkeit des Menschenwürdeprinzips gegen dieses selbst. Sie plaziert in einem ersten Schritt die Diskussion gleich auf der höchsten Ebene der Menschenwürde, um diese dann in einem zweiten Schritt durch Negierung der Qualität des Menschseins abzuschneiden. Warum ist an dieser miesen Strategie die Höchstwertigkeit der Menschenwürde schuld? Je bedeutsamer, dem Wesenskern menschlichen Daseins näher ein Diskussionsthema ist, desto größer ist auch die Neigung, entsprechend bedeutsame Rechtsprinzipien darauf anzuwenden. Darum wird auch gleich zur Menschenwürde gegriffen und das näherliegende Lebensrecht in Art. 2 übergangen. Das Lebensrecht könnte in diesem Fall nicht so leicht ausgehebelt werden wie das Menschenwürdeprinzip, da das Vorhandensein von Leben eher nachweisbar ist als das von Menschenwürde.

Die Abtreibungsbefürworter kennzeichnet eine radikale Selbstbezüglichkeit und eine darauf aufbauende Selbstermächtigung. Das Interesse am eigenen Wohlleben läßt in diesen Leuten die Überzeugung reifen, zur Abqualifizierung all dessen, was ihre Befindlichkeit stört, als nicht-menschlich berechtigt zu sein. Diese Haltung ist Teil eines Handlungskomplexes, der darauf gründet, andere und anderes als etwas anzusehen, über das beliebig verfügt werden kann. Diesem Anderen wird der Subjektcharakter aberkannt. Dieser Handlungskomplex zeigt sich auch im Umgang mit politischen Gegnern, die zu Unmenschen herabgewürdigt werden. Die Nonchalance, mit der selbst die Notwendigkeit der Erörterung durchaus diskussionswürdiger Notlagen (auch sozialer Art) übergangen wird und ganz selbstverständlich und jeder Begründung enthoben ein Recht auf Abtreibung gefordert wird, als ginge es nur darum, ein Piercing zu setzen, ist erschütternd. Das Lebensrecht von Art. 2 gilt nicht uneingeschränkt; es steht unter Gesetzesvorbehalt. Es erfordert eine Abwägung mit anderen Rechtsgütern. Sich zur Abwägung verpflichtet zu fühlen, setzt ein ethisches Problembewußtsein voraus. Man mag mit der letztlichen Entscheidung nicht einverstanden sein, man kann sich aber damit trösten, daß die Abwägung in ernsthaftem Bemühen vorgenommen, das Gewissen befragt und das Denken angestrengt wurde. Nichts davon findet sich in der Abtreibungspropaganda. Der eigene bloße Wille soll genügen. Würde sich ein solcher allmählich mehrheitsfähig werdender, krasser Egoismus nur auf das Abtreibungsthema beschränken, ließe er sich noch als Manifestation der unvermeidlich dem Leben zugehörigen Beimengung des Bösen erdulden, aber er gehört dem sich immer weiter ausbreitenden Handlungskomplex an (Entmenschlichung politischer Gegner, schrittweise Umwandlung der Sterbehilfe in Euthanasie), welcher der Maxime folgt: „was stört, muß weg!“ Nicht nur das Menschenwürdeprinzip hatte das Ziel, einen unantastbaren Schutzbereich der Unverfügbarkeit festzulegen, sondern auch die Gesamtheit der für unveränderbar erklärten Grundrechte sollte diese vor einer Suspendierung durch den gesellschaftlichen Willen einer radikalen Demokratie bewahren. Die Ewigkeits- und die Wesensgehaltklauseln des GG bekunden die Auffassung, daß kein noch so überwältigender Mehrheitswille der Gesellschaft sich über das Recht hinwegsetzen darf. Diesem Rechtsprinzip werden nur noch in der Theorie Lippenbekenntnisse gezollt.

Biomedizin

Der Abtreibungsthematik verwandt ist der Komplex Biomedizin. Dieser ist allerdings vielschichtiger und nicht bereits qua Tradition moralisch vorstrukturiert. Zu diesem Komplex gehören unterschiedliche Themenfelder: verbrauchende Embryonenforschung, Stammzellengewinnung, therapeutisches Klonen[300], Pränataldiagnostik und Präimplantationsdiagnostik. Da bereits einige der dabei auftretenden ethisch-rechtlichen Probleme im Abtreibungsabschnitt behandelt wurden und eine Stellungnahme zu allen Aspekten des Gesamtkomplexes zu

---

300 *Therapeutisches Klonen*: dient der Gewinnung von Geweben, die genetisch mit denen des Spenders identisch sind. Dadurch kann die bei Fremdgeweben auftretende Abstoßung durch Autoimmunreaktion vermieden werden. Dieses Gewebe wird verwendet, um erkrankte Organe zu heilen.

Pränataldiagnostik (PND): wird beim Verdacht einer schweren Schädigung des Embryos angewandt. Sollte sich der Verdacht bestätigen, ist eine Spätabtreibung erlaubt.

Präimplantationsdiagnostik (PID): Bei einer künstlichen, in-vitro-Befruchtung („im Reagenzglas“) wird ein belastungsfreier Embryo zur Implantation („Einverleibung“) in den Körper der Frau ausgewählt, wodurch eine normale Schwangerschaft gestartet wird. Die überzähligen Embryonen werden entweder zu Forschungszwecken verbraucht oder vernichtet.

weit führen würde, werde ich mich auf die mir am wichtigsten erscheinenden beschränken.

Der Knackpunkt der gesamten Diskussion ist die Frage, ob dem Embryo, faktisch ein noch weitgehend undifferenzierter Zellhaufen, die Qualität des Menschseins zugeschrieben werden kann. Im Grunde geht es also darum, daß eine lebensfähige Substanz *irgendwie* im Zusammenhang mit dem Menschsein steht, und nun umstritten ist, wie man dieses „Irgendwie" beurteilen soll. Manfred Baldus faßt die Positionen der beiden einander befehdenden Fraktionen zusammen[301]: Die eine Fraktion spricht sich grundsätzlich gegen jede Art von Reproduktionsmedizin aus, weil hier menschliches Leben gänzlich heteronomen Zwecken unterworfen werde, was einen Verstoß gegen das grundgesetzliche Menschenbild darstelle. Gerade dagegen wendet sich die konkurrierende Fraktion. Ein Embryo sei kein Mensch, weshalb auch keine Fremdbestimmung und kein Verstoß gegen ein Menschenbild vorliegen könne. Rupert Scholz macht geltend: „Das Prinzip der Menschenwürde könne nicht ohne weiteres auf ein rein abstraktes Menschenbild bezogen werden, um dann aus diesem wiederum auf die konkrete menschliche Existenz zurückzuschließen."[302] Micha H. Werner hat zwei verschiedene Probleme identifiziert: „Das eine betrifft die … Frage, wem bzw. ab wann jemandem Menschenwürde zukommt … . Die andere Frage betrifft das Verhältnis zwischen Menschenwürde und Natürlichkeit."[303] Den Gesichtspunkt der Natürlichkeit werde ich weiter unten wieder aufgreifen.

Gentechnische Veränderung wird abgelehnt, weil dies eine gezielte und gewollte Fremdbestimmung und kein blindes Schicksal sei. Läge tatsächlich eine Fremdbestimmung vor, dann wäre die Ablehnung in der Tat gerechtfertigt. Aber so ist

301 Baldus, S. 124-128

302 ebd., S. 128

303 M. H. Werner in Kettner, S. 215

es nicht. Eine gentechnische Manipulation ist nicht fremdbestimmter als wenn eine Mutter das Kind zum Impfen bringt oder – schon weitaus bedenklicher – vom Kind erwartet, einmal die seit 3 Generationen im Familienbesitz befindliche Firma zu übernehmen. Da nahezu jedes menschliche Handeln in irgendeiner Weise fremdbestimmt ist, ist dieser Begriff wegen seiner Universalität zur Beurteilung konkreter Sachverhalte wenig geeignet. Fremdbestimmung im Lichte der grundgesetzlichen Menschenwürde bezieht sich auf den Persönlichkeitskern. Eine Abwehr von so verstandener Fremdbestimmung soll die Selbstbestimmung über das eigene Schicksal gewährleisten. Das genetische Merkmal, das zur Ausbildung einer Erbkrankheit führt, gehört definitiv nicht zum Persönlichkeitskern. Der Ausbruch einer solchen, zumeist schrecklichen Krankheit zwingt dem betroffenen Individuum eine Lebensweise auf, die durch und durch von der Krankheit bestimmt ist und die es nicht gewollt hat und auch nicht als Teil des eigenen Ichs empfindet. Der Vorwurf der Fremdbestimmung kann also nicht erhoben werden, wenn nur ein peripherer Persönlichkeitsbestandteil und nicht der vor allem geistig-seelisch bestimmte Persönlichkeitskern[304] betroffen ist und auch da nicht, wo in negativer Hinsicht ein genau lokalisierbarer körperlicher Schaden verhindert werden soll. Er trifft nur dann zu, wo in positiver Hinsicht ein heteronomes Idealbild des vollkommenen Menschen verwirklicht werden soll, das in der Tat dann nicht mehr dem aus der natürlichen Entwicklung hervorgehenden eigenen Persönlichkeitskern entspräche.

Die Diskussion um die Problematik von Embryonenschutz und Abtreibung ist durch die Einmengung des Menschenwürdeprinzip auf ein falsches Gleis geraten, was auch zeigt, daß

304 Wie kann „ein Eingriff in die *biologische* Natur des Menschen dessen Würde tangieren, die sich doch gerade auf die *vernünftig-sittliche* Natur des Menschen gründen soll?“ (Ülfrid Neumann 1998, S. 156)

dessen Hypostasierung mehr Probleme schafft als löst. Die Frage ist doch nicht, ob dieses Protolebewesen (Embryo/Fötus) Würde hat oder nicht, sondern ob es bereits ein Mensch ist. Ist es ein Mensch, dann müssen alle Rechte wie für andere Menschen auch, incl. des Rechts auf Leben gelten, wobei das Vorhandensein eines Würdestatus völlig irrelevant ist.

Wie schon Forsthoff geklagt hat, ist durch die unter anderem in Gestalt der Deutung des Grundgesetzes als Wertordnung um sich greifende Ethisierung des Rechts die Fähigkeit zur Subsumtion verlorengegangen[305]. Es muß zur Beurteilung eines Sachverhalts das genau passende Rechtsprinzip angewandt werden. Dieses passende Rechtsprinzip ist das Recht auf Leben (Art. 2.2). Sind Embryonen Menschen, dann greift das Recht auf Leben und damit muß deren biotechnischer Gebrauch verboten werden. Wenn sie dies nicht sind, dann gilt auch das Lebensrecht nicht. Diese Bestimmung ist klar und einfach. Die Hinzuziehung des Menschenwürdeprinzips kann die Sache nur verwirren, zumal es zu dem Sachverhalt nichts Neues beiträgt. Wenn Embryonen keine Menschen sind, dann können sie auch keine Menschenwürde haben. Menschenwürde ohne Mensch ist sinnlos. Wenn man ihnen einen Menschseinsstatus zuschreibt, dann gilt unmittelbar das zu ihrem Schutz völlig ausreichende Lebensrecht, das keiner Unterstützung durch die Menschenwürde bedarf. Wie Graumann schreibt, wird „in der Regel nicht auf die Rechte von Embryonen, sondern direkt auf die Menschenwürde Bezug genommen“[306], was einerseits nachvollziehbar ist, da Embryonen schlechterdings nicht selbst Rechtsträger sein können, und andererseits Folge einer „intuiti-

305 „Die Jurisprudenz vernichtet sich selbst, wenn sie nicht unbedingt daran festhält, daß die Gesetzesauslegung die Ermittlung der richtigen Subsumtion im Sinne des syllogistischen Schlusses ist.“ (E. Forsthoff: Die Umbildung des Verfassungsgesetzes, in: Forsthoff, S. 135; vgl. generell dazu ebd., S. 134 -143)

306 S. Graumann in: Kettner, S. 125

ven Unsicherheit"[307] ist, wie man sich deren moralischen Status vorstellen soll, weshalb man die Menschenwürde gewissermaßen als begrifflichen Notnagel gebraucht.

Nun läßt sich der Einwand nicht von der Hand weisen, daß mit diesen Ausführungen das Problem des Embryonenschutzes nur verschoben wurde auf die Frage, wann ein Mensch ein Mensch ist, und man damit so schlau ist wie zuvor. In dem Kontinuum der Lebenswerdung läßt sich schlechterdings kein Kriterium angeben, das rechtlich überzeugend das Überschreiten der Schwelle zum Menschsein festlegt. Biologischen Anhaltspunkten wie die Ausbildung bestimmter Organe oder das Aktivwerden von Funktionen können mit gleichem Recht Anhaltspunkte aus früheren oder späteren Stadien entgegengehalten werden. Zwischen der Verschmelzung von Ei- und Samenzelle und der Überlebensfähigkeit außerhalb des Mutterleibes (ab dem 7. Monat) ist alles denkbar. Wer nicht der Argumentation der radikalen SKIP-Formel (s.o.) folgt, der gemäß Menschsein in der Tat mit der Verschmelzung der Geschlechtszellen beginnt, muß sich zur Einsicht in die Willkür jeder Art zeitlicher Festlegung bequemen.

Geht es wirklich nur um den Schutz eines Zellhaufens? Die häufig thematisierte Tatsache, daß das Embryo im Reagenzglas besser geschützt wird als der Fötus im Mutterleib sowie diejenige, daß man vom Menschen spricht, aber eigentlich ein Menschenbild meint, verweisen darauf, daß noch mehr mitspielt. Im Hintergrund der gesamten Diskussion dräut der *Frankensteinhorror*. Eine strenge Embryonenschutzregelung soll den Dammbruch zu einer NS-artigen Entwicklung verhindern, die zu einer beliebigen Manipulierbarkeit der biologischen Grundlagen des Menschseins führt: Züchtung von Übermenschen, Vernichtung lebensunwerten Lebens, Körperoptimierung nur für Wohlhabende, Verdinglichung von Menschen zu Organer-

---

307 ebd., S. 126

satzteillagern usw.. Das *Dammbruchargument* sollte freilich prinzipiell mit Vorsicht angewandt werden; es ist nur gerechtfertigt bei einer hohen Eintrittswahrscheinlichkeit des Befürchteten oder bei in vergleichbaren Fällen tatsächlich stattgefundenen Dammbrüchen. So ist der bei der Einführung des finalen Rettungsschusses befürchtete Dammbruch hin zu einem rücksichtslosen Schußwaffengebrauch der Polizei ausgeblieben. Die Dammbruchgefahr scheint gering zu sein, da die Problematik gewissermaßen in den Grenzen des Laborsystems eingeschlossen ist. Aus der Embryonalmedizin leiten sich keine weiterreichenden Folgewirkungen (wenn A, dann auch B) ab, die dann tatsächlich ins Abseits des Ahumanen führen würden. Die üblicherweise perhorreszierten Schreckbilder von genetisch manipulierten Übermenschen stehen in keinem unmittelbaren Zusammenhang mit der Reproduktionsmedizin. Dennoch ist folgendes Szenario denkbar:

1. Durch PID werden die Embryonen ausgesondert, welche mit großer Wahrscheinlichkeit die Anlage zu einer Erbkrankheit oder Mißbildung aufweisen.
2. Da PID Schädigungen verhindert, also gut ist, darf deren Nutzung kein Privileg sein. Deshalb wird sie qua Kassenleistung allgemein zugänglich und breitet sich aus.
3. Nach der Gewöhnung an PID will man mehr: nicht nur Schlechtes verhindern, sondern Gutes hervorbringen. Es werden diejenigen Embryonen mit den besten Erbanlagen ausgewählt.
4. Dadurch wird der Gedanke an genetische Züchtung akzeptabel. Warum nur das vorhandene Beste auswählen, wenn man die Möglichkeit hat, noch Besseres hervorzubringen, indem man besonders wertvolles genetisches Material einschleust? Der genetische Übermensch tritt in die Welt.

Es wurde unter Berufung auf die Natürlichkeit „ein Recht auf Zufall bzw. auf zum Menschen unberührbare Faktizität und in diesem Sinne genommen ›Schicksal‹“[308] gefordert. Von so einem Recht hat man zum Glück noch nie gehört. Wenn es ein solches Recht gäbe, dann könnte ein Unternehmer auch getrost den Arbeitsschutz weglassen, um dem Zufall freie Bahn zu lassen. Dieser ziemlich unglücklichen Formulierung liegt allerdings ein durchaus ernstzunehmender Gedanke zugrunde. Die Frage stellt sich: Was ist an einer durch die Präimplantationsdiagnostik angestoßenen Entwicklung zum Übermenschen falsch? Den Fragesatz genau zu lesen, bringt bereits die Antwort. Ein Übermensch ist kein Mensch mehr. Damit sprengt diese neue Spezies den Schutzkreis der Menschenwürde auf. Ein Übermensch sieht jedoch phänomenal immer noch wie ein Mensch aus; seine Besonderheit zeigt sich erst im Gebrauch seiner übermenschlichen Fähigkeiten. Zudem gibt es einige wenige Menschen, die auch ohne Genmanipulation dank seltener Erbanlagen in punkto Intelligenz und Körperkraft mit den Übermenschen mithalten können. Die Grenze zwischen Mensch und Übermensch ist also fließend, weshalb auch der Geltungsbereich der Menschenwürde unsicher wird. Gerade den für die Begründung der Menschenwürde häufig herangezogenen Gesichtspunkt der vernünftigen Selbstbestimmung könnten die Übermenschen mit besonderer Berechtigung für sich beanspruchen und somit die „natürlichen“ Menschen zu Menschenwesen zweiter Klasse herabsetzen. Während die in dieser Hinsicht problematische Menschenwürde-Würdigkeit von Debilen, Komatösen, Säuglingen etc. noch durch das implizite Einverständnis der Zugehörigkeit zur gemeinsamen biologischen Grundlage der Spezies homo sapiens gesichert wird, greift dieses Zusammengehörigkeitsgefühl in der Beziehung von Mensch zu Übermensch nicht mehr.

---

308 M. H. Werner in: Kettner, S. 216

Dieser Gedanke führt weiter zum Gleichheitsaspekt. Die Grundrechte sind nach herrschendem Verfassungsverständnis eine Entfaltung der Menschenwürde, während sie zugleich dessen materialen Gehalt bestimmen. Im besonderen gehören Menschenwürde und Gleichheit zusammen. Die Anerkennung des Anderen als gleichwertige und gleich zu behandelnde Rechtsperson setzt die Einsicht in die prinzipielle Gleichartigkeit aller Menschen voraus. Ganz wesentlich – sowohl in geistesgeschichtlicher wie historischer Hinsicht – für die Herausbildung dieser Einsicht ist die Erkenntnis, daß es kein vernünftig begründbares Kriterium für die Etablierung einer Rangordnung gibt. Rechtliche Gleichheit wird durch faktische Ungleichheit nicht berührt. Der eine mag in Punkto A vortrefflicher sein als der andere, der aber wiederum ist in Punkto B vortrefflicher. In einigen Situationen ist Sachgebiet A wichtiger, wertvoller für eine Gesellschaft, in anderen Situationen dagegen B. Da zudem sowohl A als auch B gleichermaßen dem Erhalt einer Gesellschaft dienen, kann kein Rangunterschied begründet werden. Die als Resultat Gleichheit ergebende Wertabschätzungsberechnung wird durch das Erscheinen des Übermenschen außer Kraft gesetzt. Der Übermensch ist in jeder Hinsicht vortrefflicher als alle anderen. Im Gegensatz zur gleichheitslegitimierenden gegenseitigen Neutralisierung der verschieden verteilten Ungleichheiten unter „normalen“ Menschen erhält jetzt die faktische Ungleichheit eine rechtliche Qualität. Die totale Überlegenheit des Übermenschen läßt keine glaubwürdige Begründung des Gleichheitspostulats mehr zu. Begründen läßt sich natürlich vieles, wenn man nur will und rhetorisch gewandt ist, aber ob diese Begründung noch geglaubt wird, ist zweifelhaft. Auch wenn die Übermenschen auf eine rechtliche Sonderstellung verzichten, was ihnen leicht fällt, weil sie eine soziale und ökonomische Höherstellung allein schon durch ihre überlegene Leistung erreichen können, werden sie im Laufe der

Zeit ein Sonderbewußtsein entwickeln, das sich ganz drastisch von dem der heutigen Reichen und Mächtigen unterscheidet. Das Gleichheitspostulat in der heutigen Form läßt sich nach der Heraufkunft des Supermenschen nicht mehr halten.

Ich erspare es mir, weitere Entwicklungslinien zu skizzieren, da es nicht viel Phantasie bedarf, um sich vor Augen zu führen, daß der Übermensch die Gesellschaft und alle auf sie bezogenen Denk- und Ordnungssysteme radikal verändern wird. Der Schrecken, den derartige Blicke in die Zukunft auslösen, wird nur unzureichend durch den Begriff der Menschenwürde und durch den Zusammenhang mit den sonstigen, vergleichsweise harmlosen gentechnischen Möglichkeiten gebannt. Nicht nur die Menschenwürde, sondern schlechthin alles, was Gesellschaft bisher strukturiert hat, wird durch den Übermenschen umgeworfen. Daß man einer solchen denkbaren Entwicklung frühzeitig Einhalt gebieten will, darf nicht verwundern. Vielleicht hält man das Übermensch-Szenario für ein einem rechtsphilosophischen Diskurs unangemessene Science-Fiction-Spekulation. Die durch die Reproduktionsmedizin aufgeworfenen Probleme (Grundlagenforschung, Bereitstellung von Geweben in-vitro-Zeugung, Selektion, PID) liegen auf einer gefühlsmäßigen Ebene, was sich in einem diffusen Unbehagen und nicht in klaren Begriffen äußert, weshalb mir der Versuch, dieses Unbehagen im Bild des Übermenschen zu konkretisieren, nicht unangemessen erscheint. Das Verlangen nach einem Verbot von Embryonalmedizin resultiert aus dem Bestreben, genau solche dilemmatischen Probleme wie die Frage nach einem Lebensrecht von Embryonen oder der Grenze zwischen der Selektion des Schlechten und der Züchtung des Besseren gar nicht erst aufkommen zu lassen. Warum sollte man einen rechtlichen Graubereich und einen politischen und gesellschaftlichen Zündstoff neu erschaffen, der ohne die embryonalmedizinische Initiative gar nicht bestünde? Das zentrale Problem der Reproduktionsmedizin ist die Frage nach dem Beginn *menschlichen* Lebens. Ab wann ist ein Merkmale des Lebens aufweisendes Wesen ein Mensch und genießt dadurch rechtlichen Schutz? Ohne Embryonalmedizin stellt sich diese Frage gar nicht. Mit ihr wird man gezwungen, sich dieser Frage zu stellen. Wer Embryonalmedizin befürwortet, macht das Wesen menschlichen Lebens fragwürdig. Die einst so stabile Trennwand zwischen Existenz und Nicht-Existenz wird porös. Durch diese Verflüssigung maßstabgebender ontologischer Halte bekommen Menschen Macht in die Hand, um willkürlich zu bestimmen, was Leben ist und was Lebensschutz verdient. Es geht nicht um die Menschenwürde des Embryos, sondern darum, wie man sich zu dem verhält, was aus dem Embryo wird. Die achtungsgebietende gegenseitige Anerkennung der Rechtssubjektivität beruht auf dem intuitiven Empfinden prinzipieller Gleichartigkeit aller Menschen. Die Selbstverständlichkeit der Anerkennungsbereitschaft wird durch gentechnische Manipulation ausgehebelt. Man kann das Besser-Sein eines Anderen akzeptieren, wenn dieses durch Leistung oder eine zufällige, glückliche Fügung der Natur verursacht wurde. Man ist nur bereit, mit anderen zu konkurrieren, wenn Chancengleichheit besteht. Wer will mit einem Sportler konkurrieren, der durch Anabolika, reaktionsbeschleunigendem Hirndoping und mikrohydraulischen Implantaten von vornherein als Sieger feststeht? Den beiden Gründen für die Akzeptanz faktischer Ungleichheit, Leistung und Zufall, würde durch die biomedizinische Manipulation ein dritter hinzugefügt. Es läßt sich dafür aber kein Rechtfertigungsgrund finden. Man könnte nun einwenden, daß durch die Biomedizin alle Menschen die Möglichkeit erhalten, sich ins Übermenschliche zu steigern. Aber vor diesem Schritt in eine neue, unbekannte Welt schreckt man gleichfalls verständlicherweise zurück. Wie man es auch dreht und wendet, die Biomedizin öffnet das Tor zu einer Welt, in dem die bisherigen

Regeln des Miteinanders, zu denen auch die gegenseitiger Anerkennung der Rechtssubjektivität gehören, nicht mehr gelten.

Das Thema Biomedizin abschließend, sei noch erörtert, was das Rechtssubjektivitätskonzept zur Embryonen betreffenden Schutzfunktion beitragen kann, wobei mit Schutzfunktion vor allem das Verbot gemeint ist, beliebig mit Vorformen menschlichen Lebens umgehen zu können. Seelmann behauptet[309], daß alle drei Menschenwürdetheorien, also die sich auf inhärente Eigenschaften beziehende Mitgifttheorie, die Leistungstheorie und auch das von mir vertretene Konzept der Anerkennung von Rechtssubjektivität diese Schutzfunktion nicht begründen können. Das Anerkennungskonzept scheitert, weil die hierfür erforderliche Bedingung des „Meinesgleichen"[310] nicht erfüllt ist. Ich möchte dagegen, ähnlich wie bei der Abtreibung argumentieren, daß alle Lebensvorgänge unter der Obhut des Staates stehen. Lebensvorgänge vollziehen sich nicht in einem rechtsfreien Raum; insbesondere dürfen Privatpersonen nicht beliebig selbst über diese Lebensvorgänge, und seien sie auch noch so rudimentär, bestimmen. Daraus ergibt sich für Embryonen eine mittelbare Rechtssubjektivität, vermittelt über die sozusagen als Vormundschaft fungierende Schutzpflicht des Staates. Die Konstruktion bringt aber zwei Probleme mit sich. Zum einen ist Art.1 primär als Abwehrrecht zu verstehen und ist historisch auch so verstanden worden. Der Leistungsrechtsaspekt in Form der Sicherung des Existenzminimums ist erst später hinzugekommen. Ein Abwehrrecht richtet sich auf ein Unterlassen. Allerdings benennt Art.1 ausdrücklich auch eine Schutzverpflichtung. Des Weiteren folgen aus dieser allgemeinen Schutzverpflichtung keine konkreten Pflich-

309 K. Seelmann in: Kettner, S. 69-72

310 ebd. S. 71

ten.[311] Mit irgendeiner Embryonenschutzgesetzgebung, gleich ob sie großzügig oder streng ausgestaltet ist, ist der Schutzpflicht Genüge getan. Ich schlage daher folgende Lösung vor: Da ein Embryo definitiv kein Mensch ist und faktisch sich eine Güterabwägung als unvermeidlich herausgestellt hat, besteht keine Notwendigkeit, den Unantastbarkeitsgrundsatz im Sinne eines absoluten Verbots von Embryonalmedizin auszulegen. Des weiteren ist auch das berechtigte Interesse von Kranken und Paaren mit sonst nicht erfüllbarem Kinderwunsch oder mit genetischer Belastung zu berücksichtigen. Deshalb sollte man sich am Verhältnismäßigkeitskriterium orientieren, also Embryonalmedizin nur in dem Umfang zuzulassen, wie sie nachweislich und spezifisch der Befriedigung dieser berechtigten Interessen dient. Damit wird u.a. „echtes" Klonen und die Herstellung eines Übermaßes überzähliger Embryonen für allgemeine Forschungszwecke untersagt.

Asyl

Den dritten Problemfall stellt die Asylrechtsprechung[312] dar. In den Artikeln 1 und 3 GG ist ausdrücklich von „Menschen"

---

311 Diese Überlegungen stimmen mit denen Hoffmanns überein: „Der Embryo ist als solcher kein mögliches Subjekt eines sozialen Achtungsanspruches, gleichwohl selbstverständlich mögliches Schutzobjekt einer Rechtspflicht. Unter dem Aspekt des Art. 1 GG kann die Frage hier nur sein, welchen Schutz wir dem ungeborenen Leben um unserer Selbstachtung willen schulden." (Hoffmann, S. 20)

312 In diesem Abschnitt steht zunächst nicht die politische Dimension des bundesrepublikanischen Asylrechts im Vordergrund; vielmehr sollen anhand eines bedeutsamen Beispiels die Unzulänglichkeiten einer rechtspraktischen Verwertung des Würdeprinzips aufgedeckt werden, um dann in einem weiteren Schritt die Überlegenheit des Rechtssubjektivitätskonzepts für eine politisch sinnvolle Lösung aufzuzeigen. Die Mängel des Asylrechts treten erst dann deutlich hervor, wenn es im Hinblick auf seine immanente Begründungslogik so stark wie möglich

die Rede und nicht wie in späteren Artikeln explizit nur von Deutschen oder von einem unverbindlichen „jeder“. Die potentiell unliebsamen Konsequenzen im Hinblick auf Flucht und Asyl liegen auf der Hand. Der Satz, „sie [die Menschenwürde] zu achten und zu schützen ist Verpflichtung aller staatlichen Gewalt“ kann zwar dahingehend ausgelegt werden, daß alle Staaten dazu verpflichtet sind, wenn sie es aber nicht tun, kann es, salopp formuliert, der BRD egal sein. Der Satz läßt sich aber auch so interpretieren, daß die BRD zu einem universellen Menschenwürdeschutz verpflichtet ist. Diese Deutung erhält zusätzliches Gewicht durch den nachfolgenden Absatz, in dem auf Frieden und Gerechtigkeit in der Welt abgezielt wird, was durchaus einen Erstreckungsbereich der Menschenwürdegarantie auf die gesamte Welt impliziert. Einen weltweiten individuellen Anspruch auf Asyl – hier aus der Perspektive des Aufnahmebegehrenden und nicht aus der des Aufnahmegewährenden, deklariert auch die „Allgemeine Erklärung der Menschenrechte” der Vereinten Nationen von 1948 in Art. 14.1: „Jeder Mensch hat das Recht, in anderen Ländern vor Verfolgungen Asyl zu suchen und zu genießen.“[313]

Im Hinblick auf eine immanente Betrachtung der asylrechtlichen Schutzfunktionen lassen sich zwei Probleme erkennen: Schutzziel (vor welcher Art Grundrechtsverletzung soll geschützt werden?) und Schutzobjekt (wer ist anspruchsberechtigt?).

Zum *Schutzziel*: Die Verbindung von Asylrecht und Menschenwürde liegt auf der Hand. Darum ist es sehr sonderbar, warum eine asylrechtsgewährende Würdeverletzung nur politisch Verfolgten zuerkannt wird, während andere Arten der Be-

gemacht wurde, auch wenn dies eventuell den Eindruck hervorruft, es solle verteidigt werden.

313 Jochen Oltmer: Wie ist das Asylrecht entstanden?, in: https://www.bpb.de/themen/migration-integration/kurzdossiers/224641/wie-ist-das-asylrecht-entstanden/

nachteiligung und materielle Not vom BVerfG ausdrücklich[314] nicht als Asylgrund anerkannt werden. Ein wegen seiner politischen Botschaften mit Schreibverbot belegter Schriftsteller, der aber bei einem Verzicht auf weitere politische Betätigung nicht weiter behelligt würde, erhält unter Umständen Asyl, während dies einem Verhungernden aus der Sahelzone verweigert wird. Zudem wird der Asylanspruch weiterhin durch eine eigenartige Konstruktion eingeschränkt, nämlich daß Gefährdungen „für Leib, Leben oder persönliche Freiheit" einen Asylanspruch nur dann begründen können, wenn sie „über das hinausgehen, was die Bewohner des Heimatstaates aufgrund des dort herrschenden Systems allgemein hinzunehmen haben."[315] Nach dieser Maßgabe dürften Einwohner aus durch und durch brutalen Regimes (man denke hier vor allem an die UdSSR zur Zeit Stalins), die die gesamte Bevölkerung gleichermaßen schikanieren und mit dem Tode bedrohen, kein Asyl erhalten, weil, wenn bereits das Maximum des Unerträglichen erreicht ist, nichts „Darüberhinausgehendes" mehr vorstellbar ist, während Einwohner aus „normalen" Diktaturen, die politische Dissidenten „nur" zu einigen Jahren Haft verurteilen, auf Asyl hoffen dürfen. Wie auch die Rechtsprechung anläßlich von Anti-AKW-Klagen erhellt, neigt das BVerfG – im übrigen anscheinend im Gegensatz zur herrschenden Lehre – dazu, Grundrechte als nicht kollektivierbar zu erachten. Juristische Personen gelten nur insoweit als grundrechtsfähig, als der Durchgriff auf konkrete Personen[316] ersichtlich wird. Das Asylrecht ist individualistisch orientiert; auch bedingt durch den historischen Hintergrund seiner Entstehung schwebten ihm als Vorbild für den Idealtypus des „politisch Verfolgten" vom Nationalsozialismus drangsalierte *einzelne* Schriftsteller und Politiker wie von Os-

---

314 BVerfGE 56, 216 – Rechtsschutz im Asylverfahren

315 BVerfGE 54, 341 – Wirtschaftsasyl

316 BVerfGE 21, 362 – Sozialversicherungsträger

sietzky oder Schumacher vor. Es ist durchaus fraglich, ob und in welcher Weise die Verfolgung abweichender politischer Meinungen überhaupt unmittelbar das Würdeprinzip tangiert, da hier zunächst einmal nur ein Verstoß gegen ein spezielles Freiheitsrecht, nämlich das der Meinungsfreiheit, vorliegt. Der bezüglich der Hierarchie der Grundrechte wesentlich schwerer wiegende Verstoß gegen den Gleichheitsgrundsatz und mithin auch gegen das Würdeprinzip – Verfolgung wegen Abstammung, Rasse, Glauben usw. –, der zudem noch sich gegen ganze Kollektive richtet[317], ist dagegen nicht asylrechtsrelevant. Sieht man von der Verfolgungsthematik welcher Art auch immer ab, bringt eine das Existenzminimum unterschreitende materielle Not einen Würdeverlust mit sich, da zum einen unmittelbar das mit dem Würdeprinzip verkoppelte Lebensrecht gefährdet wird und zum anderen sich aus der Notsituation heraus mittelbar gegen die Würde verstoßende Handlungen wie Verkauf in die Sklaverei oder Prostitution ergeben. Das Würdeprinzip soll einen nicht hintergehbaren Grundrechtskern schützen. Das sich auf das Würdeprinzip beziehende Asylrecht vermag aber nur mindere Grundrechte zu schützen, während es auf einen Schutz genau da verzichtet, wo tatsächlich ein massiver Würdeverstoß vorliegt.[318]

Zum *Schutzobjekt*: Der Satz „Politisch Verfolgte genießen Asylrecht“ steht, auf den ersten Blick ein wenig unvermittelt, geradezu unpassend, in Artikel 16. Der erste Abschnitt legt fest, daß die deutsche Staatsangehörigkeit nicht entzogen werden

317 vgl. § 220a StGB, Völkermord

318 Es sei auch noch auf eine weitere Absurdität hingewiesen. Abschiebung von abgelehnten und insbesondere von straffällig gewordenen Asylbewerbern ist auch dann gerechtfertigt, wenn die grundgesetzlich abgeschaffte Todesstrafe (Art. 102) droht, sofern sichergestellt ist, daß diese nicht vollstreckt wird. Wir haben hier wieder eine ähnlich groteske Rechtsfigur wie bei der strafrechtlichen Würdigung der Abtreibung vor uns, da ein Anspruch auf Strafverfolgung nur dann anerkannt wird, wenn zugleich auf ihn verzichtet wird.

darf, jedenfalls nie der Zustand einer Staatenlosigkeit eintreten darf. Dem Asylrechtssatz geht unmittelbar in Absatz 2 das Verbot der Auslieferung von Deutschen ans Ausland voraus. Der Zusammenhang zwischen den beiden Abätzen ist prima vista rätselhaft. Was hat die Auslieferung von Deutschen ans Ausland mit dem Asylrecht von Ausländern zu tun und warum wird dies in einem Atemzug mit der Thematisierung der Staatsangehörigkeit genannt? Es ist auch zu fragen, warum das eigentlich periphere und sehr spezifische Problem der Auslieferung einer grundrechtlichen Würdigung bedarf. Nun, dies hat einen historischen Grund. Das Asylrecht hat sich als Gegenstoß gegen das im 19. Jahrhundert praktizierte Auslieferungsrecht aus diesem herausentwickelt.[319]

Nach dem Versailler Vertrag sollten Kriegsverbrecher in der Tat an die Siegermächte ausgeliefert werden, was in der WRV durch Art. 112 untersagt worden war. Artikel 16. 2 GG fungiert als Abwehrrecht gegenüber dem Ausland. Einem in der Situation des Jahres 1949 denkbaren versaillesartigen Ansinnen des Auslandes sollte damit ein Riegel vorgeschoben werden. Die betreffende Person wird durch die Auslieferung ihrem ordnungsgemäßen Richter entzogen. Sie verliert dadurch den Schutz der staatlichen Rechtsgemeinschaft. Die Zugehörigkeit zu einem Rechtsstaat garantiert die Wahrung der Menschenrechte, da sie in Form von Grundrechten geltend gemacht werden können. Staatsangehörigkeit bedeutet Rechtsgenossenschaft. Nur der Rechtsgenosse kann sich auf den Schutz der staatlichen Rechtsgemeinschaft verlassen. Staatenlosigkeit und Auslieferung bewirken gleichermaßen Verlust dieses Rechtsschutzes, da in beiden Fällen eine Rechtsgenossenschaft erlischt. Es tritt also jeweils ein Zustand der *Rechtlosigkeit* ein. Einem solchen Zustand ist aber auch der politisch verfolgte

319 vgl. Asylrecht in: https://de.wikipedia.org/wiki/Asylrecht_(Deutschland)

Ausländer ausgesetzt. Durch die Gewährung von Asyl wird wieder ein rechtlicher Zustand hergestellt. Die Themenfelder Auslieferung, Staatenlosigkeit und Asyl haben demnach eine Schnittmenge im Begriff der Rechtlosigkeit, der die innere Einheit des Artikels 16 konstituiert. Das Bestreben, den Eintritt eines Zustands der Rechtlosigkeit zu verhindern, ist das leitende Interesse dieses Artikels. Wie gesagt, muß Artikel 16. 2 GG als Abwehrrecht gegenüber dem Ausland interpretiert werden. Man will dadurch vom Ausland verlangen, daß es deutsche Staatsbürger als menschenrechtlich geschützte Rechtssubjekte anerkennt. Da *Anerkennung* aber ein wechselseitiger Prozeß ist, impliziert dieser Vorgang, daß auch politisch verfolgte Ausländer als schutzwürdig anerkannt werden. Die Anerkennung dieser Schutzwürdigkeit zieht als praktische Folge die Asylgewährung nach sich. Da in der konkreten historischen Situation[320] unterstellt werden kann, daß ein Auslieferungsgesuch sich auf einen zumindest partiell politischen und nicht auf einen rein kriminellen Hintergrund bezieht, macht im übrigen das Ansin-

320 Auch der hinsichtlich der historischen Genese andere Akzente setzende Oltmer betont den politisch-strategischen und nicht den rechtlich-moralischen Hintergrund der Aufnahme des Asylrechts ins Grundgesetz: „Das in den Diskussionen des Parlamentarischen Rates 1948/49 entwickelte Asylgrundrecht bildete eine Reaktion auf die Vertreibungen aus dem ›Dritten Reich‹ und markierte damit eine symbolische Distanzierung von der nationalsozialistischen Vergangenheit. Darüber hinaus demonstrierte es gegenüber den drei westlichen Besatzungsmächten die Anerkennung der nach dem Zweiten Weltkrieg vor allem bei der Gründung der Vereinten Nationen festgeschriebenen menschenrechtlichen Regelungen. Noch stärker bestimmend aber war ein weiterer Aspekt: Die Mitglieder des Parlamentarischen Rates gingen davon aus, dass der größte Teil derjenigen, die das Asylrecht im Westen in Anspruch nehmen könnten, aus der Sowjetischen Besatzungszone käme. Jede Präzisierung des Asylartikels aber müsse zu unerwünschten Beschränkungen der Möglichkeit ihrer Aufnahme führen. Die Konkurrenz der politischen Systeme in Ost und West im Kontext des ›Kalten Krieges‹ und die bevorstehende Teilung Deutschlands bildeten mithin wesentliche Perspektiven für die Formulierung eines Grundrechts auf Asyl." Oltmer, s.o.

nen auf Auslieferung aus Deutschen politisch Verfolgte[321], wobei die Verfolgung aber nicht wie zumeist vom Inland, sondern vom Ausland ausgeht. So wie vom Ausland die Anerkennung aller Deutscher als menschenrechtlich geschützte Rechtssubjekte verlangt wird, anerkennt der deutsche Staat in der Asylgewährung die Rechtssubjekthaftigkeit politisch verfolgter Ausländer. Der Schutz vor Auslieferung ist im Gefolge der Argumentationsfigur der wechselseitigen Anerkennung nur um den Preis der Asylrechtsgewährung zu haben. Natürlich muß die Frage erlaubt sein, ob der für diese Konstruktion zu zahlende Preis nicht zu hoch ist. Während im Jahre 1949 der Schutz vor Auslieferung einem echten Bedürfnis entsprang, dagegen wohl kaum jemand in dem zerrütteten, verarmten und übel beleumundeten Deutschland um Asyl nachsuchte, hat sich im Laufe der Zeit die Gewichtung zwischen den beiden Polen ins Gegenteil verkehrt. Eines jedenfalls steht fest: Auslieferungsverbot, Recht auf Staatsangehörigkeit und Asylrechtsgewährung gehören, durch das einheitsstiftende Band der leitenden Idee des Schutzes vor Rechtlosigkeit miteinander verwoben, zusammen. Darum verstoßen diejenigen, die mit Parolen wie „Nazis vertreiben, Ausländer bleiben!" sich vorgeblich um den Erhalt von Artikel 16. 2 GG bemühen, gegen den Gehalt dieses Artikels und sind mithin als verfassungsfeindlich einzustufen.

Artikel 16 fällt in die Kategorie der Abwehrrechte. Auch der formal zur Kategorie der demokratischen Teilhaberechte gehörende Anspruch auf Staatsangehörigkeit besitzt im Kontext dieses Grundgesetzartikels, in dessen Zentrum die Vermeidung eines Zustandes der Rechtlosigkeit steht, eine abwehrrechtliche

321 In diesem Zusammenhang war im Parlamentatrischen Rat auch kurz die Idee erörtert worden, ein Asylrecht speziell für „jeden Deutschen, der wegen seines Eintretens für Freiheit, Demokratie , soziale Gerechtigkeit oder Weltfrieden verfolgt wird" ins Grundgesetz aufzunehmen. (Heinrich Grützner: Auslieferungsverbot und Asylrecht, in: Neumann/ Nipperdey/Scheuner, S. 597)

Funktion, da die Zugehörigkeit zu einem Staat Grundrechtsschutz ermöglicht. Zu einem Politikum entwickelte sich die Asylrechtsfrage freilich, weil sich das konzeptionell ursprünglich im Register der Abwehr- und Freiheitsrechte angesiedelte Asylthema in der realen Praxis ins Register sozialrechtlicher Ansprüche verschob. Sobald ein Asylant die Bundesrepublik Deutschland erreicht hat, ist er der Verfolgung durch sein Ursprungsland entzogen. Er kann nun – unter Berücksichtigung einschlägiger gesetzlicher Einschränkungen – die Auffassungen frei vertreten, aufgrund derer er in seiner Heimat verfolgt wurde. Die Tatsache des bloßen Aufenthaltes in der BRD erfüllt also bereits die abwehrrechtliche Funktion des Artikels 16.2 GG. Der auf die Freiheitsrechte abzielenden, rechtsschutzgewährenden Intention dieses Artikels ist damit Genüge getan, weitergehende Ansprüche sind daraus prima facie nicht abzuleiten. In der Praxis aber genügt dies nicht, da ja kein virtueller Diskursgenerator das Land betreten hat, sondern ein konkreter Mensch, der zuvörderst einer Absicherung seiner materiellen Lebensgrundlage (Nahrung, Wohnung, Kleidung) bedarf. Das der Kategorie der Abwehr- und Freiheitsrechten entstammende abstrakte Postulat der Asylgewährung zieht also zwangsläufig eine materielle Ausgestaltung dieses Postulats im Sinne sozialrechtlicher Ansprüche nach sich.

Das Grundgesetz hat sich bei der Formulierung sozialer Rechte – im Gegensatz zu einigen der vorangegangenen Landesverfassungen – große Zurückhaltung auferlegt. Im wesentlichen beschränken sich die einschlägigen Passagen auf allgemeine Aussagen zur Wirtschaftsordnung (Gemeinwohlorientierung des Eigentums in Artikel 14 und 15, Definition der Bundesrepublik Deutschland als „*sozialer* Bundesstaat“ in Artikel 20.1). Bezeichnenderweise hat man es unterlassen, ein kategorial soziales Recht auf Arbeit zu statuieren, und sich auf ein kategorial freiheitliches Recht der freien Berufswahl

(Artikel 12) beschränkt. Der Verzicht auf eine ausführliche Explikation sozialer Rechte verdankt sich der Zielsetzung, die Grundrechte als unmittelbar geltendes Recht zu statuieren. Wo es keine Arbeit gibt, kann auch ein verfassungsmäßig verbrieftes Recht auf Arbeit keine Arbeitsplätze herbeizaubern. So etwas wäre nur in einer Planwirtschaft denkbar, in der sich das Handeln der Wirtschaftssubjekte dem politischen Wollen des Staates unterzuordnen hat und per Dekret ökonomisch unproduktive Arbeitsplätze geschaffen werden können. Wo eine solche Wirtschaftsordnung nicht besteht und das Wirtschaftsleben größtenteils nach ökonomisch-rationalen Prinzipien vonstatten geht, ist der Spielraum sozialer Rechte gering. In einer solchen Wirtschaftsordnung kann ein soziales Recht nicht mehr sein als ein sittliches Postulat. Wenn man aber beabsichtigt, Grundrechte als unmittelbar positives, einklagbares Recht zu bestimmen, kann man nur solche „Rechte“ in den Grundrechtskatalog aufnehmen, die dieser Zielsetzung entsprechen. Aufgrund ihrer mangelnden Klagefähigkeit gehören soziale Rechte nicht in diese Kategorie. Eine Aufnahme rein postulatorischer sozialer Rechte in den Grundrechtskatalog hätte den unmittelbar rechtswirksamen, positiven Charakter der Grundrechte verwässert und damit auch die angestrebte Rechtswirksamkeit der anderen Grundrechte verhindert.

Eine Verfassung darf nicht isoliert betrachtet werden. Sie ist – je nach Blickwinkel – Schlußstein oder Fundament des Rechtsgebäudes einer Nation und ist dadurch mit den anderen Gesetzeswerken eng verzahnt. Die den Anspruch, ein „sozialer“ Bundesstaat zu sein, einlösenden rechtlichen Reglungen finden sich in der Sozialgesetzgebung und im Arbeitsrecht. Nutznießer dieser Regelungen können dadurch aber nur solche Personen sein, die bereits in den Regelungsraum dieser Gesetze eingelassen sind. Das heißt beispielsweise, daß nur solche Personen von Versicherungsleistungen profitieren können, die in die entsprechende Versicherung eingezahlt haben. Die Gesamtheit der an einer Versicherung teilnehmenden Personen wird als Solidargemeinschaft bezeichnet. Aus den für diese Gemeinschaft geleisteten Beiträgen ergibt sich der Anspruch, im Schadensfall von ihr Hilfe zu erhalten. Die aus dem Konstruktionsprinzip des Grundrechtskatalogs (unmittelbare Rechtswirksamkeit!) zwingend erforderliche Entlastung der Verfassung von sozialen Rechten konnte unter gleichzeitiger Wahrung der generellen Sozialorientierung erfolgen, da letztere nachgeordneten Regelungsinstanzen anvertraut werden konnte. Diese Konstruktion beruht implizit auf der Voraussetzung, daß die Teilnehmer dieses sozialrechtlichen Systems – zumindest potentiell und in ihrer Mehrzahl – durch ihre Arbeit am Erhalt dieses Systems mitwirken und sich dadurch Ansprüche an dieses System erwerben. Diese Voraussetzung gilt aber für Asylanden nicht. Die aus der Asylgewährung entstehenden Kosten werden nicht von der ansonsten geltenden Konstruktion des sozialrechtlichen Systems getragen.

Sieht man von den politischen, kulturellen und gewissermaßen existentiellen Folgen einer asylbedingten Masseneinwanderung ab – die Stichworte Überfremdung und multikulturelle Gesellschaft mögen zur Kennzeichnung dieses Sachverhalts genügen – , ist in rein rechtlicher Sicht zunächst nur folgender Gesichtspunkt relevant. Das Asylrecht war ursprünglich als ein unter die Kategorie der Freiheitsrechte fallendes Recht konzipiert. Um dieses Recht aber in Anspruch nehmen zu können, folgt daraus die weitergehende Pflicht, Asylanten eine materielle Grundversorgung zuzugestehen. Das Asylrecht verwandelt sich also in der Praxis in ein konkretes soziales Recht. Unter „konkret“ ist zu verstehen, daß mit diesem Recht der Anspruch auf bezifferbare und einklagbare materielle Zuwendungen verknüpft sind. Um den Konsequenzen aus der nicht einwandfrei widerlegbaren universellen Schutzverpflichtung zu entgehen, muß der Abwehrrechtsaspekt zum einzig legitimen erklärt werden. Aus diesem ergibt sich zwar ein Anspruch auf Asyl, weil dieses Menschenwürdeschutz ermöglicht, aber nicht mehr, vor allem eben nicht im Sinne eines Leistungsrechts der Anspruch auf materielle Versorgung. Da dieser Anspruch bekanntlich dem Großteil der asylbegründeten Migration zugrundeliegt, kann somit auch ein möglicherweise verfassungsrechtlich verpflichtender, räumlich weit gefaßter Geltungsbereich des Menschenwürdeschutzes gewahrt bleiben, ohne die BRD einer Migrantenflut auszusetzen. Das Leistungsrecht der Bundesbürger auf die Sicherung eines materiellen Existenzminimums bleibt von einer solchen Regelung unberührt, weil es vom Sozialstaatsprinzip (Art. 20.1 GG) abgedeckt wird, das keinen universalistischen Bezug aufweist. Der Anspruch auf materielle Grundsicherung erfordert nicht die Begründung durch die Menschenwürde; diese erfolgt hinreichend durch das Sozialstaatsprinzip. Der Ausschluß eines Anspruchs auf sozialstaatlichen Zuwendungen für Migranten ist aber nur möglich, wenn das Menschenwürdeprinzip als Abwehrrecht begriffen wird, da mit der bloßen Gewährung von Asyl ohne zusätzliche materielle Versorgung bereits der Schutz vor Diskriminierung, Folter usw. verwirklicht ist.

Bislang hatte ich mit Ausnahme des Embryonenschutzes stets so argumentiert, daß die im Sinne der rechtssubjektivitätsbezogenen Anerkennungstheorie verstandene Menschenwürde in ihrer Schutzfunktion dem traditionellen Würdeverständnis nach der Mitgift- und Leistungstheorie gleichkommt und daher ebenso gut die Aufgabe erfüllt, die Grundrechte zu fundieren und zu verstärken, dabei aber den Vorzug genießt, den begründungslogischen Problemen des Würdeprinzips zu entgehen. Wären Rechtssubjektivität und Würde jedoch funktionell völlig identisch, gäbe es keinen Grund, das Würdeprinzip zu verabschieden, da das an seine Stelle tretende Prinzip dieselben

Ergebnisse – nur eben mit einer anderen Rechtfertigung – hervorbrächte. Auch im Falle des Asylrechts endet ebenso wie bei den Themen Abtreibung und Reproduktionsmedizin diese funktionelle Identität. Ein Asylant ist definitiv kein Rechtsgenosse. Rechtsgenossenschaft beruht auf der gemeinsamen Zugehörigkeit zu einer *konkreten* Rechtsordnung, z. B. zu der des deutschen Volkes. Die Gemeinsamkeit der Zugehörigkeit zu dieser Rechtsordnung verlangt von jedem einzelnen die Anerkennung aller anderen als gleichwertige Rechtssubjekte. Der dieser Rechtsordnung nicht zugehörige Asylant kann daher nicht als Rechtsgenosse dieser Rechtsordnung anerkannt werden. Jeder sich im Geltungsbereich der deutschen Rechtsordnung aufhaltende Ausländer ist natürlich dieser Rechtsordnung unterworfen: Jede von ihm oder an ihm begangene Straftat wird genauso geahndet wie bei einem Inländer. Die Beziehung des Ausländers zur deutschen Rechtsordnung ist eine rein äußerliche: sobald er deutschen Boden verläßt, ist diese Beziehung beendet. Dagegen ist die Beziehung des Deutschen zur deutschen Rechtsordnung eine innere, wesenseigentümliche. Als deutscher Staatsbürger und Rechtsgenosse untersteht er auch im Ausland der deutschen Rechtsordnung. Der Geltungsbereich der Rechtsordnung ist mit der Funktion der Staatlichkeit verknüpft: Sie gilt innerhalb der Grenzen eines staatlichen Territoriums und sie gilt für die Angehörigen, die Bürger dieses Staates. Rechtsgenossenschaft entwirft sich materiell-politisch in das Prinzip des Staates. Menschenrechtsverletzungen im Ausland an Ausländern können keinen in Deutschland geltend zu machenden Schutzanspruch erzeugen, da hierdurch keine Rechtsgenossen betroffen sind. Genossenschaft setzt ein abgestimmtes Verhältnis von Rechten und Pflichten voraus, wie dies die alte Formel von Schutz und Gehorsam zum Ausdruck bringt. Der Bürger verpflichtet sich, durch Steuern und Wehrdienst sich für den Erhalt des Staates einzusetzen, weshalb der Staat wiederum verpflichtet ist, Leistungen für seine Bürger zu erbringen. Ein solches genossenschaftliches Verhältnis des do ut des ist im Hinblick auf Fremde nicht gegeben. Eine Rechtsbeziehung zum deutschen Staat unterhalten nur deutsche Staatsangehörige. In einer am Rechtssubjektivitätsprinzip orientierten Grundrechtsfundierung kann es daher kein schrankenloses Asylrecht geben. Damit ist nicht die Aufforderung verbunden, mit kaltem Blick am Leiden in der Welt vorüberzugehen. Ein solcher mitleidloser Zynismus stünde einem zivilisierten Land schlecht zu Gesicht und würde auch zu einer allmählichen Verrohung der Gesinnung seiner Bürger führen. Es ist durchaus möglich, politisch und anderweitig Verfolgten Asyl zu gewähren – aber nicht in Form eines einklagbaren Rechtsanspruchs, sondern in Form eines auf die jeweilige Situation Rücksicht nehmenden und den souveränen Willen des Staates verkörpernden *Gnadenaktes* oder in Form privater caritativer Hilfe. Einen Rechts*anspruch* können nur die Angehörigen einer konkreten Rechtsordnung geltend machen. Menschheit aber ist kein rechtlicher Begriff.

Da die Zugehörigkeit zu einer Rechtsordnung die anerkennungsverpflichtende Rechtsgenossenschaft konstituiert, muß man wissen, wer Rechtsgenosse ist. Da die Rechtssubjektivität sich auf dem Mensch-Sein gründet, ist zunächst jeder Mensch als Rechtsgenosse anzuerkennen. Die Menschheit ist aber nur eine abstrakte Rechtsgenossenschaft, die auch nur ein abstraktes moralisches Sollen, aber keine aus positivem Recht entspringende Rechtspflicht erheischt. Man muß also zwischen der menschheitsbezogenen abstrakten Rechtsgenossenschaft und der konkreten, auf das deutsche Volk beschränkten unterscheiden. Aus dieser Unterscheidung erwachsen unterschiedliche Rechte und Pflichten. Auch in dieser Hinsicht (s.o. Embryonen) stimmte ich mit Hoffmann, einem der bekanntesten Vertreter der Anerkennungstheorie überein. Es scheint, daß sich aus dem im Vergleich zur Menschenwürde enger gezogenen Ideenkreis auch eher konvergierende Folgerungen ergeben.

Aufgrund des universellen Geltungsanspruch des Menschenwürdeprinzips folgert Hoffmann, daß „auch die Ausländer und Staatenlosen unter uns ganz selbstverständlich Träger des aus Art. 1 GG folgenden Würde-Grundrechts“[322] sind, schränkt dann aber ein: „Nur: als ein für eine partikuläre Staatsgründung konstitutives Versprechen gibt Art. 1 GG nicht jedermann auf der Welt einen Anspruch, sofort und ohne weiteres mit allen daraus folgenden Ansprüchen in dieser Solidargemeinschaft aufgenommen zu werden.“[323]

Asylrecht ist kein Menschenrecht, sondern positives Recht. Asylrecht nach Art. 16. 2 GG ist zwar ein Grundrecht, aber nicht alle Grundrechte sind Menschenrechte.

> *„Nur soweit der materielle Gehalt der Menschenwürde reicht, sind die einzelnen Rechte, von denen Abs. II spricht, wirklich Menschenrechte, d.h. vorgegebene, staatlich nur deklaratorisch anerkannte Rechte mit unverletzlichem und unveräußerlichem Inhalt. Es wäre deshalb ein Fehlschluß, wollte man alle folgenden Rechte des Grundrechtskatalogs über Art. 1 II als Menschenrechte in diesem Sinne auffassen.“*[324]

In Ansehung der abwehrrechtlichen Ausrichtung kann der deutsche Staat die Menschenwürde von Ausländern im Ausland nicht verletzen. Er darf sich nur nicht selbst an menschenwürdeverletzenden Handlungen beteiligen, also in menschenwürdeverletzende Länder Waffen liefern oder deren Polizei ausbilden bzw. Ideologien propagieren, die in diesen Ländern die Unterdrückung politischer, religiöser, ethnischer und son-

322 H. Hoffmann, S. 19

323 ebd.

324 G. Dürig: Schriften, S. 130

stiger Minderheiten legitimieren können etc. Indem der deutsche Staat nicht bestreitet, daß alle Menschen in allen Ländern als Rechtssubjekte anerkannt werden müssen, hat er seine sich aus der abstrakten Rechtsgenossenschaft ergebende Achtungspflicht bereits erfüllt.

Das in Art. 16. 2 GG gesetzte Asylrecht hat sich dagegen zu einem Leistungsrecht entwickelt. „Grundrechte …, die ein *positives Tun* des Staates oder auf *Teilhabe am Staat* gerichtet sind, sind ohne nähere Gesetzgebung nicht vollziehbar.“[325] Darüber hinaus unterliegen Leistungsrechte in weit stärkerem Maße als reine Abwehrrechte immanenten Schranken und Grenzen, wie Verhältnismäßigkeit, Geeignetheit und – was auf alle sozialleistungsartige Ansprüche zutrifft – Finanzierbarkeit. Darum kann es kein unbegrenztes Asylrecht geben. Im Hinblick auf dessen konkrete Ausgestaltung zeigt sich hier nochmals der bereits oben dargelegte deutliche Unterschied zwischen dem Achtungsgebot des traditionellen Menschenwürdeverständnisses und dem des Rechtssubjektivitätskonzepts. Die Menschenwürde ist bei allen Menschen dieselbe, was auch bei der Sicherung des Existenzminimums eine Gleichbehandlung mit Staatsbürgern bedingt. Da die Anerkennung der Rechtssubjektivität eine Unterscheidung zwischen abstrakten Rechtsgenossen (allen Menschen) und konkreten Rechtsgenossen (Staatsbürgern) macht, ist in dieser Hinsicht eine Ungleichbehandlung erlaubt.

Horst Dreier hat auf den unvermeidlichen Konflikt zwischen der Unantastbarkeit des Menschenwürdegehalts des Asylrechts und dessen möglicher Preisgabe durch den verfassungsändernden Gesetzgeber aufmerksam gemacht.[326] Seinen Ausführungen läßt sich entnehmen, daß man sich umso mehr Probleme einhandelt, je weiter die Menschenwürde ausgreift, in je mehr

325 G. Dürig 1979, S. 43

326 H. Dreier in: Seelmann, 39

Rechtsgebiete hineinzuspielen man ihr gestattet. Direkt anschließend an seinen Asylpassus schreibt er:

> *„Wir sehen mit dem Menschenwürdekern-Argument schon erste Tendenzen einer gewissen raumgreifenden Ausdehnung der Menschenwürde. Sie bleibt nicht begrenzt auf einen engen, festen, klaren Kernbereich, der außerhalb jedweden Streits steht. Vielmehr dehnt sich der Menschenwürdebezug aus, erfaßt tendenziell auch andere Konstellationen, bei denen die Evidenz fraglich und der Konsens brüchig wird.“*[327]

Der präzisere Begriffsinhalt und der beschränktere Begriffsumfang des Rechtssubjektivitätsprinzips erlauben eine genauere Bestimmung des Geltungsbereichs der sich aus ihm ergebenden Ansprüche und Schutzpflichten, wodurch sich die Chance auf nachvollziehbare Urteile und widerspruchsfreie Urteilsbegründungen erhöht.

Die Schleyer-Entführung

Die vielleicht schwierigste Entscheidung innerhalb der die Menschenwürde betreffenden Konfliktproblematik war diejenige, welche die deutsche Regierung anläßlich der Schleyer-Entführung treffen mußte. Diese Entscheidung konnte sich nicht hinter wolkigen Formulierungen und taktischen Zugeständnissen verstecken, sondern war ganz unmittelbar eine Entscheidung zwischen Tod oder Leben, zwischen der Menschenwürde des Individuums und der staatlichen Souveränität. Die Rote Armee Fraktion hatte im Spätsommer 1977 den Arbeitgeberpräsidenten Hanns Martin Schleyer entführt, um den inhaftierten Führungskader der Terrorgruppe freizupressen. Zu

327 ebd.

diesem Zeitpunkt stand der Kampf zwischen dem bundesdeutschen Staat und der RAF auf Messers Schneide. Man hatte aus einem früheren Entführungsfall, dem des Berliner CDU-Politikers Lorenz, wo man dem Freipressungsansinnen der Terroristen nachgegeben hatte, die Lehre gezogen, daß Nachgiebigkeit nichts nutze und nur zu weiteren Anschlägen ermuntere. Ein nochmaliges Eingehen auf den Erpressungsversuch wäre einer Kapitulation gleichgekommen. Um die Souveränität des Staates zu wahren, hatte die Regierung sich letztlich dazu durchgerungen, Schleyer zu opfern.

Die Schleyerentführung zeigt die Grenzen eines unbedingten Realisierungsimperativs der Menschenwürde auf. Das Bild, das sich der Menschenwürdediskurs vom Staat macht, ist das eines übermächtigen Leviathans, gegenüber dem die Rechts- und Freiheitssphäre des Individuums in Schutz genommen werden muß. Darum ist dieser Diskurs überfordert, wenn der Staat selbst des Schutzes bedarf und sich als bedroht erweist. Eine solche Konstellation läßt sich aufgrund der Voraussetzungen, die dem Menschenwürdebegriff zugrundeliegen, von diesem nicht erfassen.

Die Menschenwürde ist ein Begriff, der der Beschäftigung mit ihm eine bestimmte Richtung vorgibt. Welche Inhalte, welche Bedeutung man auch immer der Menschenwürde zuschreibt, eines steht fest: Sie ist etwas, das in einem gewissen Gegensatz zum Staat steht. Art. 1 GG verpflichtet den Staat, die Menschenwürde zu achten und zu schützen. Jemanden zu etwas verpflichten, ist nur erforderlich, wenn man dieses Etwas nicht von sich aus, freiwillig oder automatisch tut, wenn also die Ausübung der auf dieses Etwas bezogenen Handlung sich nicht von selbst versteht. Zum Atmen oder Essen muß niemand verpflichtet werden.

Dieses Etwas bestimmt sich als etwas Individuelles. Menschenwürde ist gemäß des traditionellen Konzepts eine wertvolle Eigenschaft, die jedem einzelnen Mensch aufgrund seines Mensch-Seins zukommt. Mit dieser auf die Individualität des Mensch-Seins bezogenen Bestimmung wird das Nachdenken über Menschenwürde auf die *Bahn des Individualismus* gelenkt. Man kann nur im Rahmen individualistischer Kategorien über Menschenwürde nachdenken. Die von Dürig und dem BVerfG hervorgehobene Gemeinschaftsgebundenheit hat nur eine korrigierende, einschränkende Funktion hinsichtlich des Primats der Individualität. Abstrakt und formal betrachtet, beschreibt Art. 1 GG die normative Beziehung zwischen Individuum und Staat. Diese wird vom Individuum her bestimmt. Das heißt nicht nur, daß der Staat dem Individuum zu dienen habe und ihm verpflichtet ist, was sich daraus ergibt, daß die Verpflichtung zur Achtung und zum Schutz des rechtlichen Höchstwerts Menschenwürde auch eine ebensolche Verpflichtung bezüglich anderer Rechte nach sich zieht, sondern auch daß die Beziehung zum Staat und damit letztlich auch der Staat selbst im Lichte des Individualismus gesehen wird. Eine Eigenständigkeit des Staates, die u.a. ein spezifisches Staatsethos und eine Politik staatlicher Selbsterhaltung fordert, rückt in einer solchen Sichtweise nicht ins Blickfeld. Darum findet sich im Menschenwürdediskurs auch keine Reflexion über die Vermittlung des Rechts des Staates mit dem Recht des Individuums. Wenn man sich erst einmal innerhalb der durch den Primat der Menschenwürde vorgegebenen Bahn des Individualismus befindet, hat man nicht mehr die Wahl, andere Bahnen einzuschlagen; man kann nur noch die Stationen auswählen, an denen man zum Nachdenken Halt machen will.

Der Höchstwert der Menschenwürde bewirkt, daß alle anderen Werte, wie die staatlichen, sekundär sind. Sekundär sein heißt nicht, bedeutungslos zu sein. Mit den Artikeln zum Verteidigungsfall und zu verfassungsfeindlichen Bestrebungen haben auch staatliche Werte Eingang ins Grundgesetz gefunden.

Andere Werte werden sowohl berücksichtigt und durchgesetzt, sofern sie nicht – was praktisch selten der Fall ist – mit der Menschenwürde kollidieren. Zumindest in der Anfangsphase der BRD waren die Werte des Staatlichen und Nationalen so selbstverständlich, daß man nicht auf die Idee kam, sie bedürften eines expliziten Schutzes. Vielmehr galt es, deren Übersteigerung, wie dies im Dritten Reich der Fall war, vorzubeugen, indem der Wert des Individuums betont wurde. Dennoch wurde bereits in dieser Zeit vor allem von seiten der „Schmitt-Schule" (Ernst Forsthoff, Werner Weber) die Vernachlässigung der Eigenständigkeit und – wenn man so will – „Würde" des Staates beklagt.

Den End- oder besser: Tiefpunkt einer menschenwürdebegründeten Hypostasierung des Individuums markieren Auslassungen Paul Tiedemanns, die es nur durch ihre Eigenschaft als abschreckendes Beispiel verdienen, erörtert zu werden. Sie zeigen jedenfalls auf, was sich mit einiger Berechtigung aus der individualistischen Fundierung des Menschenwürdebegriffs ableiten läßt.

> *„Konflikte zwischen einem Freiheitsanspruch und dem Anspruch auf Achtung der Menschenwürde können immer nur zugunsten der Menschenwürde entschieden werden. Das gilt auch und gerade dann, wenn wichtige Gemeinschaftsinteressen auf dem Spiele stehen. Denn es kann kein wichtigeres Gemeinschaftsinteresse geben als die Achtung der Menschenwürde. Selbst den Bestand des Staates kann man nicht gegen die Menschenwürde ausspielen… . Denn wenn der Staat als freiheitssichernde Organisation nur um den Preis funktionsfähig bleiben kann, dass die Menschenwürde verletzt wird, dann muss auf ihn verzichtet werden. Denn der Staat ist kein absoluter Wert, wohl aber die Menschenwürde."*[328]

---

328 P. Tiedemann, S. 469

Mit gleichlautender Argumentation lehnt er auch die Wehrpflicht ab. Dazu möchte ich folgendermaßen Stellung nehmen:

Die Menschenwürde normiert die Beziehung zwischen Bürger und Staat. Nur der Staat kann die Menschenwürde verletzen, indem er Menschen den Rechtsschutz entzieht, und nur er kann die Menschenwürde schützen. Mit anderen Worten: Der Schutz der Menschenwürde setzt die Existenz des Staates voraus. Zur Sicherung der Existenz des Staates ist wiederum seine Verteidigungsfähigkeit erforderlich. Jeder Bürger hat – auch im Interesse der eigenen Menschenwürde – die Pflicht, zur Existenz des Staates beizutragen.

Worin die Menschenwürdeverletzung der Wehrpflicht bestehen soll, ist nicht unmittelbar einsichtig. Tiedemann ist wohl so zu verstehen, daß der Staat zum Zwecke seiner Existenzsicherung die Bürger instrumentalisiere und ihr Recht auf Selbstbestimmung, das in diesem Fall die Weigerung beinhaltet, sich aufopfern zu lassen, negiere. Instrumentalisiert wird man aber nur, wenn man als bloßes Mittel für fremde Zwecke eingespannt wird. Der Erhalt des Staates ist aber kein fremder Zweck, da man als Bürger des Staates selbst Teil des Staates ist und man durch die Verteidigung des Staates seine eigene Identität, zu der eben auch die Eigenschaft des Staatsbürgerseins gehört, bewahrt. Des weiteren: Der eigene, jetzt bestehende Staat garantiert die Menschenwürde, dies macht die durch die feindliche Invasion drohende Schreckensherrschaft nicht. Daher gebietet es das Eigeninteresse an der Bewahrung der Menschenwürde, den Staat zu verteidigen.

Ein Verstoß gegen die Selbstbestimmung wäre dagegen eher zu bejahen. Es ist aber zu fragen, ob damit in jedem Fall bereits ein Menschenwürdeverstoß vorliegt. Tangiert wird durch die allgemeine Wehrpflicht im Verteidigungsfall das allgemeine Persönlichkeitsrecht und das Recht auf Leben (Art. 2 GG). Beide Prinzipien stehen aber unter Gesetzesvorbehalt. Sie gelten nicht uneingeschränkt. Man kann nun nicht, um der argumentativen Schwierigkeiten zu entgehen, das Selbstbestimmungsrecht ausschließlich in Art. 2 hineinverlegen. Selbstbestimmung ist zweifelsohne auch Bestandteil der Menschenwürde. Aber diese Eigenschaft ist nicht so wichtig wie die der Rechtssubjektivität. Wer sich weigert, seinen Mitmenschen zu helfen, die ihre Selbstbestimmung darin sehen, weiterhin im eigenen Staat nach eigenen Regeln zu leben, und zudem als feiger Trittbrettfahrer den Schutz der eigenen Lebensweise sich durch das Opfer der Soldaten gratis servieren zu lassen, begeht ein Unrecht. Das Recht auf Selbstbestimmung impliziert nicht das Recht auf unrechtmäßiges Handeln. Auch der schnöde Verbrecher kann sich nicht darauf berufen, aufgrund seiner Selbstbestimmung Verbrechen begehen zu dürfen.

Im Falle der Schleyerentführung wäre von der Warte des radikalen Individualismus die Weigerung, den Forderungen der Terroristen nachzugeben, um das Leben Schleyers zu retten, Unrecht. Von der Warte der Gemeinschaftsgebundenheit besteht dagegen die Würde Schleyers gerade darin, daß er sich für den Erhalt der freiheitlich-demokratischen Grundordnung aufopfern läßt, da diese – und nicht die von den Terroristen angestrebte kommunistische Staatsform – die Voraussetzung für das menschenwürdige Leben aller Deutschen ist. Allerdings klingt in dieser Formulierung ein etwas fragwürdiger Kamikaze-Heroismus an, was darauf verweist, daß die Legitimation der Entscheidung der Bundesregierung sich nur schwer mit dem herkömmlichen Menschenwürdebegriff vereinbaren läßt. Dagegen würde diese Argumentation viel besser mit dem Rechtssubjektivitätsprinzip harmonieren. Die gegenseitige Anerkennung der Rechtssubjekte erfolgt über die Vermittlung der Anerkennung der Rechtsordnung, die damit in ihrer Funktion als primäres, Rechtsgenossenschaft stiftendes Prinzip als grundlegend schützenswert gesetzt wird. Eine Rechtsordnung, welche die Anerkennung der Rechtssubjektivität als normative Basis gesellschaftlichen Zusammenlebens achtet, ist die Voraussetzung für die Anerkennung der Rechtssubjektivität. Deshalb hat im Ausnahmefall die für alle geltende Voraussetzung Vorrang vor dem einzelnen Rechtssubjekt. Diese Auffassung entspricht völlig derjenigen des Bundesverfassungsgerichts; sie ist nur sprachlich dem Kontext der Rechtssubjektivität angepaßt. Tatjana Geddert-Steinacher faßt das Urteil des BVerfG, das zum Antrag der Familie Schleyer auf einstweilige Verfügung erging, – in einer allerdings etwas freien Interpretation – so zusammen:

> *„Der Staat ist nicht verpflichtet, seine Handlungsfähigkeit zu gefährden, um das Leben eines Bürgers zu retten. Die Grundrechte und auch die Würde des Menschen setzen staatliche Souveränität voraus und können nicht die Aufhebung ihrer staatstheoretischen Bedingungen fordern.“*[329]

Die zentrale Passage des Urteilstextes lautet:

> *„Die Eigenart des Schutzes gegen lebensbedrohende terroristische Erpressungen ist dadurch gekennzeichnet, daß die gebotenen Maßnahmen der Vielfalt singulärer Lagen angepaßt sein müssen. Sie können weder generell im voraus normiert*[330] *noch aus einem Individualgrundrecht als*

---

329 T. Geddert-Steinacher, S. 83

330 Das Bundesverfassungsgerichtet bezieht mit dieser Stellungnahme Position gegen eine weitverbreitete Vorstellung vom Verhältnis von Staat und Verfassung. Dieser Vorstellung zufolge hat nicht mehr der Staat eine Verfassung, sondern die Verfassung hat einen Staat. Damit ginge eine totale Verrechtlichung des Politischen einher. Zwar muß sich politisches Handeln an geltendes Recht halten, aber es darf nicht zu einer Tätigkeit werden, die allein in der Umsetzung von Recht aufgeht. Im Ausnahmefall stößt das Recht an seine Grenze: Das absolut Anormale kann nicht genormt werden. Der Ausnahmefall sperrt sich gegen eine allgemeingesetzliche Regelung; einzelfallbezogene Gesetze sind wie-

Norm hergeleitet werden. Das Grundgesetz begründet eine Schutzpflicht nicht nur gegenüber dem Einzelnen, sondern auch gegenüber der Gesamtheit aller Bürger. Eine wirksame Wahrnehmung dieser Pflicht setzt voraus, daß die zuständigen staatlichen Organe in der Lage sind, auf die jeweiligen Umstände des Einzelfalles angemessen zu reagieren ..."[331]

Wichtig erscheint mir, darauf hinzuweisen, wie deutlich das BVerfG den Ausnahmecharakter des Falles betont. Damit wird dem Staat kein Freibrief ausgestellt, auf geeignete Maßnahmen zur Terrorbekämpfung oder auch auf Regeln zur baulich-technischen Sicherheit bei gefährdungsrelevanten Großbauten wie Kraftwerken oder Dämmen etc. zu verzichten, weil er die Opferbereitschaft von Entführten und Feuerwehrleuten als erwartbare Norm in sein Handeln einkalkuliert. Dies wäre tatsächlich eine Negierung der Rechtssubjektivität und eine Reduktion zur „statistischen Größe“. Eine Absolutsetzung der Menschenwürde aber würde Terroristen in die Hände spielen, da sie damit rechnen können, daß der Staat immer zugunsten der Rettung des Lebens von Geiseln ihren Erpressungen nachgeben wird. Dadurch würde die gesamte Bevölkerung zur Verfügungsmasse terroristischen Wollens, was in gleicher Weise gegen die Menschenwürde im Sinne der Objektformel verstößt.

Nicht verschwiegen werden soll, daß die Karlsruher Richter in einem ähnlich gelagerten Fall genau gegenteilig entschie-

---

derum nicht statthaft. Auch im Ausnahmefall kann man sich an Leitlinien für ein sinnvolles und zustimmungsfähiges Handeln orientieren; diese sind aber keine Normen, die befolgt werden *müssen*. Das Politische kann nicht restlos vom Recht erschlossen werden. Das Verleugnen der Besonderheit des Ausnahmefalls resultiert aus dem Wunsch, daß alles Geschehen sich im Rahmen des normalen procederes vollziehen soll, wo man von der Verantwortung für die Entscheidung entlastet wird, da man nur die passende Norm für den Tatbestand finden muß, worauf sich – so hofft man – alles von selbst ergibt.

331 BVerfGE 46, 160 – Schleyer

den haben. Der Bundestag hatte anläßlich der terroristischen Anschläge vom 11. September 2001 ein Luftsicherheitsgesetz beschlossen, das den Abschuß entführter Flugzeuge unter bestimmten Umständen gestattete. Dieses Gesetz war vom BVerfG unter Verweis auf die Reduzierung der Passagiere zum bloßen Objekt staatlichen Handelns als verfassungswidrig verworfen worden. Diese Entscheidung hat neben Zustimmung auch scharfe Kritik erfahren.[332] Von Verfassungsheuchelei und Verfassungsautismus war die Rede; konkret war auch die Ignoranz gegenüber den potentiellen Opfern an der Absturzstelle und die Preisgabe staatlicher Handlungsfähigkeit gerügt worden.

Staatliches Unrecht

Zuletzt sei der eigentliche Kern der abwehrrechtlichen Schutzfunktion untersucht, die Abwehr staatlichen Unrechts. Das Menschenwürdeprinzip muß im Zusammenhang mit der übrigen Verfassung gesehen werden. Gäbe es die nachfolgenden Grundrechte nicht, dann hinge es als inhaltsloses Postulat im luftleeren Raum.

> *„Die universelle, zunächst inhaltlich unbestimmte Menschenwürde erlangt erst über die Grundrechte ... orientierende Kraft für die Entscheidungsfindung im konkreten Fall. Die Bedeutung der Menschenwürde als Verfassungsprinzip entfaltet sich daher im Kontext der Grundrechtsinterpretation.“*[333]

Dürig stellt hierzu fest:

> *„Es ist kein Fall denkbar, in dem ein staatlicher Angriff auf die Menschenwürde nicht bereits durch ein spezielles*

332 vgl.M. Baldus, S. 201-206; ferner auch: Klaus Kunze 2020, S. 47f.

333 T. Geddert-Steinacher, S. 165

Grundrecht (und sei es auch nur durch die allgemeinen Rechte der Freiheit und Gleichheit) aufgefangen würde, wenn man nur Art. 1 I, wie es von Verfassung wegen nötig ist, als Wertmaßstab in die Spezialinterpretation des jeweiligen Grundrechts einbezieht.“[334]

Das Würdeprinzip entfaltet sich inhaltlich konkretisierend in die Grundrechte hinein, was bedeutet, daß die Grundrechte im Lichte des Würdeprinzips interpretiert werden. Um von der Potentialität zur Aktualität zu gelangen, ist es essentiell auf das Vorhandensein und die Gültigkeit der Grundrechte angewiesen. Außerhalb einer echten Rechtsordnung ist es daher gar nicht wirklich existent.

Es ist zu fragen, ob das Prinzip der Anerkennung der Rechtssubjektivität wegen seiner stärker positivrechtlichen Orientierung eine schwächere Schutzfunktion hat als das Würdeprinzip. Wie gerade gezeigt, besteht die Hauptfunktion des Würdeprinzips darin, die im Lichte der Menschenwürde zu interpretierenden Grundrechte gegenüber äußeren Angriffen zusätzlich zu stärken. Unter „normalen“ Umständen (d. h. solange eine echte Rechtsordnung gilt) macht es hinsichtlich der im Rechtsalltag anfallenden strittigen Grundrechtsfragen (z. B. Abtreibung, Gentechnik, Wehrdienstverweigerung, Lauschangriff), die allesamt vom Bundesverfassungsgericht behandelt wurden, keinen nennenswerten Unterschied, ob man sich zum Zwecke der Grundrechtsstärkung auf die Würde oder die Rechtssubjektivität beruft. Jede Schmälerung des Grundrechtsschutzes würde nämlich den rechtlichen Status der Individuen beeinträchtigen und damit eine Minderung der Anerkennung der Rechtssubjektivität nach sich ziehen. Daher habe ich mich auf die Ausnahmesituation einer drohenden diktatorischen Entartung konzentriert, weil hier nicht nur ein einzelnes Grundrecht, sondern die Rechtsordnung als ganze betroffen ist. Ein für eine solche Si-

334 G. Dürig 1984, S. 132

tuation charakteristischer würderelevanter Grundrechtsverstoß besteht beispielsweise in der Negation des Gleichheitsgrundsatzes. Angehörige bestimmter Gruppen werden nicht aufgrund eines individuell nachweisbaren, strafrechtlich sanktionierten Tatbestandes (wie etwa Vorbereitung zum Umsturz) benachteiligt und verfolgt, sondern allein aufgrund ihres arttypischen So-Seins. Es ist nicht richtig, daß einem hier eine stärker positivrechtliche Orientierung die Hände binden würde, nur weil entsprechende Maßnahmen durch Verordnungen oder Gesetze scheinbar legalisiert wären. Gegen eine solche Praxis läßt sich durchaus mithilfe des Rechtssubjektivitätsprinzips argumentieren, da eine widerrechtliche Aberkennung des Status als Rechtssubjekt vorliegt. Die Zugehörigkeit zu einer Rechtsgemeinschaft (im vorliegenden Falle: der des deutschen Volkes) bedingt unmittelbar die Anerkennung aller als gleichwertige Rechtsgenossen und damit eine rechtliche Gleichbehandlung, was von vornherein jegliche Diskriminierung ausschließt. Auch der mit der Rechtssubjektivität verknüpfte Anspruch auf rechtmäßige Behandlung (nulla poena sine lege, Verhältnismäßigkeitsgebot, Güterabwägung, Anspruch auf rechtliches Gehör und einen ordnungsgemäßen Richter etc.) erlaubt es, Maßnahmen wie Lagereinweisung und Folter sofort als widerrechtlich zu brandmarken, ohne daß dazu die ominöse Würdekategorie aufgerufen werden müßte.

Auch die Anerkennung der Rechtssubjektivität ist ebenso wie die Grundlagen des traditionellen, substantialistischen Würdekonzepts ein vorstaatliches Prinzip. Diese Grundlagen wie Vernunft, Selbstbestimmung, Gottesebenbildlichkeit sind aber keine rechtlichen Kategorien. Einen rechtlichen Wert erhalten sie erst dadurch, daß er ihnen zugeschrieben wird. Es ist keineswegs selbstverständlich, daß Vernunftbesitz eine rechtliche Schutzfunktion begründen soll. Die Grundlage der Schutzfunktion muß ihrerseits wieder begründet werden. Die

Möglichkeit des Übergangs von der außerrechtlichen in die rechtliche Sphäre ist nicht über jeden Zweifel erhaben. Dagegen ist die Anerkennung der Rechtssubjektivität von vornherein in die Rechtssphäre eingelassen. Mit der Konstituierung einer sich als solcher wissenden sozialen Gemeinschaft wird immer auch zugleich eine Rechtsgemeinschaft konstituiert. Die Würdigung des Rechtsgenossen als berechtigter Träger von Rechten ist in diesem Vorgang inbegriffen und wird im alltäglichen, der konventionellen Moral gehorchenden Verhalten anerkannt. Nicht die *Zuerkennung* einer Würde muß daher begründet werden, sondern deren *Aberkennung*. Diese läßt sich aber nicht rechtsordnungsimmanent rechtfertigen, sondern nur durch eine neue, revolutionäre Moral. Die Aufgabe einer rechtssubjektivitätszentrierten Schutzfunktion kann daher nicht in einer rechtsdogmatischen Stärkung des Menschenwürdeprinzips bestehen, sondern in der Bewahrung politischer Verhältnisse, die keinen Anlaß bieten, Rechtsgenossen abzuwerten.

Zwischen Recht, Rhetorik und Politik

Die Sprunghaftigkeit der Bundesverfassungsgerichtsentscheidungen ist irritierend. Man kann dem BVerfG nicht, wie dies einige Kommentatoren machen, eine völlige Beliebigkeit unterstellen, da es sich an einigen klaren und überschaubaren Kriterien orientiert: Menschenwürde als die gesamte Rechtsordnung durchstrahlende Grundnorm, Objektformel, Wertordnung, Unverlierbarkeit, individuelle Selbstbestimmung. Aber diese Gesichtspunkte lassen sich unterschiedlich auslegen und werden es auch. Die sich aus der Ausnutzung des dadurch möglichen Auslegungsspielraums ergebenden Widersprüche zwischen den Urteilen im Gesamtkontext aller BVerfG-Entscheidungen sind so zahlreich, daß sich keine Rechtssicherheit einstellt. Wenn man, so mag man einwenden, der Exekutive zubilligt, nicht zum automatenhaften Verfassungsvollzug gezwungen zu sein, so muß man auch der Jurisdikative zugestehen, in Ansehung des konkreten Falls von der bisherigen Entscheidungspraxis abzuweichen. Dies gilt aber nicht für nahezu identische Sachverhalte. Im ersten Abtreibungsurteil ist die Würde des ungeborenen Lebens absolut unantastbar, im zweiten Urteil nur noch relativ, hinsichtlich der Terrorabwehr hat im Schleyerentführungsfall das Gemeinwohl Vorrang vor dem Individuum, beim Luftsicherheitsgesetz wieder nicht, einmal sind Lauschangriffe erlaubt, das andere Mal jedoch nicht. Wiederum läßt sich entgegnen, daß bei allen Gerichtsentscheidungen, in denen es nicht um die Bewertung eines Sachverhalts (Mord oder Totschlag?), sondern um die Bewertung des Werts kollidierender Rechte (Freiheit der Meinungsäußerung vs. persönliche Ehre) geht, Nuancen den Ausschlag geben und darum der Geltungsbereich des jeweiligen Rechts unterschiedlich bestimmt wird. Dennoch muß man mit Bedauern zur Kenntnis nehmen, daß unklar bleibt, welche Folgen sich aus dem Menschenwürdeprinzip in der Praxis ableiten lassen. Die Fundamentalnorm der bundesrepublikanischen Rechtsordnung sollte nicht auf derart schwankendem Boden errichtet werden.

Die wechselhafte Haltung des BVerfG ist umso betrüblicher, als angesichts der von Anfang an bestehenden Unbestimmtheit des Menschenwürdebegriffs erwartet wurde, „daß eine inhaltliche Klärung allmählich durch die Rechtsprechung erfolge.“[335] Eine solche Klärung ist nicht erfolgt, vielmehr muß konstatiert werden: „Die Entscheidungen des deutschen Bundesverfassungsgerichts werden … zumeist entweder als widersprüchlich oder als willkürlich kritisiert.“[336] Baldus moniert: „Die Rechtsprechung des Gerichts bietet ein rätselhaftes Ineinander unstimmiger dogmatischer Versatzstücke.“[337] Er belegt diese Behauptung anhand einer Hinterfragung der zentralen Deutungskriterien des BVerfG: 1. Die Qualifizierung des Menschen als ein geistig-sittliches Wesen, das sich selbst bestimmt, besagt nicht mehr als eine allgemeine Freiheits- und Moralfähigkeit. Ein Achtungsanspruch läßt sich daraus nicht ableiten. 2. Wie will man Menschenwürde vom Verletzungsvorgang her definieren, wenn man nicht weiß, was verletzt wird? 3. Die Objektformel scheint endlich ein handhabbares Kriterium zu sein, das aber wieder durch die Aussage eingeschränkt wird, der Mensch sei immer unvermeidlich Objekt von Verhältnissen.

Ich werde im folgenden einen kurzen Überblick über die kritische Rezeption des Menschenwürdeprinzips geben, um daran eine eigene Wertung anzuschließen.

Ausgangspunkt des dilemmatischen Verständnisses von Menschenwürde ist deren *Unbestimmtheit*. Diese Unbestimmtheit

---

335 P. Tiedemann, S. 71

336 Yu-An Hsu: Menschenwürde, Person und Strafrecht, in: Neumann/Tiedemann/Liu, S. 100

337 Baldus, S. 248

habe zu einer Expansion und Banalisierung geführt.[338] Der Anwendungsbereich habe sich stetig erweitert: „Die Norm schützt inzwischen die persönliche Ehre, die Fähigkeit zur Selbstbestimmung und -entfaltung, das (auch vorgeburtliche) Leben, Tote, den Menschen als Gattungswesen, die Privatheit sowie das Existenzminimum."[339] Eine inflationäre Tendenz mache aus der Menschenwürde eine „Wanderdüne ohne Halt"[340] und, wie dies bei Inflationen üblich ist, entwerte sie. Dadurch sinke sie zum „Schlagwort" herab, „das jeder braucht, aber niemand achtet."[341] Durch die Ausdehnung des Begriffsinhalts verliert dieser an Konsistenz und Überzeugungskraft. Allgemein[342] wird der Befürchtung Ausdruck verliehen, die Menschenwürde werde „als Einfallstor für beliebige politische oder sittliche Forderungen in die Verfassung"[343] mißbraucht. Neben diesem inhaltsbezogenen Argument der Infiltration durch ideologiegetränkte Postulate wird auch die Funktionalisierung der Menschenwürde zur rhetorischen Wunderwaffe bemängelt. Sobald der Würdejoker gezogen wird, werden „ausnahmslos alle entgegenstehenden Gesichtspunkte und Argumente überspielt."[344] Dies bringt es mit sich, daß sich in Streitfällen alle Konflikt-

---

338 Baldus, S. 261f.

339 Baldus, S. 246f.

340 Wolfgang Graf Vitzthum 1987, S. 33. Der Autor zitiert hierbei den weiter oben verwendeten Aufsatz von Christian Starck (S. 463), in dem allerdings nur von „Wanderdüne", also ohne „ohne Halt", die Rede ist.

341 Wolfgang Wodarg: Diesseits des Rubikon? Politische Standortbestimmung im Streit um die rechtliche und moralische Auslegung der Menschenwürde, in: Kettner, S. 21

342 Fritz Münch warnt, die Deutung der Menschenwürde als Wert könne zum Überwiegen „persönlicher Auffassungen" führen (Baldus, S. 69). Peter Schneider sieht in der Menschenwürde ein „trojanisches Pferd", durch das „in die Rechtsordnung heterogene Wert- und Weltanschauungen" eindrängen. (Baldus, S. 92)

343 Micheal Kloepfer, zit. nach Baldus, S. 132

344 Neumann, in: Kettner, S. 43

parteien sich dieses „Totschlagarguments“[345] bemächtigen wollen, was zu einer Verschärfung und Fundamentalisierung der Debatte führt. Auf einen Spezialfall macht Graf Vitzthum aufmerksam: Wer für sein Anliegen keine parlamentarische Mehrheit findet, „deckt für sein Petitum ein verfassungsrechtliches Gebot auf. [...] Derart nobilitiert überwindet das Vorhaben die politischen Hürden und präjudiziert faktisch schließlich auch die vom Volk festgelegte Mehrheit im Parlament – eine ›Tendenz zur totalen Verkonstitutionalisierung‹, die Politik und Gesetzgebung den Freiraum nimmt.“[346] Politik degeneriere so zum Vollstreckungsorgan des Verfassungsvollzugs.

Baldus benennt drei Gründe für diese Entwicklung: 1. Es hat generell eine massive Verrechtlichung des sozialen und politischen Lebens stattgefunden. 2. Je populärer das Grundgesetz wurde, desto bedeutender mußte auch dessen oberste Norm werden. 3. Mit jeder Entscheidung des Bundesverfassungsgerichts, in dem es die Würdenorm als zentrales Argument einsetzte, gewann diese an Bedeutung.[347] Letztlich ermöglicht wurde diese Entwicklung dadurch, daß die Menschenwürde das psychosoziale Bedürfnis, die Leerstelle eines Staatsethos, einer die gesamte Nation umgreifenden, durch Tradition selbstverständlich gewordenen Identifikationsbasis aufzufüllen, versprach[348]. Sie

345 Werner in: Kettner, S. 193

346 Graf Vitzthum, S. 34

347 vgl. Baldus, S. 253ff.

348 „Die omnipräsente Berufung auf die Würdenorm schien nicht nur dem starken Bedürfnis zu entspringen, die politische Ordnung zivilreligiös zu verankern, ...mit ihr schien auch eine einheitsstiftende Idee für den Zusammenhalt einer heterogenen Gesellschaft gefunden“ zu sein (Baldus, S. 255)
„In unserem an Mythen, Traditionen und Institutionen armen Gemeinwesen wurde die Verfassung zum entscheidenden Legitimationsquell“ (Graf Vitzthum, S. 34).

ist somit ein Kernelement des Verfassungspatriotismus, der den Mangel eines echten Patriotismus kompensieren[349] soll.

Meine eigene Stellungnahme folgt mit einigen persönlichen Akzentsetzungen dem Tenor der hier in aller Kürze zusammengefaßten Kritik. Auch ich sehe in der Unbestimmtheit des Menschenwürdebegriffs ein gravierendes Problem. Durch die Bedeutungsentleerung des Würdebegriffs wird dieser zu einem funktionalisierbaren Passepartout, in das von interessierter Seite beliebige Inhalte eingefüllt werden können. Gelingt es in den Diskussionen im Vorfeld einer verfassungsrechtlichen Entscheidung den Würdebegriff zu besetzen, ihn im eigenen Sinne zu interpretieren und das eigene Anliegen mit diesem zu verknüpfen und diese Verknüpfung in der öffentlichen Meinung einigermaßen glaubhaft zu verankern, dann hat man der eigenen Sache einen unschätzbaren Startvorteil verschafft. Die Gegenseite muß dann nämlich nachweisen, daß das betreffende Anliegen nichts mit Würde zu tun habe, was angesichts der Nebelhaftigkeit dieses Begriffes schwerfallen dürfte. Sie setzt sich dabei der Gefahr aus, als kalt und grausam zu gelten und das Würdegebot des Grundgesetzes zu mißachten.

Die Diskrepanz zwischen dem axiomatischen metaphysischen Anspruch und der empirischen Tatsächlichkeit wird durch einen *argumentativen Zwang* hervorgerufen. Die Tonlage wird umso höher gestimmt, je bedeutsamer die Sache ist. Da die Würde als das Höchste und Wertvollste erscheinen soll, wird sie mit den höchstrangigen Eigenschaften des Menschen wie Vernunft und Selbstbestimmung in Verbindung gebracht. „Einfachere" Eigenschaften wie bloßes Existieren oder auch die Fähigkeit zum Werkzeuggebrauch wären nicht eindrück-

349 Diese Kompensationsfunktion, die angesichts des problematisch gewordenen Nationalgefühls eine Identifikation mit dem Gemeinwesen ermöglichen sollte, war dem Erfinder dieser Formel, Dolf Sternberger, durchaus bewußt. Die spätere, vor allem von Habermas betriebene Umdeutung zu einer übernationalen Grundorientierung deckte sich daher nur ansatzweise mit seinen Intentionen (vgl. E. Lange, S. 169f.)

lich und glanzvoll genug, um die Aura der Würde zum Strahlen zu bringen. Für die Rechtfertigung der Außerordentlichkeit des Würdewertes bedarf es eines Begründungsprinzips, das eine vergleichbare Dignität aufweist. Je höher aber eine menschliche Eigenschaft hierarchisch angesiedelt ist, desto seltener, gefährdeter und voraussetzungsvoller ist auch ihr In-Erscheinungtreten. Nur im Hinblick auf die einfachsten und fundamentalsten biologischen Gegebenheiten sind die Menschen einander gleich, je weiter man sich von der Biologie in Richtung geistiger und moralischer Eigenschaften entfernt, desto stärker tritt die Unterschiedlichkeit der Menschen hervor, desto weniger Gemeinsamkeiten lassen sich finden. Um ihre primäre Aufgabe, die Schutzfunktion, erfüllen zu können, muß die Würde aber auf etwas Allgemeinem beruhen. Wir stoßen hier wieder auf das Dilemma, daß die Allgemeinheit des Würdeprinzips durch etwas höchst Besonderes begründet werden soll, indem ein prinzipiell *intersubjektives* Rechtsprinzip, nämlich das die Schutzfunktion begründende Achtungsgebot, aus der *Subjektivität* abgeleitet wird. Dies läuft der Schutzfunktion zuwider, weil so Menschenwürde an subjektive Eigenschaften gekoppelt wird und sie sich dadurch von deren empirisch-tatsächlichem Vorhandensein abhängig macht. Dennoch ist zu fragen, warum einem solch terminologischen Fehlgriff eine derart glanzvolle Karriere vergönnt wurde. Wie bereits erwähnt, partizipiert der Verfassungsbegriff der Menschenwürde an der gewissermaßen aristokratischen Aura des traditionellen, empirischen Würdebegriffs. Um die Bedeutung des Grundsatzes der Schutzwürdigkeit des Menschen zu signalisieren, kann auf diesen Begriff nicht verzichtet werden. Die Wahrung der rhetorischen Absicht geht aber zu Lasten der argumentativen Stimmigkeit, wodurch wiederum der semantische Horizont des Würdekomplexes sich aus dem für eine Verfassung gebotenen politisch-juristischen Kontext in einen rhetorisch-moralischen verlagert.

Die Diskrepanz zwischen dem Anspruch auf Allgemeinheit und der Besonderheit der zugrundeliegenden Prämissen macht offenbar, daß das normative Schwergewicht, das dem Würdeprinzip zukommen soll, sich argumentativ nicht beweisen läßt. Die Hartnäckigkeit, mit der am Würdeprinzip festgehalten wird, legt nahe, daß es dabei gar nicht so sehr auf logische Stringenz ankommt. Wenn etwas unbedingt gewollt wird, dann ist auch eine Begründung schnell bei der Hand. Indem sich das Würdeprinzip von logischen Begründungszusammenhängen emanzipiert, gewinnt es Bewegungsfreiheit, um eine frei flottierende rhetorische Funktion wahrnehmen zu können. Das Insistieren auf der argumentativ nutzlosen, rhetorisch aber effektiven hohen Tonlage kantischer Ethik stattet das Würdeprinzip mit einem *überschießenden metaphysischen Mehrwert* aus.

Statt einfach zu sagen: „Weil Du ein Mensch bist, hast Du ein Recht, von anderen Menschen als Rechtssubjekt, d.h. als Mensch, anerkannt zu werden", wird behauptet: „Du bist, so wie Du bist, etwas Großartiges, und weil Du so großartig bist, hast Du Anspruch auf Schutz." Indem das intersubjektive Prinzip des Anerkanntwerdens, das *gleichermaßen* aus dem Wert des Daseins *und* dessen Anerkennung zusammengesetzt ist, auf ein subjektives Prinzip, die Würde, halbiert wird, wird die abgeschnittene Hälfte in die Subjektivität hineinverlagert und diese dadurch in ihrer Bedeutung verstärkt. Da man vom Subjekt und nicht von der Intersubjektivität aus denkt, muß man, um die Schutzfunktion zu begründen, die Subjektivität zu etwas Erhabenem aufblähen. Die Selbstvergöttlichung der neuzeitlichen Individualität findet in der Menschenwürde ihre pathetischste Formulierung und ihren nicht mehr überbietbaren Abschluß.

Das Würdeprinzip als Grundrechtsbegründungsnorm verändert durch diesen metaphysischen Überschuß auch den Charakter der Grundrechte, die dadurch zu etwas mehr und anderem werden als rein rechtliche Satzungen. Es findet eine Vermischung juristischer und moralischer Bestimmungen statt.

Die Rechtsordnung wird zur Wertordnung und damit ins Moralische hinein *überdehnt*. Die Umwandlung der Grundrechte, die ursprünglich als Abwehrrechte der Bürger gegen den Staat konzipiert waren, in eine objektive Wertordnung, die gegebenenfalls vom Staat gegen die Bürger durchzusetzen ist, wurde nicht erst durch das Lüth-Urteil gleichsam aus heiterem Himmel angestoßen, sondern ist in dem für weiterreichende Interpretationen und Zielsetzungen offenen Mehrwert des Menschenwürdeprinzips von Anfang an vorgezeichnet gewesen.

Wir stoßen hier wieder auf das zur Begründung der Höchstwertigkeit der Menschenwürde theoretisch unverzichtbare, praktisch aber nicht einlösbare Unantastbarkeitspostulat. Ein absolutes Prinzip kann unter keinen Umständen durch irgend etwas relativiert werden. Juristische Urteile und politische Maßnahmen sind dann keine Entscheidungen mehr, sondern nur noch das bewußtlose und maschinenhafte Exekutieren dieses Prinzips. Wollte man die Menschenwürde zu einem solch absoluten Prinzip machen, dann würde sie genau dadurch beseitigt, da zur Menschenwürde die Freiheit des Entscheidenkönnens gehört. Absolutheit und Freiheitlichkeit schließen einander aus. Durch die Verabsolutierung eines Prinzips wird die mitunter tragische, stets aber problematische Komplexität des Daseins radikal reduziert. Der Mensch wird zu einem Vollzugsorgan dieses Prinzips degradiert, das er bewußtlos-automatisch zu verwirklichen und gegen andere Prinzipien durchzusetzen hat. Es droht aber noch eine andere, naheliegendere und konkretere Gefahr. Wenn die Menschenwürde in jeder Konstellation der Trumpf ist, der alle anderen Argumente aussticht, dann wird ein Wettlauf um die Inbesitznahme dieser Wunderwaffe einsetzen. Jeder wird danach streben, das eigene Anliegen ins Gewand der allein erfolgversprechenden Menschenwürderhetorik zu kleiden.

„Die weltweite Anerkennung der menschenrechtlichen Grundsätze wird ... nicht die Grundlage für die weltweite ethische Verständigung, sondern vielmehr das gemeinsame Schlachtfeld abgeben, auf dem jede der konkurrierenden Seiten um die Durchsetzung der eigenen Interpretation der genannten Grundsätze und gegen alle anderen Interpretationen kämpfen wird."[350]

Dadurch aber wird das fanum der bundesrepublikanischen Rechtsordnung, das nur zu seltenen und höchstwichtigen Gelegenheiten betreten werden sollte, in die alltäglichen Machtkämpfe und Besitzansprüche hineingezogen und damit profanisiert und entwertet.

Immerhin hat bislang die Rechtsprechung des BVerfG einer überbordenden Inanspruchnahme des Würdeprinzips Einhalt geboten, indem sie eine extensivierende Ausdehnung nach unten hin auf Bagatellsachen und ein intensivierendes Geltendmachen ihres emphatischen Gehalts (z. B. Asyl, Abtreibung, Schleyer, Lauschangriff) verhinderte. Es stellt sich aber die Frage, ob das BVerfG mit dieser restriktiven Haltung nicht so sehr dem Geist der Verfassung folgt, als vielmehr *gegen diesen* den Anspruch der Vernunft und das Interesse an der Bewahrung des Gemeinwesens rettet. Gerade die gewundenen Erklärungen hinsichtlich der oben genannten Themen, bei denen entgegen anderslautenden Versicherungen nicht mehr und nicht weniger als eine angesichts der Inkommensurabilität des Würdeprinzips an sich verbotene Rechtsgüterabwägung stattgefunden hat, lassen erkennen, daß das in einer Situation Gebotene gegen das Würdeprinzip durchgesetzt werden muß.

Dennoch fällt es schwer, ein Ausgreifen der zur Wertordnung hochmoralisierten Grundrechte über die den Staat BRD konstituierende Rechtsordnung einzudämmen, zumal dieser

350 P. Kondylis 1992, S. 113

Tendenz auch etliche ins Universalistische reichende Formulierungen im Grundgesetz Vorschub leisten: „dem Frieden der Welt zu dienen" (Präambel), „Menschenrechte als Grundlage jeder menschlichen Gemeinschaft" (Art. 1), „Gedanke der Völkerverständigung" (Art. 9) und der ominöse Artikel 25[351]. In die gleiche Richtung zielt der äußerst fragwürdige Artikel 18 GG, der die Verwirkung von Grundrechten bei ihrem verfassungsfeindlichen Mißbrauch beschreibt. Zum Glück hat das BVerfG bislang von einer Anwendung dieses Artikels Abstand genommen. Es hat, was an sich nahe gelegen hätte, den Mitgliedern von als verfassungsfeindlich verbotenen Parteien (KPD und SRP in den fünfziger Jahren) ihre Grundrechte nicht entzogen. Die Zurückhaltung der Verfassungsrichter verdankt sich wohl der klugen Überlegung, daß man mit diesem Artikel eine Büchse der Pandora öffnen würde. Es drängt sich auch die Überlegung auf, ob dieser Artikel nicht verfassungswidrig ist. Der komplette Entzug der Grundrechte, die ja Ausfluß der Menschenwürde sind, würde die Menschenwürde aufheben, was deren Achtungs- und Schutzgebot widerspricht.

---

351 „Die allgemeinen Regeln des Völkerrechts sind Bestandteil des Bundesrechts. Sie gehen den Gesetzen vor und erzeugen Rechte und Pflichte unmittelbar für die Bewohner des Bundesgebietes."

Eine Kommentierung kann ich an dieser Stelle nicht leisten. Ich denke aber, die Bedenklichkeit dieses Artikels, der mit einem Schlag jeglichen Souveränitätsanspruch des Staates zunichte macht und zudem alle Bürger unmittelbar bindet, spricht für sich. Auch wenn völkerrechtliche Bestimmungen erst durch die Positivierung nationaler Gesetzgebung rechtswirksam werden, so schwebt doch stets das Damoklesschwert des Völkerrechts über der gesamten Rechtsordnung. Wie man anläßlich internationaler Frauenrechtsdeklarationen und des UN-Migrationspaktes sieht, nutzen interessierte Kreise diese legitimationsheischenden Vorgaben, um in ihrem Sinne Druck aufzubauen. Selbst bei der anläßlich des Lüth-Urteils ausführlich diskutierten Drittwirkung war nie von einer unmittelbaren Bindung die Rede. Die Drittwirkung wurde vom BVerfG nur als mittelbare gedacht; d.h. der Staat muß Gesetze erlassen, deren Einhalten im Privatverkehr die Normwirkung gewährleistet. Bruchlos setzte sich diese Auffasung aber nicht durch, da vor allem das Bundesarbeitsgericht von einer unmittelbaren, also auch eine Private direkt bindende Grundrechtskonformität ausging (vgl. M. Stolleis, S. 223).

Die Moralhypertrophie der als Wertordnung gedeuteten Grundrechte, das universalistische Ausgreifen und die hintergründige Drohung der Grundrechtsverwirkung gehören zusammen. Dieser Komplex verkörpert die dunkle Seite der Wertordnung. Wie Josef Schüßlburner treffend bemerkt hat, konstituiert „eine Wertordnung notwendigerweise eine Un-Wertordnung."[352] Jedem wertemäßig Höchsten und Heiligen entspricht ein unwertemäßig Unheiliges und Verabscheuungswürdiges. Diese Spiegelbildlichkeit zeigt sich bereits in der Textgestalt des Grundgesetzes. Dem Höhepunkt des erhabenen, humanistischen Pathos von Artikel 1 korrespondiert der schutzlosmachende, grundrechtszerstörende Artikel 18. Der Verfassungspatriotismus, der in der BRD an die Stelle eines naturwüchsigen, substantiellen Patriotismus getreten ist, macht aus der Verfassung, die ja zunächst einmal nur ein Instrument zur rechtlichen Organisation eines Gemeinwesens darstellt, einen

---

352 J. Schüßlburner 1995, S. 2.
Ähnlich hatte sich bereits Carl Schmitt geäußert: „Wer Werte setzt, hat sich damit gegen Unwerte abgesetzt." (Schmitt 2011, S. 46). Mit einer bemerkenswerten Volte überläßt es Schmitt seinem Gegner, Nicolai Hartmann, neben Max Scheler der Hauptvertreter der Wertphilosophie, die selbstzerstörerische Kraft der Wertorientierung darzulegen, die darin besteht, daß der zum Höchstwert erklärte Einzelwert einer Wertordnung die ihn tragende Wertordnung letztlich zersetzt: „Jeder Wert hat – wenn er einmal Macht gewonnen hat über eine Person – die Tendenz, sich zum alleinigen Tyrannen des ganzen menschlichen Ethos aufzuwerfen, und zwar auf Kosten anderer Werte, auch solcher, die ihm nicht diametral entgegengesetzt sind. Die Tendenz haftet nicht den Werten als solchen in ihrer idealen Seinssphäre an, wohl aber als bestimmenden (oder selegierenden) Mächten im menschlichen Wertgefühl. Solche Tyrannei der Werte zeigt sich schon deutlich in den einseitigen Typen der geltenden Moral, in der bekannten Unduldsamkeit (auch des sonst nachgiebigen [sic!]) gegen fremdartige Moral; noch mehr im individuellen Erfaßtsein einer Person von einem einzigen Wert. So gibt es einen Fanatismus der Gerechtigkeit (fiat iustitia, pereat mundus), der keineswegs bloß der Liebe, geschweige denn der Nächstenliebe ins Gesicht schlägt, sondern schlechterdings allen höheren Werten." (Nicolai Hartmann: Ethik,1926, S. 524ff.; zit. nach Schmitt 2011, S. 48f.) Man erkennt in dieser Beschreibung die Wirkung des sich aus dem Unantastbarkeitspostulat ergebende Abwägungsverbots der Menschenwürde.

heiligen Text. Sie wird dadurch sakrosankt. Der die Verfassung – in Wirklichkeit aber eher die Verfaßtheit des politischen Systems – kritisierende Dissident ist darum kein argumentativ zu widerlegender Oppositioneller, sondern ein sich an der heiligen Ordnung versündigender Ketzer, der darum grundsätzlich zu bekämpfen ist. Wenn die Verfassung, wie auch immer säkularisiert, das Heil verbürgt, kann es außerhalb dieser Ordnung kein Heil geben. Man mag freilich einwenden, daß jedes System, sobald es sich formiert, sich gegen eine Umwelt abschließt und diese als das Andere ausschließt. Auch jedes Rechtssystem beruht auf der Dichotomie von Wert und Unwert. Dem Recht auf Leben korrespondiert als Unwert der Mord, der dieses Recht negiert. Das Problem besteht jedoch nicht im Vorhandensein des formalen Prinzips der Dichotomisierung als solchem, sondern in dem Inhalt, also den konkreten Werten, der durch dieses Prinzip strukturiert wird. Dadurch daß die Menschenwürde als höchster Wert gesetzt wird, wird das bloße Menschsein zum Bestimmungsgrund der Verfassungsordnung. Indem in ähnlicher Weise wie bei der Proklamation der Menschenwürde der Gleichheitsartikel, der wie alle Grundrechte als konkretisierende Entfaltung des Würdeprinzips betrachtet werden muß, davon spricht, daß „*alle Menschen* [Hervorhebung: W. K.] vor dem Gesetz gleich sind" und diese Bestimmung ausdrücklich nicht auf deutsche Staatsbürger beschränkt, transzendiert das Grundgesetz den für eine Verfassung eigentlich gebotenen nationalstaatlichen Bezug in Richtung einer *Menschheitsunmittelbarkeit*. Bezeichnenderweise wurde auch der Artikel 23 GG, der ursprünglich den Geltungsbereich des Grundgesetzes auf die seinerzeit vorhandenen Bundesländer beschränkte, im Rahmen der Wiedervereinigung vollständig verändert und in einen die europäische Integration beschreibenden Artikel umgewandelt, wodurch jeglicher Hinweis auf einen territorial fixierten Geltungsbereich zum Verschwinden gebracht wurde. Die Ausblendung von Bezügen auf ein territoriales und volkliches Substrat macht das Grundgesetz abstrakt. Durch seine Referenzlosigkeit ist es nicht so sehr eine Verfassung für Deutsche oder für Deutschland, als vielmehr eine Verfassung überhaupt, die sich primär an ein abstraktes Menschentum richtet und erst sekundär und sozusagen zufällig auf das deutsche Volk Anwendung findet. Da die Würde des Menschen an sich, also eine moralische und individuelle Qualität, als höchster Wert gilt, muß das Gegenteil dieser Bestimmung, der Selbstbehauptungswille des deutschen Volkes, also eine politische und kollektive Qualität, als Unwert erscheinen.

Die politische Lage der BRD kennzeichnet ein zunehmender Verlust nationaler Identität und Souveränität nach innen (Ausländerproblematik, Einflußnahme von pressure groups, Verknöcherung in bürokratischen Sachzwängen, Amerikanisierung in Sprache, Kultur und Lebensweise) und außen (das von der politischen Klasse angestrebte Verschwinden in einem Großeuropa). Diese Fehlentwicklung ist aber keineswegs plötzlich wie eine Naturkatastrophe hereingebrochen, sondern ist keimhaft in den Fundamenten des bundesdeutschen Staatswesens enthalten gewesen. Der Geist einer nationsvergessenen, unpolitischen Hypermoral spricht sich bereits an manchen Stellen des Grundgesetzes aus.

Das Würdeprinzip ist das Sprungbrett, mit dem sich ein politisches Denken, den Boden konkreter politischer Wirklichkeit verlassend, in die lichten Höhen einer universalistischen Moral hinaufkatapultiert. Das Würdeprinzip soll eine unumstößliche und unhintergehbare Grundnorm der Verfassungsordnung aufrichten. Zu diesem Zweck muß es von allen realen, empirischen Bedingtheiten, die immer eine relativierende Wirkung beinhalten, gereinigt werden und als rein formales, abstraktes Prinzip gesetzt werden. Das, was man gemeinhin als Würde versteht und was als würdevolles Verhalten empirisch feststellbar ist, taugt nicht für die Herleitung der für die Verfassungsarchitektur zentralen Grundnorm der Menschenwürde. Da man aber auf eine solche Grundnorm zwingend angewiesen ist, entnimmt man sie, wenn man sie in der schnöden Wirklichkeit nicht zu finden vermag, der theoretischen Spekulation. Dabei partizipiert der mit dem empirischen Würdebegriff nur vage zusammenhängende Verfassungsbegriff der Würde schmarotzerhaft an dessen semantischem Gehalt. Der abstrakte, formalistisch verdünnte, blutleere Verfassungsbegriff zehrt vom Glanz und der „Würde" des empirischen Begriffs, der konnotativ Assoziationen einer erhabenen, majestätischen Erscheinung hervorruft. Man mag dem Bewußtsein vorgaukeln, der Begriffsinhalt der Menschenwürde hätte nichts mit dem alltagssprachlichen Begriff zu tun und sei rein rechtsimmanent durch die Objektformel und „vom Verletzungsvorgang her" (Demütigung, Mißachtung, Willkür) bestimmt worden, aber unbewußt schwingen die vom alltagssprachlichen Begriff ausgehenden Assoziationen immer mit. Auch wenn diese Ausstrahlungswirkung selten bedacht wird, finden sich doch Autoren, die das ähnlich sehen:

> *„Es war ... die empathisch wirkende Verbindung von ›Würde‹ und ›Mensch‹ in der Wendung von der ›Würde des Menschen‹, die als Aufforderung verstanden werden konnte, im Rahmen der Normauslegung ein großes Thema der Geistes-, Religions- und Philosophiegeschichte zu verhandeln. Dieser Wortlaut der Norm öffnete das Tor, durch das unterschiedlichste ideengeschichtliche Konzepte einströmen konnten ... [...] Die Interpreten kamen diesem im Wortlaut vermeintlich mitschwingenden Aufruf noch aus einem weiteren Grund mit großer Bereitschaft nach: Von einer Norm, die so inhaltsoffen, philosophie-, theologie- und theorienah schien, zugleich aber an einer so zentralen Stelle der*

Verfassung angesiedelt war, ging ein unwiderstehlicher Reiz aus."[353]

Auch Brandhorst erwägt zumindest das Aufeinanderbezogensein von empirischem und verfassungsrechtlichem Begriff, obwohl er daraus andere Konsequenzen zieht als ich:

> „*Auf den ersten Blick kann es so scheinen, dass ein Wort wie ›Würde‹ denkbar schlecht geeignet ist, diese neue Idee der fundamentalen Gleichheit zum Ausdruck zu bringen. Wie kann der Status der Würde, der .... gerade besonderen Menschen gebührt ..., allen Menschen zugesprochen werden?*"[354]

Um den Wert der Grundnorm „wertvoll" zu machen, bedarf es eines Begriffs, der in seinem semantischen Gehalt nach außen hin eine herausragende Werthaftigkeit zum Ausdruck bringt. Darum kann man auf den Signifikanten „Würde" nicht verzichten. Dieser Taschenspielertrick rächt sich freilich, da der verdrängte empirische Begriff wie jedes Verdrängte wiederkehrt. Oder anders formuliert: der Verfassungsbegriff der Menschenwürde kann nicht völlig von seinem empirisch-alltagssprachlichen Gehalt abstrahieren; der Gegensatz beider Begriffsebenen schlägt als immanenter Widerspruch durch.

Assoziationen senden Reize aus, die unweigerlich bestimmte psychische Reaktionen auslösen. Es werden Empfindungen der Bewunderung und Ehrfurcht aktiviert. Man wird durch diese Assoziationen gewissermaßen genötigt, den Anderen als etwas Besonders und als gut wahrzunehmen und einem selbst wird die Rolle eines Bewunderers aufgedrängt. Ganz abstrakt betrachtet, erheischt der Würdebegriff eine innere Anteilnahme. Eine solche Verhaltensweise gehört aber nicht ins Gebiet des Rechtlichen. Das Rechtliche unterscheidet sich vom Ethischen

---

353 M. Baldus, S. 251

354 M. Brandhorst in: Brandhorst/Weber-Guskar, S. 127

ja gerade darin, die Bürger von der Zumutung einer inneren Zustimmungspflicht zu entlasten. Der bloße Vollzug des Gehorsams gegenüber dem Gesetz genügt. Man muß nur nach außen hin dem Gesetz Genüge tun, wobei es einem freigestellt bleibt, es innerlich schlecht und unvernünftig zu halten. Die Anerkennung einer grundsätzlichen Schutzwürdigkeit impliziert keine innere Anteilnahme. Es genügt, der Pflicht gemäß alle Menschen als Mitmenschen zu behandeln und sie nicht zum Objekt herabzuwürdigen. Es steht einem dabei frei, bestimmte Mitmenschen unsympathisch zu finden. Die Anerkennung einer grundsätzlichen Würde verlangt dagegen, wie gezeigt, mehr – ein wenig übertrieben gesagt: vor jedem Menschen in Ehrfurcht zu erstarren. Es wird darum von den Bürgern nicht nur ein rechtliches, gesetzeskonformes Handeln, sondern – insbesondere nach der Etablierung der Drittwirkungsformel – ein ethisch wertvolles erwartet. Damit aber wird die Grenze zwischen dem Rechtlichen und Ethischen verwischt. Einer sich als Rechtsbegriff gebenden zentralen Verfassungsnorm wird ein ethischer Gehalt unterschoben, womit einer Ethisierung der Verfassung Vorschub geleistet wird. Da politisches Handeln zwar nicht von der Verfassung zur Gänze bestimmt, aber strukturiert wird, findet sich in der Wahl des Würdebegriffs einer der Ausgangspunkte der für die BRD typischen Moralisierung der Politik.

Des weiteren erzeugt der Begriff „Würde" auch den Anspruch auf Herstellung von Verhältnissen, die ein würdevolles Dasein ermöglichen. Dieser Anspruch folgt zwar nicht unmittelbar aus dem substantialistischen Menschenwürdebegriff, dem gemäß die Würde eine Wesenseigenschaft des Menschen ist. Diese Wesenswürde ist aber nur eine virtuelle, formale Kategorie, die zur – in Kants Terminologie – noumenalen Sphäre gehört. Der empirische Mensch lebt aber nicht in der noumenalen Sphäre, weshalb es ihm nichts nützt, wenn ihm etwas nur prinzipiell, nicht aber real zukommt. Darum wird – unter Mithilfe des alltagssprachlichen Würdebegriffs – die formale Bestimmung in einen materiellen Anspruch umgedeutet. Für diese Umdeutung öffnete sich ein Zeitfenster, als die Menschenwürde sich als verfassungsrechtlicher „Höchstwert“ etabliert hatte, deren ursprünglicher antitotalitärer Zweck aber weitgehend funktionslos geworden war.

Die in den 50er Jahren noch umstrittene Menschenwürdefundierung der Sozialhilfe wurde 1961 vom Gesetzgeber im Bundessozialhilfegesetz fixiert,[355], nachdem sich bereits 1956 der maßgebende Grundgesetzkommentator Günter Dürig klar für eine solche Deutung ausgesprochen hatte: „… die Freiheit zur *Daseinsentfaltung* wird zur Phrase, wenn sie nicht auf der Möglichkeit der ökonomischen *Daseinserhaltung* aufbaut.“[356] Ende der 50er Jahre scheint also die Zeit reif gewesen zu sein für eine Verbindung der beiden verfassungsrechtlichen Prinzipien Menschenwürde und Sozialstaatlichkeit. Diese Verbindung drängte sich geradezu auf, weil sich beide Prinzipien in ihren Stärken und Schwächen ergänzen. Nach der Stabilisierung der bundesrepublikanischen Demokratie hatte die Menschenwürde als Bollwerk gegen totalitäres Unrecht und als Abwehr gegenüber staatlicher Willkür an Bedeutung verloren. Das Menschenwürdeprinzip war also gewissermaßen auf der Suche nach einem neuen praktischen Anwendungszweck, während es gleichzeitig, nachdem die dringlicheren Probleme des Lastenausgleichs, der Kompetenzverteilung zwischen Bund und Ländern usw. geklärt waren, als oberster Wert der Verfassung immer stärker ins Zentrum der verfassungsrechtlichen Diskussion gerückt war. Im Laufe der Zeit mehrten sich

355 „Aufgabe der Sozialhilfe ist es, dem Empfänger der Hilfe die Führung eines Lebens zu ermöglichen, das der Würde des Menschen entspricht.“ (zit. nach F. J. Wetz 2020, S. 197)

356 G. Dürig 1979, S. 22

die Stimmen, die dem Menschenwürdeprinzip ein neues Ziel zuweisen wollten.[357] Auf der anderen Seite führte das Sozialstaatsprinzip, formal nur als Epitheton zum Bundesstaat in Art. 20.1 GG erwähnt, ein kümmerliches Schattendasein im Grundgesetz, obwohl es praktisch zu einem zentralen Bestandteil der politischen Wirklichkeit der BRD geworden war. Das Sozialstaatsprinzip erfuhr durch die Partizipation am Höchstwert der Menschenwürde eine Aufwertung, indem dadurch die Pflicht zur Bereitstellung finanzieller Mittel für ein menschenwürdiges Daseins eindringlicher begründet werden konnte. Das Menschenwürdeprinzip wiederum fand ein neues Anwendungsgebiet durch dessen Umdeutung von einem Abwehr- zu einem Leistungsrecht im Sinne der Sicherstellung der Voraussetzungen für ein menschenwürdiges Dasein.

Der Anspruch, dem durch Armut bewirkten „unwürdigen" Dasein abzuhelfen, kann nur im Rahmen einer Leistungstheorie und des alltagssprachlichen Würdeverständnisses erhoben werden. Ich sehe es systematisch als problematisch an, wenn dem grundgesetzlichen Rechtsprinzip der Menschenwürde zwei einander widersprechende Begründungskonzeptionen unterlegt werden: einmal Würde als ein naturrechtliches, negatives Abwehrrecht gegenüber die Rechtssubjektivität negierenden Handlungen und das andere Mal Würde als Ausdruck eines sozialen Status, dem ein sozialstaatliches positives Leistungsrecht entspricht. Der Rechtsanspruch auf Wahrung der Menschenwürde verliert seine normative Kraft, wenn er sich

357 Ernst Benda mahnte, den historischen Wandel zu berücksichtigen, da eine Beharrung auf dem historischen Kontext „einen Verlust praktischer Bedeutung bewirke" (E. Benda, S. 24). Matthias Herdegen schrieb in seinem Grundgesetzkommentar: „In den Beratungen des Parlamentarischen Rates prägt die kategoriale Ächtung bestimmter Formen staatlichen Terrors das Verfassungsverständnis der Würdegarantie. Im Schutz vor solchen Verletzungen kann sich die Gewährleistung von Menschenwürde heute aber nicht erschöpfen." (M. Herdegen, RN 47, 31)

durch ein Verströmen ins Uferlose verdünnt. Dadurch liefert sich das Menschenwürdeprinzip den jeweiligen staatlichen und gesellschaftlichen Gegebenheiten aus.

In der *Beschränkung* liegt die Kraft. Wird die Menschenwürde zu einer Generalklausel für beliebige Rechtsansprüche aufgebläht, in die alles nur denkbar Wünschenswerte hineingewurstet wird, dann verliert sie ihre Schlagkraft, wenn es um Essentielles geht. Aus diesem Grund sollte das Menschenwürdeprinzip gestärkt werden durch dessen Beschränkung auf ein Abwehrrecht zum Schutz vor Negierung der Rechtssubjektivität, was auch eine Abkehr von einer Deutung als Leistungsrecht bedingt. Es reicht aus, die völlig außer Diskussion stehende Sicherung eines materiellen Existenzminimums aus dem Sozialstaatsprinzip abzuleiten.

Ich stimme völlig mit den in dem Aufsatz „Bedeutung und systematische Stellung der Menschenwürde im deutschen Grundgesetz" vertretenen Ausführungen Horst Dreiers überein. Dreier warnt hier vor einer mit der Ausdehnung der Menschenwürde einhergehenden „Tendenz zu ihrer Allbezüglichkeit und Ubiquität"[358] und mahnt, „daß es sich bei der Menschenwürde um eine wertvolle Ressource handelt, die man nicht verschleudern sollte. Ihr exzeptioneller Rang läßt sich nur durch gut dosierte Inanspruchnahme wahren."[359] Daher plädiert er für eine Rückkehr zum ursprünglichen, vom Verletzungsvorgang her definierten, rein abwehrrechtlichen Menschenwürdeverständnis.[360]

Dies führt zu der Frage zurück, worin eine Menschenwürdeverletzung eigentlich besteht und wodurch sie sich von anderen Straftatbeständen unterscheidet, genauer: ab wann oder

358 H. Dreier in: Seelmann, S. 37

359 ebd., S. 48

360 vgl. ebd. S. 35

unter welchen Umständen zum normalen, einzelgesetzlich geregelten Straftatbestand die Menschenwürdeverletzung in einer Weise hinzutritt, die diese zum eigentlichen Zentrum der Straftat macht. M.E. trifft dies *nur auf Vorgänge des politischen Handelns* zu, wo Menschen aufgrund bestimmter, ideologisch negativ gewerteter Eigenschaften (Rasse, Nationalität, Religion, politischer Standpunkt) die Rechtsgenossenschaft aufgekündigt wird. Akteure dieser Vorgänge sind neben dem Staat auch Einzelpersonen oder Gruppen, die den ideologisch markierten Opfern die Gleichwertigkeit als Rechtssubjektivität besitzende Mitbürger – in ihren Stellungsnahmen auch klar erkennbar – abstreiten.

Eine Menschenwürdeverletzung liegt immer dann vor, wenn ein Dritter – gleich ob Staat, Einzelperson oder Gruppe – sich anmaßt, über die Lebensgrundlagen eines anderen Menschen in einem Maße zu verfügen, daß die Gesamtpersönlichkeit betroffen ist. Deshalb sind Bagatellen wie ein als „oe" wiedergegebener ö-Umlaut bei der Namensangabe in einem amtlichen Anschreiben[361] oder auch marginale Eingriffe ins Persönlichkeitsrecht wie bei der Erhebung personenbezogener Daten keine Menschenrechtsverstöße. Es geht hier auch nicht um die nur virtuelle Größe des Selbstbildes, also der Diskrepanz zwischen dem, was man vom Leben erwartet und dem, was das Leben anbietet (der Philosoph, der sich als Taxifahrer verdingen muß), sondern um die ganz objektive Tatsache, daß durch bewußt auf Schädigung abzielende Handlungen Dritter es einem Menschen unmöglich gemacht wird, seine bisherige Lebensweise fortzusetzen. Ein derart geschädigter Mensch verliert seinen Beruf und Freundeskreis, weil niemand mit einem Paria zu tun haben will, und er traut sich auch nicht mehr auf die Straße, weil er fürchten muß, wegen seiner politischen Ansichten, seiner Religion oder Rasse verspottet oder gar zu-

361 H. Dreier, ebd., S. 40

sammengeschlagen zu werden. Dritte maßen sich die Berechtigung zu derartigen Handlungen an, weil sie sich aus ideologischen Gründen berechtigt glauben, die Rechtssubjektivität des Anderen mißachten zu dürfen. Darum besteht die Achtung der Menschenwürde im unbedingten Gebot der Anerkennung der Rechtsubjektivität.

Ein typisches Beispiel ist die notorische Cancel Culture, bei der politisch mißliebigen Personen Auftritts- und Publikationsmöglichkeiten durch Druck auf Veranstalter, Verleger, Behörden und andere Institutionen entzogen werden. Das ist ein klarer Verstoß gegen Art. 5 GG (Meinungsfreiheit). Eine darüber hinausgehende Verletzung der Menschenwürde besteht darin, daß diese Maßnahmen, die eventuell im Sinne eines Notstandes Privaten erlaubt sein könnten, nicht durch klar erkennbare und in den – im übrigen außergewöhnlich umfangreichen – Schranken des Art. 5 GG benannten Straftatbeständen (Angriffe auf die Ehre oder Gewaltverherrlichung, Volksverhetzung) gerechtfertigt werden, sondern allein durch die Persönlichkeit des Betroffenen. Nicht die spezifische Meinungsäußerung ist Ziel des Angriffs, was in den Geltungsbereich des Art. 5 GG fällt, sondern der Wert der Person des Angegriffenen, der ideologisch motiviert, zum Unwert erklärt wird.

Die Gründe für die Einführung des Menschenwürdeprinzips durch den Parlamentarischen Rat lagen im Schutz vor totalitärem Unrecht, wie es seinerzeit im Nationalsozialismus und Stalinismus ausgeübt wurde. Diese Entstehungsbedingungen sind allgemein bekannt; bestritten wird freilich, ob sie weiterhin als Folie für die Interpretation der Menschenwürde taugen. Nimmt man diese Zweifel wirklich ernst, drängt sich der Gedanke auf, daß die Menschenwürde einem eindrucksvollen, teuren Instrument gleicht, für das man verzweifelt eine Anwendung sucht. Wenn man den Geltungsgrund des Menschenwürdeprinzips nicht mehr in den konsensual als ganz gravierend eingeschätzten Würdeverletzungen totalitären Unrechts sieht, kann ein neuer, der etablierten Rechtsordnung gefestigter demokratischer Verhältnisse angemessener Geltungsgrund sich rein logisch nur auf Würdeverstöße minderer Schwere beziehen. Es stellt sich dann allerdings die Frage, warum man diese Sachverhalte minderer Schwere der Menschenwürde subsumiert, obwohl diese besser von Einzelgrundrechten (Freiheit, Gleichbehandlung) abgedeckt werden, und ob man nicht beliebige Verstöße gegen das sittliche Empfinden, die tendenziell von vornherein außerhalb des Rechts liegen, nur deshalb mit der Menschenwürde einfangen möchte, um die Menschenwürde, weil sie halt einmal da ist und als hochbedeutsam gilt, als Rechtsprinzip zu retten.

Meines Erachtens erübrigen sich diese Überlegungen, weil die Interpretation der Menschenwürde im Lichte ihrer ursprünglichen antitotalitären Stoßrichtung keineswegs von der historischen Entwicklung überholt ist. Die BRD ist kein liberaler Rechtsstaat mehr. Sie ist nicht mehr liberal, weil der in die konkrete Behandlung eingehende Wert eines Menschen nach dessen Gesinnung und nicht nach dessen äußerem Verhalten bestimmt wird. Sie ist kein Rechtsstaat mehr, weil die durch das Machthandeln gesellschaftlicher Gruppen bewirkte Diskriminierung von Menschen aufgrund ihrer Gesinnung sich faktisch als unwidersprochen hingenommener Standard durchgesetzt hat. Die BRD ist eine *Diktatur neuen Typs*. Es hat eine Machtergreifung gesellschaftlicher Gruppen stattgefunden, die auch weite Teile des Staatsapparates unter ihre Kontrolle gebracht haben. Diese Machtergreifung versetzt sie in die Lage, diktaturanaloge Diskriminierungen von politisch Mißliebigen straffrei durchzuführen. Gemäß der bekannten Unterscheidung von Ernst Fraenkel hat sich neben dem Rechtsstaat ein Maßnahmestaat etabliert. Aber – und dies gestattet die Charakterisierung des BRD-Systems als Diktatur *neuen Typs* – es haben sich unabhängige Institutionen der Rechtsstaatlichkeit erhalten. Man kann immer noch mit einer gewissen Aussicht auf Erfolg an die Gerichte appellieren und politisch motivierte Gewalttaten von der Polizei aufklären lassen. Dieses Nebeneinander von traditioneller Rechtsstaatlichkeit verpflichteten Institutionen und dem totalitären Gesinnungsterror sich selbst ermächtigender gesellschaftlicher Gruppen gilt es zu bedenken. In einer solchen Lage gewinnt die Menschenwürde ihre ursprüngliche Funktion als letztes Bollwerk eines unbedingt verpflichtenden Rechtsschutzes zurück. Als letzter Rettungsanker vor dem Davongespültwerden der Bürgerrechte durch die Flut des revolutionären Furors muß die Menschenwürde stark gemacht werden. Dazu aber muß der nebulöse Begriff der Menschenwürde klarere Konturen erhalten, damit er eine unmittelbare Rechtswirksamkeit entfalten kann.

Die vielfach beklagte Unbestimmtheit des Menschenwürdebegriffs darf nicht nur unter dem Gesichtspunkt des Mangels an inhaltlicher Präzision gesehen werden. Die Unbestimmtheit findet ihre Rechtfertigung darin, daß die Schutzwürdigkeit des Menschen axiomatisch vorausgesetzt werden muß, was erlaubt, sie von allen näheren Bestimmungen und Begründungen, die beispielsweise auf bestimmte Eigenschaften des Menschen rekurrieren, freizuhalten. Jede nähere Bestimmung hat nicht nur den Nachteil, daß diese mit guten Gründen bestritten werden kann (ist der Mensch wirklich ein Vernunftwesen, Gottes Ebenbild, selbstbestimmt?), sondern vor allem auch den Nachteil, daß eine Schutzwürdigkeit nur dann zuerkannt werden muß, wenn das betreffende Bestimmungsmerkmal erfüllt ist. Der Verzicht auf Bestimmungen religiöser, philosophischer oder naturrechtlicher Art, die durchaus im Parlamentarischen Rat diskutiert wurden, bestätigt das liberale Menschenbild des Grundgesetzes. Dieses geht von einem Menschen ohne Eigenschaften aus. Positiv gewendet, heißt dies: Der Mensch besitzt einen, Menschenwürde genannten, unantastbaren minimalen Schutzraum nicht aufgrund irgendwelcher Eigenschaften, sondern allein darum, weil er Rechtssubjekt ist. Jede Eigenschaft eröffnet die Möglichkeit einer politischen Deutungsokkupation, welche Schutzwürdigkeit vom Besitz dieser im Sinne politisch Mächtiger gedeuteten Eigenschaft abhängig macht. Die wieder ins Bewußtsein zu rufende antitotalitäre Stoßrichtung des Menschenwürdeprinzips wendet sich gegen alle Versuche, Menschen nach dem Besitz politisch erwünschter bzw. unerwünschter Eigenschaften zu differenzieren.

Die Anerkennung der Rechtssubjektivität: ein Fazit

Wie gezeigt, besitzen subjektive Eigenschaften keine Rechtsqualität. Dies gilt auch für die Vernunft und die Selbstbestimmung, also die zwei Eigenschaften, die in der sich auf Kant berufenden Diskurstradition ins Zentrum des Nachdenkens über Menschenwürde gerückt sind. Man kann nun freilich einwenden, daß die Vernunft eine notwendige Bedingung menschlicher Rechtsfähigkeit darstellt. Das ist insofern richtig, als der Mensch durch die Vernunft Abstand von sich selbst und seinen potentiell rechtsfeindlichen Triebimpulsen gewinnt und dadurch auf die Folgen seiner Intentionen zu reflektieren vermag. Die Vernunft macht also den Menschen zur Rechtlichkeit geneigt. Aber dies steht hier eigentlich gar nicht zur Debatte. Im Rahmen der kantschen Tradition sollen Vernunft und Selbstbestimmung menschliche Würde begründen und dadurch einen Schutzanspruch bewirken. Aber keine menschliche Eigenschaft, so großartig sie auch immer sein mag, kann diesen Schutzanspruch herbeiführen. Selbst wenn der Mensch noch viel klüger, beherrschter, vernünftiger wäre, als er es tatsächlich ist, könnte dies keine Schutzwirkung hervorrufen. Wenn nämlich die Vernunft nicht als achtungsgebietender Wert anerkannt wird, ist ihr Vorhandensein wertlos. Durch sich selbst bewirkt sie auf andere nichts, wirkungsvoll wird sie erst, wenn sie als Wert anerkannt wird. Ein König ist nur so lange König, wie das Volk an die Monarchie glaubt. Wenn, wie im November 1918, dieser Glaube zerbrochen ist, mag er sich noch so sehr auf sein majestätisches Gottesgnadentum berufen – es nützt ihm nichts. Der Akt der Anerkennung ist das Entscheidende, denn er konstituiert erst das Anerkannte als intersubjektiven Wert. Keine menschliche Eigenschaft besitzt an sich selbst einen Wert, dieser wird ihm erst durch Anerkennung verliehen. Darum kann auch keine menschliche Eigenschaft eine Schutzfunktion begründen, denn diese setzt die Bereitschaft voraus, Menschen als schutzwürdig anzuerkennen. Wer diese Bereitschaft verweigert, läßt sich auch durch das Vorhandensein von Würde nicht zur Anerkennung der Schutzwürdigkeit überreden. Für die Schutzfunktion ist die Achtung des Anderen wesentlich, nicht jedoch die Motive, die diese Achtung auslösen. Durch die subjektzentrierte Sichtweise des Würdebegriffs bleibt dieser Zusammenhang unverstanden.

Gemeint ist mit dem Würdeprinzip eigentlich nur, daß dem bloßen Dasein als Mensch ein so hoher Wert zukommt, daß dadurch eine unbedingt verpflichtende Schutzfunktion bewirkt wird. Doch wird in dieser Konstruktion das Wesen eines Wertes verkannt. Ein Wert beruht nicht wie Farbe oder Gewicht auf einer in einer Person oder Sache liegenden Qualität, sondern wird erst durch Anerkennung konstituiert. Durch die Verkennung dieses intersubjektiven Konstitutionsprozesses wird die eigentlich gemeinte Anerkennung der Schutzwürdigkeit menschlichen Daseins zu einem sowohl ontologischen Begriff als auch einer persönlichen Eigenschaft *substantialisiert*. Indem nun wiederum dieser Verfassungsbegriff der Würde als „Schutzwürdigkeitsanerkennung“ mit dem empirischen Würdebegriff gleichgesetzt wird, da er eben mit dem empirischen Begriff „Würde“ bezeichnet wird, wird die *Allgemeinheit des Verfassungsbegriffs*, d.h. seine Gültigkeit für alle Menschen, mit der *Besonderheit der empirischen Würde*, d.h. ein spezifisches soziales Vermögen, das nur wenige Menschen in bestimmten Situationen zum Ausdruck bringen können, *vermengt*. Aus dieser dialektischen Spannung zwischen Allgemeinem und Besonderen bezieht das Würdeprinzip seine Faszination. Es verspricht *Einzigartigkeit für alle*. Es versieht das Gewöhnliche mit dem Adel des Außerordentlichen. In dem Ausdruck „Menschenwürde“ „kondensiert sich das neuzeitbegründende Paradoxon eines

Privilegs für alle. Es vollzieht die Demokratisierung der Vornehmheit[362]. Weil allen Menschen Menschenwürde zukommt, dürfen alle zu allen aufschauen."[363]

Mit welchen Mitteln die Schutzfunktion argumentativ begründet wird, ist keineswegs nur eine terminologische Angelegenheit, denn in den unterschiedlichen Mitteln spricht sich auch ein jeweils unterschiedlicher Geist aus. Geht man von der Intersubjektivität der Anerkennung aus, befindet man sich auf dem Boden primärer Gemeinschaftsbezogenheit und damit auf dem Boden von Sittlichkeit, Politik und Rechtlichkeit. Geht man dagegen von der Subjektivität der Würdesubstanz aus, bewegt man sich im Bereich der Moral und des Individualismus. Durch die Verwechslung und Vertauschung der „Schutzwürdigkeitsanerkennung" mit einer subjektiven Würdesubstanz wird das Sittliche und Rechtliche ins Moralische und Individuelle umgebogen und damit ein moralisches Prinzip ins Gewand eines Rechtsprinzips gekleidet. Man darf sich dies aber nicht so vorstellen, als würde die rechtliche und politische Funktion des Würdebegriffs gänzlich vom Moralischen aufgezehrt und überwuchert. Denn dann würde sich der moralische Impetus seines institutionellen Armes berauben, der ihn erst verwirklichen kann, da reine Moralität im modernen Staat ins Private abgedrängt ist. Seine Durchschlagskraft erhält das Würdeprinzip durch das *Changieren* zwischen empirischem und „transzendentalem" Würdebegriff, zwischen verfassungsmäßigem Recht und moralischem Anspruch, zwischen Apotheose der Individualität und staatlicher Fundamentalnorm. Beide Seiten er-

362 Unter Bezugnahme auf Jeremy Waldron hat Steinfath vorgeschlagen, „Menschenwürde als einen Status zu verstehen, der aus der Demokratisierung des Würdestatus von Privilegierten in hierarchisch stratifizierten Gesellschaften hervorgegangen ist." (H. Steinfath in: Brandhorst/Weber-Guskar, S. 270). Ähnlich argumentiert Christian Neuhäuser: Personen, Persönlichkeiten und ihre Würde, (ebd., S. 316)

363 P. Sloterdijk, S. 73

gänzen einander. Ohne die politisch-rechtliche Formalisierung und Institutionalisierung würde der moralische Anspruch substanzlos ins Leere laufen, ohne moralische Überhöhung wäre die Verfassungsnorm eine trockene Rechtsformel, die niemanden begeistert.

Für diese gegenseitige Unterstützung ist aber ein hoher Preis zu zahlen. Da man die beiden Seiten gedanklich nicht klar trennt und in ideologischer Selbsttäuschung sich den doppelten Ursprung des Würdeprinzips nicht bewußtmacht, führt diese Vermischung zu einer Verrechtlichung des Moralischen und einer Vermoralisierung von Politik und Recht. Weil die Menschenwürde nicht mehr ausschließlich als Abwehrrecht gegen den Staat verstanden wird, sondern als die zugleich moralische wie rechtliche Grundnorm einer „objektiven Wertordnung" dringt zunehmend paragraphenbewehrt und polizeigestützt ein gesinnungsethischer Tugendterror in den Bereich privater Existenz vor. Bemerkenswerterweise schlägt somit durch fundamentalisierende Übersteigerung eine klassisch liberale Idee in Illiberalität um. Gleichzeitig versuchen gesellschaftliche Gruppen (wie feminismusinspirierte Frauen, Homosexuelle, Ausländer und ihre deutschen Fürsprecher usw.), die es verstehen, sich als irgendwie benachteiligt und diskriminiert in Szene zu setzen, unter dem siegverheißenden signum der Wahrung der Menschenwürde ihre partikularen Ansprüche auf rechtliche Gleichstellung, mithin aber auf Privilegierung und finanzielle Zuwendung, gegenüber dem Staat geltend zu machen. Auch hat sich unter dem Einfluß eines moralisch entgrenzten Politikverständnisses ein Stil politischen Handelns herausgebildet, der nicht so sehr das Wohl des eigenen Volkes vor Augen hat, als vielmehr „in seiner Verantwortung vor Gott und den Menschen", die Akzeptanz durch die Menschheit (wahlweise auch in Gestalt einer Völker-, Staaten- oder westlichen Wertegemeinschaft auftretend) sich zur Richtschnur macht.

Recht reguliert menschliches Verhalten. Menschliches Verhalten geschieht in der Interaktion von Individuen. Rechtliche Regeln beziehen sich demnach auf interindividuelle Interaktionen. Rechtlich relevant sind somit nur die Beziehungen zwischen Individuen und nicht das So-Sein der Individuen selbst. Ein von Natur aus gewalttätiger Mensch, der sich aber mit großer Mühe zusammenzureißen vermag, bleibt vom Auge des Gesetzes unbeachtet, während ein friedfertiger, psychisch gesunder Mensch, der eine persönliche Katastrophe nicht verwindet und ein Verbrechen begeht, strafrechtlich verfolgt wird. Das heißt, welche Eigenschaften auch immer eine anthropologische Deduktion als für den Mensch wesentlich entdeckt, spielt für die zwischenmenschlichen Rechtsbeziehungen keine Rolle, da hierbei nur das zählt, was sich im Verhalten tatsächlich ereignet. Gerade die von der idealistischen Ethik immer wieder beschworene Freiheit des Willens richtet eine Schranke auf, die die Potentialität des im individuellen Charakter enthaltenen Handlungspotentials von der Aktualität des tatsächlichen Handlungsvollzugs trennt. Selbst wenn man zugesteht, daß menschlichem Daseins per se so etwas wie Würde zukäme, wäre es ein naturalistischer Fehlschluß, aus diesem So-Sein auf ein rechtliches Sollen zu folgern.

Trotz des schlechten Rufes, der dem naturalistischen Fehlschluß anhaftet, sollte man ihn nicht vorschnell abtun. Man kann nämlich durchaus behaupten, daß es für den Menschen gut ist, wenn er das in seiner anthropologischen Natur Angelegte verwirklichen, wenn er gemäß seiner Natur leben kann, während es schädlich sei, gegen seine Natur zu handeln und behandelt zu werden. Ein gutes Rechtssystem müßte demnach eine Ordnung schaffen, die eine Lebensgestaltung in Übereinstimmung mit den natürlichen Anlagen ermöglicht.

Darum möchte ich auch eine anthropologische Sichtweise nicht grundsätzlich als ungeeignet ausschließen, aber man muß sich ihr in einer anderen Weise nähern, als dies bisher geschehen ist. Der Mensch ist, anthropologisch gesehen, ein „Mängelwesen“ (Gehlen) und ein Herdentier, ein „zoon politicon“ (Aristoteles). Er ist von Natur aus auf das Zusammenleben mit anderen Menschen hin angelegt und er bedarf verhaltensregulierender und haltgebender Institutionen, die seinen Instinktmangel ausgleichen. Kompensation des Instinktmangels bedeutet, daß kulturell tradierte Normen und im Sozialgefüge festgeschriebene Instanzen und Regelungen bestimmen, wie man sich in einer bestimmten Situation zu verhalten hat, da es keine instinktiv fixierten Reiz-/Reaktionsschemata gibt. Das Rechtssystem ist eine dieser Institutionen; es gibt an, welche Handlungen erlaubt und welche verboten sind. Die beiden anthropologischen Faktoren der Sozialität und der Institutionalität fließen also im Rechtssystem zusammen.

In einer solchen Sichtweise, die von der Gemeinschaftsbezogenheit menschlichen Daseins ausgeht, gehört das Rechtssystem zum menschlichen Zusammenleben von Anfang an dazu, da dieses mangels instinktiver Regelungen eine rechtsförmige Ausgestaltung verlangt. Eine auf einer idealistisch-liberalen Anthropologie fußende Ethik, von der die kantsche nur ein prominenter Vertreter ist, geht dagegen vom Subjekt aus und gelangt nicht über dieses hinaus. Damit scheitert sie beim Verständnis intersubjektiver Zusammenhänge. Wenn eine Handlung immer nur als Ausdruck eines Subjekts verstanden wird, kann das jeweilige Gegenüber auch nur als passives Objekt, dem etwas angetan wird, betrachtet werden, wodurch es nicht als konstitutiv für den Handlungszusammenhang in den Blick gerät. Alles Wesentliche spielt sich im Inneren des Subjekts ab, weshalb Kant folgerichtig die Gutheit einer Handlung an der Gutheit der subjektiven Absicht festmacht. Die reine Absicht aber besitzt keine Rechtsqualität. Ein rechtlicher Status ergibt sich erst, wenn eine Absicht sich in einer Handlung objektiviert.

Um dieses Objektive geht es im Recht. Alles Davorliegende ist bestenfalls Moral. Vom individuellen Willen her läßt sich Recht nicht begründen, da dieser auf einer anderen Ebene liegt als die der Objektivität von Handlungszusammenhängen. Eine subjektzentrierte Sichtweise kann den Überstieg vom Subjektiven zum Objektiven nicht erklären und muß daher das Wesen des Rechts verfehlen. Dagegen befindet sich eine von der primären Sozialität des menschlichen Daseins ausgehende Sichtweise bereits auf dem Boden objektivierter Intersubjektivität, aus dem auch die Rechtsförmigkeit menschlicher Beziehungen bruchlos hervorgeht.

Wie in der Einleitung angesprochen, kann die vorliegende Abhandlung nicht den Anspruch erheben, Neuland zu betreten. Die Meilensteine sind gesetzt; es kann nur noch darum gehen, Wege durchs mancherorts wuchernde begriffliche Unterholz zu bahnen. Darum ist auch das Feld der Anerkennungstheorie bereits bestellt; ich möchte nur einige wenige von deren bekannteren Vertreter aufführen: Christian Enders, Hasso Hoffmann, Ulfrid Neumann, Kurt Seelmann, Ernst Tugendhat. Die Mängel der substantialistischen Mitgift- und Leistungstheorien habe ich aufgezeigt. Von philosophischer Seite aus wurde der interessante Versuch einer Kombination aller drei Ansätze unternommen. Einige Philosophen (Steinfath, Wetz, von der Pfordten) vertreten ein mehrstufiges, zumeist zweistufiges Würdekonzept. Dabei wird unterschieden zwischen einer Basisstufe mit minimalen Anforderungen: Geschütztsein vor Verletzungen jedweder Art und vor Armut, und einer höheren Stufe mit dem Ziel einer würdevollen Lebensführung im Sinne des alltagssprachlichen Würdeverständnisses. Die Basisstufe ist die Voraussetzung für die höhere Stufe. Die Umwelt (Staat, Gesellschaft, Mitbürger) ist verpflichtet, die sich aus der Basisstufe ergebenden Ansprüche auf Respekt und Versorgung zu achten, während das Individuum hinsichtlich der höheren

Stufe sich selbst um eine würdevolle Lebensführung (geistig bestimmt, diszipliniert, anständig usw.) bemühen muß.

Diese Konzeption vereint wesentliche Aspekte aller drei Menschenwürdetheorien: Aus der Mitgifttheorie entstammt die für die menschliche Daseinsweise charakteristische Eigenschaft der Geistigkeit (Vernunft, Selbstbestimmung, Moralität). Diese Anlagen werden aber nur durch aktive Leistung vom Individuum verwirklicht. Um aus der Geistbestimmung und deren Verwirklichung eine rechtlich wirksame Bedeutsamkeit abzuleiten, müssen die Menschen sich gegenseitig als Rechtssubjekte anerkennen.

Philosophische und juristische Sichtweisen unterscheiden sich grundlegend. Die Kontroversen innerhalb der Menschenwürdedebatte entstehen zum Teil aus der Vermischung beider Ansätze. Die philosophische Sichtweise fragt nach den Gründen (sowohl Grundlagen wie Begründungen) eines „guten Lebens“: Was sind dafür die Voraussetzungen und wie können sie verwirklicht werden? Kurz: Wie kann die höhere Stufe erreicht werden? Die juristische Sichtweise interessiert sich dagegen für die Schutzfunktion. Was muß getan werden, um ein Absinken unter die Minimalstufe zu verhindern? Das sind unterschiedliche Zielsetzungen mit unterschiedlichen Funktionen, Inhalten und Argumenten, weshalb die Übertragung eines Elements aus dem einen Register ins andere die diskursive Kohärenz auflöst. Philippe Mastronardi hat den Unterschied zwischen philosophischer und juristischer Sichtweise klar herausgearbeitet:

Rechtlich *„erfasst werden nur jene Rollen, welche der Einzelne in rechtlich relevanten Beziehungen zu anderen und zum Staat ausübt. [...] Die Rechtssprache vermag nur Gefährdungen der Autonomie zu erfassen, die als Verletzungen von geschützten Rechtspositionen definiert sind ... Insbesondere fällt das Forum internum, alles subjektive Erleben, die ganze Psyche aus diesem Netz her-*

aus. [...] Der Mensch bleibt in seiner Einzigartigkeit dem Recht verschlossen; er ist dem Recht nur als Persona, als Maske oder Rolle zugänglich. Recht kann Würde daher nie erfassen. Die disziplinäre Optik des Rechts beschränkt den Schutz der Menschenwürde auf die rechtserheblichen Aspekte des philosophischen Postulats."[364]

Dreh- und Angelpunkt des juristischen Diskurstyps kann nur die Anerkennung der Rechtssubjektivität sein. Die höhere Stufe des guten Lebens kann und darf ihn nicht interessieren, da in einem liberalen Rechtsstaat die eigene Lebensgestaltung dem Individuum überlassen bleibt. Wie Mastronardi dargelegt hat, ist das Innere der Person (Lebensideale, Befindlichkeiten, Gefühle) keine rechtlich relevante Größe; es zählt hier nur das tatsächliche Verhalten. Vielmehr wird es problematisch, wie anhand des vielfach kritisierten Peepshow-Urteils ersichtlich wurde, wenn der Staat in dieser Hinsicht eine Zuständigkeit beansprucht. Normen können nicht begründungslos einfach statuiert werden, denn ohne Begründung kann eine qua Einsicht freiwillige Befolgung nicht verlangt werden. Darum muß auch das Anerkennungsgebot begründet werden. Je anspruchsvoller aber der Grund ist – ich erinnere an das Vernunftproblem bei „Vernunftlosen" – , desto zweifelhafter wird seine jederzeit voraussetzbare Geltung. Deswegen muß der denkbar einfachste Grund gesucht werden. Dieser ist die bloße Faktizität des Menschseins. Aus dem zum Menschsein gehörenden Angewiesensein auf eine Gemeinschaft ergibt sich die Notwendigkeit gegenseitiger Anerkennung. Um diese sicherzustellen, und nicht um irgendwelche in der Natur des Menschen liegende Eigenschaften zu verwirklichen, ist das Menschenwürdeprinzip ins Grundgesetz eingeführt worden.

364 Philippe Mastronardi: Verrechtlichung der Menschenwürde – Transformationen zwischen Religion, Ethik und Recht, in: Seelmann, S. 103f.

Nur das Konzept der Anerkennung der Rechtssubjektivität kann eine rein rechtliche Begründung der Menschenwürde gewährleisten, indem es alle außerrechtlichen Voraussetzungen und Ziele ausscheidet. Dieses Konzept zeichnet folgende Vorteile aus:

1. Der Begriff der Anerkennung der Rechtssubjektivität ist ein reiner Fachterminus und nicht bereits durch einen alltagssprachlichen Sprachgebrauch vorbesetzt. Dadurch stellen sich keine außerrechtlichen Assoziationen ein.
2. Das Rechtssubjektivitätsprinzip ist nicht von Voraussetzungen, die empirisch nicht alle Menschen erfüllen können, abhängig. Es gibt keinen Grund, irgend jemanden aus der Rechtsgenossenschaft gegenseitiger Anerkennung auszuschließen, weil das bloße Mensch-Sein genügt. Dagegen müssen die substantialistischen Begründungsansätze des Menschenwürdeprinzips, die von einer vorhandenen oder anzustrebenden Eigenschaft ausgehen, ptolemäische Konstruktionen aufbieten, um dennoch auch den der Theorie nach „unwürdigen" Menschen Menschenwürde zuzuerkennen.
3. Es erlaubt zwischen unterschiedlichen Niveaus der Rechtsgenossenschaft zu differenzieren, nämlich vor allem zwischen Menschen schlechthin und Bürgern. Dadurch können zugleich unterschiedliche Niveaus sozialstaatlicher Leistungsansprüche legitimiert, wie auch ein alle Menschen umfassender abwehrrechtlicher Schutz gesichert werden.
4. Es ist stärker positivrechtlich orientiert, weil es sich auf konkrete Rechtsbeziehungen bezieht. Darum bedarf es keiner objektiven Wertordnung. Diese ist ein Konstrukt und damit offen für beliebige metaphysische und politische Inhalte, die dann als Ansprüche des Staates an die Bürger die primär abwehrrechtliche Intention der

Grundrechte ins Gegenteil verkehren. Die Rechtsordnung, in deren Zentrum die konventionelle Moral steht, dagegen ist konkrete, gelebte Wirklichkeit. Sie verlangt nur das zu tun, was schon immer getan wurde. Eine ideologisch motivierte Transformation in eine neue, revolutionäre Moral läßt sich leichter aus einer formbaren Wertordnung herausentwickeln als aus einer traditionell verfestigten konventionellen Moral.

5. Es greift nicht so hoch hinaus und auch nicht so weit wie das Menschenwürdeprinzip. Durch diese Beschränkung wird es rechtlich einfacher handhabbar.

Ursprünglich zur Versinnbildlichung einer die Mindestvoraussetzungen menschlichen Lebens garantierenden Schutznorm gedacht, hat das Menschenwürdepostulat durch den Geburtsfehler einer subjektzentrierten Substantialisierung dieses Rechtsprinzips die Bedingtheit der Schutzfunktion in der Intersubjektivität der Anerkennung interpretativ verfehlt. Diese begriffliche Fehlbestimmung führt zu einer Vermischung politsch-verfassungsrechtlicher und moralischer Zielsetzungen, wobei eine überschießende moralische Rhetorik die begriffliche Unschärfe zu kompensieren sucht. Die sich daraus ergebende gesinnungsethische Verschärfung im Sinne einer objektiven Wertordnung hat ein Zurückdrängen der ursprünglich intendierten Schutzfunktion zur Folge. Durch den Begriff der Menschenwürde verläuft ein bislang nicht hinreichend zur Kenntnis genommener Riß zwischen Subjektivität und Intersubjektivität, zwischen Moralität und Rechtlichkeit. Die hier vorgenommene Dekonstruktion des Begriffs der Menschenwürde sollte dazu dienen, die beiden durch den Riß getrennten Momenten mittels des Bindeglieds der Rechtsgenossenschaft zusammenzubringen.

Literaturverzeichnis

Hinweis: Wurden mehrere Werke eines Autors verwendet, so werden diese unter Angabe des Erscheinungsjahres zitiert; im Literaturverzeichnis sind sie chronologisch geordnet.

Zitierte Urteile des Bundesverfassungsgerichts:

BVerfGE1, 97 – Hinterbliebenenrente
BVerfGE 4, 7 – Investitionshilfe
BVerfGE 7, 198 – Lüth
BVerfGE 12, 45 - Wehrdienstverweigerung
BVerfGE 21, 362 – Sozialversicherungsträger
BVerfGE 24, 119 – Kriegsdienstverweigerung
BVerfGE 27, 1 – Mikrozensus
BVerfGE 30, 1 – Abhörurteil
BVerfGE 34,238 – Heimliche Tonbandaufnahmen
BVerfGE 39, 1 – Schwangerschaftsabbruch I Materielle Begründung
BVerfGE 45, 187 – Lebenslange Freiheitsstrafe
BVerfGE 46, 160 – Schleyer
BVerfGE 54, 341 – Wirtschaftsasyl
BVerfGE 56, 216 - Rechtsschutz im Asylverfahren
BVerfGE 87, 209 – Tanz der Teufel
BVerfGE 88, 203 – Schwangerschaftsabbruch II
BVerfGE 93, 266 – „Soldaten sind Mörder“

Aristoteles: Die Nikomachische Ethik, München 1972

Asylrecht: Asylrecht in: https://de.wikipedia.org/wiki/Asylrecht_(Deutschland)

Badura, Peter: Generalprävention und Würde des Menschen, in: Juristenzeitung, 12. Juni 1964, Nr. 11/12, S. 337-344

Baldus, Manfred: Kämpfe um die Menschenwürde, Berlin 2016

Benda, Ernst: Erprobung der Menschenwürde am Beispiel der Humangenetik, in: Politik und Zeitgeschichte 1985, Heft 3, S. 18-36

Berber, Friedrich: Das Staatsideal im Wandel der Weltgeschichte, München 1978 [2. Aufl.]

Birnbacher, Dieter: Menschenwürde – abwägbar oder unabwägbar? in: Kettner, S. 249-271

Bittner, Rüdiger: Abschied von der Menschenwürde, in: Brandhorst/ Weber-Guskar, S. 91-112

Böckenförde, Ernst Wolfgang; Spaemann, Robert [Hrsg.]: Menschenrecht und Menschenwürde. Historische Voraussetzungen – säkulare Gestalt – christliches Verständnis, Stuttgart 1987

Böckenförde, Ernst-Wolfgang: Zur Lage der Grundrechtsdogmatik nach 40 Jahren Grundgesetz. Veröffentlichung der Carl-Friedrich von Siemens Stiftung, München 1989

Bornmüller, Falk; Hoffmann, Thomas; Pollmann, Arndt [Hrsg.]: Menschenrechte und Demokratie, Freiburg i. Br. 2013

Brandhorst, Mario; Weber-Guskar, Eva [Hrsg.]: Menschenwürde. Eine philosophische Debatte über Dimensionen ihrer Kontingenz, Berlin 2017

Brandhorst, Mario: Zur Geschichtlichkeit menschlicher Würde, in: Brandhorst/Weber-Guskar, S. 113-153

Cattaneo, Mario A.: Menschenwürde bei Kant, in: Seelmann, S. 24-32

de Benoist, Alain: Kritik der Menschenrechte. Warum Universalisierung und Globalisierung die Freiheit bedrohen, Berlin 2004

Dreier, Horst: Bedeutung und systematische Stellung der Menschenwürde im deutschen Grundgesetz, in: Seelmann 2004, S. 33-48

Dürig, Günter: Der Grundrechtssatz von der Menschenwürde. Entwurf eines praktikablen Wertsystems der Grundrechte aus Art. 1 Abs. I in Verbindung mit Art. 19 Abs. II des Grundgesetzes, in: Archiv des öffentlichen Rechts 81 (1956)

Dürig, Günter: Grundgesetz. Kommentar, Lieferungen 1 bis 17, Band 1, Art. 1-19, München 1979

Dürig, Günter: Gesammelte Schriften 1952-1983, Berlin 1984

Eibl-Eibesfeldt, Irenäus: Wider die Mißtrauensgesellschaft. Streitschrift für eine bessere Zukunft, München 1994

Enders, Christoph: Die Menschenwürde als Recht auf Rechte – die mißverstandene Botschaft des Bonner Grundgesetzes, in: Seelmann, S. 49-61

Forsthoff, Ernst: Rechtsstaat im Wandel, München 1976 [2. Auf.]

Freud, Sigmund: Eine Schwierigkeit der Psychoanalyse (1917), in: Gesammelte Werke, Bd. XII, London 1940/Frankfurt/M. 1999

Freud, Sigmund: Die Zukunft einer Illusion (1927), Gesammelte Werke Bd. XIV, London 1948, Frankfurt/M. 1999

Fukuyama, Francis: Das Ende der Geschichte. Wo stehen wir?, München 1992

Geddert-Steinacher, Tatjana: Menschenwürde als Verfassungsbegriff. Aspekte der Rechtsprechung des Bundesverfassungsgerichts zu Art. 1 Abs. 1 des Grundgesetzes, Berlin 1990

Graumann, Sigrid: Präimplantationsdiagnostik, embryonale Stammzellenforschung und das Regulativ der Menschenwürde, in: Kettner, S. 122-144

Grützner, Heinrich: Auslieferungsverbot und Asylrecht, in: Neumann/Nipperdey/Scheuner, S. 583-604

Hegel, G. W. F.: Grundlinien der Philosophie des Rechts, Frankfurt/M. 1976

Herdegen, Matthias: Grundgesetz. Kommentar, hrsg. von Theodor Mauz, Günter Dürig, Roman Herzog, Rupert Scholz, Matthias Herdegen, Hans H. Klein, Lieferung 55, Mai 2009, zit. nach Beck: Online-Datenbank

Hoerster, Norbert: Zur Bedeutung des Prinzips der Menschenwürde, in: Juristenzeitung (Heft 2) 1983, S. 93-96

Hofmann, Hasso: Die versprochene Menschenwürde. Antrittsvorlesung an der Humboldt Universität Berlin, 21. Januar 1993, http://dochost.rz.hu-berlin.de/humboldt-vl/hofmann-hasso/pdf/hofmann.pdf

Horn, Christoph: Lässt sich Menschenwürde in Begriffen von Selbstachtung und Demütigung verstehen?, in: F. Bornmüller et al., S. 101-118

Hsu, Yu-An: Menschenwürde, Person und Strafrecht, in: Neumann/Tiedemann/Liu, S. 99-108

Huber, Wolfgang: Menschenrechte/Menschenwürde, in: Theologische Realenzyklopädie, Bd. XXII, Berlin, New York 1992

Ipsen, Knut: Völkerrecht, München 1990 (3. Aufl.)

Jestaedt, Matthias, Lepsius, Oliver; Möllers, Christoph; Schönberger, Christoph: Das entgrenzte Gericht. Eine kritische Blanz nach sechzig Jahren Bundesverfassungsgericht, Berlin 2011

Kant, Immanuel: Metaphysik der Sitten, Hrsg. von Karl Vorländer, Hamburg 1954

Kant, Immanuel: Grundlegung zur Metaphysik der Sitten, Kant-Werke Bd. 7, Frankfurt 1977

Kant, Immanuel: Kritik der Urteilskraft (Werkausgabe Band X, hrsg. von W. Weischedel), Frankfurt/M. 1978

Kant, Immanuel: Zum ewigen Frieden, Stuttgart 1984

Kettner, Matthias [Hrsg.]: Biomedizin und Menschenwürde, Frankfurt/M. 2004

Kettner, Matthias: Über die Grenzen der Menschenwürde, in: Kettner, S.292-323

Kim, Young-Whan: Rekonstruktion der Diskussion um die Menschenwürde. Menschenwürde als ein normativer Anspruch, in: Neumann/Tiedemann/Liu, S. 109-122

Kondylis, Panajotis: Planetarische Politik nach dem Kalten Krieg, Berlin 1992

Kuhlmann, Andreas: Wunschkinder aus dem Labor? Selektive Fortpflanzung und das Instrumentalisierungsverbot, in: Kettner, S. 172-190

Kunze, Klaus: Identität oder Egalität. Vom Menschenrecht auf Ungleichheit, Beltheim-Schnellbach 2020

Lange, Erhard H. M.: Die Würde des Menschen ist unantastbar. Der Parlamentarische Rat und das Grundgesetz, Heidelberg 1993

Lembcke, Oliver W.: Zwischen Selbstbefreiung und Selbstbindung: Paradigmen und Paradoxien der Würde des Menschen, in: Gary S. Schaal, S. 75-95

Lepsisus, Oliver: Die maßstabsetzende Gewalt, in: Jetstaedt et al., S. 159-280

Limbach, Jutta: Über die Menschenwürde, in: Vorgänge 156 (Dezember 2001); zit. nach: http://www.hu-bb.de/vorgaenge/156/limbach.html

Lober, Jochen: Bonn auf dem Weg zum Ausnahmerechtsstaat, in: Staatsbriefe-Consiliarien 1, 1995 „Der Rechtsverfall"

Lübbe, Hermann: Der Triumph der Gesinnung über die Urteilskraft, Berlin 1987

Margalit, Avishai: Politik der Würde: Über Achtung und Verachtung, Frankfurt/M. 1999 (1996)

Maritain, Jacques: Christentum und Demokratie, Augsburg 1949

Mastronardi, Philippe: Verrechtlichung der Menschenwürde – Transformationen zwischen Religion, Ethik und Recht, in: Seelmann, S. 93-115

Neumann, Franz L.; Nipperdey, Hans Carl; Scheuner, Ulrich: Die Grundrechte. Handbuch der Theorie und Praxis der Grundrechte, Berlin 1954

Neumann, Ulfrid: Interessen und Bedürfnisse als Basis des Prinzips der Menschenwürde. Eine Alternative zur metaphysischen Würdebegründung, in: Neumann/Tiedemann/Liu, S. 159-176

Neumann, Ulfrid: Die Tyrannei der Würde: Argumentationstheoreti sche Erwägungen zum Menschenwürdeprinzip, in: Archiv für Rechts- und Sozialphilosophie 84, 1998

Neumann, Ulfrid; Tiedemann, Paul; Liu, Shing-I [Hrsg.]: Menschenwürde ohne Metaphysik. Beiträge des Workshops auf dem 29.

Weltkongress der Internationalen Vereinigung für Rechts- und Sozialphilosophie (IVR), Juli 2019, Stuttgart 2021

Oltmer, Jochen: Wie ist das Asylrecht entstanden?, in: https://www.bpb.de/themen/migration-integration/kurzdossiers/224641/wie-ist-das-asylrecht-entstanden/

Philip, Frank: Ein Projekt weltfremder Bürokraten, Junge Freiheit, 25. Juli 2003

Pufendorf, Samuel: Über die Pflicht des Bürgers nach dem Gesetz der Natur, Frankfurt/M. 1994

Rettungsfolter: Wikipedia (Stand Sept. 2022)

Riedel, Manfred [Hrsg.]: Materialien zu Hegels Rechtsphilosophie. Band 2, Frankfurt/M. 1974

Ritter, Joachim: Moralität und Sittlichkeit. Zu Hegels Auseinandersetzung mit der kantischen Ethik, in: Manfred Riedel, S. 217-246

Schaal, Gary S.[Hrsg.]: Techniken rationaler Selbstbindung, Berlin 2009

Schiller, Friedrich: Über Anmut und Würde, Stuttgart 1984

Schmitt, Carl: Politische Theologie. Vier Kapitel zur Lehre von der Souveränität, Berlin 1993 (1922) [6. Aufl.]

Schmitt, Carl: Die Tyrannei der Werte, Berlin 2011 [3. Aufl.]

Schöne-Seifert, Bettina: Philosophische Überlegungen zu „Menschenwürde“ und Fortpflanzungsmedizin, in: Zeitschrift für philosophische Forschung, Bd. 44 (1990), S. 442-473

Schüßlburner, Josef: Verfassungsumsturz mit der Volksverhetzungskeule, in: Staatsbriefe-Consiliarien 1, 1995 „Der Rechtsverfall“

Schüßlburner, Josef: Das Grundgesetz als Übergangsverfassung, in: Staatsbriefe 4-5/99

Schüßlburner, Josef: Europatotalitarismus, Staatsbriefe 6/2000

Seelmann, Kurt: Haben Embryonen Menschenwürde? Überlegungen aus juristischer Sicht, in: Kettner, S.63-80

Seelmann, Kurt [Hrsg.]: Menschenwürde als Rechtsbegriff. Tagung der Internationalen Vereinigung für Rechts- und Sozialphilosophie (IVR), 25. bis 28. Juni 2003, Stuttgart 2004

Seesing, Heinz [Hrsg.]: Technologischer Fortschritt und menschliches Leben: Die Menschenwürde als Maßstab der Rechtspolitik, Bd. I, München 1986

Sensen, Oliver: Kants erhabene Würde, in: Brandhorst/Weber-Guskar, S. 154-177

Sloterdijk, Peter: Die Verachtung der Massen Versuch über Kulturkämpfe in der modernen Gesellschaft, Frankfurt/M.. 2000

Spaemann, Robert: Über den Begriff der Menschenwürde, in: Böckenförde/Spaemann, S. 295-326

Staff, Ilse: Lehren vom Staat, Baden-Baden 1981

Starck, Christian:Menschenwürde als Verfassungsgarantie im modernen Staat, in: Juristenzeitung 36 (1981), S. 457-464

Steinfath, Holmer: Menschenwürde ziwschen universalistischer Moral und spezifischem Lebensideal, in: Brandhorst/Weber-Guskar, S. 266-292

Stolleis, Michael: Geschichte des öffentlichen Rechts in Deutschland. Vierter Band: Staats- und Verwaltungswissenschaft in West und Ost 1945-1990, München 2012

Tiedemann, Paul: Menschenwürde als Rechtsbegriff. Eine philosophische Klärung, Berlin 2007

Verdross, Alfred: Völkerrecht, Wien 1995 (3. Aufl.)

Vitzthum, Wolfgang Graf: Gentechnologie und Menschenwürdegarantie, in: Zeitschrift für Rechtspolitik 20/1987

von der Pfordten, Dietmar: Menschenwürde, München 2016

Vosgerau, Ulrich: Demokratie ohne Demos? Die ethnisch-kulturelle Identität des deutschen Volkes wahren zu wollen, ist nicht verfassungsfeindlich, in: TUMULT. Vierteljahreszeitschrift für Konsensstörung, Sommer 2022, S. 78-82

Weber, Max: Politik als Beruf, Stuttgart 1992

Weber, Werner: Weimarer Verfassung und Bonner Grundgesetz, Göttingen 1949

Weber-Guskar, Eva: Menschenwürde: Kontingente Haltung statt absoluter Wert, in: Brandhorst/Weber-Guskar, S. 206-233

Werner, Micha H.: Meschenwürde in der bioethischen Debatte – eine Diskurstopologie, in: Kettner, S. 191-220

Wetz, Franz Josef: Daseinskontingenz als Gefährdung der Menschenwürde, in: Brandhorst/Weber-Guskar, S.293-314

Wetz, Franz Josef: Menschenwürde als Opium fürs Volk. Der Wertstatus von Embryonen, in: Kettner, S.221-248

Wetz, Franz Josef [Hrsg.]: Texte zur Menschenwürde, Ditzingen 2020

Zippelius, Reinhold: Juristische Methodenlehre (8. Aufl.), München 2003